·地学文库丛书

70周年校庆系列科研成果汇编：
百篇优秀学术成果集（2012—2021）

70 ZHOUNIAN XIAOQING XILIE KEYAN CHENGGUO HUIBIAN:
BAIPIAN YOUXIU XUESHU CHENGGUOJI (2012—2021)

主　编：刘勇胜　胡祥云
副主编：黄祥嘉　许南茜　刘　畅　张云姝

图书在版编目(CIP)数据

70周年校庆系列科研成果汇编.百篇优秀学术成果集:2012—2021/刘勇胜,胡祥云主编.—武汉:中国地质大学出版社,2022.10
ISBN 978-7-5625-5414-1

Ⅰ.①7… Ⅱ.①刘… ②胡… Ⅲ.①中国地质大学-科技成果-汇编-2012-2021 Ⅳ.①G644

中国版本图书馆 CIP 数据核字(2022)第 194474 号

70周年校庆系列科研成果汇编:
百篇优秀学术成果集(2012—2021) 刘勇胜　胡祥云　主编

| 责任编辑:舒立霞 | 选题策划:毕克成　江广长　张旭　段勇 | 责任校对:徐蕾蕾 |

出版发行:中国地质大学出版社(武汉市洪山区鲁磨路388号)　　邮编:430074
电　　话:(027)67883511　　传　　真:(027)67883580　　E-mail:cbb@cug.edu.cn
经　　销:全国新华书店　　　　　　　　　　　　　　　　　　http://cugp.cug.edu.cn

开本:787毫米×1 092毫米　1/16　　　　　　字数:538千字　　印张:21
版次:2022年10月第1版　　　　　　　　　　印次:2022年10月第1次印刷
印刷:湖北睿智印务有限公司

ISBN 978-7-5625-5414-1　　　　　　　　　　　　　　　　　　定价:128.00元

如有印装质量问题请与印刷厂联系调换

《70周年校庆系列科研成果汇编：百篇优秀学术成果集（2012—2021）》编辑委员会

编 委 会 主 任：黄晓玫　王焰新

编委会副主任：刘勇胜

编 委 会 委 员：（以拼音为序）

陈　鑫	程　胜	段平忠	杜　胜	伏海蛟
龚　健	宫　勋	郭海湘	胡圣虹	胡祥云
黄祥嘉	李国岗	李海金	李　晖	刘　畅
刘陈陵	刘勇胜	罗　杰	单华生	王亮清
王伦澈	魏周超	吴春明	吴　柯	吴元保
谢先军	许南茜	严德天	杨　汉	张冬梅
张伶俐	张梅珍	张荣红	张云姝	

主　　　　编：刘勇胜　胡祥云

副　主　编：黄祥嘉　许南茜　刘　畅　张云姝

序

七十年斗转星移，地大人筚路蓝缕、薪火相传，把论文写在祖国的大地上，科技报国、教育报国之心，山河可鉴。

早在建校之初的 20 世纪 50 年代，学校一大批专家学者就以地质科教之力投身国家重大项目建设当中。袁复礼教授担任了中苏联合长江三峡工程地质考察和鉴定组中方组长，还首次组织了服务国家重要工程——三门峡水库建设项目的多学科第四纪野外地质考察；马杏垣教授带领师生完成了我国第一幅较为正规的 1∶20 万"五台山区区域地质图"，出版了我国第一部区域地质构造专著——《五台山区地质构造基本特征》；冯景兰教授被聘为黄河规划委员会地质组组长，参与编写《黄河综合利用规划技术调查报告》；袁见齐教授主持完成了全国盐类矿床分布规律和矿床远景预测研究，编制完成了全国盐类矿床图；潘钟祥教授发表《中国西北部的陆相生油问题》，系统提出了"陆相地层生油"的观点……地大人科技报国、教育报国的情怀不仅与生俱来，更像矿物结晶体一般熔铸于一代代地大人的学脉传承之中。

新时代浪激潮涌，地大人踔厉奋发、勇毅前行，追求卓越的脚步从未停歇，科技报国之路踏石留印。

党的十八大以来，地大围绕科技高水平自立自强的国家目标，针对自然资源和生态环境两大行业领域的"卡脖子"问题，以《美丽中国·宜居地球：迈向 2030》战略规划为牵引，先后实施了"学术卓越计划""地学长江计划"等一系列重大专项，产出了一大批原创性、突破性科技成果。十年来，我们坚持突出学院的办学主体地位，以高水平人才引进和培育使高水平科研"基本盘"更加巩固，成为"地学文库"系列丛书的源头活水。十年来，我们坚持"绿水青山就是金山银山"，以地球系统科学学术创新服务美丽中国建设，形成以《中国战略性矿产资源安全的经济学分析》和《应急救援队伍优化调配与合作救援仿真》等为代表的"地大智库"系列成果。十年来，我们坚持"人与自然生命共同体"理念，让地球科学的研究发现走出"象牙塔"，让"道法自然"的生态文明思想飞入寻常百姓家，从而形成"地学科普"系列作品。

七秩荣光，闪耀环宇。地大人重整行装、接续奋斗，正在建设地球科学领域国际知名研究型大学的新征程上昂首阔步。

逐梦未来，高歌猛进。地大人不忘初心、牢记使命，实现"建成地球科学领域世界一流大学"地大梦的号角已然嘹亮。

值此建校 70 周年之际,"地学文库""地大智库""地学科普"系列作品正式出版。丛书当中积淀的是地大学者智慧,展现的是地大学科特色,揭示的则是扎根中国大地、创建世界一流大学的基本路径——只有与国同行才能自立图强,唯有与时俱进方可历久弥新。

是为序。

中国科学院院士
中国地质大学(武汉)校长

目 录

基础研究篇

西昆仑山脉隆升剥露历史的碎屑锆石双定年约束 ………………………………………… (2)
单颗粒锆石显著的锆同位素变化记录岩浆演化历史 ……………………………………… (5)
二叠纪—三叠纪之交生物两幕式灭绝过程 ………………………………………………… (8)
嫦娥三号在雨海北部发现了年轻的多层结构岩层 ………………………………………… (11)
与克拉通破坏有关的巨量金成矿作用 ……………………………………………………… (14)
细粒碎屑沉积物古盐度指标探索 …………………………………………………………… (18)
浅成造山型金矿床含金黄铁矿多阶段热液交代过程中金属再迁移和流体的扰动 ……… (21)
古基因组揭示灭绝大熊猫对现存种群的遗传贡献 ………………………………………… (23)
微生物-矿物胞外电子传导机理 ……………………………………………………………… (26)
三峡库区地质灾害研究经验与教训 ………………………………………………………… (29)
南海记录了宽裂谷的破裂过程 ……………………………………………………………… (32)
毫米范围内牛顿反平方定律的检验 ………………………………………………………… (35)
面向时变时滞系统分析与设计的低保守性理论方法 ……………………………………… (38)
具非局部时滞效应和非线性边界的反应扩散模型分岔研究 ……………………………… (41)
黏性依赖于密度的一维热传导电离气体 …………………………………………………… (46)
超越体模量的超流体 ………………………………………………………………………… (48)
Gauss-Bonnet 项对四维 Reissner-Nordström-AdS 黑洞相变的影响 ……………………… (51)
二叠纪末大灭绝之后生物复苏的时间与模式 ……………………………………………… (54)
埃迪卡拉纪海洋大规模早期成岩白云石的形成：对"白云石之谜"的约束 ……………… (57)
大陆弧深部含硫化物堆晶：缺失的铜储库 ………………………………………………… (61)
华北克拉通交代岩石圈地幔与中生代巨量金成矿 ………………………………………… (63)
中国苏鲁造山带深俯冲榴辉岩的部分熔融 ………………………………………………… (66)
洋中脊熔体从地幔到地壳的长距离反应迁移过程：Re-Os 同位素的证据 ……………… (70)

生态环境篇

泥炭和石笋记录的末次冰消期以来长江中游干湿古气候变化及其对古文化的影响 …… (74)

再富集导致大陆地幔失稳以及初始岩石圈厚度对大陆命运的影响 …………………………（77）
全新世以来中国中部与 ENSO 活动相关的周期性暴雨事件的石笋磁学记录 ……………（80）
早三叠世温室的致命高温 ……………………………………………………………………（83）
平原区三角洲河道的入湖口位置及其改道位置向上游迁移响应规律 ……………………（86）
原生劣质地下水的成因：砷、氟、碘 …………………………………………………………（89）
晚更新世—全新世高砷含水层系统的沉积过程与水文生物地球化学作用研究 …………（92）
关于存在弱透水性不规则岸坡的河流与含水层间相互作用 ………………………………（94）
锰氧化物活化高碘酸盐降解磺胺抗生素 ……………………………………………………（97）
空气污染（酸雨）可以造成滑坡吗？ ………………………………………………………（100）
格陵兰当今质量变化及其地壳响应的 GRACE 降尺度预测 ………………………………（104）
华南埃迪卡拉系陡山沱组六水碳钙石硅质假晶及其古气候意义 …………………………（107）
硅藻定量重建我国东北地区泥炭地水位 ……………………………………………………（110）
北美板块东部的冰后均衡调整、板内应变与相对海平面变化 ……………………………（112）
长江中游泥炭地碳循环对中全新世干旱事件的响应 ………………………………………（115）
美国西部怀俄明州大羊角盆地黏土矿物对早始新世气候热事件期间风化的约束 ………（118）
8200 a BP 突变气候事件期间东亚季风与北大西洋气候的遥相关 ………………………（122）
冰期终止期西风带调控东亚干湿古气候变化 ………………………………………………（124）
地下环境沉积物活化氧气产生羟自由基 ……………………………………………………（128）
二叠纪—三叠纪大灭绝导致生物地理格局巨变 ……………………………………………（131）
青藏高原东缘玉龙斑岩铜矿床针铁矿（U-Th）/He 年代学及其对晚中新世以来区域化学
　　风化和季风气候的指示 …………………………………………………………………（134）
柴达木盆地植物化石揭示青藏高原北部早渐新世古海拔古气候 …………………………（137）

先进技术与方法篇

准噶尔盆地南缘水文地质条件及其对煤层气富集的影响 …………………………………（142）
磷灰石裂变径迹及铼-锇同位素定年联合解析我国南方海相天然气藏形成演化 ………（146）
早期油充注和超压对塔里木盆地库车坳陷克拉 2 气田储层孔隙保护的影响 ……………（149）
超压释放是稠油形成的一种新机制 …………………………………………………………（152）
考虑混合效应的单井注抽试验简化模型 ……………………………………………………（156）
一种基于在线观测钾离子动态约束解析黑碳气溶胶来源的新方法 ………………………（159）
模拟三维水力压裂的考虑真实孔隙渗流的三维水力耦合有限-离散元方法 ……………（162）
水流流态与介质结构联合演变下裂隙岩体渗透特性演化机制 ……………………………（167）
从大地测量学、地震学、海啸和超导重力仪观测的联合分析中洞察 2015M_w8.3 智利伊拉
　　佩尔地震的运动破裂过程 ………………………………………………………………（171）

3D井-地磁测联合反演方法及软件(SWMI3D) ………………………………………………………… (174)
2017年8月21日北美日食引发电离层艏波 ……………………………………………………… (177)
基于电磁方法的浅成低温热液型金矿成矿模式研究:以托牛河金矿为例 ……………………… (179)
2011年日本M_w9.0地震引起的平流层扰动 ……………………………………………………… (183)
祁连山天然气水合物远景区预测 …………………………………………………………………… (185)
基于改进局部逐渐变形法的地震随机反演方法 …………………………………………………… (188)
海浪"波候谱"及其与局地/远场风候的联系 ……………………………………………………… (192)
一种面向质子磁力仪的FID信号高精度测频技术 ………………………………………………… (195)
基于多变量广义高斯分布和Kullback-Leibler散度的钻进过程早期故障检测方法 …………… (200)
基于多角度遥感的东亚地区气溶胶类型观测:初步结果和总体精度 …………………………… (204)

工程材料与信息科学篇

纳米孔道截然不同的功能元素:外表面功能分子抗干扰,内表面功能分子离子门控 ………… (210)
天然超材料腔边缘操纵双曲极化激元 ……………………………………………………………… (212)
磷化钯高效催化电解水制氢研究 …………………………………………………………………… (216)
一种干热岩储层裂缝形成方法 ……………………………………………………………………… (218)
一种适用于松散堆填边坡的新型立体排水系统 …………………………………………………… (220)
基于直剪测试的含水合物沉积粉土/砂土地层力学强度评估 …………………………………… (224)
剥离二硫化钼(MoS_2)纳米片与层状金属双氢氧化物(LDH)自组装用于降低环氧树脂复
合材料火灾危险性 ………………………………………………………………………………… (229)
高达6个独立环路和19个杆件的平面运动链完整图库的自动创成 …………………………… (234)
面向网络化欧拉-拉格朗日系统协同问题的分层控制器-估计器算法设计 …………………… (238)
微环谐振器内非线性模式耦合引导的孤子晶体动力学 …………………………………………… (241)
基于智能优化算法的一阶非完整系统连续状态反馈控制 ………………………………………… (245)
增材制造高性能石墨烯复合材料综述 ……………………………………………………………… (248)
基于软件定义的边端系统一体化的任务调度优化 ………………………………………………… (251)
一种光子计数激光雷达自适应椭圆滤波测深技术 ………………………………………………… (255)
一种最大时长卫星通信链路方法、设备及其存储设备 …………………………………………… (258)
基于多层等效源的任意曲面磁总场下延拓与磁梯度张量转换方法 ……………………………… (262)

哲学社会科学篇

加快应急管理现代化建设 协同推进自然灾害综合治理的建议 ………………………………… (266)

联合国 IFAD 中国项目减贫效率测度:基于 7 省份 1356 农户的面板数据 ……… (270)
关键矿产治理与战略性新兴产业发展 ……… (273)
R&D 资源配置扭曲、全要素生产率与人力资本的纠偏作用 ……… (276)
不同显性教学方式对 EFL 学习者虚拟语气学习的影响:基于加工层次理论的研究 … (278)
汉英双语教学中的超语:基于高校课堂的民族志研究 ……… (281)
不动产登记纠纷"民行交叉"解决机制的路径困境与优化——以登记行为的界分为基础 ……
……… (283)
区域环境治理:从运动式协作到常态化协同 ……… (285)
提升战略性矿产资源应急治理能力 ……… (289)
土地细碎化与农地制度的一个分析框架 ……… (293)
中国高水平马拉松赛事的空间分布特征及影响因素 ……… (296)
关于新型冠状病毒肺炎疫情过后湖北省体育产业高质量发展的建议 ……… (300)
中国地区新型冠状病毒肺炎疫情地图的阅读效果研究——来自眼动的证据 ……… (303)
新媒体时代的新闻生产:理念变革、产品创新与流程再造 ……… (305)
论当代德国政治教育理论的基本属性 ……… (307)
习近平对马克思主义斗争思想的守正与创新 ……… (310)
社会主义核心价值观的生态维度——生态文明新时代的核心价值观 ……… (313)
战后德国历史修正主义思潮评析 ……… (317)
大学生手机依赖与父母教养方式、主观幸福感的关系 ……… (320)
国家最高科学技术奖获得者非智力因素分析 ……… (322)

基础研究篇

2012—2021

西昆仑山脉隆升剥露历史的碎屑锆石双定年约束

一、研究背景与意义

青藏高原隆升是显生宙以来地球上发生的最重要的地质事件之一，高原的隆升和扩展奠定了亚洲大陆的构造和地貌轮廓，对人类赖以生存的资源和环境具有重要影响。定量约束青藏高原的侧向隆升和扩展过程及其与气候、地表过程的耦合关系是解答青藏高原隆升的动力学过程，以及"构造、气候和地表过程相互作用"等地学重要科学问题的关键。

位于青藏高原西北部的西昆仑山脉是"万山之祖"昆仑山脉的西端，构成了中国第一级地貌阶梯的西北边界，山脉隆升形成了阻挡西风环流进入中亚腹地的天然地貌屏障，也引起了塔里木盆地"沧海桑田"的变化。因此，定量重建西昆仑山脉的地貌变迁历史不仅是全面认识青藏高原隆升和扩展过程，以及中亚陆内变形动力学机制的突破口，也是揭示中亚古气候、古环境变化的关键。

二、主要研究内容

本研究选取西昆仑山脉的前陆盆地——塔里木盆地的西南部柯克亚和桑株剖面的新生代沉积物作为研究对象(图1)，开展了古水流和碎屑锆石U-Pb和裂变径迹双定年的综合分析，定量约束了西昆仑山脉的隆升剥露历史。

三、主要结论

本文研究表明，西昆仑山脉从三叠纪—侏罗纪早期就已经出现，经历了中生代中晚期和新生代早期的活化造山和渐新世—中新世向外和向上的生长过程。西昆仑造山历史主要分为4个阶段：①三叠纪—早侏罗世(250~170Ma)，古特提斯洋的俯冲和关闭引起西昆仑山脉的广泛剥露和构造隆升，并在中生代中晚期，西昆仑经历了活化造山(图1B-图1C)；②新生代早期(50~40Ma)，印度-欧亚板块碰撞引起帕米尔地壳的缩短增厚，帕米尔-西昆仑山前断裂开始活化逆冲并引起高原西北缘隆升，迫使副特提斯洋逐渐退出塔里木盆地(图1D)；③渐新世—中新世(26~15Ma)，印度板片断离引起的岩石圈均衡调整所产生的重力势能导致地壳向南、北两侧"双向楔冲"，该模型较好地解释了高原西部广泛的岩石剥露和地表隆升，位于高原边界的西昆仑山脉开始向外和向上生长(图1E)；④中新世中晚期(15~7Ma)，地壳缩短增厚引起帕米尔-西昆仑山前逆冲断裂活化并向塔里木盆地加速扩展，帕米尔和天山在中新世中晚期碰撞对接，奠定了青藏高原西北部源-汇系统的雏形。

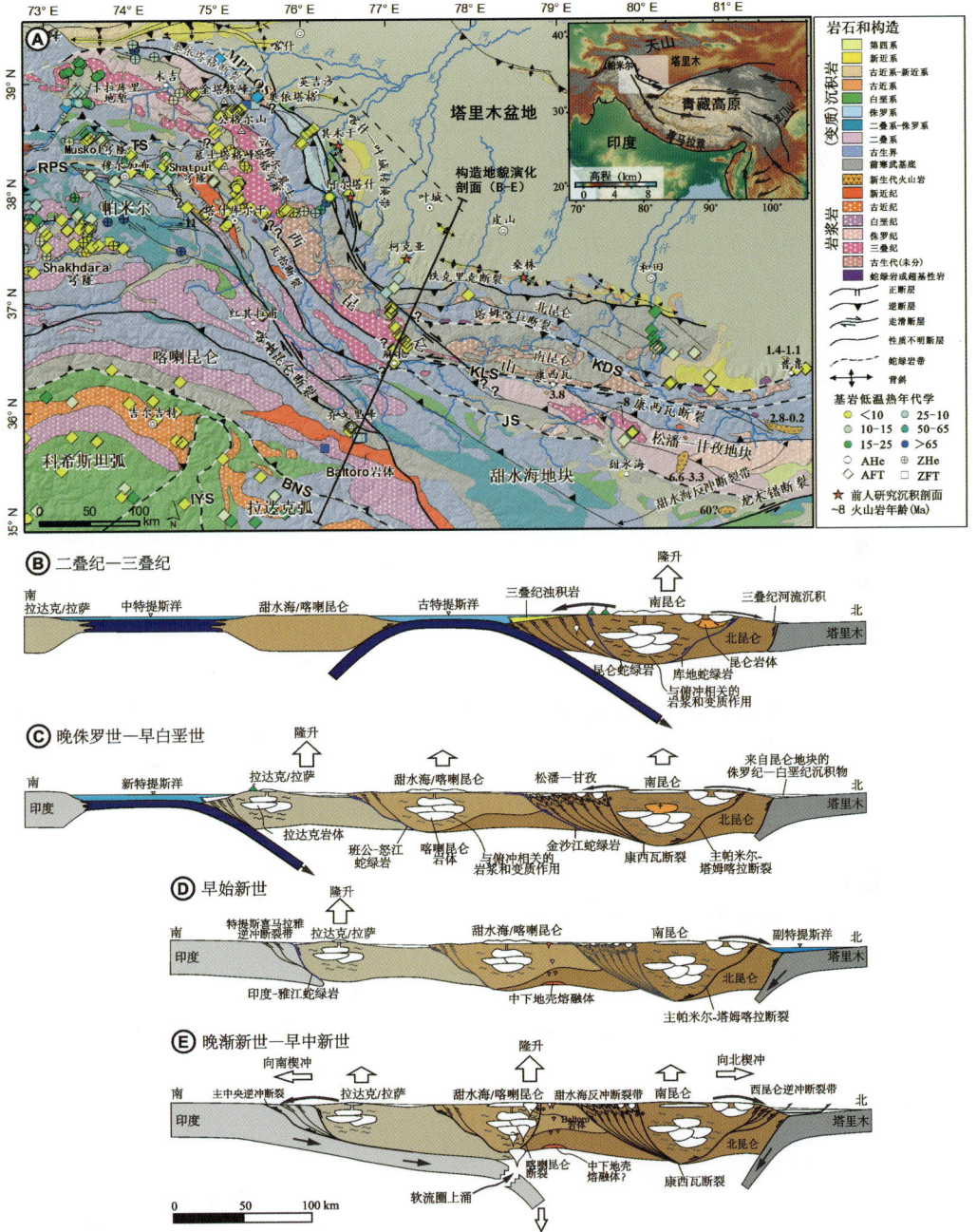

图 1 青藏高原西北部地质简图（A）及中、新生代造山历史和动力学模型（B—E）

四、论文信息

该论文于 2015 年 11 月 3 日发表在 *Earth and Planetary Science Letters* 期刊上。

五、作者简介

论文作者：Cao Kai（曹凯），Wang Guocan（王国灿），Bernet Matthias，van der Beek Peter，Zhang Kexin（张克信）。第一作者和通讯作者介绍：曹凯，中国地质大学（武汉）地球科学学院，地球表层系统科学系副教授，2011年获中国地质大学（武汉）理学博士学位，2016—2017年美国亚利桑那大学访问学者。主要从事构造地貌学和构造热年代学的教学和研究，重点关注造山带造山过程以及构造-气候-地表过程相互作用，主要研究区域为青藏高原（帕米尔-西昆仑山脉和横断山脉）和长江-珠江流域。主持国家自然科学基金面上项目、国家青年科学基金项目、中国博士后基金和中国地质调查局专项等10余项，作为骨干参与国家自然基金特提斯地球动力系统重大研究计划的重点支持项目"大陆碰撞侧向逃逸和初始板块边界的形成"（排名第三），获湖北自然科学奖三等奖（2020年，排名第三）。目前在 *ESR EPSL*、*GSA Bulletin*、*Tectonics* 等国内外主流期刊发表学术论文40多篇，其中SCI论文28篇。现任中国地震学会地震地质专业委员会和中国地震学会构造地貌委员会委员（2021—2026年），美国地球物理学会刊物 *Tectonics* 副主编。受邀参加2019年"青藏高原构造地貌前沿科学问题"香山科学会议第Y4次学术讨论会；在"中国地球科学联合学术年会"和"构造地质学与地球动力学青年学术论坛"召集专题3场；在AGU、DEEP-2021、"中国地球科学联合学术年会"和"构造地质学与地球动力学青年学术论坛"作邀请报告9次；在2020年"构造地质学与地球动力学青年学术论坛"第32期"大数据时代的构造地貌研究"作主题报告。美国自然科学基金NSF EAR Tectonics Program 和中国自然科学基金评审专家；*ESR*、*JGR-SE*、*GRL* 和 *GSA Bulletin* 等20多种国内外期刊评审人。

单颗粒锆石显著的锆同位素变化记录岩浆演化历史

一、研究背景与意义

锆石($ZrSiO_4$)是岩石中最常见的副矿物之一,其放射性同位素体系和微量元素能够为地质事件的发生时间、岩石学条件和构造背景提供重要约束,对于解读大陆地壳生长改造历史、地球早期分异演化以及板块构造形式演变等科学问题也至关重要。锆石中大多数元素的扩散速率普遍极低,加上强抗物理化学改造能力,能够保存其生长过程记录的极为丰富的岩浆演化信息。此外,锆石中的稳定同位素体系也有重要地质应用,例如锆石氧同位素被大量用于示踪地表物质的深部再循环过程。因此锆石已成为固体地球科学领域研究最为广泛的矿物之一。

锆(Zr)作为高场强元素,具有稳定的地球化学行为,在过去被大量用于示踪硅酸盐地球分异演化。锆也是锆石中的主量元素(质量分数约为48%),锆石的 Zr 同位素很可能具有示踪岩浆过程以及大陆地壳分异演化的潜力,有可能为地质历史中的重大地质事件提供全新认识,开拓出新的研究领域。针对锆石 Zr 同位素这一新兴极具潜力的研究方向,2019 年中国地质大学(武汉)刘勇胜教授和胡兆初教授领导的壳幔交换动力学研究团队在国际上首次开发出了高精度和高空间分辨率的锆石原位微区 Zr 稳定同位素分析方法(Zhang et al.,2019)。

二、主要研究内容

为了探索 Zr 同位素的未来应用领域,本团队前期通过精心设计研究方案,在原位高精度和高空间分辨率锆石 Zr 同位素分析方法开发的基础上,选取青藏高原南部冈底斯大陆弧钙碱性深成岩中的岩浆锆石作为研究对象。所选用的研究样品为冈底斯中生代新生地壳的代表,其锆石记录的岩浆历史相对简单,从而可以避免锆石复杂的生长和改造历史所带来的不确定性。所使用的飞秒激光剥蚀多接收电感耦合等离子体质谱仪(LA-MC-ICP-MS)可以在高空间分辨率($20\mu m$)的基础上获得高精度的 Zr 同位素数据($\delta^{94}Zr$ 值 2SD 误差优于 $0.15‰$)。利用原位微区分析的高空间分辨率优势,对冈底斯岩浆锆石进行了精细的 Zr 同位素剖面分析(图 1),以反映生长过程中记录的岩浆演化历史。

结果显示冈底斯锆石 $\delta^{94}Zr$ 值存在较大变化范围($-0.86‰\sim +0.41‰$),进一步证明锆石 Zr 同位素示踪岩浆过程的良好潜力。大部分岩浆锆石普遍具有良好的 Zr 同位素核边环带,核部 Zr 同位素偏轻而边部较重(图 1),表明锆石相对于熔体优先富集轻 Zr 同位素,其结晶将驱使残余岩浆 Zr 同位素变重。研究进一步发现锆石 Zr 同位素分馏符合瑞利分馏过程,

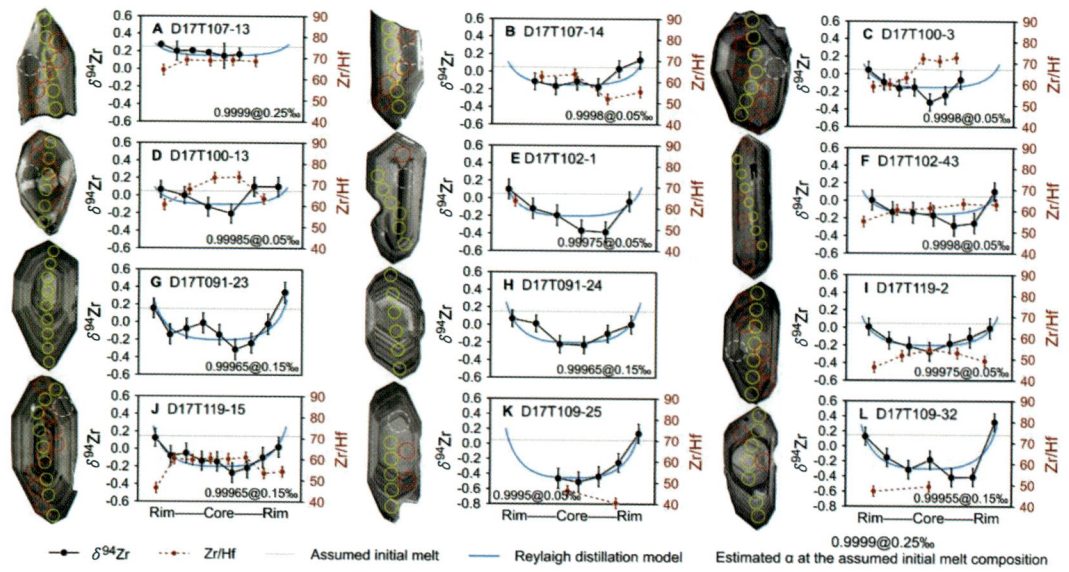

图 1　青藏高原南部冈底斯大陆弧深成岩中代表性岩浆锆石的 Zr 同位素和 Zr/Hf 剖面

左侧照片为锆石阴极发光图像,圆圈代表不同类型微区分析对应的激光剥蚀斑束。右侧图中的黑色和蓝色实线代表实测和模拟的 Zr 同位素环带,红色虚线代表锆石 Zr/Hf 值。本研究发现锆石 Zr 同位素具有解析精细岩浆演化过程的极大潜力

岩浆 Zr 同位素演化受岩浆成分、锆石结晶比例以及温度的影响。

三、主要结论

该探索研究表明锆石 Zr 稳定同位素具有示踪岩浆过程和大陆地壳分异演化的巨大应用潜力。锆石 Zr 同位素组成可以为认识岩浆系统的成分和热演化历史提供重要约束(图 2)。研究结果也为解决锆石-熔体同位素分馏机理的争议提供了关键证据,为进一步解释大陆地壳主要岩性的钙碱性岩浆岩 Zr 同位素演化奠定了基础。

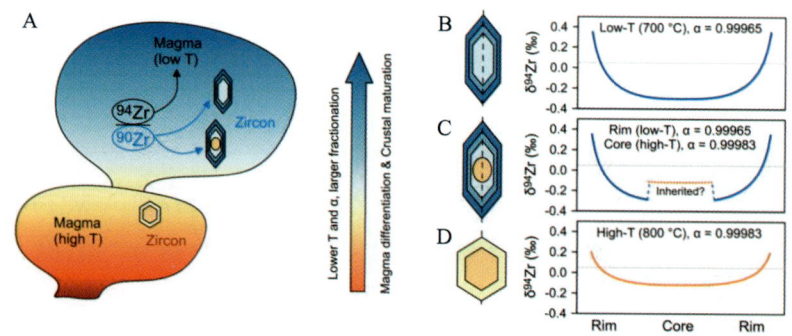

图 2　钙碱性岩浆分异过程中锆石 Zr 同位素生长环带及其地质意义示意图

四、论文信息

该论文于 2020 年 8 月 18 日发表在 *Proceedings of the National Academy of Sciences of the United States of America* 期刊上。(Guo, J.-L.*, Wang, Z. C.*, Zhang, W., Moynier, F., Cui, D. D., Hu, Z. C., Ducea, M. N., 2020. Significant Zr isotope variations in single zircon grains recording magma evolution history. Proc. Natl. Acad. Sci. U. S. A. 117, 21125. https://doi.org/10.1073/pnas.2002053117).

五、通讯作者简介

郭京梁，中国地质大学(武汉)地球科学学院副教授。近年来主要从事金属稳定同位素示踪原理和大陆地壳成分结构数值反演方法研究。主持国家自然科学基金面上项目和青年科学基金项目各1项，参与科技部重点研发计划和国家自然科学基金重点项目等多项。探索出Zr稳定同位素的前沿应用方向，揭示锆石Zr同位素示踪岩浆分异及大陆地壳演化的潜力，并为岩浆分异过程中Zr稳定同位素分馏机理提供关键约束；曾报道中国南方34.5亿年花岗质片麻岩，是目前华南已知最古老的岩石，结合对华南扬子克拉通陆核的系统研究约束了扬子克拉通大陆地壳早期形成与演化历史；通过研究华北克拉通东南部下地壳捕虏体为华北地区东南部三叠纪存在加厚下地壳提供了证据，限定了该区三叠纪以来地壳减薄量超过20km；开发了LA-ICP-MS榍石U-Pb同位素定年方法。目前已合作发表国际学术论文近30篇，其中以第一作者或通讯作者在 *Proceedings of the National Academy of Sciences of the United States of America*、*Geochimica et Cosmochimica Acta*、*Precambrian Research*、*Gondwana Research* 等发表论文多篇，2017以共同完成人身份获湖北省自然科学奖一等奖1项。

汪在聪，中国地质大学(武汉)地球科学学院教授，博士生导师。主要从事行星早期增生和壳幔演化及其资源效应研究，以高精度亲铁亲铜元素分析方法和应用研究为特色，阐明了地球不同增生阶段的挥发性元素组成，为地球水的起源以及地球增生物质模型提供了关键约束；揭示了壳幔岩浆过程中控制亲铜元素分异的关键因素，提出大陆弧深部硫化物堆晶和拆沉是大陆地壳形成的重要环节；发现超大型金矿的形成无需交代地幔以及幔源岩浆强烈富集金，丰富了交代地幔控制巨量金成矿理论。以第一作者或通讯作者发表SCI论文30余篇，含 *Nature*、*Geology*、*PNAS*、*EPSL*、*GCA* 等自然指数论文20篇，受邀为 *Nature Geoscience* 撰写评述文章。担任 *GCA* 副主编和 EPSL 顾问编委，曾获首届"高山青年科学家奖"、国家海外高层次人才（青年项目）、国家自然基金委优秀青年基金、地大"十佳杰出青年教师"、湖北省创新研究群体骨干等荣誉。2021年获首批嫦娥五号月壤样品，研究月壤形成和月球岩浆演化。

二叠纪—三叠纪之交生物两幕式灭绝过程

一、研究背景与意义

二叠纪—三叠纪之交的生物大灭绝是地球历史上最严重的一次生物危机。这次事件不仅导致大规模生物灭绝,而且破坏了存在 2 亿年之久的海洋生态系结构,促使其由古生代型生态系结构转变为中生代型生态系结构,同时造成了陆地上出现煤缺失,海洋中出现礁缺失和硅缺失。二叠纪—三叠纪之交灭绝事件的原因还存在较大的争议,有人认为是西伯利亚大火成岩省的喷发,也有人认为可能与外星体撞击有关。生物灭绝的具体过程和发生的时间还不清楚,而这却是弄清生物大灭绝原因的关键环节。本文通过对华南地区的 7 个二叠系—三叠系界线剖面的化石类型和地层分布进行详细的研究,为此次灭绝事件的发生过程与时间提供新的思路。

二、主要研究内容

本研究集中在华南地区的 7 个二叠系—三叠系界线剖面,这些剖面记录了从浅水台地相到盆地相约 450ka 时长的海洋沉积。基于已发表的化石数据和连续取样获得的化石记录,通过高分辨率的牙形石带来确定时间,使用 Meldahl 方法和似然比检验方法检验生物灭绝的型式。二叠系—三叠系界线附近的化石类型包括放射虫、菊石类、牙形石、钙质藻类、蜓类、四射珊瑚、海绵、三叶虫、小有孔虫、介形虫、腹足类、腕足类、双壳类、苔藓虫、海百合类、海蛇尾类、海蕾类等 17 个类群,共计 252 属 537 种。这些物种的地层分布表明约 90% 的物种(484/537)在二叠系—三叠系界线附近(*Clarkina yini* 带至 *Isarcicella staeschei* 带)灭绝(图 1)。

物种灭绝率(灭绝物种除以总物种数)在任何层位均不超过 30%,除了在 *C. yini* 带的顶端(煤山剖面 24e 层)和 *I. staeschei* 带的顶端(煤山剖面 28 层),灭绝率分别达到 56.5% 和 70.9%,表明二叠纪—三叠纪之交存在两期灭绝事件。二叠系—三叠系界线附近 508 个灭绝种的末次出现频率分布符合 Meldahl 的逐步灭绝模型,支持两幕式灭绝模式。第一幕发生在二叠纪末,在 *C. yini* 带的顶部,56.5% 的海洋物种遭到灭绝,几乎导致所有的浮游生物以及浅水相(透光带内)的底栖生物全部遭到灭绝,如放射虫、钙质藻类、蜓类、海绵、四射珊瑚等,此外海洋生态系统中的其他生物类别也在这次事件中遭到打击(图 2)。第二幕发生在三叠纪初,在 *I. staeschei* 带的顶部,约 71% 的物种(包括残存和新生物种)遭到灭绝。第二幕灭绝事件不仅导致残存的物种进一步遭到严重打击,而且破坏了存在约 2 亿年之久的海洋生态系结构,促使其由固着类动物为主的古生代海洋生态系结构转变为以移动型动物为主的中生代海洋生态系结构。

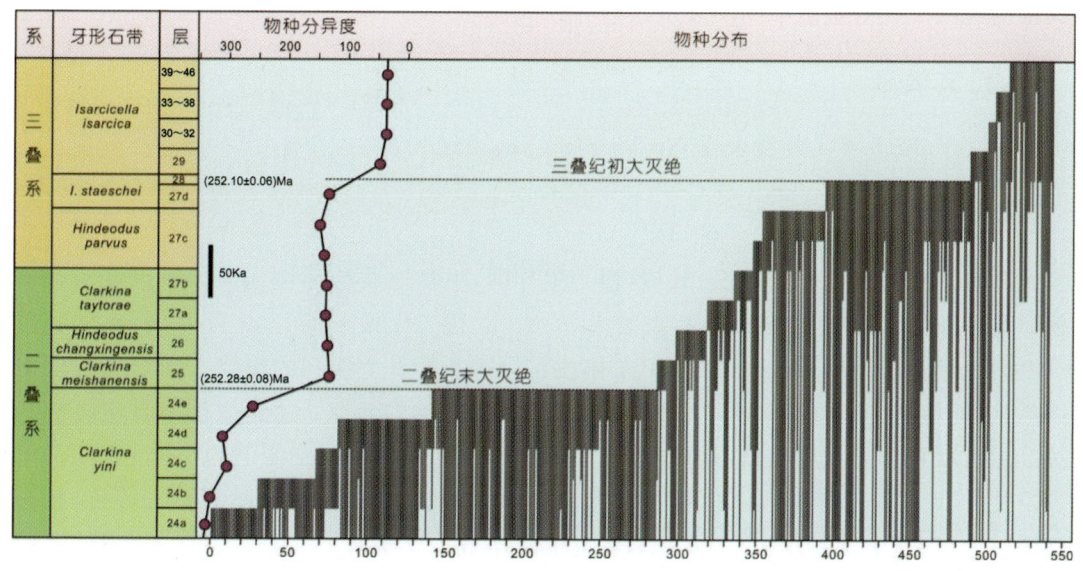

图 1 华南二叠纪晚期—三叠纪早期海洋物种的地层分布（每根线代表一个物种）

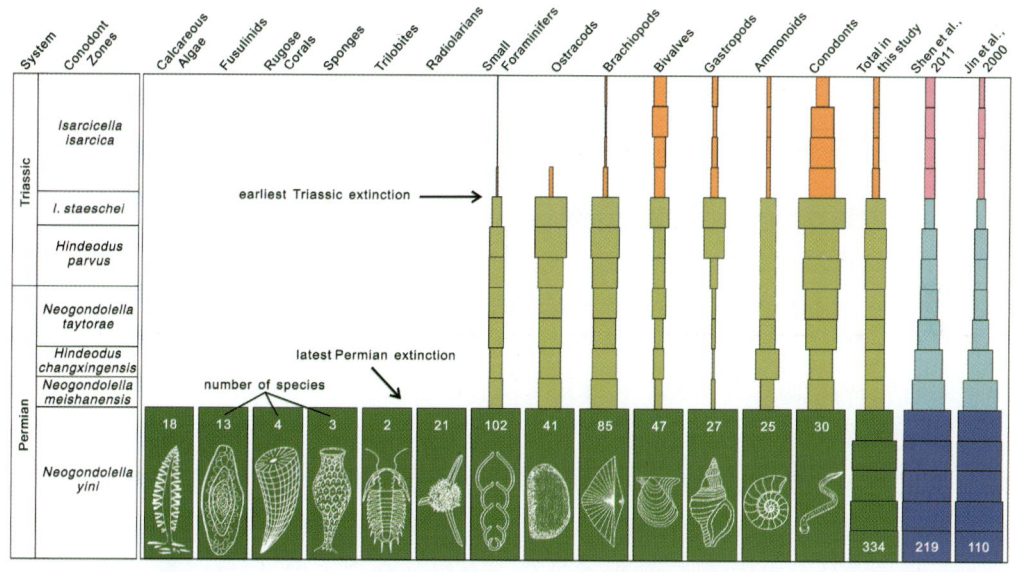

图 2 二叠纪—三叠纪之交海洋主要生物类别的灭绝过程（图中数字代表物种数量）

三、主要结论

本文研究了华南 7 个二叠系—三叠系界线剖面的 450ka 间的化石记录，包括 17 个海洋类群的 537 个物种，发现二叠纪—三叠纪之交的海洋生物灭绝存在两幕阶段，中间隔着一个恢复阶段。第一幕发生在二叠纪末，57%的物种灭绝，常见的浮游生物和一些底栖生物类群遭到重创，包括放射虫、钙质藻类、蜓类、四射珊瑚和海绵等。第二幕发生在三叠纪早期，导致了 71%的物种灭绝。第二次灭绝从根本上改变了之前 2 亿年存在的海洋生态系统结构。生物的两幕式灭绝过程不支持外星体撞击的假说。由于这两次灭绝显示出不同的灭绝选择性，我们推测这两次灭绝是由不同的环境因素导致的。

四、论文信息

该论文于 2013 年 1 月发表在 *Nature Geoscience* 期刊上。

五、作者简介

宋海军，中国地质大学（武汉）教授，博士生导师，生物地质与环境地质国家重点实验室副主任，中国古生物学会理事，国家级青年人才，欧盟"玛丽·居里学者"，国际 SCI 刊物 *Frontiers in Earth Science* 和 *All Earth* 副主编，GPC 等 4 个期刊的编委。主要从事生物灭绝事件、古环境演变、地球生物学大数据和 AI 应用等方面的研究。主持了国家自然科学基金委员会重点项目和优秀青年科学基金项目，在 *Nature* 子刊，*Science* 子刊，*PNAS*，*Geology* 等发表论文 90 余篇。成果两次入选中国古生物学十大进展，获得国家自然科学二等奖，教育部自然科学一等奖，中国青年古生物学奖，湖北省青年五四奖章等。

Paul B. Wignall，英国利兹大学教授，曾担任英国利兹大学地质科学研究所所长，利兹地质协会主席，约克郡地质协会主席，REF 小组成员。曾担任 *Geology*，*Geobiology*，*Chemical Geology* 等期刊编委。主要从事生物大灭绝事件、大洋缺氧事件、海平面变化等方面的研究。在 *Nature*、*Science*、*Nature Geoscience* 等刊物上共发表论文 200 余篇，出版专著 3 部。获得了多个奖项，包括让-巴蒂斯特·拉马克典范奖，詹姆斯·李·威尔逊奖和英国皇家学会的沃尔夫森绩效奖。

童金南，中国地质大学（武汉）教授，博士生导师，湖北省"教学名师"。主要从事重大地质突变期古生物学、地层学及地质事件等方面的研究工作。共发表论文 200 余篇，出版专著 4 部，包括在国外出版英文专著 2 部。获国家自然科学二等奖 2 项、省部级一等奖 4 项。主持完成多项国家自然科学基金重点项目、面上项目、国家杰出青年科学基金项目、创新研究群体科学基金项目、教育部重点项目等。曾获国务院政府特殊津贴、全国优秀科技工作者、尹赞勋地层古生物学奖等荣誉。

殷鸿福，中国地质大学（武汉）教授，博士生导师，中国科学院院士，地层古生物学及地质学家。曾担任中国古生物学会副理事长、国家教委地质学教学指导委员会副主任、地矿部古生物学教学指导委员会主任，国际地层委员会三叠纪分会副主席、国际二叠系—三叠系界线工作委员会主席。共发表论文 200 余篇，出版专著 30 余部。曾获国家自然科学二等奖、尹赞勋地层古生物学奖、中国古生物学会终身成就荣誉、李四光地质科学奖科学研究奖、何梁何利科学技术进步奖、全国"最美教师"等奖项和荣誉。

嫦娥三号在雨海北部发现了年轻的多层结构岩层

一、研究背景与意义

月球是地球的近邻,也是地球唯一的天然卫星,有关地月系统的形成、演化和相互影响一直是科学家关注的前沿科学问题。为了回答这些问题,国际上已经成功开展了数十次的月球探测活动,包括 22 次成功的着陆探测(图1)。这些探测任务的实施,使得我们对月球的地形地貌、地质单元和岩石组成、内部结构和空间环境等有了较为深入的了解,也提出了地月系统形成演化的概念模型,对我们认知地外天体提供了重要参考,例如月球的大撞击成因理论和月球岩浆洋演化的模型。

然而,已有的探测数据尚不能很好地解释月球地质演化的一些重要问题。例如,月球的地下结构因为缺少探测数据而知之甚少,火山活动的时空分布和热演化历史因缺少对关键火山单元的就位探测数据和样品而存在很多盲点。我国嫦娥一号和二号探月工程在成功实施绕月探测之后,嫦娥三号即开始了对关键地质单元的着陆就位探测。嫦娥三号于 2013 年 12 月 14 日在月球着陆,成为了自 1976 年苏联 Luna 24 着陆月球以来的又一次探月壮举。嫦娥三号的着陆点位于雨海盆地北部的虹湾地区(图1),这里是月球上最为年轻的火山岩分布区之一。笔者利用嫦娥三号导航相机、探月雷达、成分分析仪并结合嫦娥二号和国际上已有的遥感探测数据,对嫦娥三号着陆区的

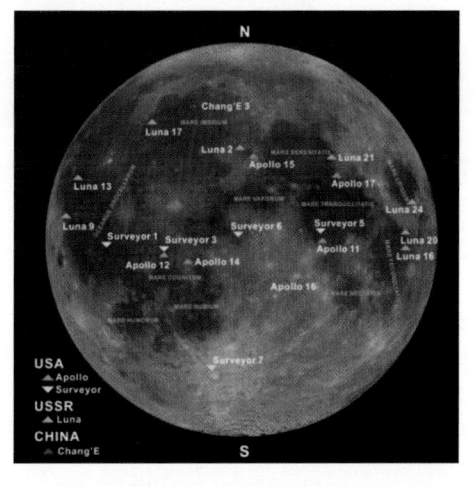

图 1 嫦娥三号着陆位置及以往月球探测着陆点分布图

的地形地貌和地下地质结构进行了解剖,首次获得了月球上最为精细的地质剖面结构,识别出了多层火山岩,揭示了月球晚期火山活动具有多期次和多种喷发样式的特点,对于重新认识月球的火山地质活动、热演化过程和后期地质改造等具有重要意义。

二、主要研究内容

笔者首先利用嫦娥二号等的遥感探测数据和嫦娥三号着陆相机获得的高分辨率影像数据,对着陆区进行地质地貌识别,重点研究了距离着陆器最近的紫薇撞击坑形貌,通过石块分布、撞击坑统计定年等多种方法分析了撞击坑的形成年龄并估算了该区域玄武岩单元的形成

年龄,为后续对雷达探测数据的地质解译提供了地质背景信息和解释依据。

嫦娥二号着陆器释放的"玉兔"号月球车,携带有一台测月雷达仪器。该雷达有 60 MHz 和 500 Hz 两个通道,沿图 2 所示的路线共行走 114 m,采集低频和高频雷达剖面各一条。两个通道的雷达数据,经过时间校正、去直流、压制噪声、时深转换等处理,得到图 2(右)所示的雷达剖面,其中 A 剖面为高频通道数据(通道 1),探测深度约 15 m,B 剖面为低频通道数据(通道 2),探测深度约 400 m。根据雷达数据的特征,从这两个通道的数据共识别出 7 个地质层位,其中有 4 个月壤层或古月壤层,还有火山熔岩或火山灰交替喷发形成的火山岩地层(图 2 右 B,地层 g)等。

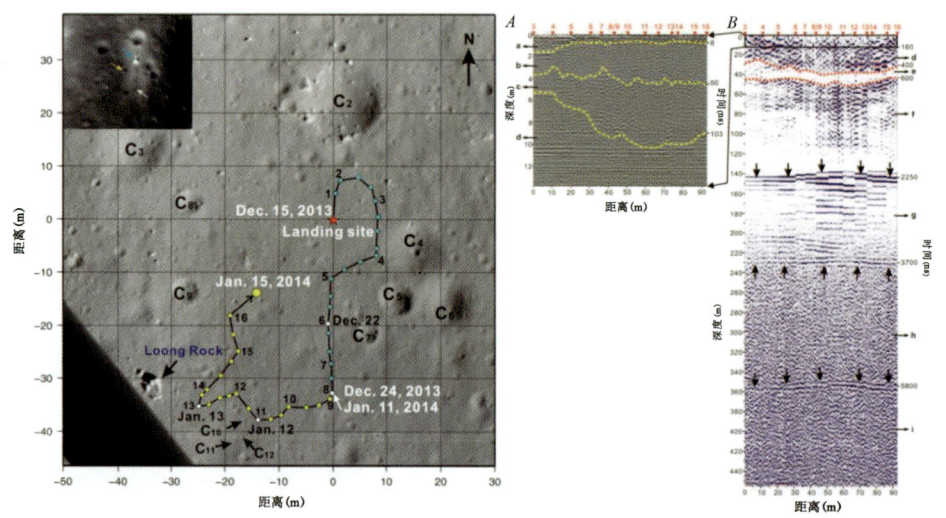

图 2　月兔号月球车行驶路线(左)和沿线高频及低频探月雷达回波获得的地下岩性界面(右)

三、主要结论

(1)嫦娥三号着陆区是月球最为年轻的火山单元,附近紫薇撞击坑的形成年龄不老于 1 亿年,撞击挖掘出来的火山岩物质分布在着陆点周边。

(2)着陆区地下 400 m 深度以内,可能有 7 个地质界面,分别代表了火山喷发形成的火山岩和喷发间隙期形成的月壤层(图 3)。

(3)该区域埃拉托孙纪的火山活动依然强烈,月球火山活动的时间跨度和喷发强度比以往的认识要更长和更强。

四、论文信息

该论文于 2015 年 3 月 13 日发表在 Science 期刊上。

五、作者简介

本论文由中国地质大学(武汉)肖龙、朱培民、肖智勇、赵健楠、赵娜、袁悦锋、乔乐、张昊、王江、黄俊、黄倩、何琦,中国科学院电子学研究所方广有、周斌、纪奕才、张全英、盛少祥、李悦

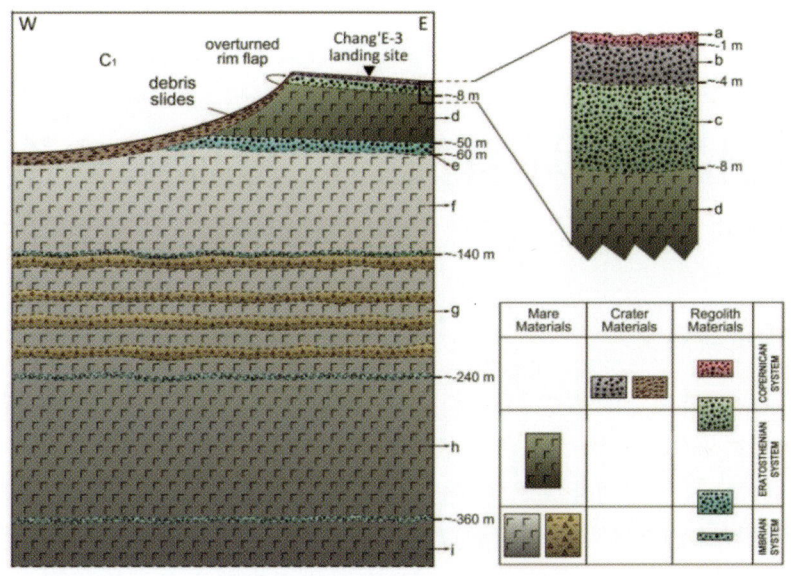

图 3 着陆点的地下多层结构

溪、高云泽,中国科学院国家天文台邹永廖和澳门科技大学张小平共同完成。肖龙,朱培民和方广友是共同通讯作者。

第一作者肖龙,教授、博士生导师。中国地质大学(武汉)行星科学学科带头人,创建了中国地质大学(武汉)行星科学学科方向,建立行星科学研究所并担任首任所长。长期从事岩石学和月球与行星地质的教学与科研,承担了国家自然科学基金重点项目、面上项目、"863 计划"和国防科研项目 30 余项。取得的主要学术成果包括:①利用嫦娥三号探月数据首次对月球风暴洋雨海盆地北部的火山活动和次表层结构进行了识别,发现了多期和多样的火山活动产物;②研制了多种模拟月壤,支撑了嫦娥五号月面采样工程;③对柴达木盆地的类火星地质地貌开展了深入研究,评估了其类比火星地貌和地质环境的科学及工程价值,使之成为国际认可的重要火星-地球类比研究基地;④对月球背面嫦娥四号着陆区冯卡门盆地的地质及物质组成提出了新的解释;⑤提出了峨眉山玄武岩地幔柱与岩石圈相互作用的新模型;⑥通过实验岩石学研究,提出了中国东部高钾埃达克岩的形成机制。在 *Science*、*Nature* 等国内外学术期刊发表论文 200 余篇,出版教材、专著和科普著作 7 部。科研和学术成果获得国家自然科学二等奖,湖北省自然科学一等奖和二等奖、广东省科学技术奖一等奖和澳门特别行政区科学技术奖——自然科学一等奖等。

肖龙教授还担任中国航天局探月与航天工程中心科学顾问、载人航天工程空间科学与应用领域专家组成员、中国科学院空间科学研究院战略专家组成员、国防科技工业科学技术委员会宇航与深空领域专业组成员、嫦娥三号和嫦娥四号科学数据研究核心科学家团队组长与副组长,是中国首次火星探测科学目标论证组专家、载人登月科学应用深化论证专家组成员、中国首次小行星采样返回科学目标论证专家、南极陨石专家委员会委员等。同时担任多个国际行星科学组织与行星科学会议的成员或召集人,十多个学术期刊的编委,担任第 651 次香山会议"行星科学与深空探测"执行主席,等等。

与克拉通破坏有关的巨量金成矿作用

一、研究背景与意义

克拉通是地球上最稳定的构造单元,自新太古代或古元古代形成以来长期稳定存在,具有岩石圈厚度大(>200km)、地壳热流值低、内部缺少明显的岩浆活动和构造变形等特征。克拉通孕育了世界上最重要的金成矿省(除兰德盆地的砾岩型金矿外),如北美苏必利尔金成矿省和澳大利亚伊尔岗金成矿省,它们的成因主要与克拉通形成过程中的增生/碰撞造山作用及相关的区域变质作用有关,成矿流体和成矿金属元素主要来自碳质碎屑岩和中基性—中酸性火山岩的变质脱挥发分作用,控矿构造性质以挤压和转换挤压为主。

与世界上其他克拉通形成巨大反差的是华北克拉通。该克拉通在早中生代以前一直处于构造稳定状态,但自中生代以来,其东部广大地区发生了强烈的构造活化,岩石圈厚度强烈减薄到80~120km,岩石圈的地球化学和同位素组成也发生显著改变,岩浆岩广泛发育,区域构造活动强烈,地壳热流值显著升高。这些观察事实表明,华北克拉通的古老岩石圈在中生代时期发生了强烈的破坏、改造和丢失,已不具有典型克拉通的特点。

华北克拉通也是我国最重要的金成矿省,探明黄金储量7000~8000t。成矿作用时间、矿床成因和成矿构造背景一直是华北克拉通金矿床研究的核心内容,也是学术界争论很大的科学问题。一个观察事实是,迄今为止尚没有可信的证据证明华北克拉通的金矿床与克拉通化过程中的构造运动和区域变质作用有关。针对这一"悖论",本文以华北克拉通南缘小秦岭金矿集区为主要研究对象,从矿床地质学、放射性同位素年代学、稳定同位素地球化学和稀有气体同位素地球化学等方面开展系统研究,结合作者和前人对胶东、辽东、熊耳山等其他重要金矿集区的综合分析,揭示和阐明巨量金成矿作用与克拉通破坏的内在成因联系。

二、主要研究内容

本文研究了小秦岭地区金矿床的矿体特征、控矿构造和蚀变矿化特征,强化对控矿构造和成矿流体属性的认识,厘定成矿作用和热液蚀变演化过程,在此基础上对从含金矿物黄铁矿中提取的流体包裹体进行系统的稀有气体同位素组成分析(^{3}He、^{4}He、^{20}Ne、^{21}Ne、^{22}Ne、^{40}Ar、^{36}Ar),以及对各种含水蚀变矿物的氢、氧同位素,脉石矿物石英的氧同位素,矿石矿物黄铁矿、闪锌矿和方铅矿的硫同位素进行分析,以揭示成矿流体的来源;为准确限定成矿作用的时间,查明巨量金成矿作用与克拉通破坏之间可能存在的成因联系,对代表性金矿床金矿石中的辉钼矿进行Re-Os定年,对主成矿阶段形成的含钾蚀变硅酸盐矿物进行激光阶段加热^{40}Ar/^{39}Ar定年,在此基础上对小秦岭地区金矿床成矿流体和成矿金属元素来源、巨量金成矿作用的时间、金矿床成矿与克拉通破坏的成因联系等进行深入讨论。

三、主要结论

研究发现,小秦岭地区金矿床成矿流体为中温(400～200℃)、中等盐度(22%～6% NaCl equiv.)热液,流体不混溶和流体-岩石相互作用是金矿石沉淀的主要机制,金矿床和矿体的空间分布主要受北西西向断裂构造控制。3 个矿床的辉钼矿 Re-Os 年龄分布在 154～148Ma 和 134～131Ma,另外 7 个金矿床 19 个蚀变含钾硅酸盐矿物样品的 $^{40}Ar/^{39}Ar$ 坪年龄介于 143～119Ma 之间,表明小秦岭地区金矿床形成于晚侏罗世及早白垩世。这些年龄比胶东地区金矿床的成矿作用时间(122～119Ma)稍早且持续时间更长。结合华北克拉通其他金矿集区(辽东、冀东、赤峰、太行山、熊耳山等)的资料分析,本文研究结果表明华北克拉通金矿床成矿时空不均一,但与克拉通破坏的时间总体一致,暗示金成矿可能与克拉通破坏有关。

利用激光阶段加热技术提取载金矿物黄铁矿中的包裹体,其 ^4He 和 ^{20}Ne 含量分别为 1.99～0.01μcm^3 和 2.61～0.07ncm^3,对应的 R/Ra 值为 1.52～0.22,$^{20}Ne/^{22}Ne$ 和 $^{21}Ne/^{22}Ne$ 值分别为 10.02～9.42 和 0.031～0.027,$^{40}Ar/^{36}Ar$ 值介于 663～380 之间。硫化物的 $\delta^{34}S$ 值介于-1.8‰～6.3‰之间(平均为 3.3±2.7;1σ),少数样品的 $\delta^{34}S$ 值为-4‰～-3‰ 和 6.5‰～10‰,反映成矿过程中流体不混合、流体-岩石相互作用、流体脱硫作用等引起的局部硫同位素分馏。根据含水蚀变硅酸盐矿物的氢氧同位素线组成及石英氧同位素组成,计算出与之平衡的成矿流体的 δD 为-53‰～-93‰,$\delta^{18}O$ 为 5.9‰～4.3‰。

基于矿床地质、矿化特征、流体包裹体和稳定同位素地球化学的综合分析认为,小秦岭地区金矿床具有相似的成矿流体来源。成矿流体中的 $^3He/^4He$ 值比壳源稀有气体的值高出 1～2 个数量级,表明成矿流体中有大量幔源组分。考虑到华北克拉通的古老岩石圈地幔自古生代以来遭受了多期次俯冲板片流体和熔体的改造并发生富化,这种富集地幔的 $^3He/^4He$ 值应远低于 MORB 的 $^3He/^4He$ 值。基于此考虑,假定华北克拉通交代岩石圈地幔的 $^3He/^4He$ 值为 6Ra,计算出成矿流体中有高达 25%的幔源稀有气体。在 $^{40}Ar^*/^4He$ vs. $^3He/^4He$ 图解中,金矿样品介于壳源和幔源组分的混合线并靠近地幔端元。Ne 同位素组成提供了更为强烈的幔源流体信息。所有样品的 Ne 同位素比值($^{20}Ne/^{22}Ne$ 和 $^{21}Ne/^{22}Ne$)与地幔 Ne 同位素组成高度一致。综合考虑 He 和 Ne 同位素组成,发现它们与岛弧火山和 MORB 的同位素组成相似。上述硫同位素和氢、氧同位素组成进一步支持成矿流体的(幔源)岩浆来源,也与作者和其他学者获得的铁白云石等热液碳酸盐的碳同位素组成分析结果一致。

综上所述,小秦岭地区大规模金成矿作用时间与华北克拉通岩石圈破坏时间基本吻合。成矿流体和成矿金属元素主要来自深部岩浆房的脱气作用,这些岩浆活动起源于被早期板片流体和熔体交代的富集地幔。晚侏罗世—早白垩世时期由于古太平洋板块俯冲角度和速率的变化导致板片回撤并诱发软流层上升,触发富集岩石圈大范围的部分熔融,形成的玄武质熔体在向上侵位和地壳岩浆房演化过程中溶出含金成矿流体,流体运移到上部地壳的断裂体系(如洛南-栾川断裂及其次级构造和相关的褶皱构造、小秦岭变质核杂岩的拆离断层)中由于流体不混合、流体-岩石相互作用等因素诱发金的硫氢络合物失稳和金矿石的沉淀(图 1)。小秦岭地区邻近的熊耳山地区、东部的胶东地区和华北克拉通北缘矿集区的金成矿作用基本上都集中发生在早白垩世,暗示克拉通范围内的金矿床是同一成矿背景和同一区域成矿事件的产物。因此,以小秦岭-熊耳山和胶东矿集区为代表的华北克拉通金成矿省是目前世界上唯一与克拉通破坏有关的巨型金成矿省,表明古老克拉通在遭受岩石圈破坏或其边缘受到周围造山作用影响的条件下可发生大规模成矿作用,形成巨量金属矿床。

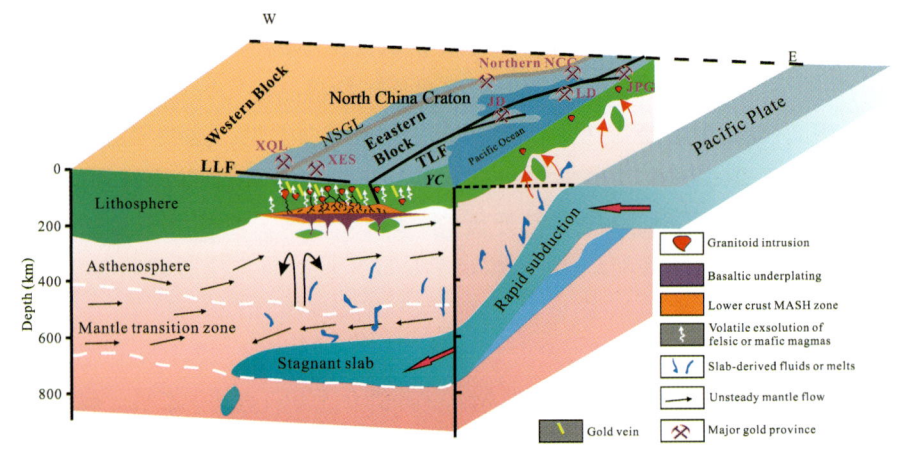

图 1 由古太平洋板块俯冲诱发的华北克拉通岩石圈破坏及由此诱发的岩石圈部分熔融和巨量金成矿作用

注:华北克拉通的岩石圈在古生代和早中生代时期已分别受到南北两侧大洋和大陆岩石圈俯冲的影响而被交代和富化,晚中生代的古太平洋板块是岩石圈破坏的诱因,早期的穿岩石圈断离在岩石圈破坏过程中发生构造活化并控制了主要金矿床和矿集区的定位与分布。

四、论文信息

论文于 2012 年 10 月 1 日发表于 *Earth and Planetary Science Letters*(地球与行星科学通讯)。作者:李建威*,毕诗健,David Selby,陈蕾,Paulo Vasconcelos,David Thiede,周美夫,赵新福,李占轲,邱华宁。

五、作者简介

李建威,男,教授,主要从事矿床学研究。国家杰出青年基金获得者、国家高层次人才计划入选者、教育部高层次人才计划入选者。先后主持国家自然科学基金委重点项目、重大研究计划重点项目、杰出青年科学基金项目、科技部"973 计划"课题、重点研发计划课题等,在克拉通破坏与巨量金成矿、造山型金成矿作用、斑岩-矽卡岩成矿系统演化、风化过程与表生成矿等研究领域取得了创新成果。在国内外重要学术期刊上发表论文 230 篇,包括以第一作者或通讯作者身份在 PNAS、*Geology*、*EPSL*、*GCA*、*EG*、*GSAB*、*CMP* 等顶尖期刊上发表论文 30 篇,论文被 SCI 引用 7200 次(SCI 他引 6800 次),入选爱思唯尔中国高被引学者,获湖北省自然科学一等奖 2 项、自然资源部科学技术一等奖 1 项,担任《亚洲地球科学:X》主编、《地球科学》中英文版和《大地构造与成矿学》副主编、《中国科学·地球科学》等期刊编委。2012 年当选国际矿床学家协会(SEG)Fellow,现任 SEG 杰出讲师遴选委员会委员。

有关克拉通破坏与巨量金成矿的论文发表后,被《自然·地球科学》作为研究亮点进行正面评述,成为该刊创刊以来仅有的两篇被选为研究亮点予以评述的矿床学研究论文之一。在国际上率先成功利用石榴石氧同位素组成示踪脉状金矿床的成矿流体来源,揭示某些脉状金矿床的成矿流体起源于深部岩浆去气,而岩浆热液与大气降水混合是诱发金矿床沉淀的重要机制,成果发表于《美国科学院院刊》。率先系统开展了我国表生氧化锰矿床成矿作用的研究,揭示了我国南方氧化锰矿床成矿作用的时空演化,建立了青藏高原隆升-东亚季风演化-红土型化学风化-矿床表生富集等重大地质事件的内在联系,填补了我国表生氧化型矿床的研究空白。2019年受《中国科学·地球科学》主编邀请,为该刊建国70周年专题集撰写了题为《新中国成立以来中国矿床学研究若干重要进展》的论文,并受邀在"第五届地球科学前沿论坛"上做大会报告。召集和主持国际学术会议专题或主题7次,在国际国内学术会议上做大会报告4次、主题报告或特邀报告20余次。

细粒碎屑沉积物古盐度指标探索

一、研究背景与意义

古盐度指标的研究历史悠久,最初的古盐度研究要追溯到 19 世纪 40 年代,Goldschimidt(1932)对不同沉积环境中沉积物的微量元素分布规律进行了探索。在最近几十年,我国学者开发或者实验过多种沉积学和地球化学指标,如 B/Ga、Sr/Ba、$^{87}Sr/^{86}Sr$、Mg/Ca、Sr/Ca 和 Na/Ca 等,来重建不同沉积地层的古盐度。其中,B/Ga、Sr/Ba 值得到了较为广泛的应用,然而大部分相关的研究成果都发表在中文期刊上,未引起国外学者的关注和认可。此外,Berner and Raiswell(1984)利用现代海洋和湖泊沉积物中的硫与总有机碳含量值(S/TOC)证实该指标可以区分海水和淡水沉积。

二、主要研究内容

1. "将今论古":B/Ga、Sr/Ba、S/TOC 对古盐度的指示

为了证实地球化学指标 B/Ga、Sr/Ba、S/TOC 对古盐度指示的有效性,Wei 等(2020)收集了大量文献资料,总结了现代淡水、半咸水、海水等沉积系统的水体中的 B(硼)、Ga(镓)、Sr(锶)、Ba(钡)和 SO_4^{2-} 离子的浓度,以及系统中沉积物 B、Ga、Sr、Ba、S 和 TOC 的含量及其比值大小,定量地分析了这 3 种盐度指标与盐度之间的联系。

2. 硼/镓指标(B/Ga)

在整理的数据中,B 的浓度与水体盐度显示出了非常强的线性关系,而 B/Ga 值与盐度也显示出较强的指数相关(图 1c)。

沉积物中 B 的含量和 B/Ga 值都显示与水体盐度正相关。沉积物中的 Ga 含量与盐度相关性较弱。B 与 Ga 交汇图明显地区分开了来自淡水、半咸水和海水的样品(图 2c)。

3. 锶/钡指标(Sr/Ba)

在水体中,Sr 的浓度和 Sr/Ba 值都显示出与盐度较强的正相关,而 Ba 的浓度与盐度呈较强的负相关。

沉积物中的 Sr 含量和 Sr/Ba 值都显示与水体盐度的强相关性。沉积物中 Ba 含量与盐度之间关系较弱。Sr 与 Ba 含量的交汇图在一定程度上将淡水、半咸水和海水区域划分开来,相比 B/Ga,Sr/Ba 在不同盐度相交汇处存在较大的重叠。

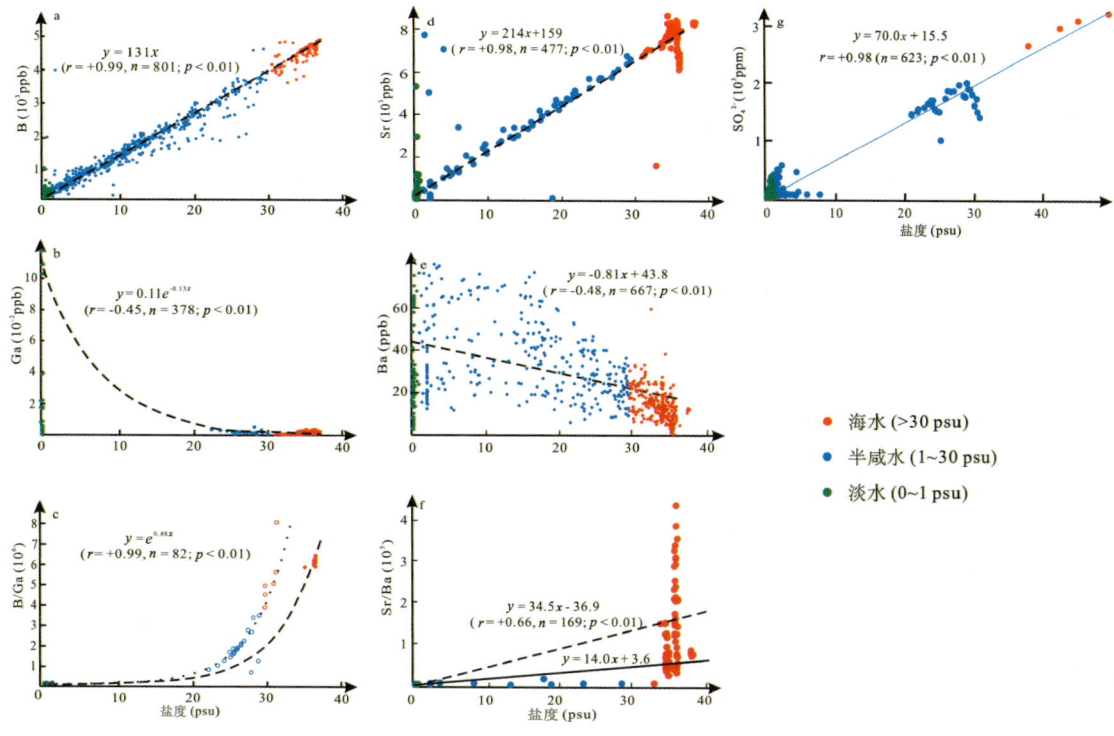

图 1　a、b、c. 水体中 B、Ga 的浓度以及 B/Ga 值与水体盐度交汇图；d、e、f. 水体中 Sr、Ba 的浓度以及 Sr/Ba 值与水体盐度交汇图；g. SO_4^{2-} 值与水体盐度交汇图

4. 硫/碳指标(S/TOC)

水体中的硫酸根离子的浓度与水体的盐度显示出较强的正相关性。沉积物数据中 S 和 S/TOC 都显示出与水体盐度显著的正相关性。S 与 TOC 的交汇图显示海水与半咸水沉积物样品数据点存在明显的重合，而淡水沉积物数据点分区比较明显。本研究整合的海洋沉积物的 S-TOC 数据刚好位于 Berner 和 Raiswell（1984）提出的"normal marine trend"（正常海洋沉积物趋势线）附近，也证实了该指标的实效性。

三、主要结论

B/Ga 是最能有效区分不同盐度相的指标，其中 B/Ga=3 为淡水和半咸水相的分界线，而 B/Ga=6 为半咸水和海洋沉积的分界线，该指标对不同盐度相区分的准确率约为 88%。对于 Sr/Ba，区分淡水和半咸水沉积的最佳阈值为 0.2，半咸水和海水的分界值为 0.5，该指标的准确率约为 66%。对于 S/TOC 指标，S/TOC=0.1 为最合适的区分淡水沉积和半咸水/海水沉积的阈值，该指标的整体可信度大约为 91%。由于 3 种指标反映的环境因素不同，建议在进行所有的古盐度研究的过程中同时使用多种古盐度指标，从而保证更加全面、准确地进行古盐度评估研究。

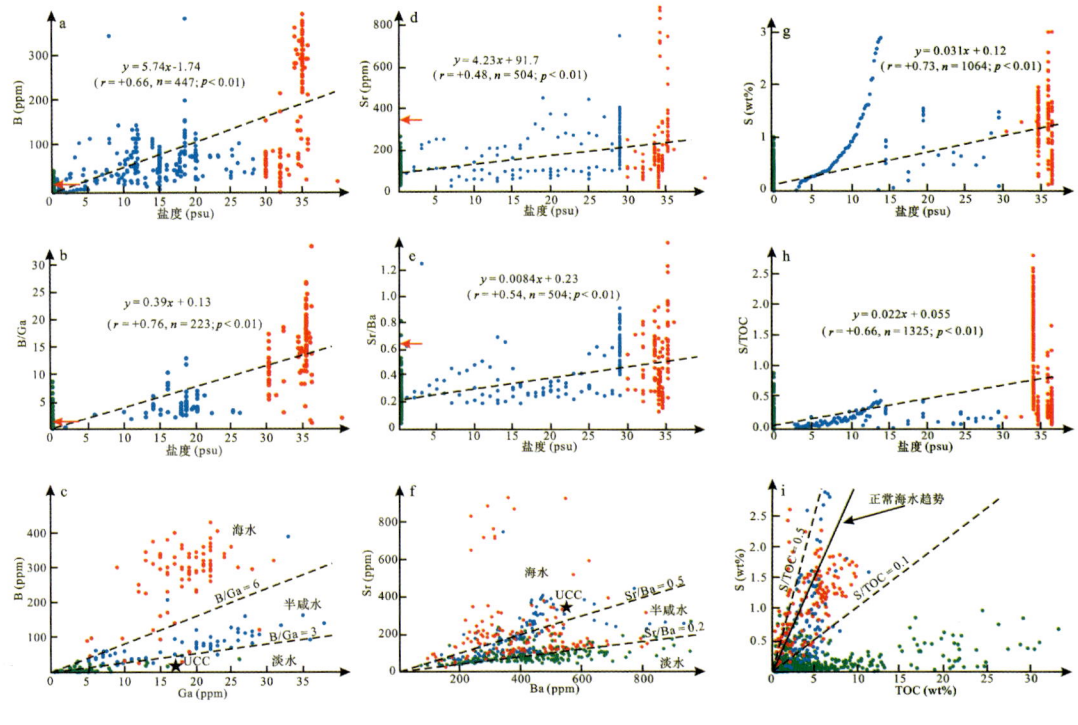

图 2 现代沉积物中的 S-TOC

a.S 和 b.S/TOC 值与水体盐度交汇图；c.S 与 TOC 的交汇图

四、论文信息

Wei W, Algeo T J, 2020. Elemental proxies for paleosalinity analysis of ancient shales and mudrocks. Geochimica et Cosmochimica Acta, 287, 341-366。该论文于 2020 年 7 月 2 日发表于 *Geochimica et Cosmochimica Acta*。

五、作者简介

魏巍，男，博士，中国地质大学（武汉）2010 届本科生，2014 年获得中国地质大学（武汉）资源学院硕博连读资格，2020 年 6 月获得矿产普查与勘探专业博士学位。硕博连读期间，作者对细粒碎屑沉积岩地球化学研究兴趣浓厚，在陆永潮老师和 Thomas Algeo 教授的指导下开展了细粒沉积物古盐度指标的探索、优化及应用，以及细粒沉积物中化学元素含量的长期变化（0~850Ma）与古气候，环境及构造演化之间的联系等研究。研究工作主要依托陆永潮老师的海相和陆相页岩相关的项目，以第一作者的身份共发表了 6 篇高水平国际 SCI，其中包括 3 篇 T1（1 篇发表于 *Geology* 和 2 篇发表于 *Geochimica et Cosmochimica Acta*）、3 篇 T2。作者在博士期间积极参与国际交流，一共参加了 5 次国际会议，多以英文口头汇报的形式参加，并于 2020 年 6 月获得博士后创新人才支持计划，资助金额 63 万元。未来的研究工作将继续放在古盐度指标（B/Ga，δ11B）的应用、推广和优化上，同时着眼于建立海相沉积物（页岩、BIF、Chert）地球化学成分大数据库，搭建沉积岩地球化学特征与地球历史之间的桥梁。

浅成造山型金矿床含金黄铁矿多阶段热液交代过程中金属再迁移和流体的扰动

一、研究背景与意义

超大型热液金矿床的形成通常与长期、多阶段含金流体的活动有关。热液金矿床中大量的金以固溶体金和微纳米级金颗粒（统称为不可见金）的形式赋存在黄铁矿等硫化物中。由于这些含金硫化物在不同成分和性质的流体体系中具有不同的溶解度，早期形成的含金硫化物往往被随后多期次成矿流体反复交代，并发生多阶段的溶解-再沉淀等化学反应，从而形成非常复杂的热液交代结构。在含金硫化物发生热液交代的过程中，赋存在硫化物中的金及其他成矿元素会被释放出来以降低晶体应变能，并随后发生微米至纳米尺度的迁移，在界面流体附近达到过饱和，导致金的沉淀和再次富集。因此，对含金硫化物复杂热液交代过程的精细研究是深入理解含金流体性质和演化及高品位金矿石成因的关键。然而，目前对微细尺度含金硫化物的热液交代过程及该过程中金等成矿元素迁移-再富集的详细研究还很缺乏。

二、主要研究内容

本文以西秦岭造山带典型的超大型浅成造山型金矿床（大桥金矿床）为研究对象，在详细的野外地质、岩相学和矿物学研究的基础上，综合利用 SEM、LA-ICP-MS、NanoSIMS 和 SIMS 等高分辨率观测和分析测试技术，对含金黄铁矿与白铁矿组合进行了精细的显微结构研究和微量元素及硫同位素组成分析。

研究结果显示，大桥金矿床成矿早阶段沉淀的自形含金黄铁矿在后期多期次流体的作用下多次发生了溶解-再沉淀反应（图 1a）。含金黄铁矿先被多孔状黄铁矿交代，随后多孔状黄铁矿又被两期白铁矿和少量的毒砂交代（图 1b）。在含金黄铁矿发生多阶段的热液交代过程中，金、砷、铜等微量元素从原生黄铁矿的晶格中被大量释放，并在微细的不规则状白铁矿中再次富集（图 1c）。前人的实验研究显示，化学性质较为活泼的白铁矿一般形成于低温、低 pH 值及偏氧化的流体环境中。因此，大桥金矿床早期含金黄铁矿被后期多阶段黄铁矿及白铁矿热液交代指示了成矿流体逐渐氧化的过程。这一过程与从原生黄铁矿到次生富金白铁矿中 $\delta^{34}S$ 值的逐渐降低相吻合（图 1a），因为流体氧化导致其中的 ^{34}S 优先分馏进入偏氧化的硫化物中，造成 H_2S 和从流体中沉淀的黄铁矿与白铁矿中相对更富集 ^{32}S。结合矿区地质和矿体地质特征研究，进一步提出大桥金矿床成矿过程中含金流体的逐渐氧化过程主要与矿区广泛发育的多期次水力压裂作用有关。水力压裂作用和围岩角砾岩化导致流体压力的迅速降低及流体沸腾，从而导致流体中还原硫（如 H_2S 或 S^{2-}）含量的降低和流体的逐渐氧化。

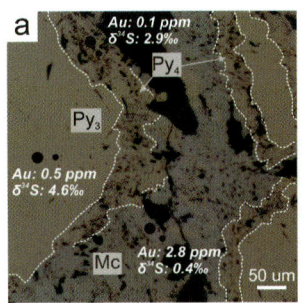 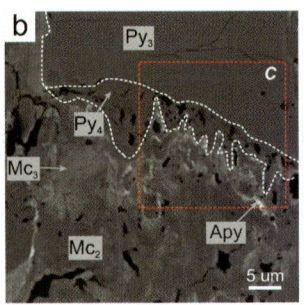 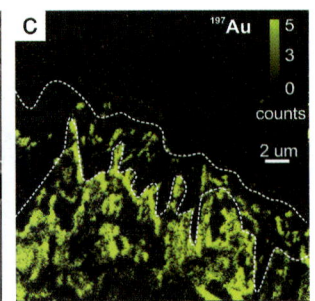

图 1　a. 大桥金矿床中含金黄铁矿 Py_3 被多孔状贫金黄铁矿 Py_4 交代,后者被富金白铁矿集合体 Mc 交代,Py_3、Py_4、Mc 的 $\delta^{34}S$ 值逐渐降低(大小黑圈分别代表 LA-ICP-MS 微量元素和 SIMS 硫同位素分析点位);b. 扫描电子显微镜下白铁矿集合体,包括暗色 Mc_2、亮色 Mc_3 及少量细粒毒砂 Apy;c. NanoSIMS 元素面扫描显示 Mc_3 中大量富集金,表明热液交代过程中金从 Py_3 中释放出来并在 Mc_3 中再次富集

三、主要结论

本项研究揭示了浅成造山型金矿床中含金黄铁矿被后期黄铁矿和白铁矿热液交代的微观过程,以及该过程中金等成矿元素的释放、迁移和再富集。研究还表明,在上地壳浅部(<3km)的脆性构造部位,由周期性流体压力骤减引起的流体化学性质扰动是造成黄铁矿等硫化物发生复杂热液交代作用的关键。该成果为深入理解热液金矿床中含金黄铁矿被后期硫化物交代的过程和机制提供了重要约束,并为探讨造山型金矿床的成矿流体演化和金的迁移-再富集过程提供了新的视角。

四、论文信息

该论文于 2018 年 11 月 3 日发表在 Geochimica et Cosmochimica Acta 期刊上。为资源学院李建威教授团队研究成果,参与研究的还有澳大利亚科廷大学 Katy Evans 教授和 Denis Fougerouse 博士,以及塔斯马尼亚大学 Ross Large 教授和西澳大学 Paul Guagliardo 博士。

五、作者简介

论文第一作者为吴亚飞,中国地质大学(武汉)资源学院特任教授、博士生导师。2008—2019 年先后获中国地质大学(武汉)地质学(国家理科基地班)专业学士、矿产普查与勘探专业硕士和博士学位,2020 年获澳大利亚科廷大学应用地质学专业博士学位,2019—2021 年先后在香港大学和圣若瑟大学从事博士后研究。主要从事造山型金矿床成因研究,擅长利用多种微米至原子空间分辨率的微区分析技术对金的成矿过程和成矿机理进行研究。主持或参与了国内外多个科研项目,在 PNAS、Geology、GCA、Economic Geology 等地学国际重要期刊上发表 SCI 论文 10 余篇。

古基因组揭示灭绝大熊猫对现存种群的遗传贡献

一、研究背景与意义

大熊猫是我们的国宝,也是外交宠儿,深受全球大众的喜爱,兼具极高的社会和生态价值。保护大熊猫和它们特定的栖息地,就保护了栖息地内成千上万的其他物种。现代野生大熊猫的栖息地,零星分布于我国四川、甘肃、陕西三省交界的青藏高原东部山区。然而,化石记录显示,大熊猫曾经广泛分布于北起我国周口店、南至华南大部乃至越南、缅甸的东南亚广阔区域。在大熊猫栖息地的缩减过程中,那些曾经在现生种群分布区域之外留下过生活足迹和化石记录的大熊猫古代种群,经历了怎样的种群迁移和绝灭过程?它们与现生大熊猫的祖先有无遗传信息的交换和传承?它们的消失,对于大熊猫的演化历史而言,带来的效应是否只是个体数目的减少(量变)而非遗传多样性的降低(质变)?回答上述问题,不仅需要对现生大熊猫进行种群遗传学研究,而且需要对古代个体或种群的实时分子信息进行追踪。

二、主要研究内容

2005 年,合作者在云南腾冲江东山一处天然竖井中发现了一个大熊猫骨骼遗存。项目组对该遗存开展了以下工作:

(1)样品 ^{14}C 测年。放射性碳同位素测年结果显示该遗存代表的个体生存年代为距今 (5025 ± 35)a,是迄今发现的该地区最晚的大熊猫化石记录,其发现地与现生大熊猫栖息地相距千里之遥。

(2)古 DNA 提取和二代测序。研究组优化实验条件,用一定浓度的去污剂浸泡样品,去除了该大熊猫骨骼遗存在 5000 多年的埋藏保存过程中积存的大量微生物外源 DNA,提高了提取物中大熊猫内源古 DNA 的含量,从仅 300 mg 股骨骨粉中,运用古 DNA 实验方法和新一代测序技术,得到 1.75 百万的原始测序读长。

(3)古代和现生大熊猫基因组组装。经生物信息学处理和基因组组装,研究组得到了全新世大熊猫个体 1.2 倍覆盖度的全基因组。同时,对数据库中已有的 49 个现生大熊猫全基因组原始测序数据进行了从头组装。

(4)大熊猫遗传谱系和基因交流分析。运用群体遗传学分析方法,对古代大熊猫个体所属的遗传谱系及其与现生大熊猫的基因交流情况进行了统计分析。

三、主要结论

（1）云南全新世大熊猫样品代表一个不同于现生大熊猫、现已绝灭的大熊猫遗传谱系；该谱系与现生大熊猫共同祖先种群的分化，早于现生大熊猫3个不同地理种群（即秦岭种群、岷山种群、邛崃-大相岭-小相岭-凉山种群）的形成（图1）。

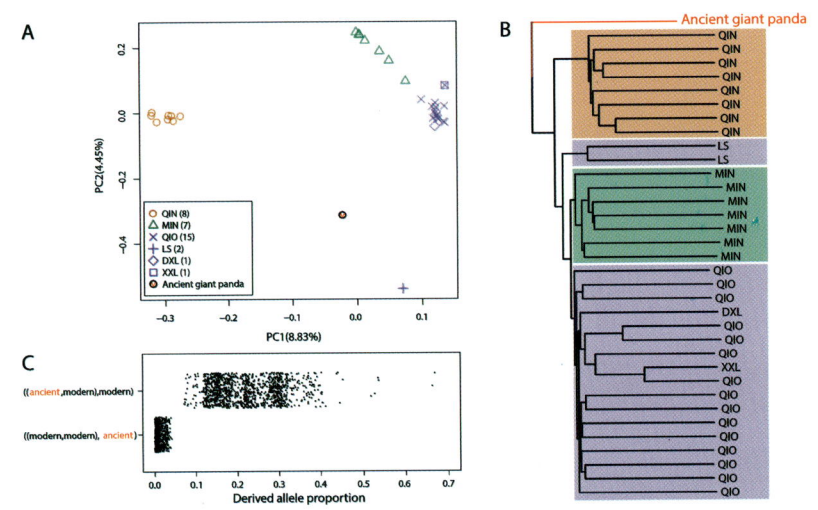

A. 主成分分析图，图中红点代表古代大熊猫个体；B. 大熊猫系统树，红色标记、处于系统树根部的为古代大熊猫个体；C. 古代、现生大熊猫共享基因统计图

图1　古代大熊猫与现生大熊猫系统演化关系图

（2）云南腾冲江东山的大熊猫代表的古代种群在现生大熊猫的各祖先种群中留下了多少不一的基因成分（图2）。由此说明，在大熊猫物种演化过程中，伴随着其栖息地的退缩，其遗传多样性也有所丧失；通过与现生大熊猫祖先种群的基因交流，云南腾冲江东山的古代大熊猫灭绝谱系，部分基因得以在现生大熊猫基因库中幸存。绝灭遗传谱系中通过种群杂交渗透到现生大熊猫基因库中的少量基因，可能有助于大熊猫在将来的演化过程中更好地适应不断变化的环境。

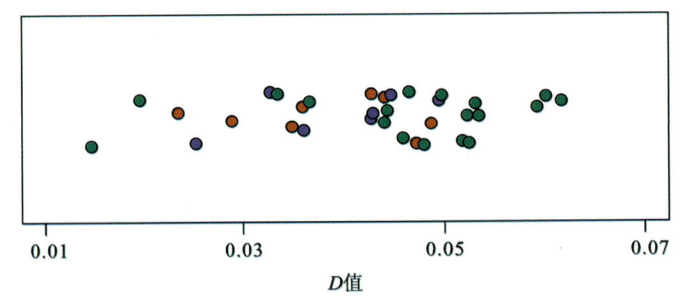

图2　古代大熊猫与不同种群现生大熊猫基因交流 D 值统计结果

（图中不同颜色样点分别代表来自秦岭种群（橙色）、岷山种群（绿色）、邛崃-大相岭-小相岭-凉山种群（紫色）的现生大熊猫个体）

三、论文信息

该论文于 2019 年 5 月 9 日发表在 Current Biology 期刊上（Nature Index 期刊，T1）。作者：Sheng G L*，Basler N，Ji X P，Paijmans J L A，Alberti F，Preick M，Hartmann S，Westbury M V，Yuan J X，Jablonski N G，Xenikoudakis G，Hou X D，Xiao B，Liu J H，Hofreiter M，Lai X L，Barlow A*，2019. Paleogenome reveals genetic contribution of extinct giant panda to extant populations. Current Biology，29（10）：1695-1700（SCI，IF2017＝9.251，T1，https://doi.org/10.1016/j.cub.2019.04.021，published online 9th May 2019）。

四、作者简介

盛桂莲，中国地质大学（武汉）环境学院教授，博士生导师，生物地质与环境地质国家重点实验室固定研究人员。1998 年、2001 年先后获华中师范大学生物学学士、植物学硕士学位，2007 年获中国地质大学（武汉）古生物学与地层学博士学位。

从事古 DNA 研究，借助古 DNA 实验方法和新一代测序技术，提取测定生物化石、亚化石，或植物炭化遗存等材料中的生物古基因组，以开展古 DNA 及分子演化、古脊椎动物地理谱系、动植物家养驯化历史等研究。与国内外学者合作测定了全世界首例大熊猫古基因组，成果曾入选"2019 年度中国古生物学十大进展"。

主持或作为骨干参与国家自然科学基金面上项目及青年基金项目、湖北省自然科学基金项目、中国地质大学（武汉）优秀青年教师项目等 20 余项；在 Current Biology、Molecular Ecology、Proceedings of the Royal Society B：Biological Sciences、《中国科学》等国内外权威期刊上发表研究论文近 40 篇，主编或参与编写学术专著 3 部。多次获国家留学基金委等资助赴美国伊利诺伊州立大学香槟分校、德国马普进化人类学研究所、澳大利亚阿德莱德大学、德国波兹坦大学访问学习。

除外单位合作作者外，本文校内合作作者还包括地球科学学院赖旭龙教授、材料与化学学院袁俊霞副教授、环境学院侯新东副教授、环境学院硕士生肖博。

微生物-矿物胞外电子传导机理

一、研究背景与意义

铁矿物常见于土壤中和地表下,它们可以以多种形式支撑微生物的生长和代谢。具体包括以下4个方面:①作为微生物厌氧呼吸的终端电子受体;②作为微生物自养生长的电子和能量来源;③作为微生物细胞之间电子传导的导体;④作为电子储存介质。由此可见,微生物-含铁矿物之间的电子传导直接影响铁、碳和氮的地球化学循环。具有胞外电子传导能力的微生物可用于生物修复污染物、生产新型纳米材料、生物采矿和生产生物能源。由于微生物-含铁矿物之间的电子传导在生物地球化学过程中的重要性、在生物电子传导过程中的特殊性和在生物技术中的多种应用前景,近年来相关研究已成为地质微生物学、生物地球化学、环境化学和多个基础学科以及应用科学研究的焦点和热点。

二、主要研究内容

电子在微生物细胞质膜的氧化还原载体与胞外含铁矿物之间的交换通常被称为微生物胞外电子传导。但是,微生物细胞质膜外表面通常有一些对于含铁矿物不具导电性和通透性的结构组分,例如肽聚糖、外膜和表层蛋白质。为了将电子传导通过这些不导电的物理障碍,利用微生物演化出胞外电子传导这一特殊机制来与含铁和其他矿物交换电子。微生物胞外电子传导是常见的,与用于有氧呼吸的微生物细胞电子传递链有着诸多本质区别,如胞外电子传导能将电子传导穿过整个细胞膜套,这一电子传导过程中与质子梯度的形成无关,并且该过程是双向性的,即电子可由细胞质膜传到矿物表面,也可由矿物表面传到细胞质膜。不同的金属代谢微生物可能采用不同的胞外电子传递机理实现对金属的氧化或者还原过程(图1)。

三、主要结论

近10年的相关研究,已经鉴定和解读了几种对于微生物胞外电子转移的关键蛋白质,证明了它们作为细胞质膜和胞外矿物相关金属离子之间电子传递通道的重要作用,但我们对微生物和矿物质之间电相互作用的理解还存在知识空白。例如,电子如何从胞外矿物转移到胞内电子受体,以及这些过程中产生的能量如何保存仍然不清楚。同时,与研究得较为透彻的通过细胞包膜到胞外矿物质的向外的电子转移机制相比,向内的电子转移机制尚不清楚,还需要体内和体外表征来提供更为充分的证据,佐证这些假设的电子传导途径的功能。同时,微生物通过外膜传递电子与胞外矿物交换电子的分子机制还尚未理解清楚。革兰氏阴性菌的外膜脂双层是电子传导的屏障,因此细菌为了克服这一障碍,可能使用多种由跨膜蛋白和

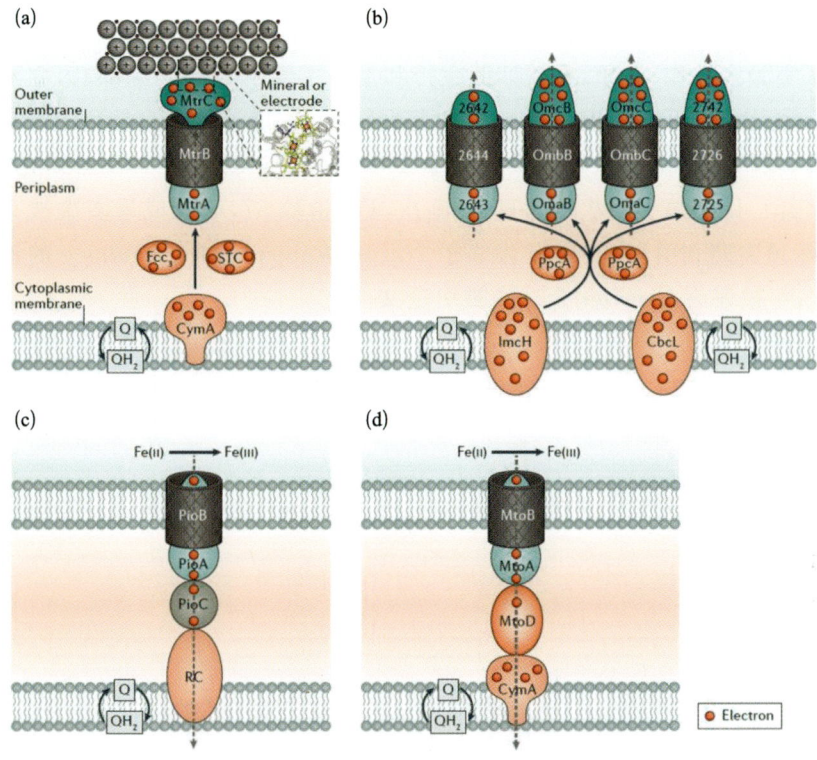

图 1 Mtr、Pcc、Pio 和 Mto 细胞外电子转移途径

(a) *Shewanella oneidensis* MR-1 的金属还原(Mtr)途径(a 部分);(b)*Geobacter sulfurreducens* 的孔蛋白-细胞色素(Pcc)途径;(c)*Rhodopseudomonas palustris* 的光合铁氧化(Pio)途径;(d)*Sideroxydans lithotrophicus* ES1 的金属氧化途径

氧化还原蛋白组成的蛋白质复合体,利用跨外膜蛋白充当鞘,氧化还原蛋白嵌入鞘内并跨外膜转移电子。这一假设可通过在原子水平确定蛋白质和蛋白质复合物的分子结构进行验证。微生物细胞间电子传导的分子机制尚不清楚。例如目前地杆菌纳米导线与孔蛋白-细胞色素介导的细胞外电子转移相互作用途径还未得到有效解析。虽然 Desulfobulbaceae 科电缆细菌可以形成独特的具有连续物理连接的细胞结构,细胞间的电子传导机理仍然未知。在分子水平上对这些电子转移过程机理的理解将为利用具有胞外电子转移能力的微生物的生物技术应用奠定基础。例如使用微生物电合成将温室气体 CO_2 转化为各种高附加值化学物质。

四、论文信息

SHI L, DONG H, REGUERA G, et al., 2016. Extracellular electron transfer mechanisms between microorganisms and minerals[J]. Nat. Rev. Microbiol(14), 651-662.

五、作者简介

石良,博士,教授,中国地质大学(武汉)环境学院生物科学与技术系地大学者,中国微生物学会地质微生物学专业委员会委员,中国矿物岩石地球化学学会第九届矿物学专业委员会委员。主要从事微生物胞外电子传递分子机理及其应用的研究,是这一研究领域的国际著名专家。2020和2021年被瑞典皇家科学院邀请为诺贝尔化学奖提名专家。曾在美国能源部西北太平洋国家实验室工作14年,在美期间主持和参与了多个美国能源部、国立卫生研究院和国家科学基金委员会科研和交流项目。2016年回国后,主持了国家自然科学基金委员会重点和面上项目,以及科技部国家重点研发计划重点专项课题。已发表SCI科研论文127篇,合作出版专著2部。论文总引用次数超过4100次,H-指数37,研究成果多次被 *Nature*、*Cell*、*Science* 等国际顶尖期刊引用,2016年发表于 *Nature Reviews Microbiology* 的论文已被引用860次,连续3年被评为Elsevier全球高被引论文。

三峡库区地质灾害研究经验与教训

一、研究背景与意义

在全世界,针对某个地区或某项工程开展专门性的地质灾害防治与研究工作,投入资源之大、涉及面之宽、治理成效之高,三峡库区当首屈一指。三峡库区地质灾害是三峡大坝建成后危及人民生命财产安全的一个重大问题;三峡库区地质灾害防治是确保水利工程安全运营和三峡库区移民生命财产安全的关键。通过三峡库区地质灾害防控研究,在蓄水前完成了对蓄水后可能复活的地质灾害体和城集镇不稳定库岸防治,有效地控制了蓄水后库区地质灾害的大规模产生,保护了库区人民生命财产安全,保证了库区百余座移民城镇地质安全,保障了库区社会稳定和可持续发展。通过三峡库区地质灾害防治和研究工作总结,可以系统梳理库区地质灾害防治和研究工作成效,吸取正反两方面经验和教训,为区域大型工程的地质灾害防治规划、实施提供可资借鉴的经验和重要的指导,以期全面提升水库滑坡地质灾害防治的能力水平,为减灾防灾服务。

二、主要研究内容

本文系统研究了三峡库区地质灾害形成地质背景与环境条件,从灾害分布规律、易滑地层、地质构造等角度重点阐述了滑坡灾害特征;基于三峡水库蓄水前后地震观测数据,对比分析了三峡库区水库诱发地震的时空分布规律。进一步系统总结了三峡库区地质灾害研究在地质灾害演化机理、地质灾害岩土特性、地质灾害防治方法、地质灾害监测技术和地质灾害大型野外试验场建设等方面取得的成就。最后,关于水库滑坡灾害研究提出了5个方面的挑战和建议,包括水库滑坡的长期稳定性评价、大型水库滑坡的防控对策、水库地质灾害多场信息关联监测系统、基于大数据分析和人工智能的地质灾害预测和预警以及基于绿色和可持续性的水库地质灾害防灾减灾。

三、主要结论

本文综述了近几十年来三峡库区地质灾害研究进展。首先,从滑坡动力学特征和易滑组工程特性为切入点,阐述了三峡库区滑坡演化机制,为三峡库区地质灾害的形成和演化提供了系统认识(图1)。然后,系统总结了三峡库区地质灾害防治措施,如深部排水、抗滑桩、锚固工程等(图2),为水库地质灾害治理提供了宝贵的经验。最后,系统梳理了三峡库区的地质灾害监测和预警成果,促进水库滑坡预警水平提升。地质灾害大型原位试验场(图3)是研究水库滑坡灾害的重要手段,也是促进工程地质研究人员交流与合作的有力平台。

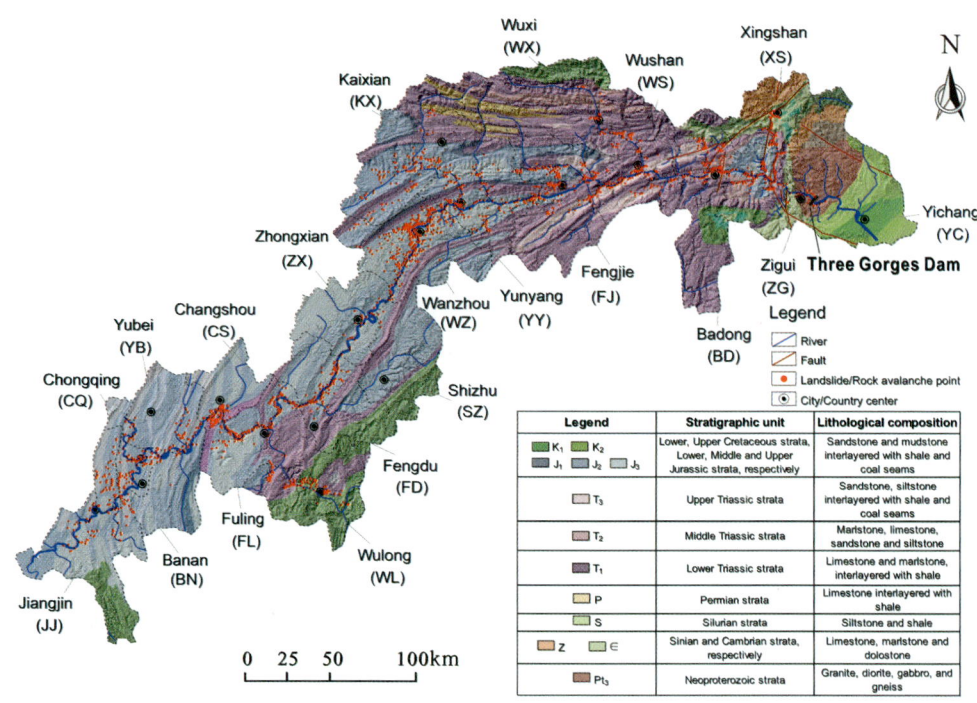

图 1 三峡库区滑坡灾害分布

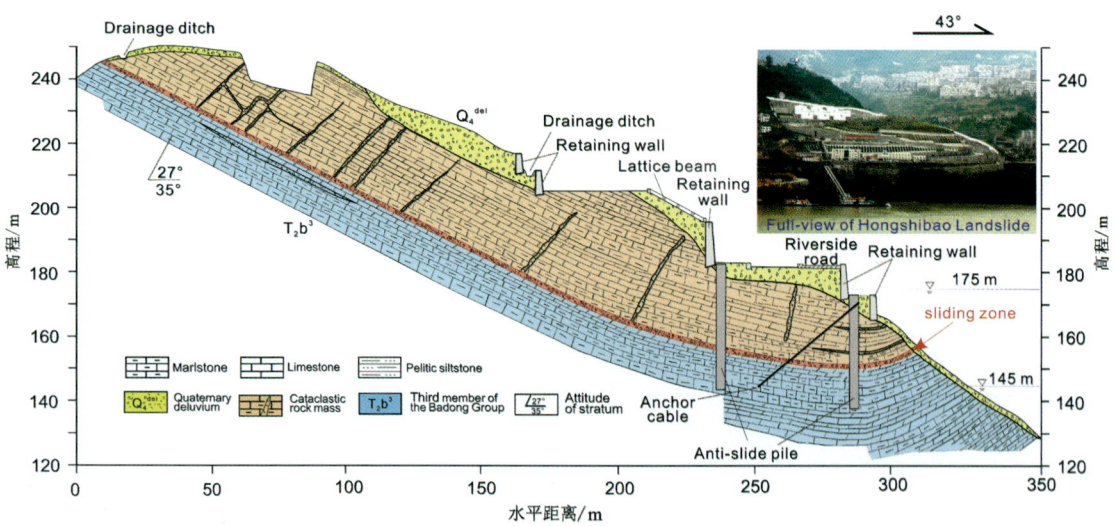

图 2 三峡库区红石包滑坡综合防治国家级示范工程

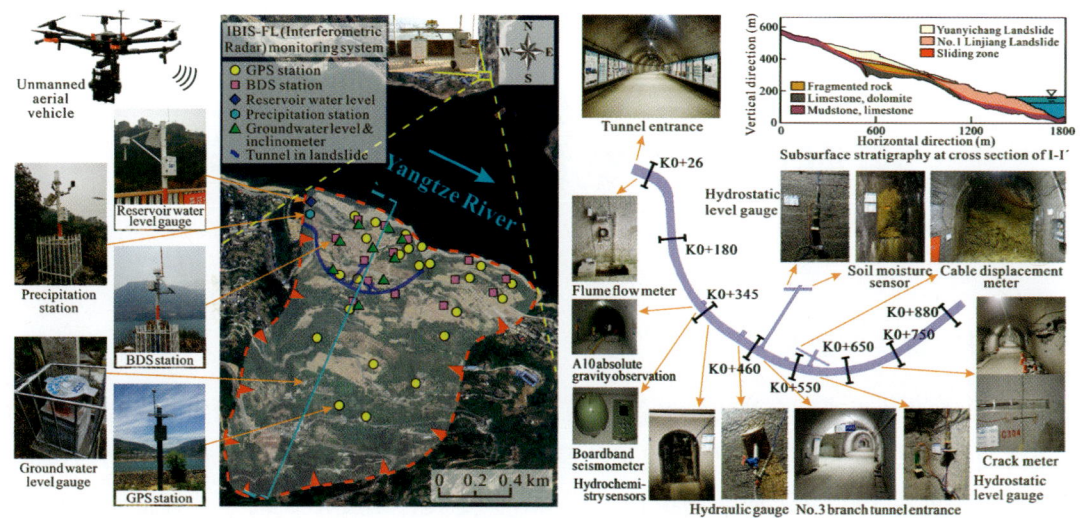

图 3　黄土坡滑坡大型野外综合试验场

四、论文信息

原文：Tang Huiming，Wasowski Janusz，Juang C. Hsein，2019. Geohazards in the three Gorges Reservoir Area, China-Lessons learned from decades of research[J]. *Engineering Geology*，261，105267.（*Engineering Geology* 2022 Best Papers Award）

译文：唐辉明，Wasowski Janusz，Juang C. Hsein，2019. 三峡库区地质灾害研究经验与教训[J]. *Engineering Geology*，261，105267.（*Engineering Geology* 2022 Best Papers Award）

五、作者简介

唐辉明，教授、博士生导师。中国地质大学（武汉）地质工程学科首席教授、湖北巴东地质灾害国家野外科学观测研究站站长、国际工程地质与环境协会（IAEG）副主席、俄罗斯工程院外籍院士、俄罗斯自然科学院外籍院士、俄罗斯矿产资源科学院外籍院士、国家"973计划"项目首席科学家、国家级教学名师、李四光地质科学奖获得者。主持国家973计划项目、国家自然科学基金重大项目、国家重点研发计划项目、国家自然科学基金重点项目、国家自然科学基金重大科研仪器项目和国际对比研究计划等。长期从事地质灾害预测预警与防控研究，在滑坡地质灾害演化过程、预测预警与防控理论和技术方面取得了重要创新成果；主持建设了三峡库区滑坡地质灾害防控示范基地；系统开展了我国地质灾害多发区一批重要滑坡的防治与监测预警，发挥了重要的示范作用，促进了工程地质学科的发展。获国家科技进步二等奖3项（2项排名1，1项排名2）、地质灾害治理国家级示范工程奖1项（排名1）、省部级科学技术一等奖6项（4项排名1，2项排名2）、国家教学成果二等奖2项（均排名1）。发表SCI论文180篇（第一/通讯作者102篇）。出版中英文专著7部，主编地质灾害防治规范5部，授权国家发明专利30项、国际发明专利5项。

南海记录了宽裂谷的破裂过程

一、研究背景与意义

南海是太平洋西部最大的边缘海盆,是了解大陆边缘地球动力学过程的重要窗口。近年来,南海的裂谷作用和破裂过程研究引起了国内外地质学界的极大关注。南海被动陆缘非常宽,北部边缘可达1000 km,南部陆缘达500 km,但是其详细变形样式并没有得到清晰的刻画。现有的学术研究(包括IODP钻井)并未发现大范围分布的北大西洋型剥露地幔,因此,南海被动陆缘的形成过程是怎样的仍待解决。本文利用高清的地震数据,详细记录了位移量超过100 km的大型拆离断层、变质核杂岩以及地壳尺度的韧性折叠层和岩浆侵入体,根据这些变形特征与典型宽裂谷作用下的构造变形对比,我们认为南海的裂谷作用发生在较高的地温条件下,与美国西部盆岭省和爱琴海的宽裂谷作用变形极为相似。

本文首次揭示了宽裂谷临界破裂区的变形样式,对进一步了解大陆裂谷的伸展破裂过程有重要意义。研究成果被 *Nature Communications* 评为"年度亮点论文"。

二、主要研究内容

本文利用高精度三维地震数据的解释,识别出位移量超过100 km的大型拆离断层、变质核杂岩以及地壳尺度的韧性流变褶皱和岩浆侵入体,揭示了莫霍面和上、下地壳结晶基底内部的变形特征,揭示了拆离断层下盘和拆离盆地的三维变形特征。大型拆离断层存在于荔湾盆地底部,拆离断层之上的基底断块很可能来自下地壳物质上涌,这些下地壳岩石在后期继续发生的拆离过程中形成类似旋转断块的特征,但其上部的盆地沉积物与旋转断块之上的沉积物有明显区别,前者对盆地内部的沉积物有强烈改造,而后者只是形成沉积空间使得沉积物得以填充。本文还指出南海北部陆缘远端带存在大量岩浆侵入体和韧性剪切变形,这些岩浆从壳-幔边界往上侵入下地壳,使包裹在侵入体周围的韧性剪切带发生强烈的褶皱变形(图1)。

三、主要结论

根据这些变形特征与典型宽裂谷作用下的构造变形对比,我们认为南海的裂谷作用发生在较高的地温条件下,与美国西部盆岭省和爱琴海的宽裂谷作用变形极为相似。我们认为南海被动陆缘记录了宽裂谷变形发生岩石圈破裂的全过程,是美国西部盆岭省和爱琴海裂谷作用进一步发生伸展的结果。

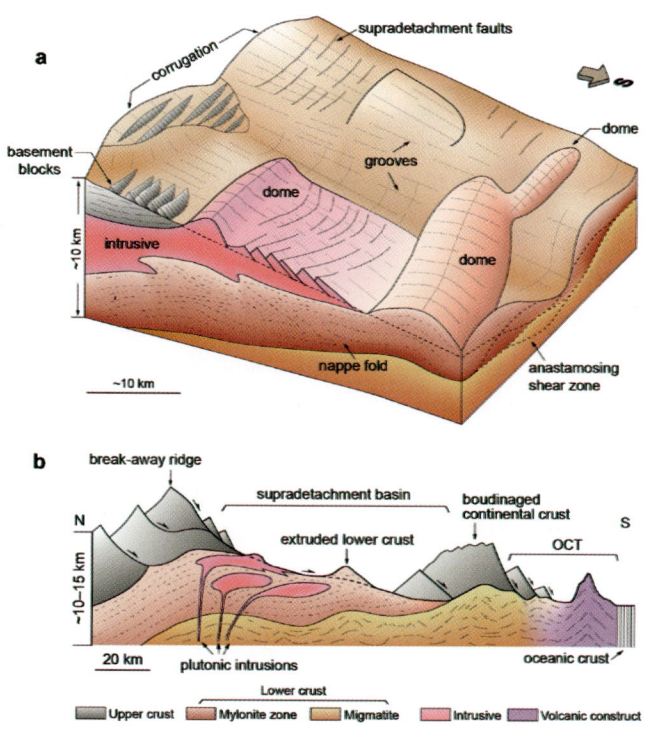

图 1　南海北部陆缘典型构造变形模式图

四、论文信息

该论文于 2020 年 9 月 11 日发表在 *Nature Communications* 期刊上。

五、作者简介

文章作者共有 8 人,分别简介如下:

邓洪旦,博士后,2017 年获伦敦大学皇家霍洛威学院博士学位。目前主持国家自然科学基金 1 项,已在 *Nature Communications*、*GSA Bulletin*、*AAPG Bulletin*、*Tectonics* 等国际 SCI 期刊发表第一作者论文 7 篇,国内核心期刊论文 1 篇。

任建业,男,中国地质大学(武汉)教授、博士生导师,教育部含油气盆地构造研究中心副主任,2020 年入选爱思唯尔海洋科学高被引学者,论文被引用 2700 余次。长期从事沉积盆地分析、海洋地质与资源领域的教学和科研工作。主持自然科学基金重点项目 1 项,面上项目 5 项,国家专项子课题 4 项。近年的主要研究成果是发现并证实了南海北部陆缘大型拆离断层,建立了南海北部深水—超深水盆地构造原型和构造地层格架。获得省部级科技进步奖一等奖 1 项、二等奖 2 项,省级教学成果奖一等奖 2 项。

庞雄:教授级高级工程师,中国海油勘探专家,深圳分公司勘探地质首席工程师,中国综合大洋钻探计划科学委员会专家。曾发表文章 40 余篇,并出版专著《南海珠江深水扇系统及油气》。获得省部级科技进步特等奖 1 项、一等奖 2 项、二等奖 2 项、三等奖 2 项,以及科技特别奖 1 项，2010 年获国务院政府特殊津贴。

Patrice Rey：悉尼大学教授，悉尼大学 Earthbyte 团队和盆地形成中心（Basin Genesis Hub）的创始人之一，长期从事岩石圈尺度构造地质学研究，是地壳流变学变形研究的权威专家，在 *Nature*、*Nature Geoscience*、*Geology* 等国际顶级地学期刊上发表了数十篇论文。

Ken McClay：阿德莱德大学和伦敦大学教授，盆地构造地质学权威专家，在 *Nature*、*Geology* 等国际顶级期刊发表了 200 余篇论文，编辑了 3 本逆冲构造的论文专辑。

Ian Watkinson：伦敦大学皇家霍洛威学院副教授，长期从事东南亚构造地质学研究，在 *Nature Geoscience* 等国际权威期刊发表了数十篇学术论文。

郑金云：中国海油勘探专家，长期从事南海北部陆缘的深水石油勘探，发表了多篇学术论文。

罗盼：博士研究生，曾在英国的伯明翰大学和法国的斯特斯拉堡大学进行交流和联合培养，主要研究南海深水区的构造-岩浆作用和岩石圈破裂过程。

毫米范围内牛顿反平方定律的检验

一、研究背景与意义

自然界存在 4 种基本相互作用力,它们分别被两套不同的理论描述。粒子物理标准模型把长程的电磁力与短程的强、弱相互作用统一起来,认为相互作用是由物质间交换虚粒子产生的。广义相对论则能很好地描述引力,它把引力解释为质量与能量引起的时空弯曲。广义相对论是"经典"理论,与标准模型本质上并不兼容。如何建立包含引力的大统一理论是近几十年来物理学的一大热点。目前国际上提出的统一理论主要包括弦理论与大额外维理论,这些理论都预言在特定范围内牛顿反平方定律存在破缺。此外,超弦理论预言的 moduli、dilaton、radion 等粒子,以及量子色动力学(QCD)中引入的 axion 等,也可能在一定范围内使牛顿引力偏离反平方定律。通常对引力势引入 Yukawa 形式的修正:

$$V(r) = -G\frac{m_1 m_2}{r}(1 + \alpha e^{-r/\lambda}) \tag{1}$$

式中,α 为新的作用相对于牛顿引力的强度;λ 为作用程。人们常用 α-λ 图,即 α 随 λ 变化的曲线来表示对牛顿反平方定律破缺的限制。理论模型的正确与否需要实验检验,高精度的引力实验检验有助于人们更深刻地认识引力的本质。国际上众多研究人员在不同尺度下对反平方定律进行了检验,在短距离($\lambda \leqslant 1cm$)内,受许多新的非牛顿理论预测的启发,许多研究员进行了检验实验,大幅提高了 α-λ 的限制精度。对于较大的范围($\lambda \geqslant 10m$),对 α 的约束取决于地球物理和天文数据,未来几年可能会通过使用地月激光测距(LLR)技术显著提高精度。然而,对于 $\lambda = 0.01 \sim 10m$ 的范围,检验精度较其他尺度低,这促使我们对该尺度下的牛顿反平方定律进行检验。

二、主要研究内容

在所有的牛顿反平方定律检验方法中,一个有趣的方法是通过对万有牛顿引力常数 G 进行实验。基本原理是由于非牛顿引力的作用,各实验室小组测量获得的 G 值可能具有距离依赖性,其中 G 值的距离依赖性如下式所示:

$$G(r) = G_N[1 + \alpha(1 + r/\lambda)e^{-r/\lambda}] \tag{2}$$

早在 1976 年,Long 等人就利用该方法做过实验检验,他宣称测量到牛顿反平方定律的偏离。但由于该实验中存在未被发现的系统误差,检验结果未得到广泛认可,因此一个高精度的测 G 结果将有助于反平方定律的检验。2018 年,华中科技大学引力中心小组在 *Nature* 期刊上报道了他们使用两个独立的方法所测得的 G 值,该结果是目前国际上精度最高的。基于此,我们分别对引力中心小组的周期法与角加速度法实验中的非牛顿引力效应进行分析。对于周期法实验,我们假设可能非牛顿引力为 Yukawa 类型;通过合理的建模与分析,得到了该实验中非牛顿引力与牛顿引力的比值随作用程变化的结果,如图 1 中黑色实线所示。同理,对于角加速度法实验,假设可能非牛顿引力为 Yukawa 类型,通过合理的建模与分析,也得到了该实验中非牛顿引力与牛顿引力的比值随作用程变化的结果,如图 1 中红色实线所示。通过做差,可以得到两者差值随作用程变化的结果,如图 1 中蓝色实线所示。引力中心公布的结果分别为 $6.674\ 184(78) \times 10^{-11}\ \text{m}^3 \cdot \text{kg}^{-1} \cdot \text{s}^{-2}$ 和 $6.674\ 484(78) \times 10^{-11}\ \text{m}^3 \cdot \text{kg}^{-1} \cdot \text{s}^{-2}$。将两者的差异作为反平方破缺的上限,最终给出了对牛顿反平方实验的限制结果,如图 2 中蓝线所示,其中绿色区域是新给出的限制区间。

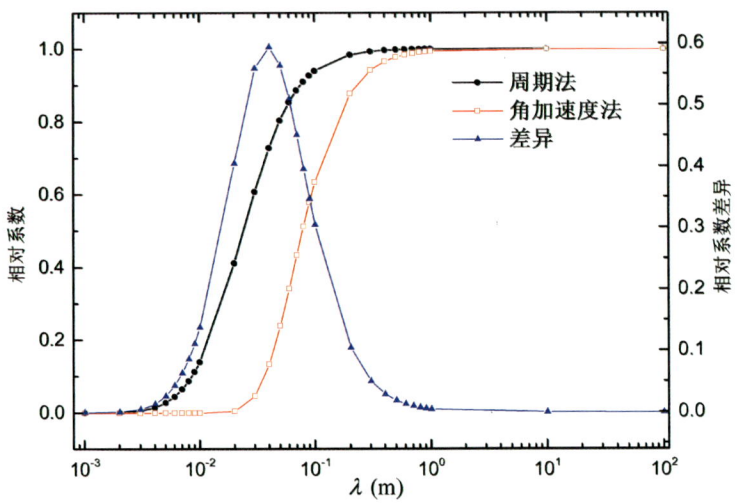

图 1　周期法和角加速度法实验中的非牛顿引力效应

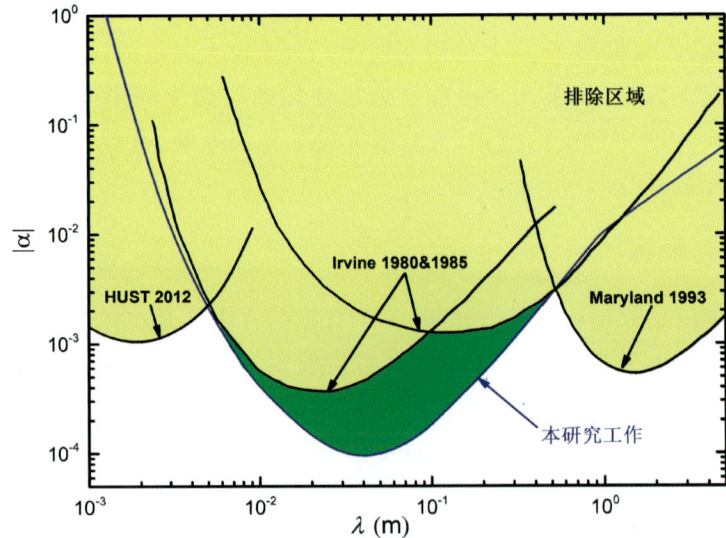

图 2　毫米范围内牛顿反平方定律的检验结果(其中蓝色线是本研究给出的限制)

三、主要结论

该研究结果给出了 50～500mm 间 Yukawa 形式破缺的最强限制,并在 60～100mm 处将当前国际最好水平提高了 7 倍,达到国际领先水平,为大统一理论的理论研究提供了实验参考。

四、论文信息

该论文于 2021 年 5 月 26 日发表在物理领域国际顶级期刊 *physical review letters*(Jun Ke,Jie Luo,Cheng-Gang Shao,Yu-Jie Tan,Wen-Hai Tan,and Shan-Qing Yang.,2021. Combined Test of the Gravitational Inverse-Square Law at the Centimeter Range. PHYSICAL REVIEW LETTERS,126,211101)。

五、作者简介

罗杰,男,博士,教授,中国地质大学(武汉)机械与电子信息学院副院长,中国物理学会会员。主要研究方向为精密实验中建模、噪声分析与数据处理。以第一作者或通讯作者身份发表学术论文 24 篇,均被 SCI 收录。主持国家重点研发计划课题一项,国家"973"子项目 1 项,国家自然科学基金面上项目 2 项,湖北省自然科学基金重点项目 1 项,湖北省自然科学基金面上项目 1 项;参与国家自然科学基金仪器专项重点项目 1 项。担任国际权威期刊 *Classical Quantum and Gravity* 审稿人。

面向时变时滞系统分析与设计的低保守性理论方法

一、研究背景与意义

时滞广泛存在于网络化控制系统、化学工程系统、多智能体协调控制系统等实际系统,具体表现为系统存在测量延迟、计算延迟和传输延迟等现象。这些现象使得系统当前状态不仅依赖于当前时刻的状态,也依赖于过去某时刻或若干时刻的状态,对系统的动态特性有着重要的影响。因此,需要分析这种影响进而设计相应控制策略克服其中不利部分。在时滞系统稳定性分析研究中,基于李雅普诺夫-克拉索夫斯基泛函法建立的时滞相关稳定性条件通常只是充分条件,如何降低时滞处理方法保守性是时滞系统分析与设计的关键,也是控制理论领域研究的热点问题和难点问题。

为了降低获得结果的低保守性,基于李雅普诺夫-克拉索夫斯基泛函法的时滞系统稳定性研究思路可以分为三类:一是提出更恰当的李雅普诺夫-克拉索夫斯基泛函构造方法,为建立低保守性稳定判据奠定基础;二是通过推导更紧密的泛函导数估计形式,进而获取更低保守性的稳定性条件;三是对泛函导数可能引入的逆凸组合项或具有非凸性的多项式进行处理,将非凸项转化为凸组合项,进而形成易求解的线性矩阵不等式型稳定性条件。本文将围绕这三方面的研究思路,研究如何提出新型李雅普诺夫-克拉索夫斯基泛函方法,探讨更紧密的泛函导数估计方法,形成逆凸组合项与非凸性多项式处理方法及其在时滞系统时滞相关稳定性研究中的应用。

二、主要研究内容

(1)针对时变时滞系统的时滞相关稳定性分析问题,候选李雅普诺夫—克拉索夫斯基泛函的构造直接影响分析和设计条件的保守性。传统泛函构造思路是在泛函的积分项上下限中引入时滞及其界相关信息,只能通过对双积分项求导产生含有时滞信息相关项,存在系统时滞信息挖掘利用不充分以及保证泛函正定的要求过于严苛等局限性。

本文首先引入时变时滞乘积项相关的二次型项,构造时滞乘积型泛函,形成具有新形式和弱化正定约束的泛函,一方面,有效地增加时滞信息注入稳定判据的方式和程度;另一方面,综合考虑泛函新加项与原有多项之和为正定,弱化了每项均为正定的约束条件。

然后,提出一种多项式型李雅普诺夫-克拉索夫斯基泛函,包含具有多重积分项的泛函作为特殊形式,更具有一般性。同时在保证计算复杂度不增加的情况下,获得更低保守性的计算结果。

(2) 基于李雅普诺夫-克拉索夫斯基泛函法的时滞系统时滞相关稳定性研究,在形成泛函导数负定约束时,需要估计泛函导数中出现的积分项,由此产生的估计误差直接影响分析与设计方法的保守性。针对泛函导数中积分项的估计问题,本文提出一种更具一般性的雅可比-贝塞尔不等式方法,包含 B-L 不等式与多重积分不等式作为特殊情况,便于与多形式型泛函结合,形成更多状态向量中元素的交叉项,获得保守性更低的稳定性判据。

(3) 针对涉及保守性的时滞诱导非凸条件变化,将其转化为可验证凸性条件可能影响分析与设计方法的保守性问题,本文以尽量避免保守性增加实现转换为导向,提出了无附加约束的逆凸矩阵不等式方法,实现了无额外附加条件下初始非凸条件向易验证凸性条件的转化。相比于传统的直接放缩转化方法和基于约束自由权矩阵注入的逆凸组合技术转化方法,所提方法避免利用时滞界替代时滞本身导致保守性的增加,同时释放了在给定条件下方可实现转化的非必要约束。

(4) 针对时变时滞系统的时滞相关稳定性分析,泛函导数中引入关于时变时滞的二次函数,难以建立线性矩阵不等式条件进而确定泛函导数负定性的问题,本文提出了松弛二次函数负定引理,该引理通过引入可调参数,实现在不需要额外增加决策变量的情况下降低获得稳定判据的保守性。

三、主要结论

本文针对线性连续时变时滞系统,基于李雅普诺夫-克拉索夫斯基泛函法开展了"如何降低时滞处理方法保守性"方面的研究,提出了面向分析和设计关键步骤降低保守性的方法,包括:基于时滞乘积项和多重积分项的李雅普诺夫-克拉索夫斯基泛函构造方法;面向时滞相关积分项估计的雅可比-贝塞尔不等式方法;针对时滞诱导非凸条件转化的逆凸矩阵不等式方法以及计及时滞高次项的松弛二次函数负定引理。通过数值案例验证了这些方法的在降低保守性方面的有效性。本文所提方法为降低基于李雅普诺夫-克拉索夫斯基泛函法获得结果的保守性提供了新思路,更好地解决了线性或非线性系统的时滞相关稳定性分析和 H_∞ 性能分析等问题。

四、论文信息

该论文发表在期刊 *Automatica*,85,481-485;*IEEE Transactions on Automatic Control*,62(10),5331-5336;*Automatica*,113,108764。

五、作者简介

何勇,男,1969 年生,湖南汨罗人。中国地质大学(武汉)自动化学院二级教授、博士生导师。国家杰出青年科学基金项目获得者,国家级人才计划入选者。*IEEE Transactions on Industrial Electronics*、*Journal of the Franklin Institute*、*Control Theory and Technology* 和《控制与决策》等期刊副主编或编委,IEEE 高级会员;中国自动化学会控制理论专业委员会委员、中国自动化学会信息物理系统控制与决策专业委员会委员、中国人工智能学会智能空天系统专业委员会委员、中国系统仿真学会智能物联系统建模与仿真专业委员会委员。

张传科，男，1984年生，浙江丽水人。中国地质大学（武汉）自动化学院教授、博士生导师；国家优秀青年科学基金获得者，湖北省杰出青年科学基金项目获得者；IEEE 高级会员，中国自动化学会青年工作委员会委员。2007 年和 2013 年分别毕业于中南大学自动化专业和控制科学与工程专业，获工学学士和工学博士学位；2014 年至 2016 年为英国利物浦大学博士后研究员；2016 年任中国地质大学（武汉）自动化学院教授、2018 年任博士生导师。主持国家自然科学基金项目 3 项、湖北省自然科学基金杰出青年项目 1 项、校级项目 3 项；获湖南省自然科学奖 1 项，发表学术论文 50 余篇，入选 ESI 高被引论文 14 篇；主要研究方向：时滞鲁棒控制、复杂网络化系统分析与设计、智能电网稳定和控制。

吴敏，男，1963 年生，广东化州人。中国地质大学（武汉）学术委员会副主任、未来技术学院院长、人工智能研究院院长，二级教授、博士生导师，IEEE 会士（IEEE Fellow），中国自动化学会会士（CAA Fellow）。主要研究方向：过程控制、鲁棒控制和智能系统。主持国家和省部级等科研项目 37 项，获国家自然科学二等奖 1 项，国家科技进步二等奖 1 项，省部级科技奖励 11 项。发表学术论文被 SCI 收录 300 篇，30 篇论文进入 ESI 在工程领域的前 1% 高被引论文。获国际自动控制联合会（IFAC）控制工程实践优秀论文奖、中国过程控制学术贡献奖，2014—2016 年和 2020 年入选科睿唯安（汤森路透）公布的全球高被引科学家名单。目前任 *IEEE Transactions on Cybernetics*、*Control Engineering Practice*、*Information Sciences*、《控制理论与应用》、《信息与控制》、《探矿工程》和《冶金自动化》的编委，教育部高等学校自动化类专业教学指导委员会委员，中国自动化学会控制理论专业委员会副主任、过程控制专业委员会常务委员，中国仪器仪表学会智能工厂专业委员会常务理事，湖北省自动化学会常务理事，湖北省人工智能学会常务理事。

院、加拿大约克大学数学统计系、加拿大纽芬兰纪念大学数学统计系、匈牙利塞盖德大学波尔约研究所、匈牙利帕诺尼亚大学数学系等做过访问教授。2001年起在湖南大学任教，2008年1月晋升教授，同年9月被遴选为博士生导师，2016年被湖南大学聘为岳麓学者特聘教授。在湖南大学先后任数学与应用数学系主任（2007—2012年），数学与计量经济学院副院长（2009—2019年）。2019年起任中国地质大学（武汉）二级教授，博士生导师，数学与物理学院院长。

郭上江教授主要从事微分方程分岔理论及应用研究和随机动力系统理论及应用研究；先后培养访问学者2名，博士后5名，博士研究生21人，硕士研究生59人；在Springer应用数学科学丛书出版英文学术专著1部，在 *JDE*、*M3AS*和 *Nonlinearity* 等国际知名期刊上发表论文80多篇，近十年来先后有10多篇论文为ESI前1%高被引论文；2014—2021年7次入选由Elsevier发布的中国高被引学者榜单，主持了国家自然科学基金6项，主持并完成了部省级科研项目8项以及省级教改项目2项，获湖南省自然科学奖一等奖1项（第一完成人，2018年），湖南省科技进步奖一等奖1项（第二完成人，2008年），入选教育部高层次人才支持计划、湖南省人才工程、武汉市人才计划，获湖南省杰出青年基金，担任含国际SCI刊物 *Bulletin of the Malaysian Mathematical Sciences Society* 在内的4种学术期刊的编委。

黏性依赖于密度的一维热传导电离气体

一、研究背景与意义

辐射流体力学研究热辐射在流体中的传播及其对流体运动的影响，常应用于探索分析不同的天体物理现象，如恒星大气和表面的波与振动、非线性星脉冲、超星爆炸、星风等。研究辐射流体过程中，还涉及流体动力学、激光、电子、离子、辐射、核反应动力学、原子物理等方面。辐射流体力学在科学研究和工程技术等方面有重要而广泛的应用，对于高温系统尤其如此，例如燃烧装置（动机、火箭喷嘴、熔炉）、太阳能集热器和核动力反应器。因此，辐射流体力学的研究，无论是从数学理论，还是从工业应用的角度来看，都十分重要。

电离气体动力学的研究是辐射流体力学的一个重要分支。当气体加热到很高的温度时，组成气体的原子会失去电子而发生电离反应。此时，气体由原子、质子和电子共同组成。电离气体的宏观运动随时间的演化规律可以由描述质量守恒、动量守恒和能量守恒定律的偏微分方程组来刻画，这是一个可压缩 Navier-Stokes 型的方程组。与理想多方气体（ideal polytropic gas）和真实气体（real gas）不同，为了描述电离气体的运动规律，除了引入密度、绝对温度、压强、内能和熵这 5 个满足 Gibbs 方程的基本热力学量外，电离气体的运动状态还依赖于刻画气体电离程度的一个新的量，即电离度（the degree of ionization）。对仅发生一次电离反应的情形，Saha(1920)推导出了电离气体电离度与密度和绝对温度所满足的方程——Saha 电离方程（Saha ionization equation）。关于上述电离气体动力学方程组数学理论的研究，常常忽略电离气体黏性和热传导效应的情形：关于电离气体激波界面反射的实验研究始于 Fukuda-Okasaka-Fujimoto 在 1967 年的工作。工作中所观察到的物理现象的严格数学理论只是在近几年才在 Asakura 和 Corli 的工作[F. Asakura, Contin. Mech. Thermodyn. 33 (2021), no. 1, 209-236、F. Asakura and A. Corli, J. Math. Phys. 60(2019), no. 11, 111507, 24 pp、F. Asakura and A. Corli, Contin. Mech. Thermodyn. 30(2018), no. 2, 365-380]中给出。Asakura 和 Corli[F. Asakura and A. Corli, J. Math. Phys. 60(2019), no. 11, 111507, 24 pp]发现，与理想多方气体和真实气体的情况不同，压强和内能对电离度的依赖性使得数学分析更为困难。另外，Asakura(2019)[F. Asakura and A. Corli, J. Math. Phys. 60(2019), no. 11, 111507, 24 pp]还证实了电离气体动力学方程组是严格双曲的，这意味着只要初始值充分光滑，其对应的初值问题就是局部适定的。尽管如此，方程组的几何性质相当复杂，例如该系统的物理熵会在一个很小的有界区域内出现凹性损失。对考虑黏性和热传导效应的情形，研究电离气体动力学方程组整体解的适定性问题，即使是对于一维小初始值的情形，目前暂无任何结果。

二、主要研究内容

由于电离气体涉及到高温过程,而高温情形下的一些实验结果表明,此时气体的黏性系数依赖于密度和温度。此外,由气体动理学中的 Boltzmann 方程通过 Chapman-Enskog 展开推导出可压缩 Navier-Stokes 方程组时,可以发现黏性系数和热传导系数是依赖于温度的。本文主要研究在大初始值条件下,黏性系数依赖于密度的电离气体动力学方程组定解问题大初值整体强解的存在性。与满足理想多方气体状态方程的 Navier-Stokes 方程组相比,一方面电离气体动力学方程组由于要考虑气体的电离效应,压强和内能关于密度和温度的依赖性变得更为复杂;另一方面由于该系统的物理熵不再满足凹性性质,因而使速度和绝对温度的耗散项估计变得非常困难。研究问题的关键在于推导电离气体密度和温度的上下界估计。为了控制方程组中由电离效应产生的非线性项,本文提出了新的能量估计方法,这也是本文的主要创新点。

三、主要结论

该研究证明了在大初始值条件下,黏性系数依赖于密度的电离气体动力学方程组狄利克雷初边值问题整体解的存在唯一性;另一方面,该研究还证明了对该整体解,只要初始值远离真空,那么真空将永远不会出现。关于电离气体动力学方程组数学理论的研究,以往的结果都忽略了电离气体黏性和热传导效应的情形,该研究同时考虑了电离气体的黏性和热传导效应,是第一个研究电离气体动力学方程组整体适定性的结果。此外,该研究的结果也包含了黏性系数是正常数的情形。

四、论文信息

该论文于 2021 年 10 月 4 日发表在 *SIAM Journal on Mathematical Analysis* 期刊。

五、作者简介

廖勇凯,中国地质大学(武汉)数学与物理学院副教授,硕士生导师,2018 年 6 月毕业于武汉大学,获理学博士学位,2018 年 7 月—2020 年 7 月于北京应用物理与计算数学研究所做博士后研究,曾入选 2018 年中国博士后创新人才支持计划。研究方向为非线性偏微分方程及辐射流体力学,目前已在 *SIAM Journal on Mathematical Analysis*、*Mathematical Models and Methods in Applied Sciences*、*Journal of Differential Equations* 等国际数学期刊发表 SCI 论文 10 余篇,曾获第六届中国科协优秀科技论文遴选计划优秀论文奖。主持国家自然科学基金项目、湖北省自然科学基金青年项目和国防科技重点实验室青年基金项目各 1 项。

超越体模量的超流体

一、研究背景与意义

声学超材料可以提供远超自然材料的声学特性。这些人造材料从声音和各种结构单元之间的相互作用中获得了新的声波操控能力。因为结构单元通常明显小于背景介质中的声波长,所以声学超材料可以利用有效参数来描述。众所周知,在声学超材料中,与单极和偶极散射相关的有效质量密度和体模量控制了声波的传播。在低频范围内,高阶多极子的散射比单极子和偶极子的散射要弱得多,因而传统的有效介质理论都不考虑高阶多极子的散射。但我们注意到有些声子晶体可以表现出强烈的低频四极共振,而在之前的研究工作中这种声子晶体的有效特性即其均匀化的问题并没有被注意到。实现低频四极共振的均匀化将会为声子晶体在声音处理方面提供新的自由度。

二、主要研究内容

我们的研究表明,由周期性的薄壁空心圆柱体浸入天然流体组成的新型超流体不仅可以提供可设计的等效质量密度和体积模量,而且还可以提供一个全新的等效参数,该参数在波速中表现为类似于固体的剪切模量,描述了超流体对声波四极散射分量的响应。为了验证理论的正确性,我们对该新型超流体进行了能带结构计算,发现其理论确实能够再现通过有限元方法严格计算得出的能带结构。利用由该新型超流体支撑的横波带,入射的横波可以通过嵌入在固体中的超流体平板而无需进行模转换,这超出了声音在流体中传播的传统观点(图1、图2)。

三、主要结论

我们提出了一种新型的超流体,这种超流体除了有效质量密度和体积模量外,还可以提供一个全新的由低频四极共振决定的有效参数。该有效参数起到了类似于固体的剪切模量的作用,使得我们可以利用超流体模拟固体的声学特性,因此这个发现实现了超材料研究领域的重大进步。

四、论文信息

该论文于 2020 年 10 月 30 日发表在 *Physical Review Letters* 期刊上。

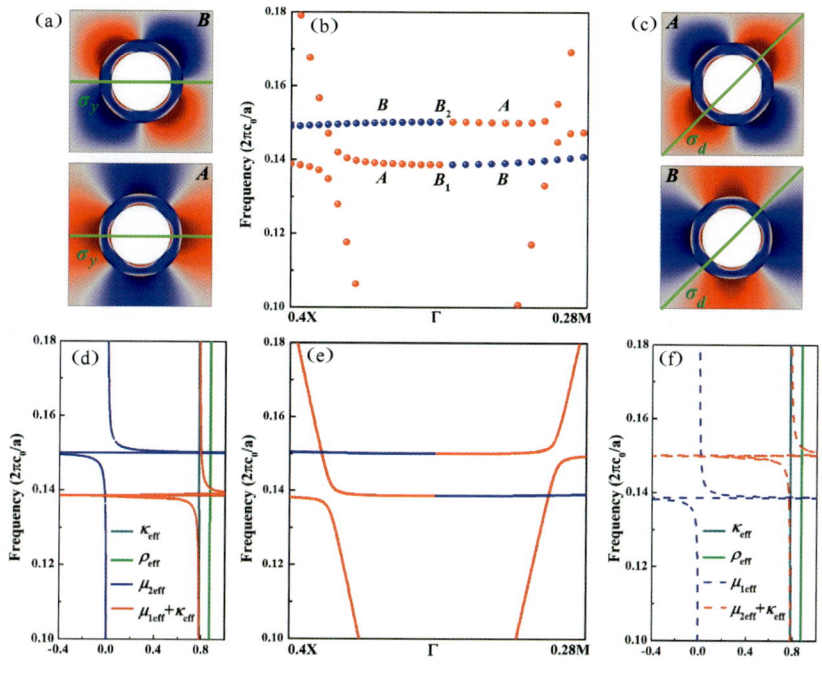

图 1 二维超流体的能带结构、本征模和有效参数

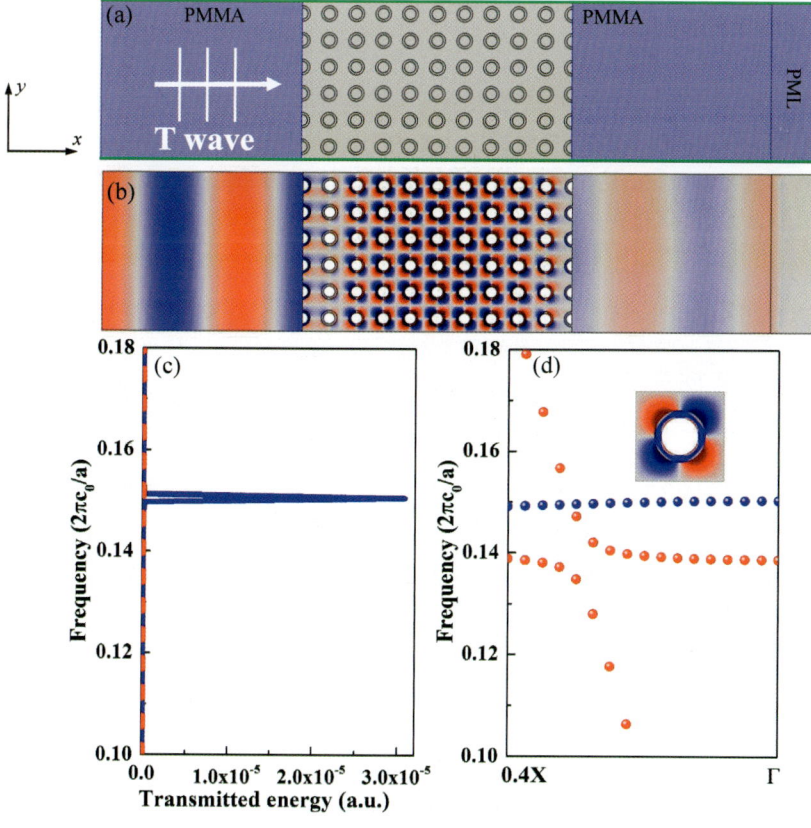

图 2 横波穿过超流体层的现象

五、作者简介

刘丰铭,武汉大学本科、硕士、博士,香港科技大学博士后,中国地质大学(武汉)教授,青年拔尖人才,博士生导师。主要从事声学/电磁超材料研究。先后主持国家自然科学基金面上项目 2 项、青年项目 1 项。在国际著名物理期刊上发表第一作者及通讯作者论文 30 余篇,曾获第十六届湖北省自然科学优秀学术论文一等奖。担任 $Opt.\ Lett.$,$J.\ Appl.\ Phys.$,$J.\ of\ Phys.\ D:Appl.\ Phys.$,$Chinese\ Phys.\ B$,《中国科学:物理学 力学 天文学》等国际、国内期刊审稿人。

Gauss-Bonnet 项对四维 Reissner-Nordström-AdS 黑洞相变的影响

一、研究背景与意义

量子力学和广义相对论作为现代物理的两大重要理论，在各自的适用范围都取得了辉煌的成果，也深刻地影响了我们的生活。然而，两者并不相融，人们无法构建有效的量子引力理论，这深深地困扰着物理学家们。人们始终无法统一自然界的 4 种相互作用——电磁相互作用、强相互作用、弱相互作用和引力相互作用，也无法建立大统一理论——万物理论。

研究引力的量子性质变得尤为关键。黑洞热力学被广泛地认为是连接量子力学和引力理论的节点，是理解量子引力理论的关键。黑洞热力学研究的突破点是 Hawking 等关于 AdS 黑洞热力学的研究，称为 Hawking-Page 相变。这一相变揭示了随着温度升高，热的 AdS 气体将塌缩形成稳定的大 AdS 黑洞。得益于 AdS/CFT 对偶，Witten 将 Hawking-Page 相变解释为规范场的禁闭/退禁闭相变，奠定了黑洞相变研究的动力学和全息基础。之后，黑洞系统表现出了更复杂的热学相变结构和相图，例如经典的类气液相变，特别是 reentrant 相变和 λ 相变等量子效应占主导作用的系统（例如液氦等）具有的相变行为。

目前，黑洞物理研究蓬勃发展，近 5 年内两获诺贝尔物理学奖（2017 年和 2020 年）。人们通过地面引力波探测器（LIGO）确定了黑洞的存在。之后黑洞事件视界望远镜给出了世界上第一张黑洞照片。对黑洞热力学及其相变的研究，将在经典和量子层次为黑洞物理研究提供更多深入的观点。

此外，Gauss-Bonnet 引力理论是目前量子引力备选理论之一——弦理论的低能有效近似理论。即 Gauss-Bonnet 引力项是对爱因斯坦引力理论进行量子修正的首阶项。研究 Gauss-Bonnet 引力项对黑洞热力学和相变的影响，可以有效地观察量子引力的影响，有助于研究引力的量子性质。

二、主要研究内容

本文研究了四维高阶曲率引力 Gauss-Bonnet 项对黑洞系统热力学和相变的影响。爱因斯坦引力下，Reissner-Nordström-AdS 黑洞具有 Hawking-Page 相变和类气液相变。四维 Gauss-Bonnet 项是一个拓扑项，对 Reissner-Nordström-AdS 黑洞的时空结构不会产生影响，但会诱导出一个非面积熵，从而影响 AdS 黑洞的热力学和相变。本文具体分析了四维 Gauss-Bonnet 项对 Hawking-Page 相变和类气液相变的影响。

三、主要结论

（1）四维 Gauss-Bonnet 项不影响 Hawking-Page 相变的存在,但是会影响 Hawking-Page 相变温度。如图 1 所示,Hawking-Page 相变温度随着 Gauss-Bonnet 参数增大而减小。

（2）Gauss-Bonnet 项导致的非面积熵约束了黑洞半径,从而 Reissner-Nordström-AdS 黑洞的大/小黑洞的相变变成了大/小/中黑洞的 reentrant 相变。如图 2 所示,爱因斯坦引力下黑洞具有的经典的类气液相变,在四维 Gauss-Bonnet 项影响下,展示了量子效应占主导作用的系统具有的 reentrant 相变行为。此外,审稿人给了本文很正面的评价:"This is the first analytical example in which the structure of the reentrant phase transition are presented."（本文首次给出了黑洞 reentrant 相变相图的解析结构）。

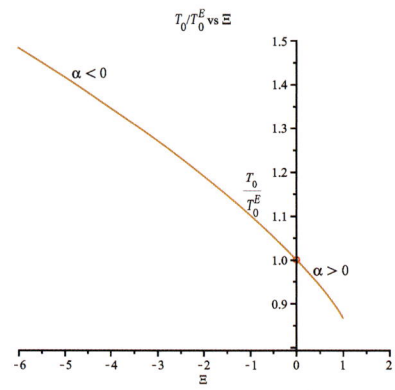

图 1　Hawking-Page 相变温度随着 Gauss-Bonnet 参数增大而减小

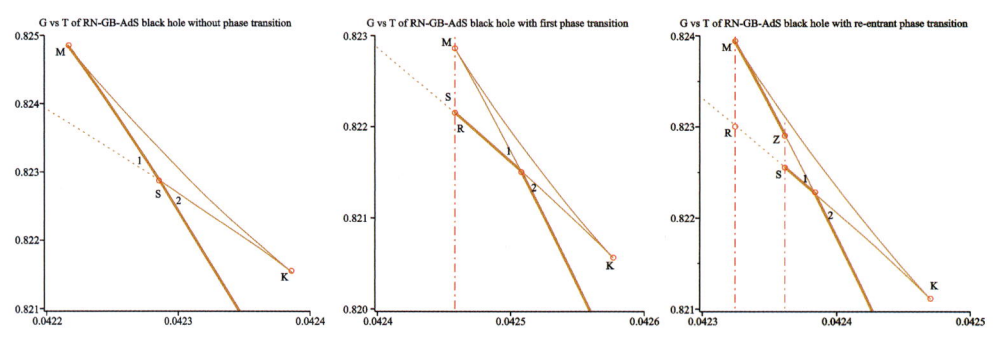

图 2　Gauss-Bonnet 项导致的非面积熵约束了黑洞半径,导致 reentrant 相变产生

四、论文信息

该论文于 2019 年 1 月 13 日发表在 *Physical Review D* 期刊上。

五、作者简介

徐伟,男,教授,博士生导师,地大学者（青年拔尖人才）。2009 年 6 月本科毕业于南开大学。2014 年 6 月于南开大学获得理论物理博士学位。同年前往华中科技大学引力中心进行

博士后研究,参与引力波的相关研究工作。2016年9月进入中国地质大学(武汉)数学与物理学院。在此期间参与国家自然科学基金重大研究计划——面向天琴空间引力波探测实验的理论与模拟研究。截至目前,主持国家自然科学基金1项,主持中国博士后基金1项,参与其他国家基金项目2项。发表30多篇SCI论文,其中T1级别16篇,论文总被引用600多次。研究专业是理论物理。研究方向是量子引力、天体物理、宇宙学、空间物理与引力波探测等。近期研究兴趣包括:引力的经典和量子性质,全息性质;致密天体塌缩;黑洞物理,特别是含时黑洞性质研究,及其在双星系统和引力波研究中的应用;引力波物理等。

二叠纪末大灭绝之后生物复苏的时间与模式

一、研究背景与意义

二叠纪末大灭绝事件是地球生命遭受自显生宙以来最严重的一次浩劫,不但导致全球生物多样性急剧下降,而且致使海洋生态系统极度退化。大灭绝后的生物复苏也较其他时期的复苏来得更为缓慢、艰难。和众说纷纭的大灭绝元凶一样,目前国际学者对大灭绝之后的生物复苏速率和模式也争论不休。在复苏速率方面,一些生物类群,譬如有孔虫、菊石和牙形石,只需经历100~200万年就能快速地反弹(图1)。相反,其他类群如腕足、珊瑚类等则需要经历800~1000万年才勉强恢复到大灭绝前的水平,其复苏速率相当缓慢(图1)。

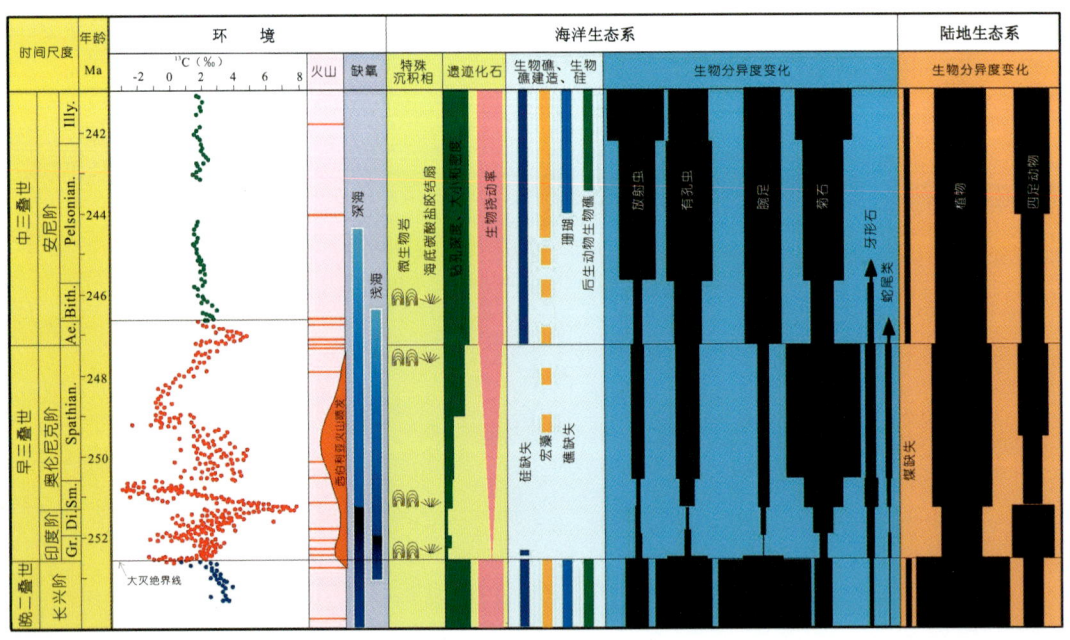

图1 全球晚二叠世至中三叠世极端环境气候变化和海洋、陆地生态系统的响应

对于大灭绝后生物复苏的标准,如果只考虑生物多样性的数量,这个指标在二叠纪末期急剧下降以后,一直到侏罗纪的中—晚期才恢复到大灭绝前二叠纪的水平。此外,一些研究者根据海洋底栖群落结构和功能群组在大灭绝前后的变化,提出了海洋生物在三叠纪的复苏模式。譬如,早三叠世海洋动物的生活习性类型并没有因为大灭绝而减少。游泳类群在早三叠世末期就复苏,而非移动类群则需要到中—晚三叠世才复苏。因此,整个生物界在三叠纪

时的复苏模式仍然悬而未决。另外一个古生物学界长期争论的科学问题是,生物演化的驱动力是什么,是它们赖以生存的外部环境,还是生物之间相互作用? 对于三叠纪生物复苏过程,争论的焦点问题是极其缓慢的生物复苏是由早三叠世持续恶化的环境所致,还是由生态系统内部彼此复杂的结构关系所致,抑或是两者共同作用的结果? 如何评价生物复苏的速率和模式是能否正确认识生物在重大转折时期演化规律的关键。

二、主要研究内容

针对以上问题,文章统计了全球8个门类化石(放射虫、有孔虫、腕足、菊石、牙形石、海蛇尾、古植物和四足动物)在晚二叠世至中三叠世8个时间段的物种多样性,深入分析了每一个阶段内海洋和陆地生态系统的物种组成、营养等级、群落结构和种间关系,并由此系统地恢复出了不同阶段生态系统的整体面貌。最后,创造性地运用现代《生物学》中的生态系统食物链金字塔模型来解释不同生物类群在二叠纪末大灭绝中出现不同的灭绝和复苏速率的现象。研究发现海洋生态系统在大灾难之后,初级生产者(如微生物群落)因初级消费者的消亡而迅速繁盛起来。此后,初级消费者群落最早开始反弹,然后是中级消费者复苏,最后才是高(顶)级消费者类群(如肉食海洋脊椎动物)复苏(图2)。虽然不同生物类群的反弹时间有早有晚,但它们在生态系统中扮演不同的角色,因此只指示了代表生态系统内部不同级次营养结构的生物群复苏速率的不同。

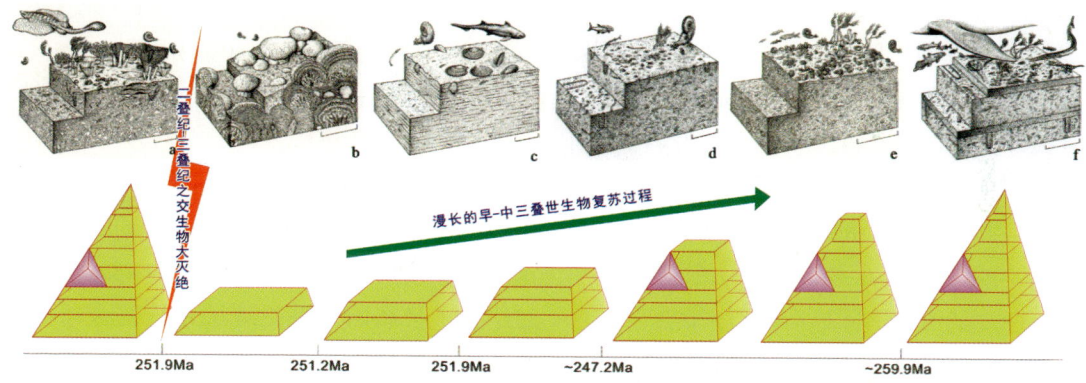

图2 海洋生态系统食物链金字塔在二叠纪末大灭绝崩塌之后,按营养级别从其底层至顶层,阶梯式的重建过程;其过程跨越早—中三叠世,生态系统最终需要800～1000万年才完成复苏和重建

三、主要结论

在二叠纪末大灭绝之后,生态系统是从食物链金字塔的底层至顶层阶梯式地完成复苏。处于食物链低层的生物复苏最快、最早,食物链顶端的高级消费者复苏最慢、最晚。尽管大灭绝之后有些生物类群反弹很快,但一个健康的、完整的、复杂的生态系统需要800～1000万年才从废墟中完成重建,拉开了代表着现代型海洋生态系统演化的序幕。

四、论文信息

Chen Z Q, Benton M J*, 2012. The timing and pattern of biotic recovery following the end-Permian mass extinction. Nature Geoscience 5(6), 375-383, 10.1038/NGEO1475。该论文自2012年以来每年被选为高被引论文(481次引用)。

五、作者简介

陈中强，于2001年获得澳大利亚迪肯大学博士学位，曾任澳大利亚西澳大学副教授，2012年全职回国，现任中国地质大学(武汉)生物地质与环境地质国家重点实验室副主任、二级教授、博士生导师、国家级人才计划入选者、国际地层委员会三叠系地层分会主席、湖北省特聘专家、湖北省创新群体负责人，曾任联合国教科文组织和国际地科联资助的国际地学研究计划IGCP-572和IGCP-630项目主席，担任4种SCI期刊副主编、执行主编和编委以及9种国际SCI期刊16次特邀嘉宾编辑。自担任IGCP-572和IGCP-630项目主席以来，牵头组织主办19个国际学术会议或重要会议的分会场和14个国际野外地质现场研讨会，积极推动了全球二叠纪—三叠纪之交生物大绝灭和其后复苏事件的研究。应邀参与2020年版《国际地质年代表 Geological Time Scale 2020》撰写工作，是三叠系章节的主要撰写人；是全国2020—2030年沉积学发展战略白皮书(中英文版)生物沉积学方向的执笔人。共发表包括 *Nature Geoscience* 在内的SCI论文245篇，6篇高被引论文单篇引用达481次；SCI论文被引共7490次(Web of Sciences 2022年09月数据)，H-因子为51，入选爱思唯尔(Elsevier)2021年中国高被引学者榜单。斯坦福大学2019—2020年度全球科学家科技论文引用数量排名中，在二级学科——古生物学近2万名学者中排名第79名(国内第一)。

长期从事二叠纪与三叠纪生物和生态系统对全球极端环境气候事件的反馈机制以及古生物学、生物沉积学和综合地层学等方面研究，取得了4个方面的成果和新认识：①系统描述了腕足类化石440余种，建立15个新属60个新种，已被由美国地质学会主编的《古生物学大百科全书》录用为国际标准化石；②与合作者一起建立了最新的三叠纪地层系统的全球标准；③提出了海洋生态系统在大危机之后从食物链金字塔的底层至顶层重建的阶梯式复苏模式，发现二叠纪末大绝灭之后生态系统需近1000万年才完成复苏重建；④总结出晚前寒武纪以来5次微生物爆发期以及微生物向后生生物转折时期的生物沉积模式。

埃迪卡拉纪海洋大规模早期成岩白云石的形成：对"白云石之谜"的约束

一、研究背景与意义

前寒武纪和古生代沉积岩记录中包含有大规模的白云石沉积，形成的地层厚度普遍高达百米尺度、横向延伸达千米尺度。相较而言，尽管现代海水中镁离子（Mg^{2+}）的浓度是过饱和的状态，而且是前寒武纪和古生代等时期的 1～2 倍以上，但近代海洋沉积岩却缺乏大规模的白云石沉积。实验室的合成实验揭示在地表条件（常温常压）下很难合成白云石，主要是因为水合效应会阻止 Mg^{2+} 进入白云石生长构架中，构成了矿物生长的动力学屏障。因而，前寒武纪和古生代大规模白云石的沉积原因成为了一个未解之谜，困惑了地质学家近两个世纪，称为"白云石之谜"。

为了探索"白云石之谜"，地质学家通常将大量深时白云石的形成解释为方解石或文石在埋藏热液或者富镁流体于 >100 ℃ 的温度作用下经历缓慢白云岩化而形成[如埋藏热液下的白云岩化模型：$2CaCO_3 + Mg^{2+} \rightarrow CaMg(CO_3)_2 + Ca^{2+}$ 或 $CaCO_3 + Mg^{2+} + CO_3^{2-} \rightarrow CaMg(CO_3)_2$]。很多岩相学的观测结果（如粗晶白云石胶结物、鞍状白云石等）以及来自显生宙和元古宙白云石的地球化学证据都支持该模型。假如白云石是后期形成的，其记录的地球化学数据将主要是形成流体的信号特征而不是对应时期海水的信号特征，这将对准确重建深时地球的表生环境毫无用处。

其他研究认为，在早期成岩过程中白云石可在低温的海洋孔隙水中形成。以海水作为白云岩化流体的早期成岩过程，其主要机理包括：①在蒸发环境（如伴有盐沼的超盐性池塘）下，通过富镁海水的回流作用，早期成岩的白云岩化发生在 <60℃ 的温度下（如盐沼模型）；②通过微生物有机体的介导，于近地表的孔隙水中直接沉积高镁方解石以及非化学计量和化学计量的白云石[如有机成因的白云石模型：$Ca^{2+} + Mg^{2+} + 2CO_3^{2-} \rightarrow CaMg(CO_3)_2$]。然后在海洋的早期埋藏条件下，这些无序白云石按照奥斯特瓦尔德规则（Ostwald's rule）转换为有序白云石。意大利的白云石山脉和其他密集的浅海白云石序列的蒸发矿物残余物支持该盐沼模型。培养实验和现代野外观察结果都证实了有机成因的白云石模型，表明微生物有机体及其相关的有机酸是能够介导高镁方解石和非计量比的白云石的形成。毫无疑问，这些早期成岩的模型对理解大规模白云石的形成至关重要；然而，在现今的环境下只能形成少量的白云石，而且这些白云石通常嵌入在以方解石和文石为主的沉积物中。因此，任何支持地质记录中大量早期成岩白云石形成的直接证据都有可能提升白云石早期形成途径的重要性，进而为白云石的形成原因提供合理的解释。

二、主要研究内容

利用新兴的碳酸盐团簇同位素(Δ_{47})测温技术,对我国长江三峡樟村坪地区的两个钻孔中的埃迪卡拉纪陡山沱组(635~551Ma)白云岩地层,开展了高分辨率的碳酸盐团簇同位素温度研究。研究发现:87%的白云石样品的团簇同位素温度<100℃(图1F,实圈)。由于已知的地质改造过程只能导致更高的碳酸盐团簇同位素温度值,因此,这一结果表明:陡山沱组的白云石大部分应该形成于<100℃的温度条件,这显然不符合地质学家通常认为的白云石高温交代形成机制。研究团队依据浅水区陡山沱组地质热历史,运用白云石热动力学模型又进一步重现了地质热事件对陡山沱组碳酸盐团簇同位素温度记录的影响,模拟发现地质热事件可能已将最初的陡山沱组白云岩形成的团簇同位素温度提高了42~55℃,这也就是说几乎研究的陡山沱组白云石应该全部形成于0~60℃(图1F,虚圈)。因此,该研究碳酸盐团簇同位素温度记录为早期地球海洋大规模白云石的低温形成提供了直接的证据。

为了进一步探索埃迪卡拉纪陡山沱组大规模白云石低温形成机制,研究团队还对这些白云岩样品开展了稀土元素、流体氧同位素组成分析和显微岩相学观察。研究结果进一步表明:陡山沱组白云岩形成于一个低温且微生物活跃的海水溶液环境,这与近年来实验室和野外观察所发现的现代白云石在微生物及其有机质作用下可低温形成的机制相符。

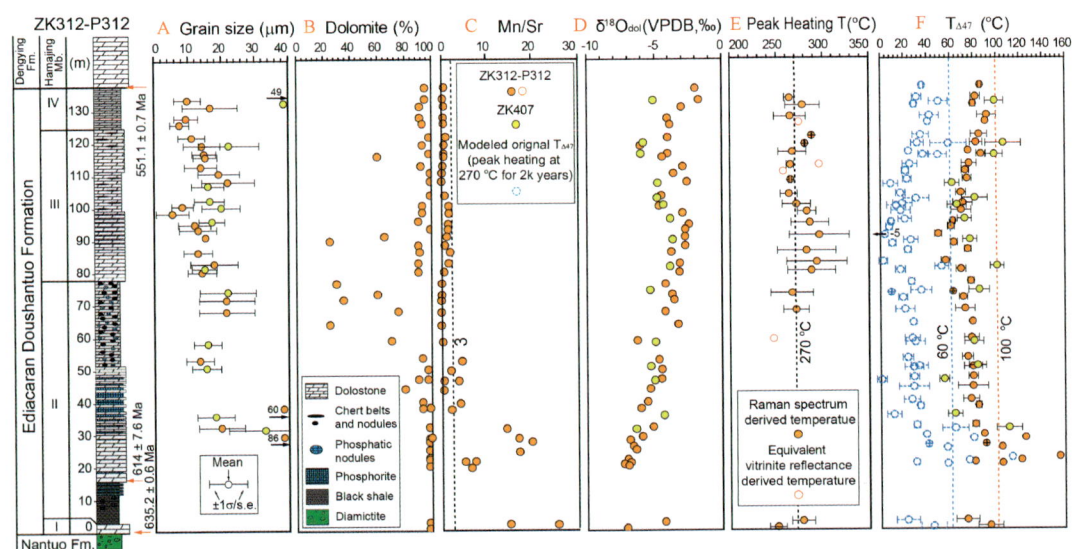

图1 华南三峡樟村坪地区钻孔剖面埃迪卡拉纪陡山沱组白云岩后期成岩作用评估(A-E)与白云石团簇同位素古温度($T_{\Delta 47}$)记录(F)

(后期成岩作用评估显示研究钻孔保存了最佳的碳酸盐团簇同位素温度记录)

三、主要结论

(1)埃迪卡拉纪陡山沱组中大规模有序白云石可能是首先在微生物作用下于海水或海洋孔隙水中形成无序白云石,然后经早期成岩或浅埋藏过程转化为有序白云石,这一结果表明现代白云石低温形成机制可以用来解释困扰学界已久的"白云石之谜"。前寒武纪—古生代海洋大规模白云岩的出现很可能是当时特定海洋条件下的产物。

(2) 由于白云石的白云岩化过程是发生在沉积物缓冲(rock-buffered)的环境下,这对其所记录的原始海水信息的影响可以忽略不计,为以碳酸盐为基础的地质记录和指标(如 $\delta^{13}C_{carb}$ 和稀土元素组成)的合理性和科学性提供了理论基础。

四、论文信息

该论文于 2020 年 6 月 23 日发表在 *Proceedings of the National Academy of Sciences of the United States of America* 期刊上。

五、作者简介

第一作者:常标,男,生于 1990 年 5 月,汉族,湖北省荆州人,中共党员,中国地质大学(武汉)地质学博士。主要研究方向:碳酸盐岩团簇同位素技术开发与应用研究;地质历史时期的古温度研究,应用时代包括重大地质事件转折期,如埃迪卡拉纪(635~541Ma)、二叠纪—三叠纪之交(约 252Ma)以及白垩纪中期(125~113Ma);白云石沉积成因的研究;极端温室气候条件下甲烷成因碳酸盐岩形成的地球化学背景研究。在 *PANS*、*EPSL*、*ESR*、*GSAb* 等刊物发表 SCI 论文多篇。

通讯作者(一):李超,男,1974 年出生,博士,成都理工大学特聘教授,博士生导师,国务院政府特殊津贴专家(2016),多次入选国家级人才计划。2018 年获得国家自然科学基金委杰出青年科学基金资助。2014 年获中国矿物岩石地球化学学会侯德封奖。2019 获教育部高等学校科学研究优秀成果奖-自然科学一等奖(排名第三)。致力于海洋环境与生命协同演化研究(沉积地球化学、生物地球化学、地球生物学)。研究手段侧重于铁-硫-碳-磷化学、微量元素、碳酸盐相关地球化学指标和有机地球化学等多元现代地球化学方法与手段的综合应用。近 10 年来,在早期地球海洋,特别是元古代-寒武纪早期海洋化学空间结构、海洋化学与复杂生命协同演化、分层海洋环境下关键生命元素的生物地球化学循环和古海洋碳酸盐地球化学等方面取得创新成果。具体包括:①发现了早期海洋化学空间差异和动态演化的基本特征,提出了"硫化楔"及多层古海洋化学空间结构模型和氧化剂对近岸区域水化学控制假说;②发现了古海洋陆架表层氧化海水的动态扩张及其与早期动物演化之间的时空耦合关系,提出了早期动物辐射与陆架表层氧化海水动态扩张有关的新协同演化假说;③提出了分层海洋环境下包含溶解有机碳过程的碳生物地球化学循环新模型和以不同水化学层间相互作用为特征的钼生物地球化学循环新模型,揭示了早期海洋元素循环独有的空间特征;④发现了早期海洋大规模白云岩的早期成岩形成机制,为困扰地学界百年的"白云石之谜"的回答提供了新的解决思路,也为碳酸盐指标用于地表环境记录的合理性和科学性提供了理论基础;⑤研发了碳酸盐晶格磷酸盐(CAP)技术用于直接重建古海洋磷酸盐含量,为地质历史时期古海洋 P 循环及其在环境与生命协同演化中的角色研究奠定基础。这些研究成果深化和促进了我们对于早期地球环境及其与生命之间协同演化关系的理解。研究成果以第一作者/通讯作者身份发表在 *Science*、*PNAS*、*Geology*、*EPSL*、*GCA* 等国际重要学术刊物上。研究成果被 *Science* 正面评述为"阐明了新元古代海洋-大气化学演化与早期动物演化的关键连接"。发表论文(包括论著)106篇章,其中SCI论文89篇;第一和/或通讯作者SCI论文52篇,其中 *Nature Index* 期刊论文15篇: *Science* 1篇、*PNAS* 1篇、*Geology* 2篇、*EPSL* 4篇、*GCA* 7篇。7篇论文入选ESI Top 1‰高被引论文,SCI引用近4000次(截止202208)。现为 *Geochmica et Cosmochimica Acta*、*Science Bulletin*、*Science China:Earth Science* 等国内外8个重要期刊编委。

通讯作者(二):黄俊华,1964年出生,中国地质大学(武汉)研究员,中国第四纪学会专业委员会委员、中国地质学会、中国环境科学学会会员。主要研究方向:环境地球化学,第四纪环境与全球变化,同位素地球化学,土、水生态环境评价与污染治理,生态环境新仪器新技术研发与技术咨询等。主持完成国家自然科学基金项目8项,在国际顶级刊物 *SCIENCE*、*PNAS*、*EPSL* 等国内外期刊发表相关科技论文120余篇;2018年度湖北省十大科技成果奖(团队成员之一)。参加了"十一五"国家规划教材"地球化学"—稳定同位素地球化学的编写,参与烃源岩地球生物学等专著的编写。主讲有机地球化学、第四纪环境重建技术等课程。

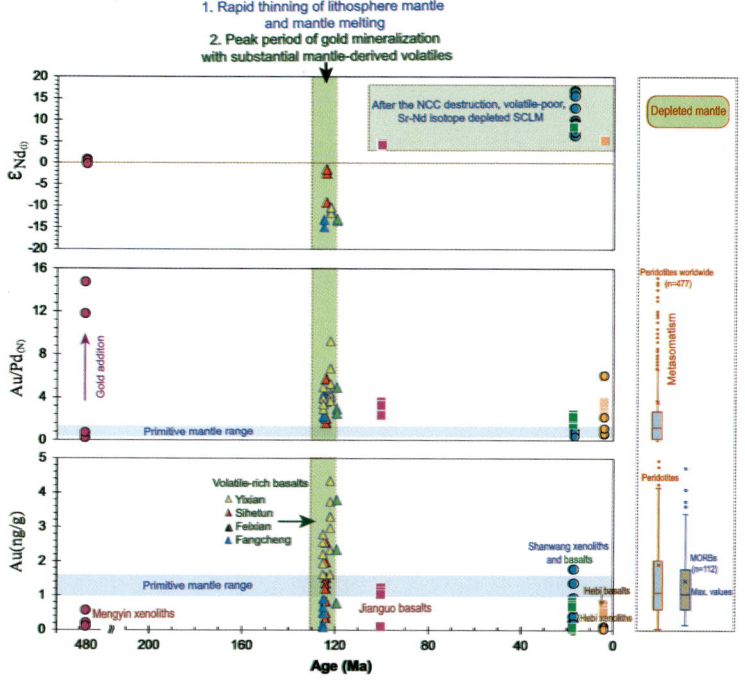

图 2　华北克拉通岩石圈地幔的时间演化及其与中生代巨量金成矿的关系

（横坐标为玄武岩和地幔包体围岩喷出的年龄）

五、第一作者简介

汪在聪，中国地质大学（武汉）地球科学学院教授，博士生导师。主要从事行星早期增生和壳幔演化及其资源效应研究，以高精度亲铁亲铜元素分析方法和应用研究为特色，阐明了地球不同增生阶段的挥发性元素组成，为地球水的起源以及地球增生物质模型提供了关键约束，提出了火星内部并不如以往认为富含硫的突破性认识；揭示了壳幔岩浆过程中控制亲铜元素分异的关键因素，提出大陆弧深部硫化物堆晶和拆沉是大陆地壳形成的重要环节；发现超大型金矿的形成无需交代地幔以及幔源岩浆强烈富集金，丰富了交代地幔控制巨量金成矿理论。以第一或通讯作者身份发表 SCI 论文 30 余篇，含 *Nature*、*Geology*、*PNAS*、*EPSL*、*GCA* 等自然指数论文 20 篇，受邀为 *Nature Geoscience* 撰写评述文章。担任 *GCA* 副主编和 *EPSL* 顾问编委，曾获首届"高山青年科学家奖"、国家海外高层次人才（青年项目）、国家自然科学基金委优秀青年科学基金、地大十佳杰出青年教师、湖北省创新研究群体骨干等荣誉。2021 年获首批嫦娥五号月壤样品，研究月壤形成和月球岩浆演化。

中国苏鲁造山带深俯冲榴辉岩的部分熔融

一、研究背景与意义

地壳和地幔深处部分熔融过程对理解岩石圈流变学强度、弧岩浆与陆壳洋壳的成因和机制具有重要意义,深俯冲陆壳折返过程的部分熔融被认为能改变岩石圈流变强度,因此可促进其快速折返。大量研究表明长英质片麻岩可发生部分熔融形成混合岩、生成熔体并聚合形成深成岩体。然而,深俯冲陆壳榴辉岩野外大规模宏观部分熔融形成混合岩的证据一直未见报道,因为传统观点认为深俯冲陆壳相对俯冲的洋壳较干,难以发生部分熔融,即使有,也是由含水矿物多硅白云母分解形成的微米级固态多相包裹体而记录的显微尺度小规模熔融。因此,难以评估其对深俯冲陆壳折返动力学和陆壳生长和再造的贡献。

二、主要研究内容

本研究选取苏鲁超高压造山带中部仰口—将军山一线出露的俯冲记录最深的仰口榴辉岩及作者在仰口南1~2km将军山处首次发现的混合岩化榴辉岩作为研究对象,开展野外大比例尺构造-岩石填图,显微构造、地球化学和地质年代学研究,综合报道榴辉岩发生部分熔融的证据(图1)。仰口榴辉岩在>230Ma之前,俯冲到地幔深处>170km的深处。研究结果表明,苏鲁将军山混合岩化榴辉岩发生部分熔融,熔体结晶的时间在随后的折返早期(228~219Ma)。熔体在不同阶段的生成、迁移和汇聚过程得以识别和详细报道。首先,熔体在榴辉岩颗粒边界形成并在显微尺度形成浅色体囊,与来自不同层位的熔体形成三维空间上相互贯通的网络状显微尺度脉体通道,随后沿面理面或伸展剪切带表面迁移出源区,汇聚到压力影区如榴辉岩早期褶皱的转折端;熔体促进变形促使熔体囊汇聚成1~2m宽的熔体通道,每隔10~20m重复出现,占据该处岩石50%的体积,而榴辉岩残留体则以布丁或孤立的复杂叠加褶皱的形式保留;熔体通道最终汇聚来自各处不同来源(榴辉岩和围岩片麻岩)的浅色体,结晶形成数米宽的浅色体脉和岩墙,成为熔体上升到岩石圈更浅层次的通道(图2)。显微尺度上,榴辉岩残留体、部分熔融产生的浅色体中,都保留有榴辉岩发生部分熔融的显微构造证据(图3)。

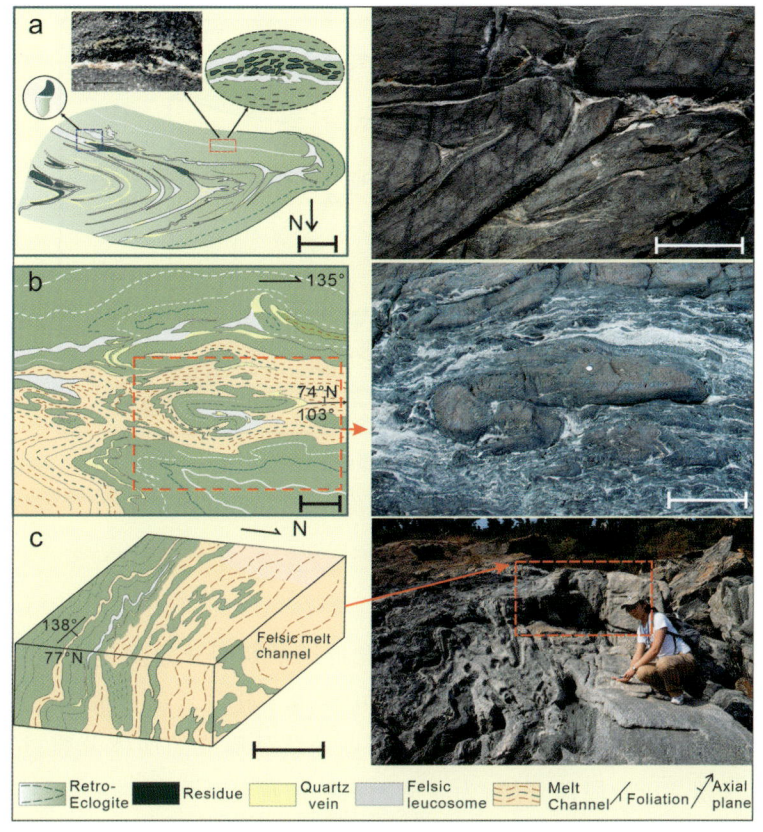

图 1 混合岩化榴辉岩野外素描与相关照片
(a 比例尺长度为 5cm,b 比例尺长度为 10cm,c 比例尺长度为 100cm)(显示榴辉岩部分熔融的熔体发育与迁移过程)

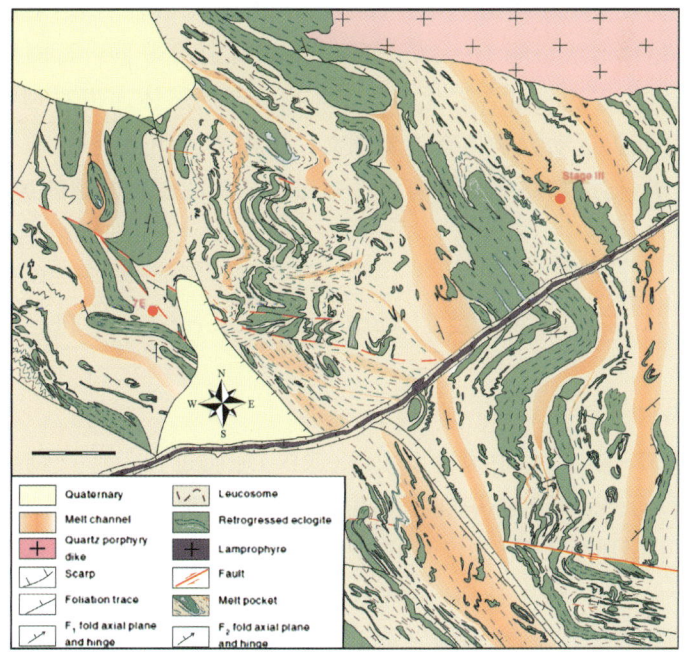

图 2 将军山混合岩化榴辉岩区熔体通道大比例尺构造地质图(1∶2000,图中比例尺长度为 5m)

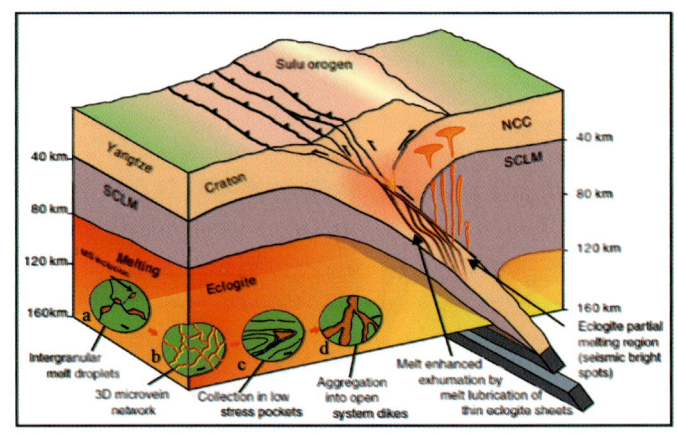

图 3　俯冲榴辉岩部分熔融模型图

（显示熔体通道促进快速折返、为岩石圈提供岩浆补给并形成地震波剖面上的亮点）

三、主要结论

本研究首次报道和证实超高压榴辉岩可以在折返早期即开始发生大规模部分熔融并形成混合岩的野外宏观证据；发现部分熔融榴辉岩中粒内多硅白云母分解熔融形成原位熔滴的直接证据、熔体在榴辉岩和浅色体颗粒边界三联点处结晶形成的熔体薄膜；熔体结晶年龄跨越 228～219Ma，从超高压阶段即开始，为名义无水矿物脱羟基形成的超临界流体分异结晶而成，后期与来自片麻岩部分熔融形成的浅色体混合在一起形成熔体通道。

本研究的重要意义在于：①折返陆壳部分熔融从显微-宏观尺度的产生、迁移与汇聚过程，表明变形-熔融-变质作用之间密不可分，部分熔融形成中酸性岩浆，对陆壳岩石圈成分再造具有重要意义；②熔体通道每隔 10～20m 重复分布，对造山带下岩石圈地球物理地震波异常的解释具有重要意义；③识别混合岩化榴辉岩体内分布的熔体通道对理解中下地壳和地幔物质流动和深俯冲陆壳折返动力学具有重要意义。熔体通道促进变形，改变俯冲板片物质流变学，进而润滑其边界，促进超高压变质岩沿低黏滞性流动的俯冲隧道快速折返。

四、论文信息

该论文于 2014 年 12 月 17 日发表在 *Nature Communications* 期刊上。

五、作者简介

王璐，女，生于 1978 年 4 月，中国地质大学（武汉）地质过程与矿产资源国家重点实验室研究员，博士生导师。1999 年本科毕业于中国地质大学（武汉）第一届地质学理科基地班，2005 年博士毕业于中国地质大学（武汉）构造地质学专业。主持国家自然科学基金青年基金和面上基金项目、中央高校"腾飞计划"、中国博士后科学基金特别资助、中国博士后科学基金、山东省自然科学基金等 8 项，参加国家重大研究计划重点项目 2 项、中蒙科技基金会合作项目 1 项和欧盟 Erasmus＋KA107 项目。现任 GSA *Bulletin* 副主编、*Journal of Earth*

Science 科学编辑和 *Results in Geochemistry* 编委。曾获中国地质学会青年科技奖（银锤奖）和湖北省自然科学二等奖（排名第二）。长期从事造山带构造演化、高压—超高压变质岩构造-变质演化史及部分熔融相关研究，擅长大比例尺精细构造-岩石学填图与变质岩石学、显微构造、地球化学和年代学相结合的多学科综合研究，旨在最终建立其 *PTt*-D（变形）-*M*（熔融）轨迹，深刻理解俯冲带构造动力学机制及对部分熔融对地壳生长演化的影响。在 *Nature Communications*、*PNAS*、*Earth and Planetary Science Letters*、*Geology*、*GSA Bulletin*、*Journal of Metamorphic Geology*、*Journal of Structural Geology* 等上发表 SCI 论文 60 余篇。主要学术贡献如下：

(1) 报道世界第一例超高压榴辉岩大规模部分熔融，建立其 *PTt-D-M* 熔融路径，辨明熔体来源及特征；发现榴辉岩折返早期由名义无水矿物脱羟基水形成超临界流体、折返中晚期则以绿辉石名义无水矿物分解为主导的新机制，改变榴辉岩熔融由含水矿物分解主导的传统认识，为多期多机制熔流体演化改变俯冲板片流变学强度、促进深俯冲陆壳折返动力学提供直接证据。

(2) 发现太古宙造山带中榴辉岩相俯冲洋壳和远距离迁移的近水平推覆体构造，为太古宙存在水平板块构造提供标志性证据。

(3) 探明榴辉岩中粒间柯石英保留机制，揭示造山带峰期变质—变形证据的保留规律与构造分异作用、流体环境差异之间的关系。

(4) 对前寒武纪蛇绿岩型豆荚状铬铁矿和内部包体进行矿物化学和显微构造研究，确认其岩石学成因和大地构造属性，揭示前寒武纪（太古宙）板块构造体制下存在的深部物质循环。

洋中脊熔体从地幔到地壳的长距离反应迁移过程:Re-Os 同位素的证据

一、研究背景与意义

洋中脊岩浆系统是将地幔热量与物质转移到洋底的重要方式,它产生了覆盖地球表面积三分之二的大洋岩石圈以及洋中脊玄武岩(MORB)。从地幔源区产生的洋中脊熔体,会在地幔中迁移较长距离后喷出洋底。在此过程中,熔体会经历不同深度的复杂演化过程。理论上,软流圈在洋中脊中上涌熔融,产生的熔体与残余体是平衡的,例如洋中脊玄武岩和深海橄榄岩展现出了耦合的稀土配分模式以及相似的 Nd 同位素特征。然而,MORB 和深海橄榄岩的 Re-Os 同位素体系却并没有遵从这一规律,产生了 Os 同位素解耦。为何会出现这种现象?熔体在地幔中的迁移反应过程对此有何影响?

Re-Os 体系解耦的原因有多种争议:①MORB 喷发之后 ^{187}Os 的放射性增长;②洋中脊玄武岩遭受到了海水的交代;③来自软流圈或者岩石圈地幔交代硫化物/辉石岩的贡献;④或许 Os 同位素的解耦根本并不存在,只是学者们错误地估计了 MORB 和软流圈的 Os 同位素组分。为了进一步评估大洋扩张中心残余体与熔体之间 Os 同位素的解耦程度,本文收集了来自全球的 MORB 玻璃、大洋堆晶辉长岩和深海橄榄岩进行 Os 同位素的对比,发现深海橄榄岩具有非放射性成因的 Os 同位素特征,而 MORB 玻璃与大洋堆晶辉长岩具有相似的 Os 同位素特征,并相较于原始上地幔具有更强烈的放射性成因的 Os 同位素特征。

上地幔中熔体主要通过纯橄岩通道上升,前人研究认为纯橄岩通道的存在对于 MORB 的组分有着重要的调节作用。但是,洋中脊体系中纯橄岩熔体通道在控制地幔源区和地壳之间的 Re-Os 同位素组成以及地幔内熔体长距离迁移过程中所发挥的作用,仍不清楚。

二、主要研究内容

为了解决这个关键科学问题,本文对青藏高原南部泽当蛇绿岩中硫化物、铬铁矿以及纯橄岩进行了 Re-Os 同位素分析,并用阿曼蛇绿岩中纯橄岩 Re-Os 同位素数据作为对比。这些样品被前人认为代表了洋中脊之下纯橄岩通道的代表性样品。

在泽当蛇绿岩中,笔者发现纯橄岩主要呈透镜体或脉体产于方辉橄榄岩中,表明纯橄岩通道是方辉橄榄岩地幔中主要的熔体抽取通道。部分纯橄岩呈包壳形式包裹低 $Cr^{\#}$ 的铬铁矿岩,暗示铬铁矿岩是在纯橄岩形成同时产生。笔者选择其中具有代表性的铬铁矿岩,进行了硫化物的矿物学及地球化学分析,发现 3 种类型硫化物:①存在于铬铁矿或硅酸盐矿物中具有平直边界的多相包裹体;②存在于铬铁矿或硅酸盐矿物中的复合矿物包裹体;③呈填隙状产出于矿物颗粒之间的 Fe-Ni 合金。

通过激光原位和溶液法综合分析,发现所有泽当硫化物的 Re-Os 同位素组分均反映了形成于大洋上地幔纯橄岩通道中的原始岩浆特征。泽当硫化物 $^{187}Os/^{188}Os$ 的变化范围非常大,从低于原始上地幔到远高于原始上地幔(最高可到 0.1702,图 1),表明大洋扩张中心之下的纯橄岩通道中存在着放射性成因的 Os 同位素组分。与此同时,存在于铬铁矿以及硫化物中低的 $^{187}Re/^{188}Os$ 可以排除 ^{187}Os 来自自身放射性成因增长。因此,这些硫化物和铬铁矿中放射性成因的 Os 同位素特征可能来自一个高 Re/Os 的储库。

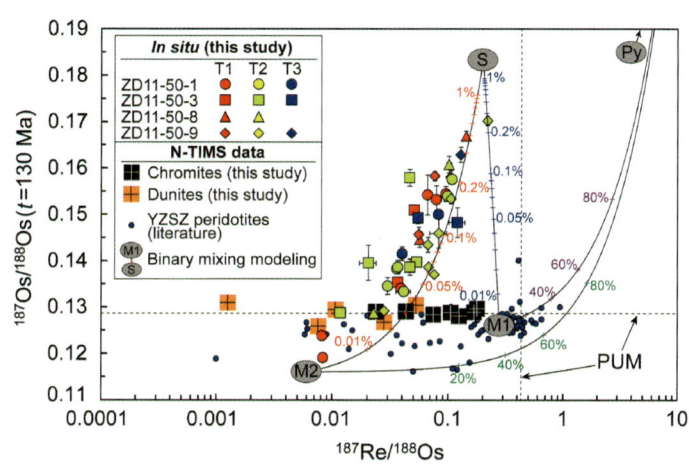

图 1　泽当纯橄岩中硫化物、铬铁矿及纯橄岩 $^{187}Re/^{188}Os$ 与 $^{187}Os/^{188}Os$ 二元模式图

这些高度变化的 Os 同位素组分可以不断地从地幔源区转移到纯橄岩通道中,纯橄岩通道中铬铁矿的结晶会导致铬铁矿周围产生巨大的氧化还原梯度,引起富集 IPGE 的合金或硫化物优先沉淀,并使得富集 PPGE、Re 的硫化物进入熔体中。相对于 Re 而言,Os 在单硫化物固溶体(MSS)和硫化物熔体中具有较高的分配系数,这进一步会导致 Os 优先进入硫化物中,而 Re 进入熔体中。因此,在纯橄岩通道形成之后,其中的低熔点硫化物会被新加进来的高温 MORB 熔体熔解,而高熔点的富 Os 纳米颗粒和铂族矿物被保存于铬铁矿中。这种地幔熔体反应迁移过程,会加剧洋中脊系统中壳-幔之间的 Os 同位素解耦程度(图 2)。

三、主要结论

本文从不同空间尺度 Re-Os 同位素的视角,重新审视了存在于上地幔中的熔体迁移反应过程,结合前人在地壳尺度对于洋中脊熔体演化的理解,有助于全面揭示从地幔到地壳的洋中脊熔体长距离迁移演化过程。笔者发现存在于洋中脊地幔中的纯橄岩通道系统,不仅能将地幔的不均一性转移到熔体中,而且可以在熔体进入洋壳之前调节地幔的组成和性质。该研究对深入理解洋中脊岩浆动力学过程以及物质循环规律具有重要意义。

四、论文信息

论文发表于 *Earth and Planetary Science Letters* 期刊上。

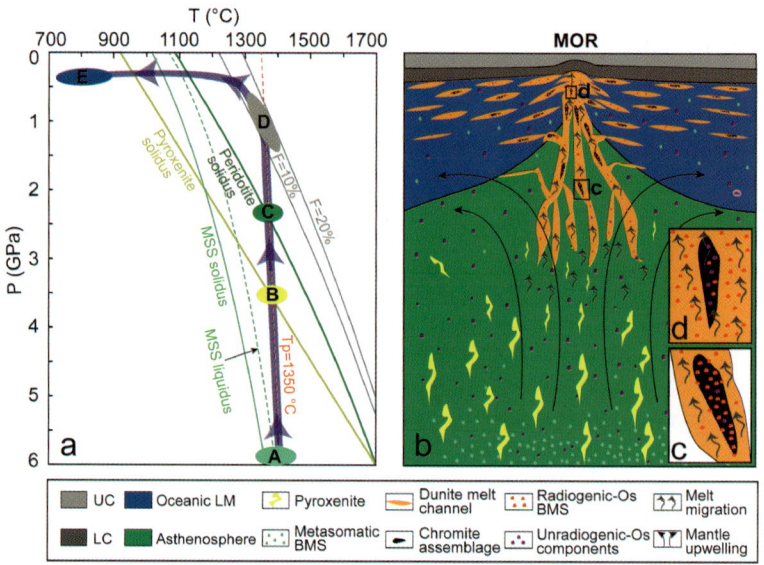

图 2 地幔熔体反应迁移过程图示

a. 软流圈中熔体与地幔随温度(T)、压力(P)的演化图解;b. 洋中脊之下熔体抽取和纯橄岩通道形成演化模型;c 和 d 分别代表深部和浅部纯橄岩中硫化物演化图示

五、作者简介

熊庆,研究员(教授),博士生导师,湖北省高层次人才计划和"地大百人计划"入选者,侯德封矿物岩石地球化学青年科学家奖获得者。围绕"地幔形成演化、深部过程-浅部响应"等科学问题,开展岩石学、矿物学和地球化学等方面的研究工作。主持国家自然科学基金面上项目、科技部重点研发计划课题子项目等课题多项。在 *Earth and Planetary Science Letters*、*Journal of Petrology* 等地学权威 SCI 期刊发表论文 53 篇,其中第一作者和通讯作者论文 14 篇。SCI 被引用 1200 余次,H-index因子为 21。

2012—2021

生态环境篇

泥炭和石笋记录的末次冰消期以来长江中游干湿古气候变化及其对古文化的影响

一、研究背景与意义

我国广大地区都受到季风降雨的深远影响,长江以水为魂,流域依水而兴,与水有关的干湿气候事件直接影响了流域社会经济的发展,因此,从地质演化的角度认识区域干湿气候的演变规律具有特别重要的意义。然而,由于缺乏可靠的代用指标,干湿古气候的重建一直是过去全球变化研究的难点,导致长江流域干湿古气候变化规律很不清楚。特别是在我国东部经济发达地区,与降雨有关的干湿变化对区域发展至关重要,而且干湿变化存在巨大的空间差异性。长江流域当今的干湿状况不同于华南、华北,成为破解中国东部干湿古气候时空格局、了解亚洲季风演化极为关键而又最薄弱的地区。

长江中游具有大量保存完好、跨越不同时代的洞穴石笋和泥炭沉积物,是揭示区域古气候干湿状况及其时空演变规律的重要载体。利用这些得天独厚的自然资源,研究流域干湿状况的时空演变规律,对科学预测和有效应对未来区域干湿变化及服务"长江大保护"国家重大战略具有重要现实意义。

地质微生物因地质时空分布广泛、对气候环境变化响应灵敏而成为全球变化研究中的一个关键抓手。人们先后提出了藻类、细菌和古菌等地质微生物可以用来定量重建古温度的变化。然而,地质微生物一直难以用来示踪干湿古气候的变化,成为全球变化领域的一大难题。地质微生物能否用来解决我国东部地区的干湿古气候难题,这是一个具有很大挑战性、亟需回答的前沿科学问题。

二、主要研究内容

通过长江中游泥炭沉积物和石笋的研究,对上述难点问题和薄弱环节进行深入探索,实现了干湿古气候研究从技术方法到理论认识的系统创新,主要科学进展如下。

(1) 提出了适合泥炭沉积的干湿古气候代用指标——好氧细菌藿类通量。通过分子生物学研究、生态学原理分析和现代过程调查,提出了泥炭地细菌藿类化合物通量可以指示干湿状况。对湖北神农架大九湖泥炭地中藿烷环化酶基因($sqhC$)测序结果显示,以酸杆菌、伯克氏菌属等为主的好氧细菌是合成泥炭藿类化合物最主要的微生物类群。通过现代过程监测发现,表层泥炭中藿类化合物含量与泥炭地水位之间具有正相关关系,这是由于泥炭地的水位高低直接影响了沉积物的含氧量。由于大九湖泥炭地的水位与当地的降水量、干湿状况相关,据此创建了好氧细菌藿类化合物的通量作为重建泥炭沉积干湿古气候变化的代用指标。

（2）基于原创性代用指标，查明了长江中游干湿古气候的时间演变规律。利用湖北神农架大九湖泥炭沉积的细菌藿类通量、和尚洞洞穴石笋的磁学参数，发现了长江中游地区在 7.0~3.0ka BP 时期相对偏干，而早、晚全新世相对偏湿（图1）。这是一个地区不同地质载体、不同代用指标的共同记录，显示了结果的可靠性。因此，长江流域全新世中期总体相对偏干，早、晚期则相对偏湿，呈现出三段式干湿古气候演化的总体框架特征。

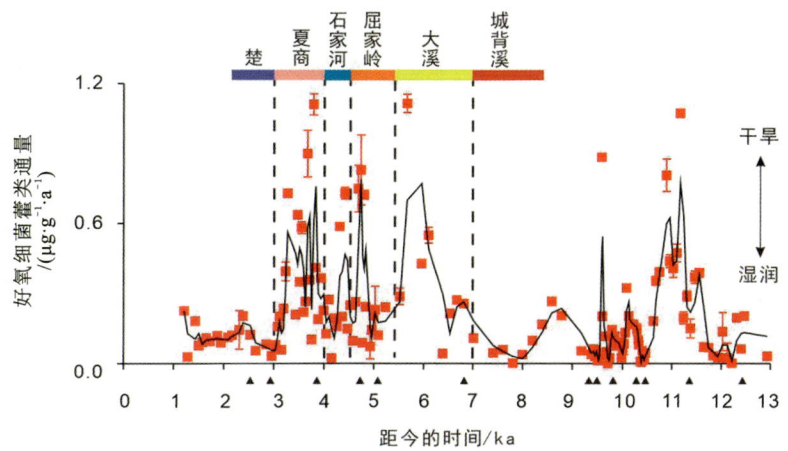

图1 湖北神农架大九湖泥炭地末次冰消期以来好氧细菌藿类通量指示的干湿古气候变化及其与长江流域古文化演替的关系

注：图中虚线指示了古文化之间的演替时间，三角形指泥炭沉积^{14}C测年点

（3）发现干湿古气候对长江流域古文化演替产生重要影响。在建立区域干湿古气候的基础上，发现它对区域古文化产生了重要影响。通过分析发现，长江流域城背溪文化、大溪文化、屈家岭文化、石家河文化、夏商文化、楚文化的更替，正好对应于泥炭湿地藿类通量指示的相对比较湿润的时期，也就是洪涝灾害频繁、旱涝急转的时期，而相对偏干时期有利于流域古文化的发展（图2）。同时，古文化在湖北省境内的空间迁移也与干湿古气候变化有联系。在比较湿润、洪涝灾害频发时期，古文化遗址主要出现在海拔比较高的地方；在相对偏干时期，古文化遗址则向江汉盆地等低地迁移（图2）。

三、主要结论

地质微生物能很好地指示区域干湿古气候的变化。长江中游全新世干湿古气候呈现出三段式的总体格局，这些干湿状况的变化对区域古文化的时空演变产生了重要的影响。

四、论文信息

该论文于2013年6月28日发表在 Geology 期刊上。

五、作者简介

论文作者：谢树成、Richard P. Evershed、黄咸雨、朱宗敏、Richard D. Pancost、Philip A. Meyers、龚林锋、胡超涌、黄俊华、张世红、顾延生、朱俊英。

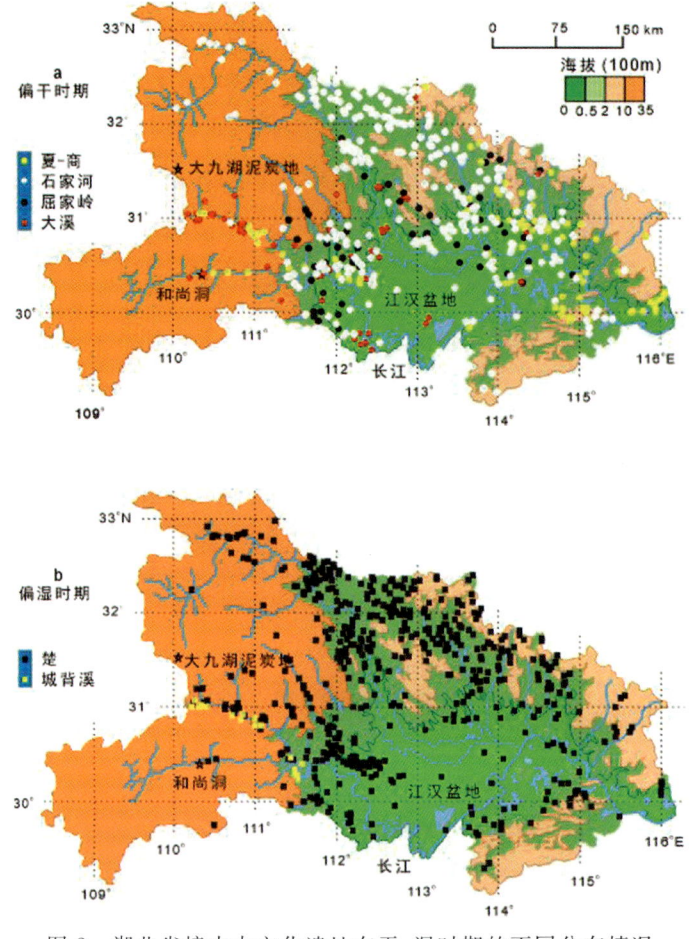

图 2 湖北省境内古文化遗址在干、湿时期的不同分布情况

a. 相对偏干时期的文化遗址分布（包括大溪、屈家岭、石家河和夏商文化遗址）；

b. 相对湿润时期的文化遗址分布（包括城背溪和楚文化遗址）

第一作者和通讯作者谢树成，中国地质大学（武汉）教授、生物地质与环境地质国家重点实验室主任、中国古生物学会地球生物学分会理事长、国务院学位委员会地质学科评议组召集人、国际地球生物学会理事会成员、海洋负排放国际大科学计划工作组成员、中国科学院院士。长期从事地球生物学研究，在利用地质微生物解决古海洋环境、古气候、古生态的难题方面取得了重要进展，在 Nature 期刊中提出了最大规模生物灭绝的两幕模式，在 Science 期刊中提出中国东部干湿古气候的三极模态空间变化，被 Science、Nature China 单独撰文评述。连续 7 年入选 Elsevier 的中国高被引学者榜单，分别以第一和第二身份获得国家自然科学二等奖、首届全国创新争先奖，先后主持了"973"计划项目、国家重点研发计划项目、国家创新研究群体项目和"111"计划项目，担任 Palaeogeography Palaeoclimatology Palaeoecology 联合主编、Geochimica et Cosmochimica Acta 编委等学术职务。

再富集导致大陆地幔失稳以及初始岩石圈厚度对大陆命运的影响

一、研究背景与意义

克拉通被认为是地球表面最稳定的大陆地区，由岩石圈地幔和上覆地壳构成。克拉通地幔具有难熔的化学组分，通常归因于太古宙高的地幔潜热温度引起的高程度熔体抽取。熔体抽取造成玄武质组分（如 Fe 等元素）分配进入熔体而 Mg 元素赋存于残余地幔，因而残余地幔相比下伏对流地幔具有正向浮力。另一方面，大陆岩石圈地幔相比对流地幔具有更低温度，产生热收缩。亏损引起的浮力增长"补偿"了热收缩引起的密度增长，产生具中性浮力的热边界层，使克拉通能够长期稳定存在。然而，世界上某些克拉通地区（如华北、华南和 Wyoming 克拉通），已被证实显生宙期间遭受显著破坏。由此，对克拉通破坏条件以及大陆岩石圈命运的控制因素的探讨成为学术争论的焦点。本文在梳理华南克拉通下方岩石圈地幔的成分和热结构的基础上，探讨了克拉通失稳的原因，成果对揭示大陆演化有重要意义。

二、主要研究内容

本文对华南克拉通出露的显生宙岩浆岩中的橄榄岩捕虏体开展了全岩和矿物主量元素、单斜辉石微量元素测试。橄榄岩捕虏体主要为二辉橄榄岩，含少量方辉橄榄岩，以尖晶石相为主，少部分为石榴石相橄榄岩。地质温压计结果显示尖晶石相橄榄岩的平衡温度为 750～1200℃；石榴石相橄榄岩的平衡温度为 1100～1250℃，平衡压力为 1.8～2.5GPa。由石榴石相橄榄岩的平衡温压约束的华南克拉通的岩石圈地温梯度为～60～70mW/m²。橄榄岩捕虏体的全岩 $Mg^{\#}$ 表现出大的变化范围（87～93）。温度-全岩 $Mg^{\#}$ 关系图揭示大陆地幔的成分具有垂向不均一性。总体上，这些橄榄岩捕虏体指示华南岩石圈地幔的化学组分和热结构不同于典型克拉通。

一系列证据表明华南克拉通地幔曾发生再富集作用。通过 $Mg^{\#}-\rho$（密度）的关系式，本文建立了岩石圈地幔再富集与密度（和浮力）之间的联系。计算结果表明华南克拉通具饱满特征的橄榄岩相比对流地幔显示正的密度异常。这种密度的增长造成岩石圈地幔失稳，易发生对流移除。

再富集要求大量的熔体产生。控制大陆下方熔体生成的主要因素是地幔潜热温度和软流圈减压熔融所需的空间。地幔绝热线与橄榄岩固相线和地温梯度的交点所处的深度分别约束了空间的底部和顶部。由图 1 可以看出，与厚岩石圈相比，薄岩石圈更易发生部分熔融，产生的熔体渗透至上部的岩石圈地幔造成再富集。厚岩石圈（如>250km）抑制熔体产生，从而避免发生再富集。再富集一旦产生,可能造成大陆岩石圈底部不稳定,出现更大的熔融空间,进一步促进再富集作用。这种正反馈最终将导致克拉通的破坏。因此,岩石圈初始厚度可能是决定大陆命运的重要参数。

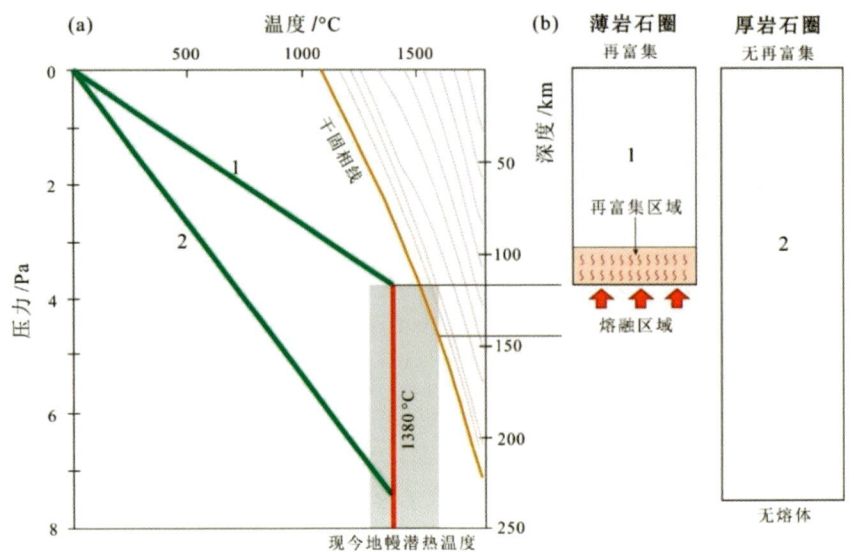

图 1　岩石圈初始厚度影响大陆命运的概念图

注:1、2.分别代表薄的、厚的大陆岩石圈的地温梯度;图 1(a)阴影区域为现今地幔潜热温度范围

三、主要结论

尽管成分变化在大陆稳定方面起着重要作用,但如果成分可以通过再富化作用来破坏,这就不利于克拉通的保存。因此,我们认为大陆的长期命运最终取决于其初始厚度,这可以调节再富化驱动的不稳定程度。而其他过程,如水合作用引起的减弱或与靠近俯冲带相关的黏性应力,可能会进一步增强不稳定,因此相对较小和最初较薄的克拉通更容易不稳定,华北克拉通和华南地块可能就是这种情况。在整个地球历史上,了解大陆结构的支配因素是它们演化的关键。长寿的大陆必须比它们形成时熔融的最大深度(即>250km)更厚。因此,快速的构造增厚过程是形成稳定克拉通的重要条件。

四、论文信息

该论文于 2014 年 11 月 19 日发表在 *Earth Planetary Science letters* 期刊。

五、作者简介

第一作者和通讯作者郑建平,中国地质大学(武汉)学科领军教授、国家级人才计划入选者并获"有突出贡献中青年专家"荣誉称号,香港大学地球科学系荣誉教授、澳大利亚 Macquarie 大学荣誉研究员,美国 Stanford、Michigan、Rice 等大学访问学者,香港大学中英交流学者。是或曾是地球化学期刊副主编,中国科学·地球科学、科学通报、岩石学报、岩石矿物学杂志、地质学报、矿物岩石地球化学通报、地球科学(*Journal of Earth Science*)等刊物编委,IUGG 中国委员会 IAVCEI 分委会成员、中国矿物岩石地球化学学会副理事长、地球内部化学与火山作用专业委员会副主任、地幔矿物岩石地球化学专业委员会副主任、侯德封奖评审委员会委员、孙贤鉥奖评审委员会委员、中国科学院矿物学与成矿学重点实验室学术委员会委员等。他敏锐引进激光微区测试技术、独辟蹊径坚持聚焦深源岩石包体,长期致力于大陆形成演化研究,取得了系统、科学的成就。尤其在下地壳古老物质发现与早期陆壳生长、岩石圈属性-结构与深部机制、圈层作用对大陆演化的驱动效应等方面有全新思维开拓和新颖理论建树,为大陆形成演化理论体系的创新与发展做出了突出贡献。先后提出了华北东部中、新生代岩石圈减薄的蘑菇云状地幔置换作用模型,在华北南缘发现了目前所知世上最古老($\geqslant 36$ 亿年)的大陆下地壳麻粒岩包体,论证了扬子大陆元古宙地质体下广泛受改造的太古代基底存在事实,提供了扬子深俯冲地壳物质对华北岩石圈地幔强烈相互作用的实证等,对大陆生长演化机制和区域成矿作用背景研究有重要意义。在 *Geology*、*Earth Planet. Sci. Lett.*、*Geochimica et Cosmochimica Acta* 等期刊发表论文 270 余篇,220 余篇论文被 SCI 收录(其中第一和通讯作者论文 130 余篇),独著专著 1 部,论著、SCI 他引 9000 余次(其中第一和通讯作者论文他引 8000 余次),H-index 为 49,连续 4 年是地球和行星科学领域中国高被引学者。获国家自然科学二等奖 1 项(排名第二,2011 年)、省部级科技奖励一等奖 2 项(排名第一,2007 年和 2017 年)、李四光地质科学奖(2019 年)、侯德封青年科学家奖(2004 年)、黄汲清青年科学技术奖、中国地质学会银锤奖,多次入选教育部级优秀人才计划和湖北省高层次人才工程等。

其他共同作者:Lee CT(第二作者兼通讯作者),美国 Rice 大学教授,克拉克奖获得者;鲁江姑,获中国地质大学(武汉)和澳大利亚 Macquarie 大学博士学位;赵军红,中国地质大学(武汉)教授、地球科学学院副院长,国家级人才计划入选者;吴元保,中国地质大学(武汉)教授、地球科学学院副院长,国家级人才计划入选者;夏冰,获中国地质大学(武汉)和阿姆斯特丹大学博士学位;章军锋,中国地质大学(武汉)教授、地球科学学院院长,国家级人才计划入选者;刘勇胜,中国地质大学(武汉)教授、副校长,国家级人才计划入选者。

全新世以来中国中部与ENSO活动相关的周期性暴雨事件的石笋磁学记录

一、研究背景与意义

长江流域水资源丰富,是我国重要的战略水资源地。在亚洲季风及西风的双重影响下,长江流域的水文条件时空差异大,极端暴雨、干旱事件频繁,给流域经济及水资源安全带来了极大隐患。从地质角度了解区域极端干湿古气候的演化规律及驱动因素,是开展科学预测和防治的基础,具有重要的现实意义。然而,由于缺乏可靠的代用指标,干湿古气候重建一直是全球气候变化研究的一大难题,而依赖高分辨率记录的极端水文事件的重建更是难上加难。洞穴石笋是最重要的高分辨率古气候研究载体,碳、氧同位素记录为亚洲季风演化规律提供了关键依据。但遗憾的是,由于尚未建立单独指示气候干湿状况的可靠指标,人们很难利用石笋获取干湿古气候及极端水文事件信息。本研究针对上述科学难题和现实需求,从地球物理角度,通过研究石笋中磁性矿物的组成、来源特征,创建适用于石笋的干湿古气候代用指标,并重建长江中游地区全新世极端暴雨事件发生规律。

二、主要研究内容

本研究选取湖北省长阳县境内和尚洞编号为HS4的石笋开展环境磁学分析,通过对其中磁性矿物成分、形貌及矫顽力分析,发现该石笋中的磁性矿物主要为来自洞顶土壤的软磁组分(以成土磁铁矿为主),其在石笋中的浓度主要受降雨量控制,因此创建了软磁组分通量(IRM_{soft_flux})这一参数以反映降雨量变化。以IRM_{soft_flux}参数重建的长江中游地区过去9000年以来降雨量曲线(图1a)与湖北神农架大九湖泥炭中藿类通量所指示的泥炭地水位变化曲线(图1b)十分吻合,揭示出该区全新世以来的干湿古气候表现出千年尺度的三段式变化:6.7~3.4 ka BP是相对比较干的时期,而在这之前和之后都表现出相对潮湿的气候条件(图1a),且该三段式变化与千年尺度的ENSO活动强度相关(图1c)。更为重要的是,这一参数还表现出许多更短时间尺度的变化,其峰值与已知的该区古洪水事件(图1a中的数字)在时间上基本吻合,证实该参数响应了短时间尺度的区域强降雨(暴雨)事件。

频谱分析则显示,长江中游地区的暴雨事件呈现显著的500年周期(图2a),这一周期在ENSO及太阳活动中均有显著体现(图2b、图2c)。对比上述500年周期的滤波数据,发现暴雨事件的峰值与ENSO活动强度峰值、太阳活动低值吻合(图2d),结合现代气象观测及千年尺度上类似的变化规律(图1a、图2c),本研究揭示出长江中游的暴雨事件主要受ENSO和太阳活动控制,当ENSO活动增强、太阳活动减弱时,长江流域的暴雨事件更加频繁。

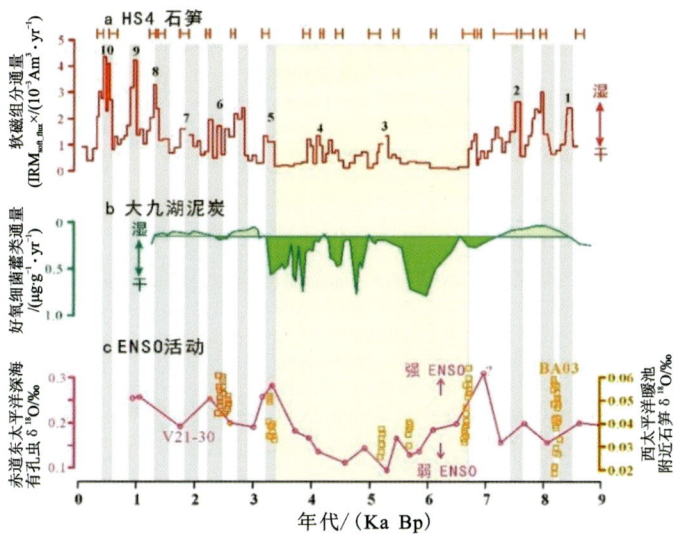

图 1　长江流域暴雨事件、大九湖干湿变化及赤道太平洋地区 ENSO 活动强度图（据 Zhu et al.，2017）

a. HS4 石笋软磁组分通量变化，指示千年尺度干湿变化及百年尺度的暴雨事件，数字为已报道的古洪水事件；b. 大九湖泥炭地好氧细菌藿类通量指示的干湿变化；c. 赤道东太平洋地区深海沉积物（V21-30 孔）中有孔虫氧同位素变化、西太平洋暖池附近 BA03 石笋氧同位素揭示的 ENSO 活动强度变化

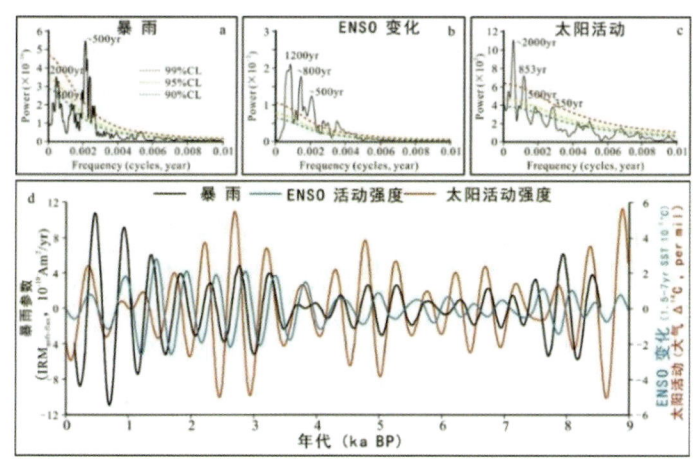

图 2　长江流域暴雨、赤道太平洋地区 ENSO 活动及太阳辐射强度变化频谱分析图

a～c. 暴雨（基于 IRM_{soft_flux} 参数）、ENSO 活动（基于模拟数据）、太阳活动（基于树轮矫正过后的大气残余 $\triangle^{14}C$），其中红色、橙色、蓝色虚线分别代表 99%、95%、90% 置信度水平；d. 暴雨、ENSO 及太阳活动参数 500 年周期的滤波曲线，其中 $\triangle^{14}C$ 高值代表太阳活动相对较弱

三、主要结论

该研究创建了能够单独指示干湿古气候，尤其是极端暴雨事件的石笋环境磁学指标——软磁组分通量（IRM_{soft_flux}）。在此基础上，发现长江中游地区过去 9000 年的干湿变化呈现三段式特征：全新世中期相对干旱，而全新世早、晚期则是相对湿润的气候特征；同时，揭示该区域的极端暴雨事件具有显著的 500 年爆发周期，该周期主要受 ENSO 和太阳活动控制。

四、论文信息

该论文于 2017 年 1 月 17 日发表在 *Proceedings of the National Academy of Sciences，USA*（*PNAS*）期刊。

五、作者简介

朱宗敏，中国地质大学（武汉）地球科学学院教授、博士生导师，国家自然科学基金优秀青年基金获得者，主要从事环境磁学及全球变化研究，利用自然和人为来源的磁性颗粒进行古气候环境重建及重金属污染源示踪工作，研究成果发表在 *PNAS*、*EPSL* 等期刊上。

谢树成，中国地质大学（武汉）地球科学学院教授、博士生导师，生物地质与环境地质国家重点实验室主任，中国科学院院士。从事地质微生物研究，相关成果发表在 *Nature* 和 *Science* 期刊上，连续 7 年入选 Elsevier 的中国高被引学者榜单，曾获得国家自然科学二等奖 2 项、首届全国创新争先奖、中国青年科技奖、中国古生物学十大进展等奖项。

黄春菊，中国地质大学（武汉）地球科学学院教授、博士生导师，国家自然科学基金优秀青年基金、湖北省杰出青年基金获得者，主要从事深时全球变化、全球碳循环变化机制以及地质年代校准等方面的研究工作，研究成果发表在 *EPSL*、*Geology* 等高水平期刊上。

胡超涌，中国地质大学（武汉）地理与信息工程学院教授、博士生导师，现任中国第四纪科学研究会喀斯特与环境委员会副主任委员，主要从事全球变化研究，尤其是全新世年际分辨石笋古气候重建，研究成果发表在 *Nature Geoscience*、*PANS*、*EPSL*、*GCA* 等期刊上。

程海，西安交通大学全球环境变化研究院教授，奥地利科学院外籍院士，国际地球化学协会和欧洲地球化学协会会士。主要从事同位素地球化学和年代学、高分辨率和精确定年的洞穴石笋记录与全球气候变化研究，在高精度质谱同位素测量技术领域，发展了国际先进水平的 U 系质谱测量技术，提供了许多重要和精确的晚第四纪气候变化的绝对年代尺标。

早三叠世温室的致命高温

一、研究背景与意义

古-中生代之交(约 2.52 亿年前)的生物大灭绝事件是地球历史上最大一次灭绝事件,有关这次灭绝事件的性质和原因一直是国际学术界长期探索的前沿和热点问题。对于导致这次生物大灭绝的原因一直众说纷纭,目前尚无统一认识。常见的观点有陨石撞击地球说、海平面变化说、火山爆发学说、气候变化说、海水缺氧说、海洋酸化说及陆地野火说等。以上各种绝灭原因均与温度变化有关,但都局限在各种地质事件与绝灭的因果关系研究上,很难定量解释生物灭绝的过程。海相微体化石牙形石记录了当时海水氧同位素的变化信息,而氧同位素的变化受当时海水温度的控制。自 2007 年开始,中国地质大学(武汉)与德国埃尔朗根-纽伦堡大学、英国利兹大学等单位合作,开始通过牙形石氧同位素研究古-中生代古海水温度变化及其与该时期生物大灭绝及之后早三叠世漫长的生物复苏过程的关系,并在世界上首次获得了该时期完整的高精度古温度变化数据。

二、主要研究内容

本项目在华南地区测制 20 多条古-中生代之交至三叠纪地质剖面、处理获得 6 万多枚牙形石标本的基础上,通过 269 组不同时代的牙形石氧同位素的分析,首次定量恢复了古-中生代之交至早三叠世赤道低纬度地区高精度的古海水温度变化趋势,揭示了中-古生代之交是一个从冰室气候到温室气候转变,早三叠世初期到早三叠世斯密斯亚期一直延续极端的高温的过程。在此基础上,结合当时全球动、植物的时空分布统计,分析研究了早三叠世极端高温与早三叠世生态系演化之间的关系。

高精度牙形石氧同位素证据表明,在古-中生代之交的二叠-三叠系界线处(约 2.52 亿年前)古海水表面温度急剧升高,涨幅约 8℃,而这种全球变暖现象刚好出现在古-中生代之交生物大灭绝主灭绝阶段之前,因而可证明全球变暖是造成该大灭绝的主要原因之一。同样,对牙形石氧同位素的研究表明,早三叠世是显生宙以来最热的时期之一,赤道低纬度地区海平面温度在斯密斯亚期末超过了 40℃,而赤道陆地温度可能达到了更高的温度(可能达到了 50℃)。这些数据提供了解释二叠-三叠系之交生物大灭绝后长达 5 个百万年的不均匀生物复苏、低生物多样性、早三叠世长达 10 个百万年的缺煤和多种海洋化石门类发生小型化的新证据,也提供了不同化石门类差异复苏的新思路。如 C_3 植物光合作用会在 30℃以上大幅减弱,35℃以上光合呼吸作用会超过光合作用,而分解者菌类的作用会随着温度的提高而大大加强,这些因素导致了陆源碳不能埋藏成煤,从而使得大气 CO_2 分压增高,产生温室增益效果。高温会导致赤道低纬地区生产力的大幅降低,而海洋却会因为陆源风化的加强而倾向于富营养化,而早三叠世诸多门类化石的小型化也主要是高温导致的。

温室效应对海生动物的影响更大,特别是对具有高新陈代谢水平和高运动能力的海生脊椎动物而言。因为随着温度的升高,新陈代谢速率增加,需氧量随之增加而海水的溶解氧反而随着温度的升高而降低。在二叠-三叠纪生物大灭绝后,腕足类受到了重创从此一蹶不振;而软体动物(如头足类菊石、双壳类)则得到了较好的复苏,在短时间内达到了很高的分异度,这是由于软体动物的新陈代谢系统能够更好地适应高温度和低氧量的条件。

对陆地四足兽、海生爬行动物和鱼类的统计表明,晚二叠世脊椎动物在全球多维度广泛分布,在早三叠初期逐渐撤离了赤道,在斯密斯亚阶晚期绝大部分四足兽分布于北纬30°以北和南纬40°以南的区域,而鱼类和海生爬行动物也主要集中于两极的高纬度地区;到斯帕斯晚期至中三叠世,气温逐渐降低,脊椎动物又逐渐回到赤道,在全球广泛分布(图1)。这些现象反映了脊椎动物的高迁移力和低依氧热耐受性,使他们在温室时期能够首先离开赤道炎热地区。

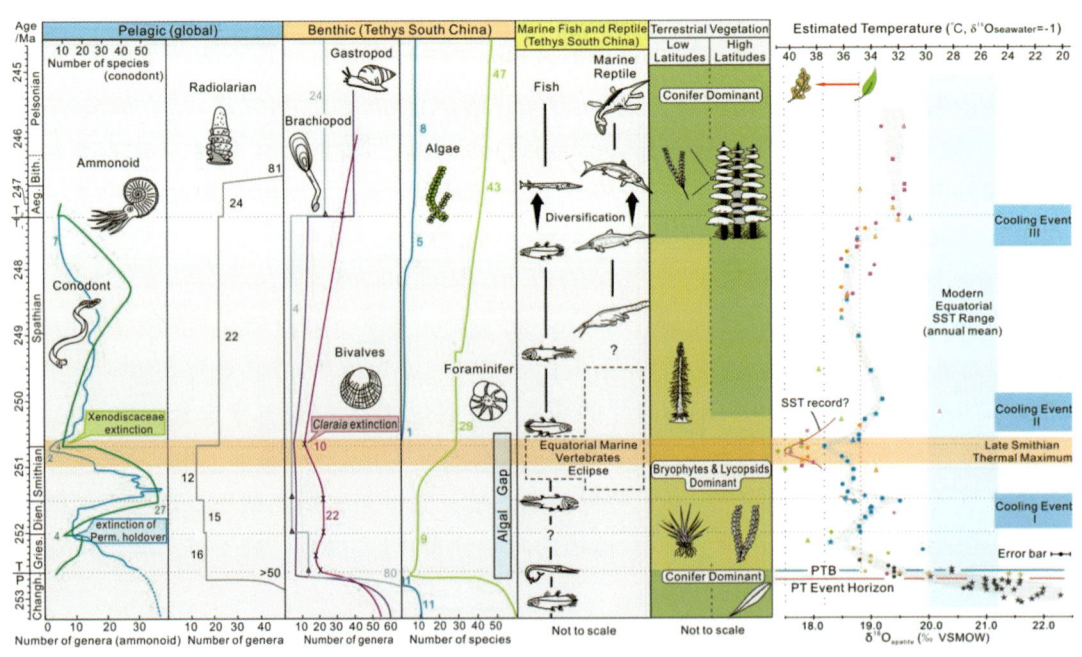

图1　早三叠世海水温度变化曲线与主要海洋生物门类多样性变化关系图

三、主要结论

本研究通过大量的牙形石氧同位素分析,首次在世界上定量地建立了古-中生代之交至早三叠世赤道低纬度地区高精度的古海水温度变化,揭示了全球变暖是造成古-中生代生物大灭绝的主要原因之一,极端高温造成早三叠世生态体系坍塌长达500万年。

同时本研究揭示了地球在极端温室条件下的环境变化与生物演化的关系,引起人们对当今全球变暖状态的思考,如气候变暖对光合作用的影响会导致粮食作物的减产、生物多样性降低和动物形体的减小。这些现象对我们当今气候变化和可持续性发展具有警示和借鉴意义。

四、论文信息

该论文于 2012 年 5 月 9 日发表在 *Science* 期刊上。

五、作者简介

孙亚东，男，洪堡学者，国家级青年人才入选者，国际地层委员会三叠系分会秘书长。2008 年毕业于中国地质大学（武汉）地质学理科基地班，同年开始硕博连读，读博期间先后在德国埃尔朗根-纽伦堡大学和英国利兹大学从事联合培养博士研究，2013 年于中国地质大学（武汉）获博士学位。自 2005 年起开始从事二叠-三叠纪牙形石、生物大灭绝及碳、氧同位素及古气候研究工作。目前在 *Science*、*Geology*、*EPSL* 等国内外期刊上发表论文 60 余篇，作为主要获奖者获得国家自然科学二等奖 1 项、教育部高等学校自然科学一等奖 1 项。

赖旭龙，男，中国地质大学（武汉）教授、博士生导师，国务院政府特殊津贴获得者，现任高等学校地质学类教学指导委员会主任委员、*Journal of Earth Science* 和《地球科学》主编，曾任国际牙形石学会（Pander Society）主席（2017—2021）。1991 年于中国地质大学（武汉）获博士学位，长期从事微体化石牙形石、二叠-三叠纪之交生物大灭绝及古 DNA 等研究工作，目前已在包括 *Science*、*Nature*、*Geology* 等在内的国内外刊物上发表论文 160 余篇，作为主要获奖者获得国家自然科学二等奖 1 项、教育部高等学校自然科学一等奖 1 项、国家教学成果奖二等奖 1 项及其他多项省部级科研和教学奖励。

平原区三角洲河道的入湖口位置及其改道位置向上游迁移响应规律

一、研究背景与意义

三角洲是由一系列河道改道事件演变而形成,该体系蕴含丰富的油气资源,其河流演变影响该体系砂体的空间展布,掌握其河流演变规律对高效开发油气资源具有重要的意义。此外,三角洲地区通常为人口众多的经济发达地区,从历史上看,三角洲河流发生决口改道事件,并造成一些重大的洪水灾害事件。当前,全球气候变化和人类活动等导致一些三角洲地区洪涝灾害频繁发生。然而,由于大型三角洲河流改道发生的频率较低(百年至千年),目前河流改道机制仍然不明确。

二、主要研究内容

研究团队选取天然实验室——典型旱区柴达木盆地北霍鲁逊湖边缘无植被、平缓的素棱郭勒河三角洲作为研究区(图1A),利用 Google Earth Engine 云数据平台的多源、多时相遥

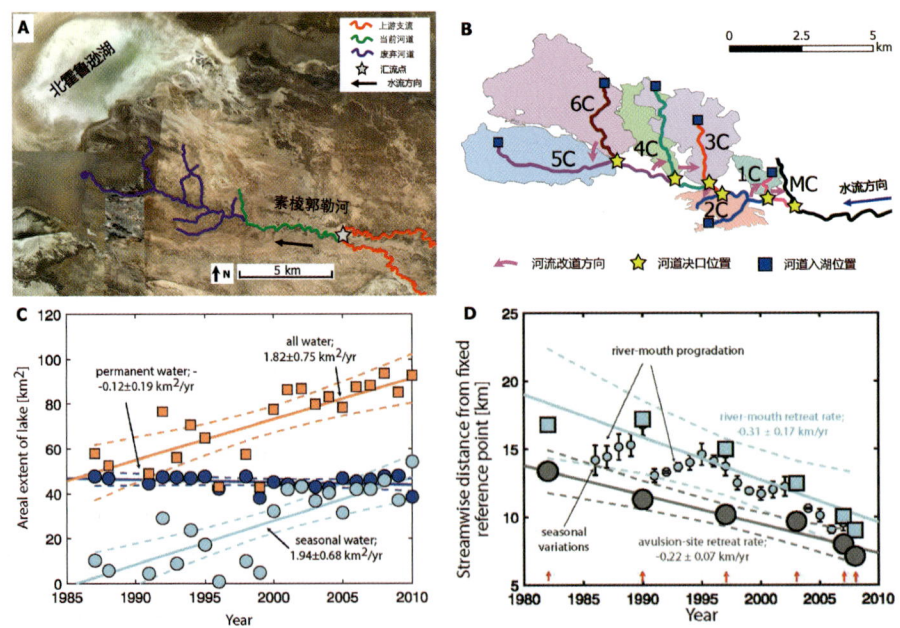

图1 A.位于柴达木盆地的北霍鲁逊湖和素棱郭勒河(Li et al.,2022);B.基于多时相(约40年)遥感影像解译的河道演变图;C.北霍鲁逊湖水面积随季节性变化图(观测年限内,常年性湖水域面积基本保持不变,而季节性水域不断扩大);D.河道入湖口位置与决口改道位置迁移速率的关系图

感影像(图 1B),结合回水理论,探讨平缓区三角洲如何响应海平面相对加速上升导致的河道入湖口位置的演变规律。研究团队利用近 40 年的(1973—2010 年)的卫星影像数据,识别并分析了素棱郭勒河三角洲 6 个朵叶体河道决口改道过程对柴达木盆地北霍鲁逊湖季节性扩张的响应机制(图 1C、D)。

三、主要结论

研究表明季节性湖水面积的增加导致了河道入湖口的位置不断向陆地方向迁移。河道改道位置也以相当的速度向上游迁移,使得改道长度(即改道位置到河道入湖口位置的沿程距离)保持一致,并与回水长度在尺度上保持一致,此演变过程与大型平缓区三角洲演变规律相似。研究进一步表明,海平面加速上升造成的平缓区三角洲淹没将使河道决口的风险向上游转移数十至数百千米,造成上游人口稠密的城市或社区面临洪水灾害的风险。

四、论文信息

该论文于 2021 年 11 月 8 日发表在 *Earth and Planetary Science Letters* 期刊上。

五、作者简介

李嘉光,博士,副教授,博士生导师/硕士生导师,获得荷兰代尔夫特理工大学博士学位,入选自然资源部高层次人才计划和获得国家自然科学基金委主办的矿业石油安全工程领域优秀青年科技人才奖。

自 2010 年以来持续开展陆相湖盆河流末端体系沉积过程－响应机制的探索研究,以遥感大数据和数值模拟为手段,在河流沉积过程及沉积响应机制方面开展了一系列创新性的研究工作,尤其是在洪水漫溢过程模拟、河流演变机制以及沉积响应等方面做出了较有影响的贡献,相继在地学领域权威学术期刊 *Earth and Planetary Science Letters*、*Journal of Hydrology* 等发表学术论文 20 篇,英文专著 1 部,国家专利 1 项,研究成果多次被 *Science*、*Nature Geoscience* 等国际权威期刊引用。入选湖北省楚天学者计划楚天学子(期满考核优秀)和湖北省青年科技晨光计划。担任国内外期刊 *Remote Sensing* 和《地球科学》客座主编,国际旱区湿地(Wetlands in Drylands)组织的核心成员,受邀作为澳大利亚 Macquarie University 博士论文评阅委员会成员。担任 *Earth-Science Reviews*、*Remote Sensing of Environment* 等知名学术期刊审稿人。主要学术贡献包括:

(1)系统地研究了地形极平缓背景下河流末端体系的洪水过程。独立开发了极平缓区域的地表形貌的表征技术,发现了河道洪水溢岸沿程变化的规律,为无水文监测站点地区、小河道(河宽<30m)的满岸流量的预测和河道漫滩交互作用的研究提供了新的理论和手段。

(2)系统地研究了河流末端体系的河流演变机制,发现河道的决口改道位置随着湖平面上升向上游迁移的过程;揭示了无植被条件下河道发生侧向迁移维持曲流形态的机理,提供了无植被环境发育曲流河的直接证据;提出了决口河道和溯源河道的演变贯通的新模式。

(3)自主设计实验模拟了河流末端细粒沉积体系泥质团块快速沉积机理,建立了细粒点坝沉积的反旋回模型;提出了干旱湖盆曲流河末端细粒沉积体系的沉积模式。

原生劣质地下水的成因:砷、氟、碘

一、研究背景与意义

全球清洁地下水的可持续供给不仅受到过度开采和环境压力的影响,同时也受到广泛分布的天然高砷、高氟、高碘等原生劣质地下水的威胁,尤其是在干旱和半干旱地区,直接威胁超过 4.5 亿人的饮水安全(图 1)。认识原生劣质地下水成因规律,不仅对于理解控制劣质组分迁移的水文-生物地球化学过程,而且对于原位水质改良的方案设计和实施,以消除劣质地下水对人体健康与生态系统功能的负面影响都至关重要。本研究系统综述全球多地广泛分布的高砷、高氟、高碘地下水的赋存特征及成因机制,基于 20 多年的跨学科基础研究和国内外对比,提出了劣质地下水成因新的理论体系,系统总结出劣质地下水 4 种成因模式(淋滤-汇聚型、埋藏-溶解型、压密-释放型、蒸发-浓缩型),揭示地下水系统演化对劣质组分富集的控制机理,为预测和圈定原生劣质地下水空间分布范围,保障供水安全提供了重要理论基础。

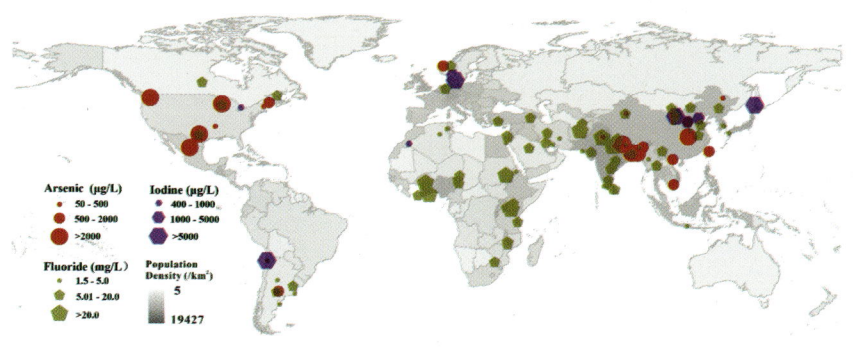

图 1 全球原生高砷、高氟、高碘地下水与干旱/半干旱区的分布

二、主要研究内容

基于近 20 年对中国地质成因高砷、高氟、高碘地下水的跨学科研究和系统总结,对比国内外原生劣质地下水赋存规律和分布区水文地质条件,按照有害组分的物源和主导性水文地球化学过程特征,提出了原生劣质地下水赋存的 4 种基本模式(图 2)。

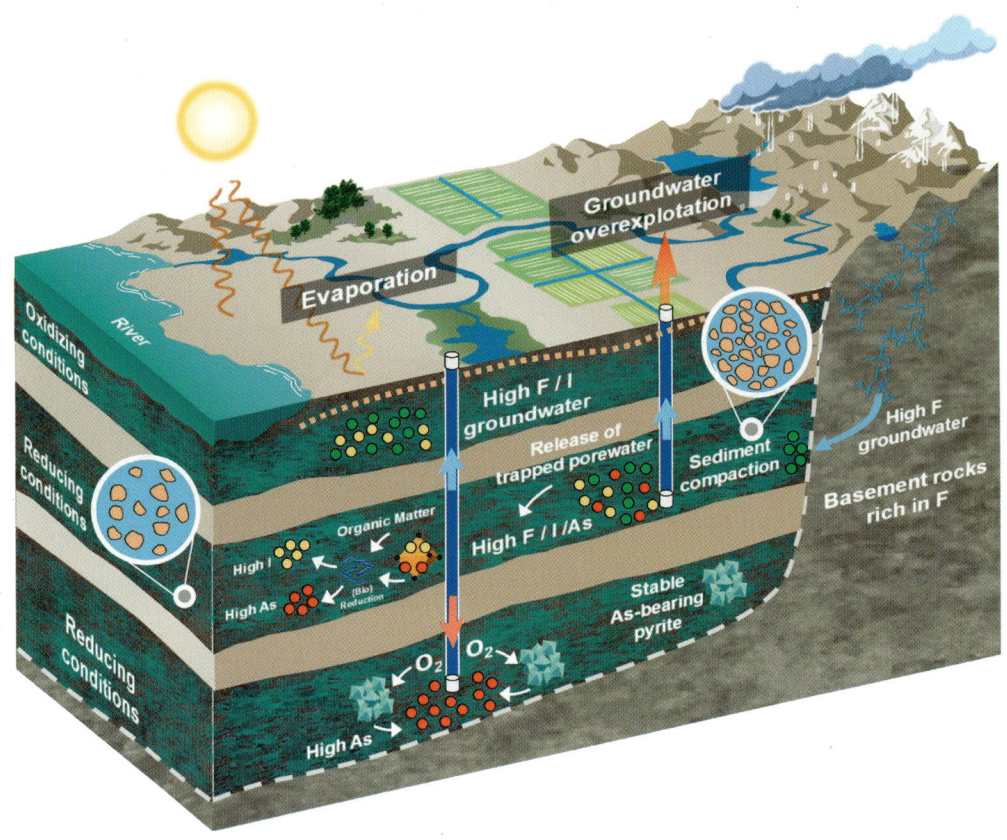

图2 原生劣质地下水四种成因模式图,包括淋滤-汇聚型、埋藏-溶解型、压密-释放型、蒸发-浓缩型。

1. 淋滤-汇聚型

有害组分主要为迁移性较强的元素,物源区多位于地下水系统的补给区。有害组分在淋滤作用下从岩石矿物中淋溶浸出,并在地下水系统的排泄区汇聚富集。如华北平原局部和大同盆地的基岩山区的高氟地下水。

2. 埋藏-溶解型

有害组分的物源就是含水介质。富含有害组分的沉积物随侵蚀搬运过程,堆积形成含水介质,在有利的环境条件和水文地球化学过程(如还原性溶解作用)影响下,有害组分从含水介质尤其是细粒沉积物中溶解释放,并在地下水中富集。如河套平原和大同盆地的高砷地下水、高碘地下水。

3. 压密-释放型

有害组分的物源区为区域性地表水体的静水沉积物,常为湖沼相淤泥。有害组分通过地表径流和片流将汇水区内的有害组分汇聚于沉积物内,在沉积物埋藏、压实固结排水过程中,有害组分被释放进入相邻含水层,并在有利地段富集。如华北平原的高碘、高氟地下水。

4. 蒸发-浓缩型

有害组分的物源区为浅层地下水系统,由于气候干旱,地下水埋深浅,蒸发强烈,有害组分在地下水中相对富集,如大同盆地的高氟地下水和西北、华北地区的高矿化度地下水。

三、主要结论

在同一地区,因气候、沉积环境、水文地质等条件的变化,可出现上述基本模式的组合,并导致不同类型原生劣质地下水相互伴生现象。而同时,地球物质质量是守恒的,物源区因物质的不断流失会逐渐出现特定组分缺乏,如太行山区因碘的大量淋溶流失,而出现地下水低碘现象,并导致当地部分居民的碘缺乏症。这4种基本模式首次从地下水系统演化的角度统一了不同类型天然劣质地下水的成因理论,并得到了水动力、水化学、同位素及数值模拟等多学科证据的验证,可显著提升对区域原生劣质地下水赋存规律的认识和预测精度。

四、论文信息

该论文于2020年8月21日在线发表在 *Critical Reviews in Environmental Science and Technology* 期刊上。

五、作者简介

王焰新,中国地质大学(武汉)环境学院、生物地质与环境地质国家重点实验室教授,博士生导师,中国科学院院士。王焰新教授长期聚焦地下水水质研究的前沿科学问题,创新发展了水文地质理论与方法,并在安全供水实践中得到重要应用。现任国际重要期刊 *Annual Review of Environment and Resources* 编委、国际水文地质学家协会中国国家委员会副主席、国际地球化学协会水岩相互作用工作组成员、国际医学地质学协会中国-爱尔兰医学地质联盟联合主席、国务院学位委员会委员、国家生态环境专家委员会委员、中国地质学会常务理事、中国环境科学学会副理事长等职。

晚更新世—全新世高砷含水层系统的沉积过程与水文生物地球化学作用研究

一、研究背景与意义

地质成因的高砷地下水广泛分布于世界多个国家和地区。长期饮用高砷地下水会导致人体病变，甚至癌变，即地方性砷中毒。高砷地下水已相继在全球70多个国家和地区被发现，威胁着约1.5亿人口的供水安全，导致数千万人罹患饮水型砷中毒，被认为是人类历史上最严重的群体性中毒事件。

二、主要研究内容

论文系统综述世界范围广泛分布于晚更新世—全新世高砷含水层系统的沉积过程及相关的水文生物地球化学作用，深入探究高砷地下水中砷的最初物质来源，以及在长期的地质历史时期物质搬运、化学风化及古气候演化对沉积物中砷富集的贡献，系统综述影响砷在地下水系统迁移转化的水文地球化学过程，如微生物介导下铁矿物的还原性溶解、铁矿物的非生物还原、不同形态砷的吸附解吸、水动力场对砷迁移转化的影响等，同时，论文还分析人为活动，如地下水超采、农业灌溉活动等对地下水砷富集的影响（图1）。

三、主要结论

地下水中砷的富集是沉积环境及水文生物地球化学过程综合作用的结果，含水层介质中的铁/锰氧化物/氢氧化物矿物相是砷的主要载体。高砷地下水多发现于三角洲/三角洲/洪泛平原或冲湖积平原，这些区域沉积物中负载砷的铁氧化物与活性有机质的共埋藏是造成固相砷在还原环境中释放进入地下水的前提条件。由局部和区域地下水流场控制的水文过程影响了砷的迁移与空间分布特征。

四、论文信息

该论文于2017年10月19日在线发表（注：文章正式的期卷页码是在2019年）在 *Earth-Science Reviews* 期刊上。

五、作者简介

王焰新，中国地质大学（武汉）环境学院、生物地质与环境地质国家重点实验室教授，博士生导师，中国科学院院士。王焰新教授长期聚焦地下水水质研究的前沿科学问题，创新发展

生态环境篇

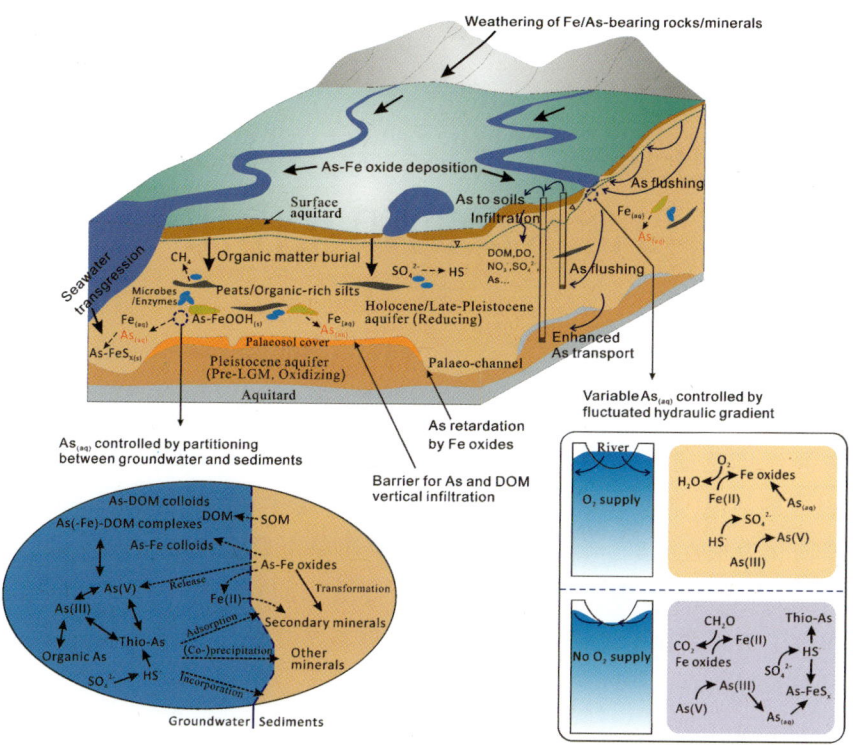

图 1　地下水系统中影响砷迁移转化的主控水文生物地球化学过程

了水文地质理论与方法，并在安全供水实践中得到重要应用。现任国际重要期刊 *Annual Review of Environment and Resources* 编委、国际水文地质学家协会中国国家委员会副主席、国际地球化学协会水岩相互作用工作组成员、国际医学地质学协会中国-爱尔兰医学地质联盟联合主席、国务院学位委员会委员、国家生态环境专家委员会委员、中国地质学会常务理事、中国环境科学学会副理事长等职。

关于存在弱透水性不规则岸坡的河流与含水层间相互作用

一、研究背景与意义

自然界中河流广泛通过不规则且表面存在弱透水层的岸坡与含水层发生相互作用[图1(a)]。以往的河流-地下水相互作用模型中尽管考虑了弱透水层的作用,但普遍将不规则形态的河岸简化为垂直河岸。目前少部分研究采用单个或多个坡度的多边形来近似岸坡的不规则几何形状,但却未考虑弱透水层的作用。尽管当前数值模拟软件能够模拟各种复杂条件下河流与地下水相互作用过程,但数值模拟软件本身存在建模过程繁琐、数据输入量大、计算过程耗时较长等缺点。

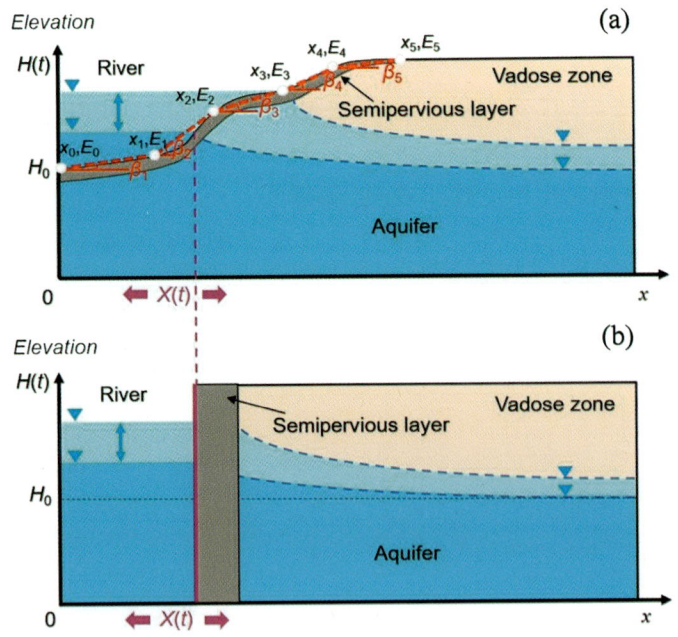

图1 存在弱透水性不规则岸坡的河流与含水层间相互作用(a)和等效完整河流-地下水相互作用(b)系统示意图(含垂直且水平移动的弱透水性河岸)

二、主要研究内容

本研究通过同时考虑河流岸坡不规则几何形状和弱透水层的作用,将存在弱透水性不规则岸坡的河流[图 1(a)]等效为含垂直且水平移动的弱渗透性河岸的完整河[图 1(b)]。基于等效的河流与地下水相互作用系统,建立新的数学模型,并运用格林函数法求解出相应的半解析解,同时与数值解进行对比验证。此外,测量实际河流岸坡几何形状许多时候比较繁琐甚至危险,特别是水深水急的河流,且可能面临洪水冲刷造成几何形态随时间发生变化的情况。为解决新模型的实际应用问题,创新性地提出一个新的无量纲指数,即河岸指数(BI),用于直接判定能否将不规则河岸直接简化为传统的垂直且静态的河岸。同时,将新提出的半解析模型和无量纲指数 BI 应用于美国哥伦比亚河 Hanford 河段试验场地,以验证它们的有效性和实用性。

三、主要结论

河流岸坡几何形态及弱透水层对于河水位波动情况下河岸内地下水水位及河流-地下水交换量的变化具有十分重要的影响。当弱透水层具有较好的导水性时,以往模型过度简化岸坡几何形态可导致较大的地下水水位或河流-地下水交换量预测误差。比较而言,新提出的半解析模型能够准确、快速地预测模拟任意河水位波动情况下河岸内地下水水位的波动响应以及河流-地下水交换量。新提出的河岸指数(BI)可用于直接判定能否将不规则河岸简化为传统的垂直且静态的河岸。当 BI<0.4,传统的垂直静态河岸假设是可以采用的;当 BI>>0.76,垂直静态河岸假设可导致不可忽略的误差。新提出的半解析模型和无量纲指数 BI 被成功应用于美国哥伦比亚河 Hanford 河段,有效性和实用性得以证实。

四、论文信息

该论文于 2021 年 9 月 29 日发表在 *Water Resources Research* 期刊上。

五、作者简介

靳孟贵,男,中国地质大学(武汉)二级教授,博士生导师,注册土木工程师(岩土),国务院政府特殊津贴专家,湖北名师。1982 年武汉地质学院水文地质专业毕业留校任教,1990 年和 1995 年先后在中国地质大学(武汉)在职获得硕士和博士学位;1998 年武汉水利电力大学博士后出站。1991—1992 年、1993 年、1997 年赴荷兰自由大学开展合作研究;2003 年 1—6 月赴美国农业部盐分实验室(USSL)和加州大学河滨分校访问研究。

地球科学、*Journal of Earth Science* 编委。曾任国际水文地质学家协会区域地下水流系统委员会副主席(2011—2017)、*Hydrogeology Journal* 副主编(2011—2014)、地质科技情报(2003—2018)和 *Journal of Groundwater Science and Engineering*(2013—2020)编委,高等学校水文与水资源工程专业教学指导委员会委员(2008—2012),中国地质学会农业地学专业委员会委员(1996—2008)和水文地质专业委员会委员(2010—2015)。

主要从事水文地质与工程地质、水文与水资源工程、地下水科学与工程等专业的教学工作;主讲"地下水动力学""水文地质学基础""包气带水文学"等课程;是"水文与水资源工程"国家级一流本科专业建设负责人,"地下水动力学"国家级一流课程、湖北省精品课程和 MOOC 课程负责人。

长期从事地下水与环境的科学研究,在包气带水文学和地下水流动系统理论研究方面取得进展。应用和发展了地下水流动系统理论,建立了土壤水流动系统及水盐调控理论。提出了农业-水资源-环境相互协调的可持续发展理念。揭示了内流盆地水文循环与盐分迁移聚集规律,提出了兼顾土壤沙化、盐碱地改良、节水灌溉与水污染控制的水盐优化调控模式及相应的综合配套措施,示范推广取得了明显的社会经济与环境效益。

先后主持国家"863"计划课题、"973"计划专题、国家自然科学基金重点支持和面上项目、国家地质调查项目、国际水和粮食挑战计划等30余项科研项目。获省部级科学技术一等奖2项,省部级科学技术进步二等奖2项、三等奖3项,湖北省教学成果一等奖1项。2002年被教育部评为高等学校优秀骨干教师。在国内外期刊上发表论文200余篇,主编或参编教材2部,出版专著3部。

指导博士、硕士研究生100余人,已有51人获得博士学位、46人获得硕士学位。其中4人学位论文被评为湖北省优秀博士学位论文,17人学位论文被评为校优秀博士学位论文。

资助在美国弗吉尼亚理工大学地质系学习),曾在中国地质大学(武汉)海洋科学博士后流动站工作(2017—2020年)。目前主要研究领域为海洋沉积物早期成岩作用及其环境意义与资源效应,重点关注古海洋早期成岩带碳循环过程,探讨古海洋环境-气候变化信息如何记录在沉积物/沉积岩自生矿物组合等早期成岩建造中;近年来对华南埃迪卡拉系海相地层早期成岩带碳循环(如有机质和甲烷厌氧氧化作用)相关自生矿物的形成过程和沉积-成岩环境意义开展了系统研究。在 *Geology*、*Precambrian Research* 等国内外学术期刊发表论文18篇;主持国家重点研发项目子课题、国家自然科学基金青年项目、中国博士后科学基金面上项目、海洋地质国家重点实验室开放课题、现代古生物学和地层学国家重点实验室开放课题等各类科研项目9项;近年来多次为 *Geology*、*Marine Petroleum Geology*、*Precambrian Research*、*Palaeogeography*、*Palaeoclimatology*、*Palaeoecology* 等国内外学术期刊审稿。

硅藻定量重建我国东北地区泥炭地水位

一、研究背景与意义

泥炭地是水陆过渡的生态系统,在生物多样保护、全球碳循环和水源涵养等方面具有重要生态服务价值。全球变暖和人为干扰改变了泥炭地自然水文条件,进而导致泥炭地生态系统服务功能退化。例如,气候变暖导致地下水位下降会加速泥炭的有氧分解并排放温室气体,从而产生正反馈进一步加剧气候变暖。因此,了解水文变化规律对于认识泥炭地碳循环和其他生物地球化学过程至关重要。

由于监测记录短暂,过去水位变化通常依赖于泥炭沉积中的生物指标来推断,如有壳变形虫和植物大型化石。由于体型、生态和生活史的差异,不同生物对水文变化的敏感性也有所差异,可能会导致指标之间重建结果的分歧。因此,为了准确了解过去水文变化,从泥炭沉积中探索新的生物指标显得尤为关键。硅藻是湿地中重要的初级生产者和生物指标,尽管已有研究显示硅藻组合与水位变化密切相关,但目前硅藻-水位转换函数模型鲜有报道。为此,本研究在泥炭藓泥炭地建立了第一个硅藻-水位转换函数模型,为泥炭地古水位定量重建提供了新的方法(图1)。

图 1 长白山哈泥泥炭地

二、主要研究内容

根据我国东北大兴安岭、小兴安岭和长白山等5处泥炭藓泥炭地采集的105个表层样品,建立了硅藻组成和水环境因子的数据库;通过排序分析确定影响硅藻分布的主要环境变量,其中水位是影响硅藻分布最重要的环境变量,单独解释了硅藻组合数据方差的5%;进而建立硅藻-水位定量关系,并对转换函数模型的效果和空间自相关影响进行评估。在此基础上,将阿尔山泥炭地沉积硅藻组合数据代入到转换函数模型中,重建近200年来泥炭地的古水位变化,并与区域古水文资料进行对比,验证重建结果的可靠性(图2)。

生态环境篇

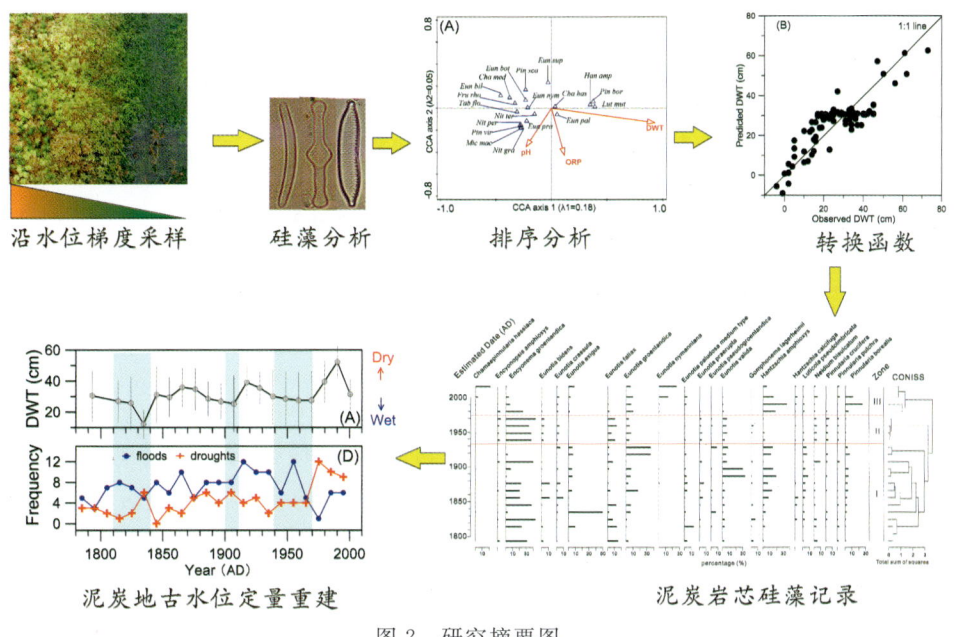

图 2 研究摘要图

三、主要结论

研究表明,水位是影响泥炭地硅藻分布最重要的环境变量。基于反向还原加权平均模型建立的硅藻-水位转换函数表现最佳。研究还发现,基于该转换函数模型重建的阿尔山泥炭地近200年来的水位变化,与东北地区旱涝灾害指数具有良好的对应关系。本研究建立了首个泥炭藓泥炭地的硅藻-水位转换函数模型,为今后对中国东北泥炭地以及世界范围内类似泥炭环境的古水文学重建提供了一种新的工具。

四、论文信息

该论文于2020年2月24日发表在 Water Research 期刊上。

五、作者简介

该成果由中国地质大学(武汉)陈旭、白雪、梁佳、乔强龙和英国诺丁汉大学 McGowan Suzanne、曾令晗、东北师范大学卜兆君、中国科学院南京地理与湖泊研究所羊向东及中南民族大学曹艳敏等研究人员合作完成。第一作者陈旭的研究方向为湖泊沉积与环境演化,运用藻类古生态学方法(硅藻、色素和金藻包囊等指标)重建气候变化和人类干扰下全新世湖泊湿地环境演变规律,主持国家自然科学基金项目3项,以第一作者和通讯作者在 Water Research、Environmental Pollution、Ecosystems、Catena、Earth Surface Processes and Landforms 等期刊发表论文10余篇。合作团队中 McGowan Suzanne 教授是国际知名的藻类色素古生态学家;卜兆君教授是湿地苔藓生态学家;羊向东研究员是硅藻古生态学家,率先在国内开展硅藻-水环境定量重建研究。

北美板块东部的冰后均衡调整、板内应变与相对海平面变化

一、研究背景与意义

冰后均衡调整造成北美板块局部区域发生非构造变形,使得北美板块地壳运动参数的准确求定变得困难。之前的研究往往根据冰后均衡调整影响的大小将北美板块划分为稳定和非稳定区域(图1),然后利用稳定区域的观测资料求定北美板块的地壳运动参数。然而,这些研究的结果易受所划分区域和使用资料的影响,结果存在着一定的偏差。本文不再区分稳定或非稳定区域,而是在 GPS 观测的地壳形变中直接扣除冰后均衡调整造成的影响,利用所有站点的观测资料求解北美板块的地壳运动参数。该研究不仅避免了北美板块稳定区域划分的偏差,而且使用了所有的观测资料,并考虑地心运动的影响,求定了更为可靠的北美板块的地壳运动参数。此外,本文利用美国东部沿海的 GPS 站与验潮站资料,求定了海平面变化速率,对求定的长期平均全球海平面上升速率提供了大地测量证据。

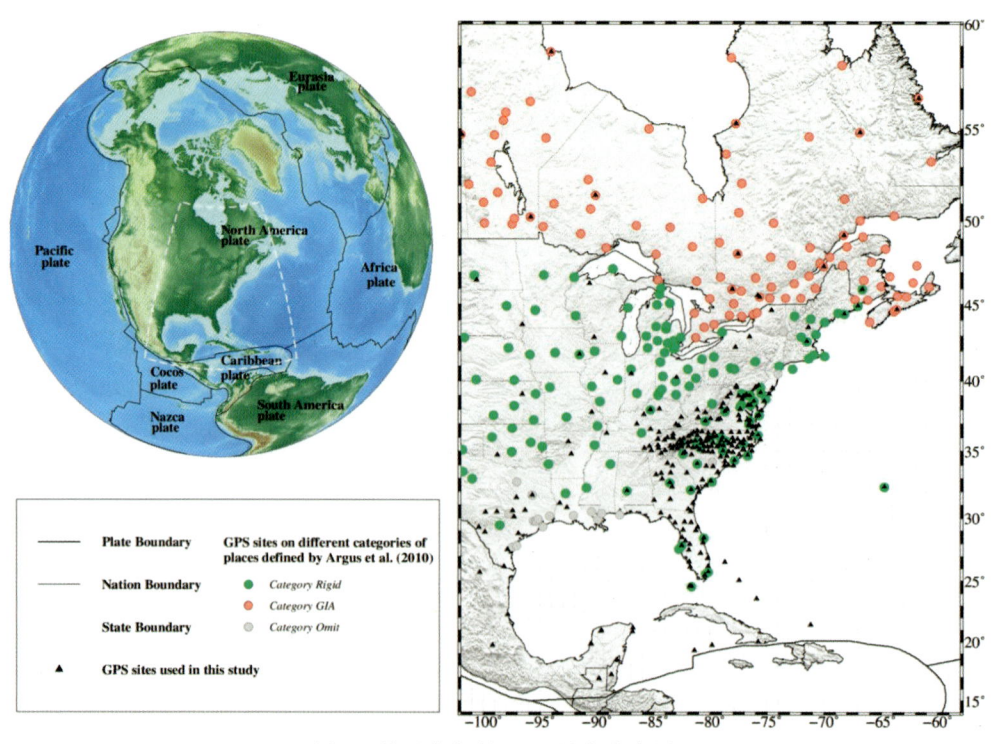

图 1　美国东部的 GPS 站点分布图

二、主要研究内容

(1) GPS 站点的速率估计与噪声模型。基于不同的噪声模型进行了 GPS 站点的速率估计,求解了最优噪声模型及该模型下的测站速率估计值。同时,分析了地心运动对速度估计的影响。

(2) 冰后均衡调整对测站速率的影响。分别求解了冰后均衡调整模型改正前后 GPS 站点水平速率、垂直速率的变化,并对冰后均衡调整影响的范围与幅度进行了分析。

(3) 沿海 GPS 站点与验潮站垂直速率的比较(图 2)。利用美国东部沿海 GPS 站点的垂直地壳运动速率,与并置的验潮站相对海平面变化的比较,求定了东部沿海海平面上升速率值。

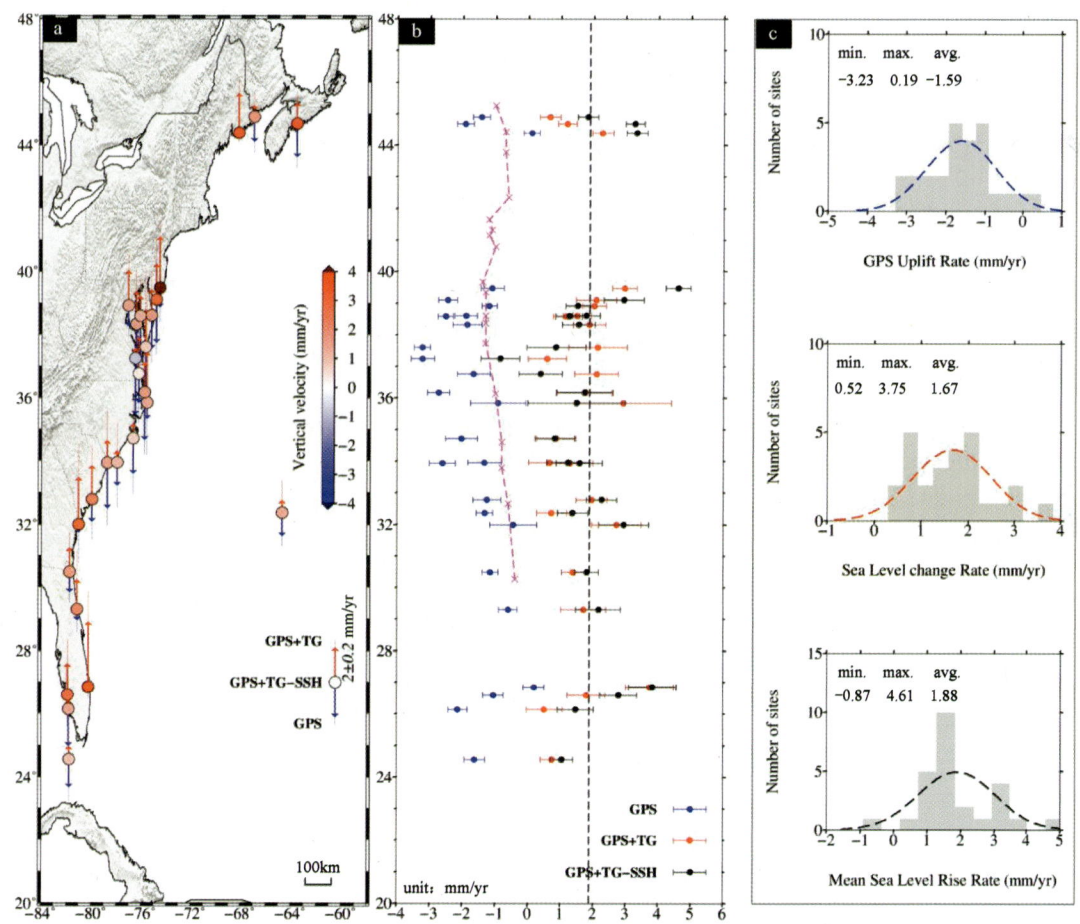

图 2 美国东海岸 GPS 测站与验潮站所反映的垂向运动速率比较

a. 蓝色箭头表示扣除地心运动后的 GPS 陆地垂向运动速率(GPS),红色箭头表示考虑验潮站垂向速率后得到的海平面相对变化速率(GPS+TG),彩色圆圈表示扣除海平面高度变化速率后的平均海平面变化速率(GPS+TG-SSH);b. 3 种垂向速率在纬向的变化;c. 3 种垂向速率的统计直方图

三、主要结论

北美板块地壳运动速率的准确求定,需要考虑 GPS 测站速率估计的噪声模型、冰后均衡调整引起的局部变形以及地心运动等因素的影响。美国东部沿海并置的 GPS 测站与验潮站的资料显示了 1.9mm/yr 的长期平均海平面变化速率,与其他资料求得的百年尺度的全球海平面上升速率吻合。

四、论文信息

该论文于 2019 年 5 月 28 日发表在 *Journal of Geophysical Research-Solid Earth* 期刊上。

Ding, K., Freymueller*, J. T., He, P., Wang, Q., & Xu, C. (2019). Glacial Isostatic Adjustment, Intraplate Strain, and Relative Sea Level Changes in the Eastern US. Journal of Geophysical Research: Solid Earth, 124(6): 6056-6071. https://doi.org/10.1029/2018JB017060.

五、作者简介

丁开华,博士,中国地质大学(武汉)地理与信息工程学院副教授,主要从事大地测量与地球动力学方面的研究,包括大地测量联合反演的模型及算法、高频 GPS 数据处理与应用,以及震间、同震及震后形变等研究。教学上,先后承担了《测量学》《测绘程序设计》《GNSS 原理及其应用》《大地测量学基础》等本科生课程和《空间大地测量》等研究生课程,以及教学实习等工作;主持或参与校级教学项目多项,发表教学论文 3 篇。科研上,承担了国家自然科学基金 2 项、国家博士后基金项目 2 项,以及省部级实验室开放基金 3 项,参与国家自然科学基金重大项目、面上项目等多项;在 *JGR*、*GRL*、*BSSA*、*GJI*、*Tectonophysics*、*RS*、地球物理学报、武大学报、测绘科学等国内外期刊上发表论文 30 余篇,同时任 *GRL*、*GJI*、*RS*、*Earth*、*Planets and Space*、*Geodesy and Geodynamics*、武大学报等期刊的审稿人;作为参与者获得教育部自然科学奖一等奖、中国测绘学会测绘科技进步奖一等奖各 1 项。

长江中游泥炭地碳循环对中全新世干旱事件的响应

一、研究背景与意义

泥炭地是重要的陆地储碳场所,泥炭地碳循环与气候变化之间的关系是当前的热点科学问题。水位下降是威胁泥炭地储碳能力的关键因素。前期的研究主要关注泥炭地碳循环对季节至年际尺度水位下降的响应,缺乏对百年尺度响应的系统认识。而作为泥炭地重要生态服务功能之一的储碳能力尤为突出地体现在百年至千年尺度上,即泥炭地储存的巨量有机碳是数千年来积累的产物。华中地区位于中国东亚季风区,干旱和洪涝等气候事件频繁发生。在这种背景下,东亚季风区泥炭地碳循环如何响应极端气候变化是非常值得关注的科学问题。

二、主要研究内容

在系统的现代过程调查基础上,结合泥炭柱叶蜡脂类单体氢同位素研究,识别出了在中全新世发生的多次显著的水位降低事件。长江中游泥炭地这一水位变化和该团队前期利用相邻地区石笋的磁学参数(Zhu et al., 2017, *PNAS*)和泥炭好氧细菌指标(Xie et al., 2013, *Geology*)识别出的中全新世干旱相一致。这些系统性的成果为解决长江中游中全新世水文气候(hydroclimate)事件的争议提供了新认识。在这些坚实的古气候研究基础上,进一步研究发现,在中全新世干旱阶段,叶蜡正构烷烃单体碳同位素表现出了显著的负偏,且负偏的幅度随着干旱频次增加而变大(图1、图2)。这很可能是成炭植物吸收了来自泥炭分解产生的 CO_2。与此同时,微生物藿烷的单体碳同位素证据表明,干旱发生时,甲烷氧化活动增强。这进一步说明了气候变化时,地质微生物的作用也发生了变化。因此,这一研究勾画出这样的场景,泥炭的地球生物学过程不仅对极端气候变化做出灵敏的响应,而且还进一步对气候变化做出反馈,影响局部地区或区域的气候。

三、主要结论

该研究系统地探索了泥炭地球生物学过程对长江中游地区中全新世干旱事件的响应,联合利用高等植物和地质微生物多种脂类(烷烃、藿烷)的单体碳和氢同位素记录,提出了在干旱阶段泥炭植物光合作用可能利用了来自泥炭分解产生的 CO_2,且老碳利用率存在着累积效应的新认识,为深化泥炭地球生物学过程的研究提供了一个新的途径。

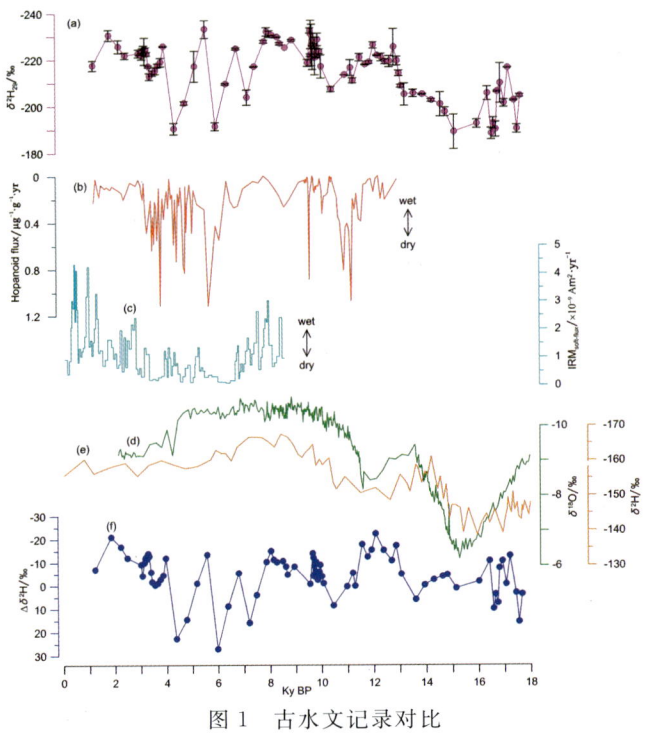

图 1　古水文记录对比

a. 大九湖 ZK-5 孔 C_{29} 烷烃 δ^2H；b. 大九湖 ZK-3 孔藿类通量(引自 Xie et al.，2013，$Geology$)；c. 和尚洞 HS-4 石笋 $IRM_{soft\text{-}flux}$(引自 Zhu et al.，2017，$PNAS$)；d. 神农架三宝洞石笋 $\delta^{18}O$(引自 Wang et al.，2008，Nature)；e. 孟加拉湾 SO188-342KL 站位单体氢记录；f. $\Delta\delta^2H$ 为大九湖泥炭烷烃单体氢与三宝洞石笋氧同位素差值

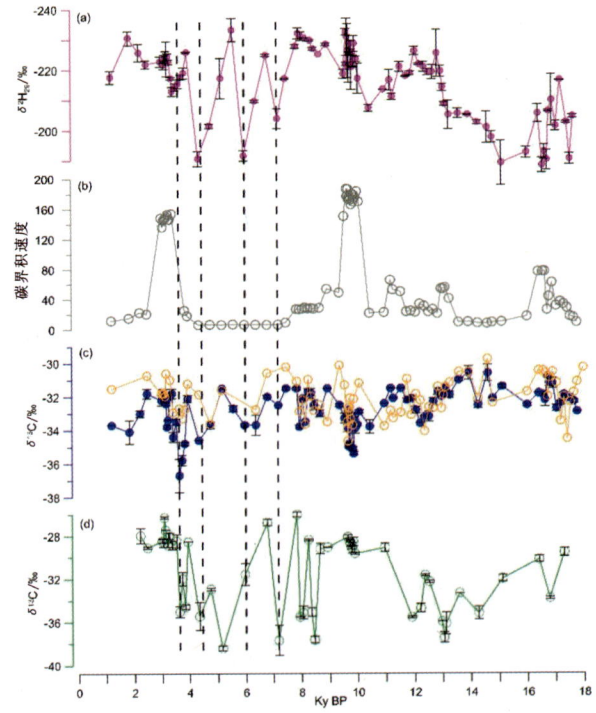

图 2　大九湖 ZK-5 孔古水文记录和碳相关的记录对比

a. C_{29} 烷烃 δ^2H；b. 碳累积速率；c. C_{23}(空心圆)和 C_{29}(实心圆)烷烃 $\delta^{13}C$；d. C29 ββ 藿烷 $\delta^{13}C$

四、论文信息

该论文于 2018 年 4 月 10 日发表在 *Nature Communications* 期刊上。

五、作者简介

第一作者黄咸雨,中国地质大学(武汉)地理与信息工程学院教授、博士生导师,主要从事湿地碳循环与气候变化研究,已在 *Nature Communications*、*Geochimica et Cosmochimica Acta*、*Climate Dynamics*、*Quaternary Science Reviews*、*Geoderma* 等地学领域期刊发表第一作者/通讯作者论文 40 余篇。先后主持国家自然科学基金区域创新发展联合重点项目 1 项、面上项目 2 项。获 2015 年度湖北省自然科学一等奖、2011 年全国优秀博士论文提名奖。担任国际 SCI 刊物 *Palaeogeography*、*Palaeoclimatogy*、*Palaeoecology* 编委(2020.3—2022.5)和中文期刊《地理科学》编委等学术职务。

通讯作者谢树成,中国地质大学(武汉)教授、生物地质与环境地质国家重点实验室主任、中国古生物学会地球生物学分会理事长、国务院学位委员会地质学科评议组召集人、国际地球生物学会理事会成员、海洋负排放国际大科学计划工作组成员、中国科学院院士。长期从事地球生物学研究,连续 7 年入选 Elsevier 的中国高被引学者榜单,分别以第一和第二身份获得国家自然科学二等奖、首届全国创新争先奖,先后主持了"973"计划项目、国家重点研发计划项目、国家创新研究群体项目和"111"计划项目,担任国际 SCI 刊物 *Palaeogeography*,*Palaeoclimatogy*,*Palaeoecology* 联合主编、*Geochimica et Cosmochimica Acta* 副主编,以及《古生物学报》《沉积学报》《地质论评》副主编等学术职务。

其他作者简介:

Richard D. Pancost,英国 Bristol University 教授,地球科学学院院长,主要从事有机地球化学、生物地球化学和古气候研究。

薛建涛,2018 年毕业于中国地质大学(武汉),获博士学位,现为武汉工程大学讲师,主要从事湿地碳循环与气候变化研究,并负责气相色谱-质谱、稳定同位素质谱仪(C、H、O、N)方法的开发与应用。

顾延生,中国地质大学(武汉)环境学院教授,博士生导师,湿地演化与生态恢复湖北省重点实验室副主任、国际植硅体学会委员,主要从事植物生态(植硅体与环境)、湿地生态(全球变化与生态响应)与环境生态(重金属污染分布及其生态影响)研究。

Richard P. Evershed,英国 Bristol University 教授,英国皇家学会院士,主要从事考古化学、生物地球化学、生物分子古生物学研究。

美国西部怀俄明州大羊角盆地黏土矿物对早始新世气候热事件期间风化的约束

一、研究背景与意义

晚古新世—早始新世时期(58—52Ma)记录了一系列全球短期湿热事件。这些事件由于大气中 CO_2 浓度的升高导致了全球温室效应并对全球大气圈、水圈、生物圈、海洋圈均产生了重要的影响(McInerney and Wing,2011)。了解湿热事件造成温室效应的自我修复过程和机制,一直以来是科学家们关注的前缘课题。全球表面温度和大陆风化之间的动态耦合被认为是调节温室气候系统的关键机制之一(Clechenko et al.,2007;Velbel,1993)。它们之间的联系主要通过一个负回馈机制:升高的全球表面温度增强了陆地岩石和土壤的化学风化,从而促进了大气中 CO_2 的去除(Berner and Caldeira,1997;Brady and Carroll,1994)。黏土矿物作为大陆风化的主要产物被广泛的运用指示大陆风化强度,其中古—始新世气候适宜期记录的海洋沉积物中高岭石的增加被认为是全球气候变暖背景大陆化学风化增强的关键证据,如古—始新世之交高岭石的增加在特提斯洋(Bolle and Adatte,2001;Ernst et al.,2006),北冰洋(Dypvik et al.,2011),北大西洋(Gibson et al.,2000;John et al.,2012)和南极洲(Robert and Kennett,1994)等海洋沉积物中具有良好的记录。但越来越多的研究表明,海洋沉积物中高岭石的增加还伴随着陆源沉积物、河流通量、营养物质和地表水输入的增加,可能指示古—始新世之交大陆以物理风化为主(Sluijs et al.,2008;Soliman et al.,2011)。由此可见,利用海洋沉积物作为研究载体反映大陆风化的类型仍存在着争议。探究全球温室效应造成的古气候条件(如升温和强降水)是促进大陆物理风化还是化学风化为主,对评价大陆风化对地球 CO_2 浓度的修复具有重要的意义。

二、主要研究内容

本文选取了位于美国 Wyoming 州 Bighorn 盆地 ETM2 和 H2 事件期间的沉积序列进行了详细的研究。对研究剖面进行详细的野外工作,并对沉积物古土壤发育程度,黏土矿物、沉积物形貌和结构,粒度分析等进行了综合评价。我们发现在气候热事件 ETM2 和 H2 期间,黏土矿物蒙脱石含量升高(图1)。进一步的研究表明,Bighorn 盆地黏土矿物的分布受粒度大小和成土作用影响明显。碎屑蒙脱石含量随粒度的变小而减少,而自生蒙脱石含量在细粒沉积物中富集。利用成土作用指数 SDI,定量评价了成土作用与蒙脱石含量之间的关系,发现虽然成土作用促进了自生蒙脱石的形成,但影响有限。在 ETM2 和 H2 湿热事件期间,成土作用造成的蒙脱石增加与湿热事件以外相似。而 ETM2 和 H2 湿热事件期间实际蒙脱石的增量大于成土作用蒙脱石的增量。考虑到沉积速率和物源在湿热事件期间和之外是一致的,这指示了气候事件可能促进了物理风化而非化学风化的增强,从而导致了碎屑蒙脱石的增加。我们认为季节性气候造成的河岸和上游土壤固结程度下降可能导致了近缘区的剥蚀和早期土壤的再循环,从而使得蒙脱石在ETM2和H2湿热事件期间增加。

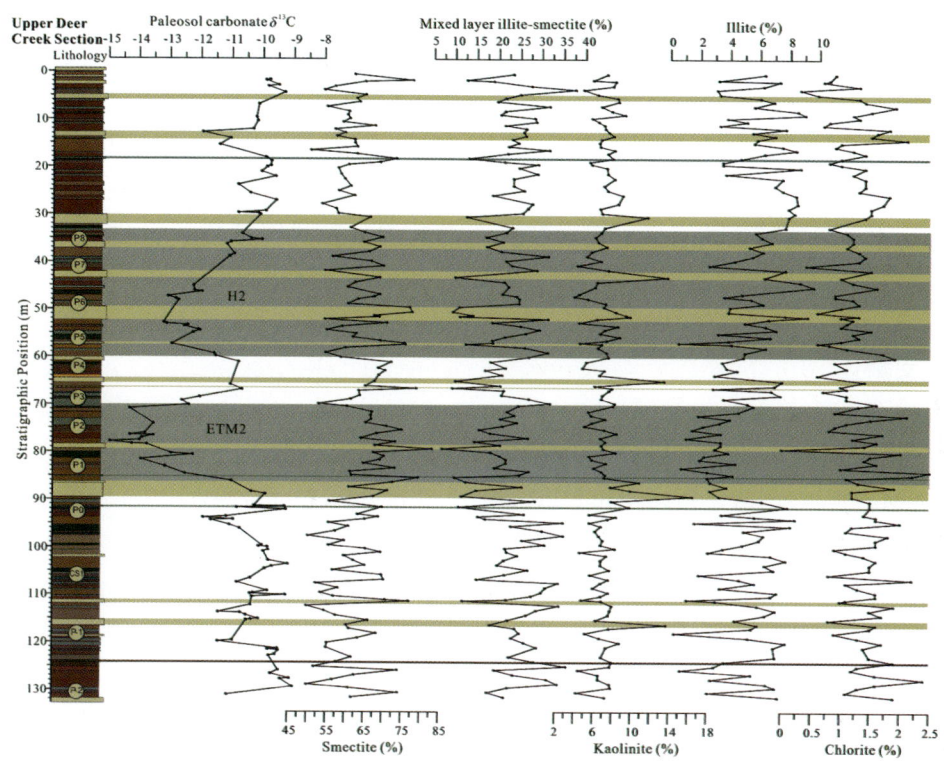

图1　Bighorn盆地UDC剖面沉积物中小于2μm黏土矿物含量

三、主要结论

对早始新世湿热事件ETM2和H2的综合研究认为,美国西部Wyoming州Bighorn盆地ETM2和H2热事件中蒙脱石的增加是由于全球温室效应导致了美国西部区域季节性气候的增强,促进区域水循环和物理剥蚀。ETM2和H2湿热事件期间较小的黏土矿物化学风化蚀变不支持短期硅酸盐风化是导致大气中CO_2消耗的主要机制。

四、论文信息

Wang C., Adriaens R., Hong H., et al., 2017. Clay mineralogical constrains on weathering in response to early Eocene hyperthermal events in the Bighorn Basin, Wyoming (Western Interior, USA). Geological Society of America Bulletin, 129: 997-1011.

该论文于2017年4月28日发表在 *Geological Society of America Bulletin* 期刊上。

五、作者简介

王朝文,男,博士,博士后,副教授,硕士生导师,国际黏土矿物协会会员、岩石矿物地球化学学会矿物物理矿物结构专委会会员。2009年和2015年分别毕业于中国地质大学(武汉),获地质学理科基地班学士学位和矿物学、岩石学、矿床学博士学位;2013—2014年和2022年受国家留学基金委资助分别赴荷兰 Utrecht University 和 Delft University of Technology 访问交流1年。主持国家自然科学面上、青年基金项目,湖北省自然科学基金,国家博士后基金和中央高校基金项目各1项,参与国家重点研发项目、国家自然科学基金项目、国际合作研究等项目10余项。发表研究论文80余篇,其中SCI/EI论文50余篇,国际会议摘要6篇,为多个国内外高水平期刊审稿人。目前主要研究方向为宝玉石成因环境标识和颜色成因(图章石、单晶宝石和南红玛瑙)、黏土矿物学及新生代古气候环境演化。

参考文献:

Berner R A, Caldeira K, 1997. The need for mass balance and feedback in the geochemical carbon cycle[J]. Geology, 25:955-956.

Bolle M, T Adatte, 2001. Palaeocene-early Eocene climatic evolution in the Tethyan realm: clay mineral evidence[J]. Clay Minerals, 36:249-261.

Brady P V, Carroll S A, 1994. Direct effects of CO_2 and temperature on silicate weathering: possible implications for climate control[J]. Geochimica et Cosmochimica Acta, 58:1853-1856.

Clechenko E R, Kelly D C, Harrington G J, et al., 2007. Terrestrial records of a regional weathering profile at the Paleocene−Eocene boundary in the Williston Basin of North Dakota[J]. Geological Society of America Bulletin, 119:428-442.

Dypvik H L, Riber F, Burca D, et al., 2011. The Paleocene-Eocene thermal maximum (PETM) in Svalbard—clay mineral and geochemical signals: Palaeogeography, Palaeoclimatology[J]. Palaeoecology, 302:156-169.

Ernst S R, Guasti E, Dupuis C, et al., 2006. Environmental perturbation in the southern Tethys across the Paleocene/Eocene boundary (Dababiya, Egypt): Foraminiferal and clay mineral records[J]. Marine Micropaleontology, 60:89-111.

Gibson T G, Bybell L M, Mason D B, 2000. Stratigraphic and climatic implications of clay mineral changes around the Paleocene/Eocene boundary of the northeastern US margin[J]. Sedimentary Geology, 134:65-92.

John C M, Banerjee N R, Longstaffe F J, et al., 2012. Clay assemblage and oxygen isotopic constraints on the weathering response to the Paleocene-Eocene thermal maximum, east coast of North America[J]. Geology, 40:591-594.

McInerney F A, Wing S L, 2011. The Paleocene-Eocene Thermal Maximum: a perturbation of carbon cycle, climate, and biosphere with implications for the future[J].

利用长江中游洞穴石笋、泥炭沉积,通过两类载体中多种干湿古气候指标的综合研究,建立了长江中游末次冰消期干湿古气候的演化序列(图1),发现该区域在东亚季风较弱时[如,Heinrich(H1)、新仙女木(YD)冷事件时期]相对湿润,而东亚季风相对较强的时期(如,B-A暖期、全新世早期)则相对偏干。长江中游末次冰消期的这些干湿古气候特征与已经报道的南海/华南、华北存在明显差异,表现出千年尺度"三极"模态的空间变化格局。

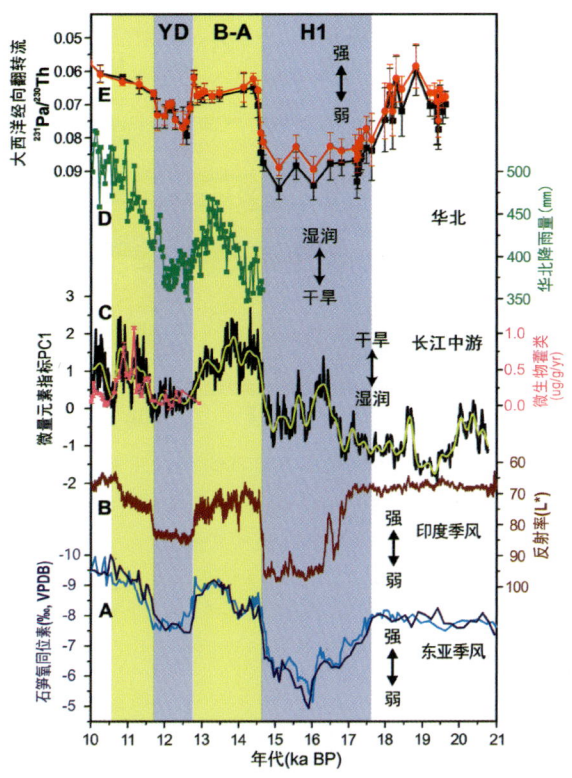

图1 中国东部季风及干湿古气候对北大西洋冷事件的响应
A. 豪猪洞石笋氧同位素记录;B. 阿拉伯海沉积物反射率;C. 长江中游豪猪洞石笋微量元素和大九湖微生物藿类记录;D. 华北公海孢粉建古降雨和达里湖水位记录;E. 大西洋沉积物 $^{231}Pa/^{230}Th$ 比值,指示大西洋经向翻转强弱

通过北大西洋淡水实验(图2),也证实 H1 和 YD 冷事件时期,长江中游相对湿润,而中国北方相对干旱。这种千年尺度东亚夏季风强弱与长江中游干湿变化主要受对流层顶部西风急流相对于青藏高原相对位置变化的影响。在 HS1 和 YD 事件时期,大西洋经向翻转流减弱,导致赤道和北半球高纬度地区温差梯度加大,西风急流向北移动的时间推迟,或整体位置相对偏南,从而导致长江中游地区梅雨作用时间延长(相对湿润),北方雨季缩短(相对干旱)。

三、主要结论

利用长江中游洞穴石笋、泥炭沉积,通过两类载体中多种干湿古气候指标的综合研究,建立了长江中游末次冰消期干湿古气候的演化序列重,发现该区域在东亚季风较弱时[如,Heinrich(H1)、新仙女木(YD)冷事件时期]相对湿润,而东亚季风相对较强的时期则相对偏

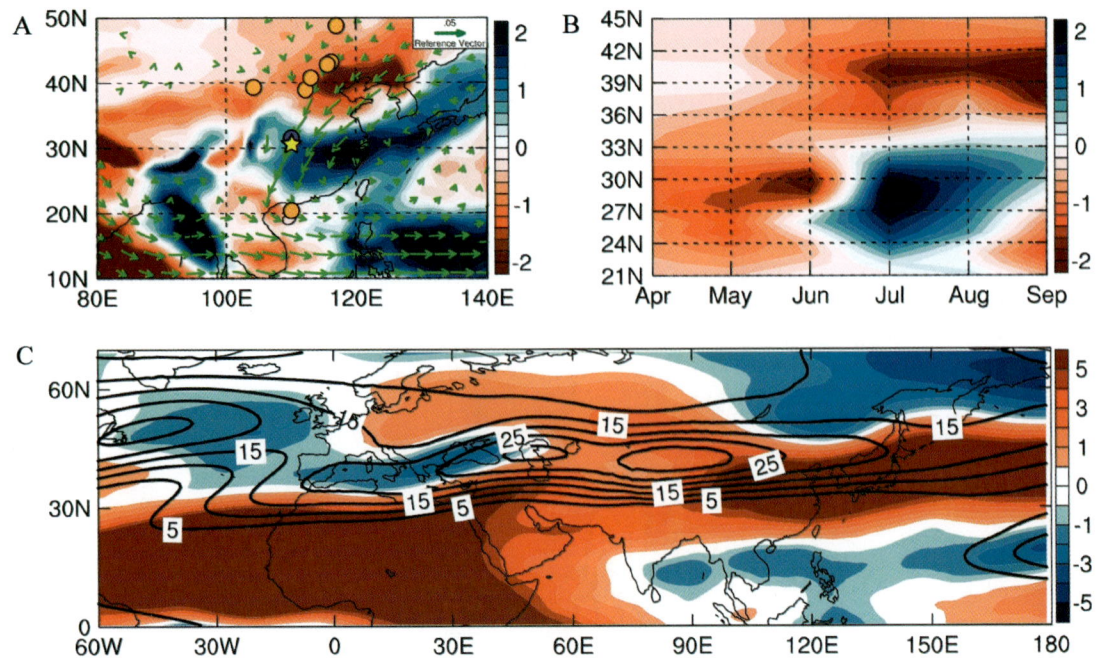

图 2 中国东部季风区水汽输送,西风及夏季降雨对北大西洋淡水实验的响应

A.7,8 月降雨(阴影)和 850hPa 水汽传输(向量)异常;B.110°E—120°E 区域平均降雨异常;

C.7,8 月 200hPa 西风异常

干。结合古气候模型,提出西风急流相对于青藏高原位置的变化导致了我国东部季风区出现千年尺度干湿古气候的三极模态变化。

四、论文信息

该论文 2018 年 11 月 2 日发表在 *Science* 期刊上。

五、作者简介

张宏斌(第一作者):中国地质大学(武汉)生物地质与环境地质国家重点实验室副研究员,主要从事洞穴石笋古气候重建和古气候模拟工作。

Michael L. Griffiths(通讯作者):教授,威廉帕特森大学,美国。

John C. H. Chiang:教授,加州大学伯克利分校,美国。

孔文文:博士在读,加州大学伯克利分校。

吴石头:博士毕业于德国哥廷根大学,现为中国科学院地质与地球物理研究所副研究员。

Alyssa Atwood:博士后,加州大学伯克利分校和佐治亚理工学院,美国。

黄俊华:教授,中国地质大学地质过程与矿产资源国家重点实验室。

程海:教授,西安交通大学全球变化研究院。

宁有丰:高级工程师,西安交通大学全球变化研究院。

谢树成(通讯作者):中国科学院院士,中国地质大学(武汉)教授,博士生导师,多次入选国家级人才计划,获国家自然科学基金杰出青年科学基金项目资助。主要从事地质微生物与全球变化的研究工作,以首席科学家身份承担了"973"计划项目、国家重点研发计划项目和国家创新研究群体项目。曾获国家自然科学二等奖2项。研究成果为查明我国东部地区干湿古气候的空间变化及成因机制做出了突出贡献,对于理解过去和未来东亚夏季风具有重要影响;他还发现了2.5亿年前海洋微生物出现两幕爆发事件,为研究动物大灭绝的成因机制提供了新视角。

地下环境沉积物活化氧气产生羟自由基

一、研究背景与意义

羟基自由基(·OH)是自然环境中氧化性最强的活性物种之一,对全球元素循环和有害物质转化都具有重要意义。长期以来,自然界中·OH 的来源被局限于有光照和富氧的地表环境(如大气和地表水)中,光解作用是地表环境中·OH 产生的主要机制,包括溶解性有机质、硝酸盐和亚硝酸盐的光解反应以及光助 Fenton 反应。与地表环境不同,黑暗缺氧的地下环境(如含水层)产生·OH 的潜力一直被忽视。地下环境介质通常为还原性,其中含有大量的还原态物质,如 Fe(II)、有机质、负二价硫等。然而,在某些自然过程和人为活动的扰动下,O_2 可能进入到地下环境中。这些扰动过程不仅包括由水力梯度和潮汐作用引起的地表水-地下水交互作用,也包括地球进化史上发生在 24 亿年前的大氧化事件和地壳运动。近年来,由于大规模人工开采、补给地下水活动和水利工程项目的兴起,地下环境介质被 O_2 扰动的程度和频率也日益加剧。值得注意的是,当地下环境介质与 O_2 接触时,其中的还原态物种具有活化 O_2 生成·OH 的潜力。例如,不同形态(溶解态、络合态、结构态等)Fe(II) 可以活化 O_2 和 H_2O_2 产生·OH;还原态有机质也能够将 O_2 还原为 H_2O_2,H_2O_2 随会与体系中存在的 Fe(II)发生 Fenton 反应生成·OH;很多异养微生物可以通过烟酰胺腺嘌呤二核苷酸(磷酸)[NAD(P)H]氧化酶将 NAD(P)H 上的电子传递给 O_2 还原为 $·O_2^-$,继而转化为 H_2O_2 和·OH。基于上述理论基础,我们提出科学假设,在自然和人为活动过程中 O_2 进入地下环境产生·OH 是一个重要但被忽视的地球化学过程,可填补地下环境元素循环和物质迁移转化过程中由·OH 引起氧化这一重要环节,并为地下水修复提供新思路。

二、主要研究内容

为探讨地下环境介质在 O_2 扰动下生成·OH 的潜力,袁松虎教授团队在国家自然科学基金的支持下,依托江汉平原地区,从以下 3 个方面展开了研究:

(1)地下环境沉积物在 O_2 扰动下生成·OH 的潜力。首先在河水-地下水交互带、湿地、湖泊沿岸和农田 4 种不同类型的典型区域获取了不同深度的地下沉积物样品,在避光条件下,将这些沉积物样品暴露空气以模拟地下环境受 O_2 扰动的过程,检测过程中·OH 的产量;然后评估沉积物在有氧-无氧循环过程中持续产生·OH 的水平;最后向天然含水层中注入有氧水,进一步验证含水层受 O_2 扰动时原位生成·OH 的能力。

(2)地下环境介质活化 O_2 产生·OH 的机制。首先结合统计学分析和对照实验,评估了地下环境沉积物中有机质、吸附态 Fe(II)、不同矿物结构态 Fe(II) 对·OH 产生的相对贡献;

然后探究了 O_2 转化为·OH 的电子转移路径。

(3) 地下环境介质活化 O_2 产生·OH 的环境效应。以三价砷和四环素分别作为地下环境原生和人为污染物的代表，评估了地下环境沉积物受 O_2 扰动产生·OH 对三价砷和四环素的氧化作用。

三、主要结论

本研究的主要结论如下：①地下环境沉积物受 O_2 扰动后可产生·OH，最高产量达 6.45mg/kg 沉积物，比地表水和土壤孔隙水产生的·OH 浓度高出 2 个数量级，这一发现揭示出地下环境沉积物是一直以来被忽视的·OH 重要储库；②沉积物中的矿物二价铁（菱铁矿、黄铁矿、黑云母、蒙脱石等）是活化 O_2 产生·OH 的主要组分，氧化后的沉积物经微生物还原后可重新活化 O_2 产生·OH，使·OH 的产生具有可持续性；③沉积物氧化产生的·OH 可显著氧化三价砷、四环素等有害物质。该研究成果将自然界中·OH 来源从地表环境扩展到地下环境，为认识地下环境无氧-有氧变化时的物质循环补充了·OH 氧化新途径（图1）。

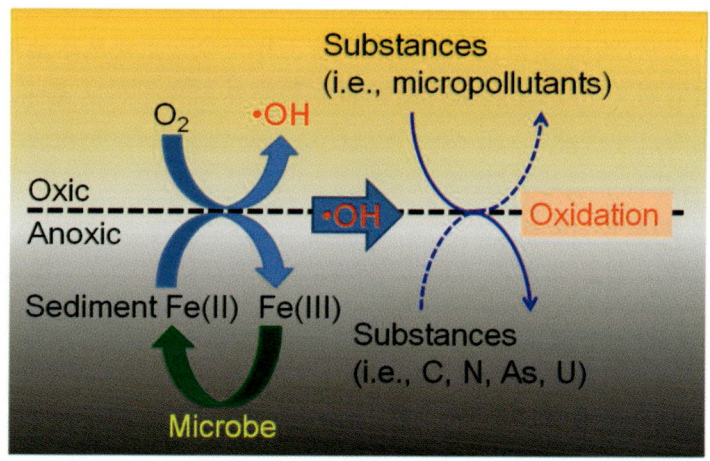

图 1 地下环境产羟自由基的概念模型图

四、论文信息

该论文于 2015 年 12 月 7 日在线发表于自然指数期刊 *Environmental Science & Technology*（2016，50，214-221）。论文发表后得到很多国内外同行的关注，成为当月阅读量最大的论文之一，并很快入选 ESI 高被引论文，已被美国 John C. Crittenden 院士（*ES&T* 副主编）、加拿大 Van Cappellen Philippe 院士（国际环境生物地球化学协会主席）和郭华明教授（*J. Hydrol.* 联合主编、国家级人才计划入选者）团队等正面他引 131 次，已引起国内外多个团队的跟踪研究。*Chemical Reviews*（Huang et al.，2021，121，8161-8233；自然指数期刊，IF=60.6）期刊中关于环境中铁循环的综述论文多次正面展开评述了此成果，并认为此研究"开启了污染物降解的其他途径"（原文："opening up additional pathways for pollutant degradation"）。

五、作者简介

通讯作者袁松虎，中国地质大学（武汉）生物地质与环境地质国家重点实验室教授、博士生导师，国家级人才计划入选者。2001年于华中科技大学获应用化学学士学位，2004和2007年于华中科技大学分别获环境工程硕士和博士学位，留校工作3年后于2010年在中国地质大学（武汉）工作至今。主要从事地下环境氧化/还原界面过程与污染修复研究，主持国家自然科学基金、重点研发计划课题等项目20余项，在 $ES\&T$、GCA 等期刊发表论文100余篇，累计他引3500余次，被授权发明专利9项。教育部高层次人才计划入选者，入选湖北省有突出贡献中青年专家，获湖北省自然科学二等奖（排名第一）、侯德封矿物岩石地球化学青年科学家奖等。担任《生态环境学报》副主编、$Journal\ of\ Earth\ Science$ 和《安全与环境工程》等编委。

第一作者童曼，中国地质大学（武汉）生物地质与环境地质国家重点实验室特任副研究员。2012和2015年分别于华中科技大学和中国地质大学（武汉）获环境科学与工程硕士和博士学位。2015年进入中国地质大学（武汉）博士后流动站，2017年赴美国斯坦福大学开展为期一年的学术访问研究，2018年博士后出站后留校工作至今。主要从事地下环境活性氧与铁锰循环功能微生物的相互作用研究，主持国家自然科学基金青年科学基金项目，作为骨干成员参与科技部重点研发专项课题，在 $ES\&T$、JHM 等期刊发表论文30余篇，被授权发明专利2项，获湖北省自然科学二等奖（排名第二）。

共同作者靳孟贵，教授、博士生导师，国务院政府特殊津贴专家、湖北名师，从事水文地质研究。刘邓，教授、博士生导师，从事地质微生物与生物地球化学研究。甘义群，教授、博士生导师，自然资源部高层次人才计划入选者，从事环境水文地质研究。王焰新，教授、博士生导师，中国科学院院士，从事环境水文地质研究。

二叠纪—三叠纪大灭绝导致生物地理格局巨变

一、研究背景与意义

从两极到热带物种丰富度的增加,被称为多样性纬度梯度(LDG),是当今地球上最普遍的生物模式之一,无论是在陆地还是在海洋都存在这一规律。当今地球显著的生物多样性纬度梯度是多种因素共同作用的结果,包括地理条件、气候环境、生态特征等。然而,地质历史时期生物多样性纬度格局变化规律及其原因并不清楚。有观点认为生物多样性纬度梯度主要存在于地球处于较冷的气候背景下,例如晚古生代冰期、晚新生代(包括现代)。因为较冷的时期,地表气候沿纬度方向的变化更为明显,气候的纬度梯度显著,进而导致生物的地理分布也随之变化。而在温室气候中,出现了双峰甚至相反的 LDG,在中高纬度地区有多样性的峰值。已有的研究表明,气候、环境变化与生物多样性的纬度分布密切相关,但具体的驱动机制还不清楚。

古生物学数据为寻找深时多样性纬度梯度的变化过程提供了一个独特的视角,特别是二叠纪—三叠纪之交的大灭绝事件为研究生物古地理变化及其控制机制提供了一个极好的机会。二叠纪—三叠纪之交的生物危机与极端和长期的环境变化有关,其中许多变化可能是整个显生宙最严重的一次。西伯利亚大火成岩省与特提斯洋周缘的火山同时爆发,大量温室气体排放,全球变暖严重,海洋出现广泛缺氧、酸化现象,导致 90% 以上的海洋物种灭绝,并造成海洋生态系统出现永久性的结构调整,导致古生代动物群落为主的海洋群落向以现代动物群落为主的群落转变。这次大灭绝对全球海洋生物地理的影响尚不清楚,这是本研究主要解决的科学问题。

二、主要研究内容

本研究基于二叠纪—三叠纪海洋生物数据库中 52 318 条化石数据,采用多种化石重采样分析方法,发现无论是在气候较冷的晚二叠世,还是气候较温暖的中—晚三叠世,海洋生物多样性纬度梯度都十分显著。这表明显著的多样性纬度梯度在地球的寒冷期和温暖期均可存在。相对而言,地表稳定的环境(无重大地质事件发生),可能对维持热带地区的生物多样性高峰具有重要作用。二叠纪—三叠纪之交的生物大灭绝(约 2.5 亿年前),导致生物古地理格局发生巨大变化,多样性纬度梯度逐渐减弱,热带地区显著的生物多样性高峰消失,生物多样性从两极向赤道没有显著区别(图 1)。这种扁平的多样性纬度梯度持续了整个早三叠世(约 500 万年),到中三叠世逐渐恢复到一个类似于现代的多样性纬度梯度。

研究结果表明,大灭绝后多样性纬度梯度变弱,出现扁平化,主要因为低纬度地区生物灭绝率较高,而新生率和迁移率较低(图 2)。选择性的灭绝和新生导致低纬度地区的生物多样性下降幅度明显高于高纬度地区,减弱了生物多样性在纬度方向的差异。而低纬度地区的生物向高纬度地区迁移,进一步减弱这种差异,最终导致生物多样性从两极向赤道差别不大。

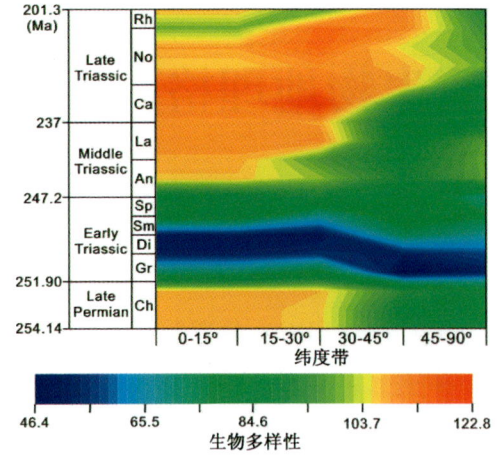

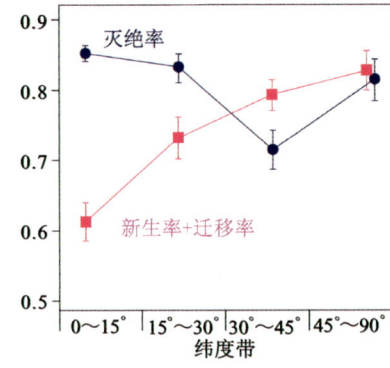

图1 生物多样性时空变化规律　　　　　图2 不同纬度带的生物灭绝率、新生率和迁移率

早三叠世极端的环境条件也是导致扁平化的多样性纬度梯度的重要原因(图3)。西伯利亚以及特提斯洋周缘大规模的火山喷发,导致了全球温度快速升高,同时伴随着长期的异常环境事件,例如陆地风化作用加强、陆源物质大量输入海洋、海洋缺氧等。这些环境事件一方面导致纬度方向的温度梯度减弱,另一方面导致全球范围的环境异常,不仅造成生物多样性的急剧下降,还影响了海洋生物古地理格局。

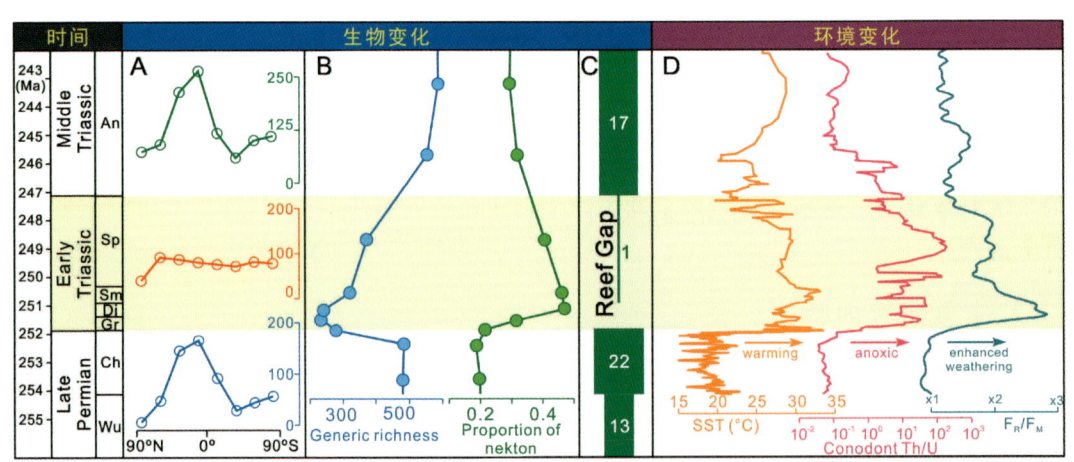

图3 晚二叠世—中三叠世生物和环境变化

确定全球生物地理格局的驱动机制是预测未来生物多样性如何响应环境变化的关键一步。研究结果表明,地质历史时期的极端环境事件在生物地理格局演变中的作用巨大。这对当今海洋生态保护具有指示意义,尽管在未来出现类似早三叠世的极端环境的可能性并不大,但我们已经知道,现代珊瑚礁正承受着巨大的压力,它们似乎是气候变暖的第一个主要受害者。珊瑚礁是海洋生物多样性的热点(最高点),是形成显著多样性纬度梯度的重要支撑。如果不加以保护,将导致现代海洋多样性纬度梯度减弱,对海洋生态系统带来严重后果。

三、主要结论

本研究基于 52 318 条海洋化石数据,研究二叠纪—三叠纪大灭绝期间生物古地理变化规律,发现该事件期间多样性纬度梯度发生巨变,从一个类似现代的多样性纬度梯度(多样性在热带区域高,两极地区低),变为一个扁平的形状(热带与两极多样性差别不大)。扁平的多样性纬度梯度持续了整个早三叠世约 500 万年时间,在中三叠世初期恢复到类似现代的形状。二叠纪—三叠纪之交全球范围内普遍存在的极端环境现象,特别是剧烈的全球变暖,造成低纬度地区较高的灭绝率,而高纬度地区则具有较高的起源率以及较高的迁入率,这两者共同导致了早三叠世扁平化的多样性纬度梯度。

四、论文信息

该论文于 2020 年 7 月发表在 *PNAS* 期刊上。

五、作者简介

宋海军,中国地质大学(武汉)教授,博士生导师,生物地质与环境地质国家重点实验室副主任,中国古生物学会理事,国家级青年人才,欧盟玛丽·居里学者,国际 SCI 刊物 *Frontiers in Earth Science* 和 *All Earth* 副主编,*GPC* 等 4 个期刊编委。主要从事生物灭绝事件、古环境演变、地球生物学大数据和 AI 应用等方面的研究。主持国家基金委重点项目和优青项目,在 *Nature* 子刊、*Science* 子刊、*PNAS*、*Geology* 等发表论文 90 余篇。成果两次入选"中国古生物学十大进展",获得国家自然科学二等奖、教育部自然科学一等奖、中国青年古生物学奖、湖北省青年五四奖章等。

黄珊,德国森根堡生物多样性与气候研究中心博士后。主要从事生物多样性在空间和时间上的动态变化研究。在 *PNAS*,*Ecology Letters* 等刊物上共发表论文 30 余篇。

贾恩豪,中国地质大学(武汉)博士研究生。主要从事中生代底栖钙藻和钙质超微化石的研究。在科学通报,*Geobios* 等刊物上共发表论文多篇。

代旭,法国勃艮第大学博士后,主要从事晚古生代和早中生代菊石、大灭绝事件的研究。在 *Nature Communications*,*Geology* 等刊物上共发表论文 10 余篇。

Paul B. Wignall,英国利兹大学教授,曾担任英国利兹大学地质科学研究所所长,利兹地质协会主席,约克郡地质协会主席,REF 小组成员。曾担任 *Geology*,*Geobiology*,*Chemical Geology* 等期刊的编委。主要从事生物大灭绝事件、大洋缺氧事件、海平面变化等方面的研究。在 *Nature*,*Science*,*Nature Geoscience* 等刊物上共发表论文 200 余篇,专著 3 部,编著 3 册。获得了多个奖项,包括让-巴蒂斯特·拉马克典范奖,詹姆斯·李·威尔逊奖和英国皇家学会的沃尔夫森绩效奖。

Alexander M. Dunhill,英国利兹大学副教授。主要从事深时宏演化和宏观生态过程,晚古生代和早中生代大规模灭绝事件。在 *Nature Communications*,*Geology* 等刊物上共发表论文 20 余篇。

青藏高原东缘玉龙斑岩铜矿床针铁矿（U-Th）/He 年代学及其对晚中新世以来区域化学风化和季风气候的指示

一、研究背景与意义

风化时间的精确测定是建立一系列区域甚至全球事件（如矿床次生富集过程、火山喷发、构造隆升、海平面变化、海水化学组成变化、古气候变化等）与大陆化学风化作用之间成因联系的关键。然而，风化年代学研究是同位素年代学家、地貌学家和矿床学家共同面临的一道国际性难题，这主要是因为风化作用一般都在较为开放的体系中进行，要在风化壳中获得适合常规定年方法的次生矿物通常比较困难。青藏高原东缘玉龙铜矿床是我国第二大斑岩型铜矿床，该矿床顶部硫化物矿体经风化后发育有数百米厚的铁帽，对该矿床铁帽中针铁矿（U-Th）/He 年代学的研究不仅为该矿床次生富集成矿提供直接的年代学制约，而且可以为进一步探讨区域古气候、地貌演化及青藏高原的隆升提供有用信息。

二、主要研究内容

野外地质观察表明玉龙铜矿床的风化剖面发育深厚的铁帽，且主要由赤铁矿和针铁矿组成。通过矿相学和电子显微镜的观察和 X 射线粉晶衍射的分析表明，本次挑选的样品均为纯净的针铁矿，且结晶程度较高。电子探针分析结果表明针铁矿的 FeO 含量为 68 wt%～83 wt%（图 1a）。FeO 与 Al_2O_3 具有很好的负相关关系（图 1b），表明 Al 可以替代针铁矿中的 Fe。P_2O_5 与 As_2O_5 具有很好的正相关关系（图 1c），表明 P 和 As 在针铁矿中的赋存形式相似。

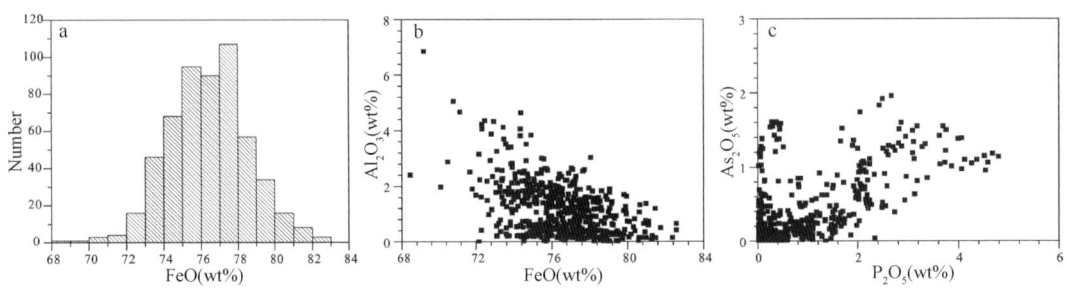

图 1 a.针铁矿 FeO 含量直方图；b.针铁矿 FeO 与 Al_2O_3 相关性；
c.针铁矿 P_2O_5 与 As_2O_5 相关性

本次研究对玉龙斑岩型铜矿床内上百米厚铁帽中针铁矿开展了系统的（U-Th）/He 年代学研究，结果表明针铁矿的年龄随风化壳深度的增加逐渐减小，其中地表以下 5～20m 的年龄为（6.73±0.51）～（3.77±0.30）Ma；20～80m 的年龄为（3.62±0.27）～（0.95±0.07）Ma；

80～100m 深度的年龄为(2.63±0.20)～(0.73±0.06)Ma。根据年龄和深度的关系计算出不同时间段风化壳向下拓展的速率分别为(2.0±1.8)m/Ma(6.73—4Ma),(53.5±10.8)m/Ma(4—2Ma)和(4.8±0.6)m/Ma(2—0Ma)。以上数据结果表明,玉龙斑岩铜矿床至少在晚中新世就已被抬升至近地表并持续遭受了强烈的化学风化和矿床次生富集;而早上新世风化前锋下降速率的增大反映了区域潜水面的急剧下降,可能是由区域抬升或水系重组导致。

此外,对玉龙斑岩铜矿床内两个剖面和一个勘探钻孔的所有针铁矿(U-Th)/He年龄进行了KDE概率统计分析,结果显示针铁矿的年龄分布曲线与其他化学风化指标的变化趋势具有很好的相关性(图2),反映青藏高原东部和华南广大地区晚新生代的化学风化及其强度变化均与东亚夏季风的起源和强化有关。

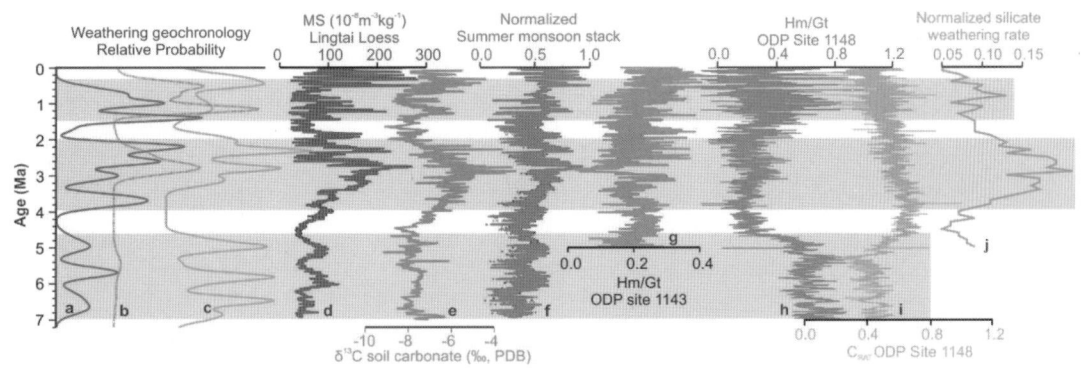

图2 a.玉龙铜矿床风化壳年龄概率统计图;b.巴夜锰矿床氧化锰矿物年龄概率统计图;c.华南下雷、钦州-防城、新榕氧化锰矿床次生氧化锰矿年龄概率统计图;d.我国西北地区黄土堆积的磁化率变化曲线(An et al., 2005);e.西北地区黄土剖面中碳同位素变化曲线图(An et al., 2005);f.磁化率和碳酸盐含量叠加的东亚夏季风演化标准化指标;g.大洋钻探1143站沉积物中赤铁矿/针铁矿的比值变化(Zhang et al., 2009);h.大洋钻探1148站沉积物中赤铁矿/针铁矿的比值变化(Clift et al., 2008);i.大洋钻探1148站沉积物中CRAT指标变化(Clift et al., 2008);j.黄土和ODP1143叠加的硅酸岩化学风化标准化指标(Wan et al., 2012)

三、主要结论

青藏高原东缘玉龙斑岩铜矿风化剖面针铁矿(U-Th)/He年代学的研究获得以下结论:①区域大规模化学风化和表生富集成矿至少始于晚中新世(约6.73Ma),且东亚夏季风降水控制了区域化学风化;②早上新世异常高的风化前锋向下拓展速率可能是由于区域地表隆升或水系重组导致该时期地下水水位降低;③针铁矿(U-Th)/He地质年代学是确定化学风化的时间和历史以及古气候演化的可靠方法,不仅可以揭示矿床次生氧化富集过程,而且可以作为一个重要的古气候指标。

四、论文信息

该论文于2017年6月1日发表在 *Earth and Planetary Science Letters* 期刊上。
题目:Late Mio-Pliocene chemical weathering of the Yulong porphyry Cu deposit in the eastern Tibetan Plateau constrained by goethite (U-Th)/He dating: Implication for Asian

summer monsoon

作者:Xiao-Dong Deng,Jian-Wei Li*,David L. Shuster*

来源:Earth and Planetary Science Letters,472:289-298

论文链接:http://dx.doi.org/10.1016/j.epsl.2017.04.043

五、作者简介

邓晓东,中国地质大学(武汉)地质过程与矿产资源国家重点实验室研究员、博士生导师,矿床学专业。主要从事表生成矿年代学和矿床地球化学的研究工作,近年来重点研究方向包括青藏高原周缘表生矿床成矿年代学、热液矿床成矿年代学、矿床成因。已发表SCI论文33篇,其中以第一作者身份在国际重要期刊和矿床学期刊上发表SCI论文12篇。研究成果丰富和完善了含铀热液矿物U-Pb定年对成矿时代的精确限定,填补了青藏高原东缘和云贵高原风化矿床的成矿年代学研究的空白,剖析了区域成矿地质历史演化、矿床成因及控制因素等。

柴达木盆地植物化石揭示青藏高原北部早渐新世古海拔古气候

一、研究背景与意义

位于青藏高原北缘的柴达木盆地发育有连续的新生代地层,是研究亚洲内陆干旱化进程及其机制的理想地区。大量的沉积学证据显示亚洲内陆自晚始新世逐渐变干,并持续至今。驱动亚洲内陆干旱化的因素包括新生代全球气候变冷,印度与亚洲板块碰撞后青藏高原的隆升,以及副特提斯洋的退缩等。对这一地区古近纪古海拔和古气候的定量重建无疑是认识亚洲内陆干旱化历史和驱动机制的关键。

二、主要研究内容

本次研究的植物化石群产于柴达木盆地北部大红沟剖面上干柴沟组湖相地层中。化石产地现今气候寒冷,极端干旱,年均温1.9℃,年降水量仅为82.7mm。结合生物地层学约束的高精度磁性地层学研究表明,植物化石层的精确年龄为30.8Ma,属早渐新世。植物化石以印痕的形式保存在泥岩和泥灰岩中,叶片形态和脉序保存良好,共可以划分出21个木本双子叶叶片形态型(图1)。

在对大红沟剖面早渐新世植物叶化石精确分类的基础上,运用气候叶相多变量分析程序(CLAMP)和热焓值(moist enthalpy method)的方法,结合大气海洋综合环流模型(GCM),我们最终定量重建了柴达木盆地北部早渐新世的古气候(表1)和古海拔。重建结果显示,柴达木盆地北部渐新世早期气候凉爽,年均温(11.6 ± 2.4)℃,湿度中等,海拔约为(3.3 ± 1.4)km,与盆地现今的海拔类似,但高于同一时期隆升前的藏南喜马拉雅地区。同时,盆地冬季均温近冰点[(1.4 ± 3.5)℃],夏季凉爽[均温约为(23 ± 2.9)℃],温度季节性差异较大,但远比现今温度季节性差异低。年降水量很可能超过1000mm[生长季降水量(1229 ± 643)mm],夏季干燥,冬季湿润,降水季节性差异较低。降水模式显示柴达木盆地北部早渐新世降水主要受西风带控制,水汽来源于退缩前副特提斯洋。

图 1　柴达木盆地大红沟剖面早渐新世代表性植物化石

(A—U) 21个木本双子叶叶片形态型代表性标本;(C,G,H) *Populus*;(O,R) *Podocarpium*;(V) Fruit of *Cyclocarya*;(W) Single-seeded pod of *Podocarpium*;(X) Fruit of *Populus*;(Y) Leafy shoot of *Glyptostrobus*

表 1　定量重建后的柴达木盆地早渐新世古气候指标与现今对比

VARIABLE	UNITS	QAIDAM (Modern)	QAIDAM (Fossil)	UNCERTAINTY
Age	Ma	0	30.8	—
Latitude	Decimal °	37.85	37.47	—
Longitude	Decimal °	95.37	95.22	—
Paleolatitude	Decimal °	—	38.55	—
Paleolongitude	Decimal °	—	88.19	—
MAT *	°C	1.9	11.6	2.4
WMMT *	°C	15.5	23	2.9
CMMT *	°C	−13.4	1.4	3.5
LGS *	months	3	7.4	1.1
GSP *	cm	5.76	122.9	64.3
MMGSP *	cm	1.92	14	6.5
3WET *	cm	5.76	64.10	40

续表 1

VARIABLE	UNITS	QAIDAM (Modern)	QAIDAM (Fossil)	UNCERTAINTY
3DRY*	cm	0.26	22.5	9.8
RH.ANN*	%	35	62.9	10.2
SH.ANN*	g/kg	—	5.8	1.8
ENTH*	kJ/kg	—	307.5	8

化石植物类群组成显示柴达木盆地北部渐新世早期的植被是以杨属 Populus 和豆科绝灭类群柄豆荚 Podocarpium 占优势的温带落叶阔叶植被。结合早渐新世较为温暖的全球气候背景和化石产地相对较低（38.55°N）的古纬度，重建的古海拔和古气候与植被类群组成和性质是一致的。植物化石显示柴达木盆地北部渐新世早期已隆升至现今海拔，这似乎更支持青藏高原南部和北部在印度与亚洲板块碰撞后同时开始隆升的构造模型。

三、主要结论

对青藏高原新生代隆升机制及其气候效应的整体认识有赖于对高原不同块体新生代隆升历史的定量重建。CLAMP 重建结果显示柴达木盆地渐新世早期气候凉爽，年均温（11.6±2.4）℃，年降水量很可能超过 1000mm，这与现今柴达木盆地总体干旱的气候背景存在显著差异。同时重建的降水模式显示柴达木盆地北部早渐新世降水主要受西风带控制，东亚季风尚未到达柴达木盆地。定量古高程重建结果显示柴达木盆地北部在渐新世早期已隆升至现今海拔。

四、论文信息

该论文于 2020 年 5 月 1 日发表在 Earth and Planetary Science Letters 期刊上。

五、第一作者简介

宋博文，副研究员，硕士生导师。本科阶段就读于兰州大学地质系地球化学专业，取得理学学士学位，硕士和博士阶段均就读于中国地质大学（武汉）地球生物系古生物学与地层学专业，分别取得理学硕士和理学博士学位。目前主要从事古生物学与地层学研究，特别关注青藏高原新生代地质综合研究。主持国家自然科学基金面上项目和青年项目各 1 项，主持中国博士后科学基金二等资助 1 项，主持中国地质调查局项目 3 项，参与中国地质调查局各类地调项目多项；曾获国土资源科学技术奖二等奖（排名第五）；已以第一作者或通讯作者发表学术论文 22 篇，其中包括 SCI 检索论文 14 篇，其中发表于自然指数（Nature Index）期刊 Earth and Planetary Science Letters（T1，地球科学领域 Top 期刊）的论文入选 ESI 前 1% 高被引论文，发表于国内古生物学领域权威期刊《古生物学报》的论文成功荣获第五届中国科协优秀论文奖；合作出版学术专著 3 部；担任 Geophysical Research Letters、Chemical Geology、Palaeo-3、International Geology Review、Journal of Asian Earth Science 等多个国内外学术期刊的审稿人。

2012—2021

先进技术与方法篇

准噶尔盆地南缘水文地质条件及其对煤层气富集的影响

一、研究背景与意义

煤层气指赋存于煤储层中的非常规天然气,属于清洁能源的一种。开发利用煤层气资源对于国家能源安全、防治煤矿瓦斯灾害以及环境保护具有重要的现实意义。我国早期的煤层气勘探开发主要针对沁水盆地南部与鄂尔多斯盆地东缘的中高阶煤煤层气开展工作。近年来,以准噶尔盆地南缘(简称准南地区)为典型代表的中低阶煤煤层气资源勘探开发正处于积极推进阶段。准南地区煤层气勘探始于20世纪80年代,直至2013年才开始在阜康、米泉以及吉木莎尔等矿区陆续取得重要进展,建成了3个煤层气勘探开发示范工程。但是,准南地区其他煤层气区块的勘探一直未取得突破。分析认为,区域水动力场分布规律及其对煤层气富集保存条件控制机理不清,是导致准南地区中低阶煤煤层气勘探开发进展受阻的核心原因。

二、主要研究内容

本文通过对准南地区早期煤矿勘查资料(例如,抽水试验等)与目前煤层气参数井地质信息(例如含气量、气体组分及碳氢同位素等)进行系统分析,系统地开展了下列研究工作。

研究内容1:深入探讨了准南地区煤系地层水动力场分布特征以及煤层水运聚规律,结合区域地质背景资料,划分了水文地质类型与多个水文地质单元(图1)。

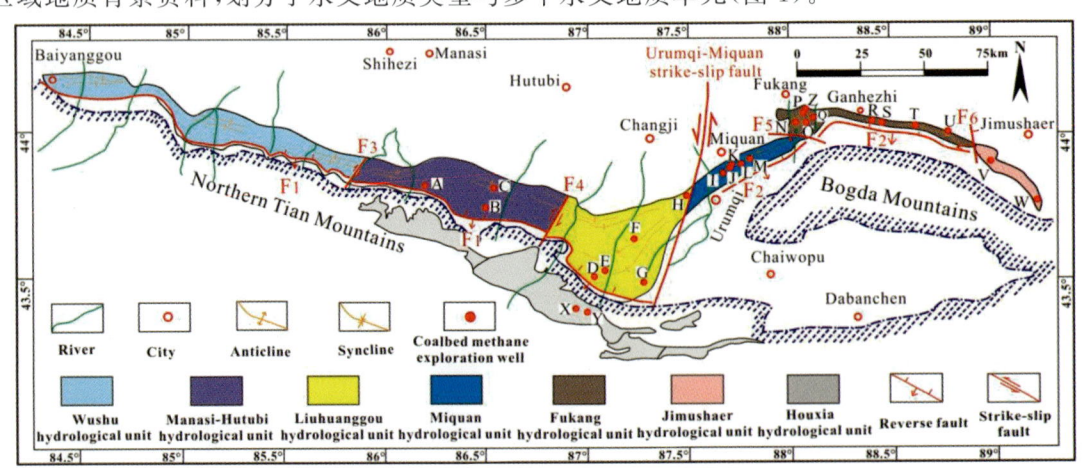

图1 准南地区水文地质单元划分以及煤层气参数井分布图

研究内容 2：对比分析了水文地质条件对于准南地区煤层气气体组分及其成因机制差异性变化的控制机制（图 2）。

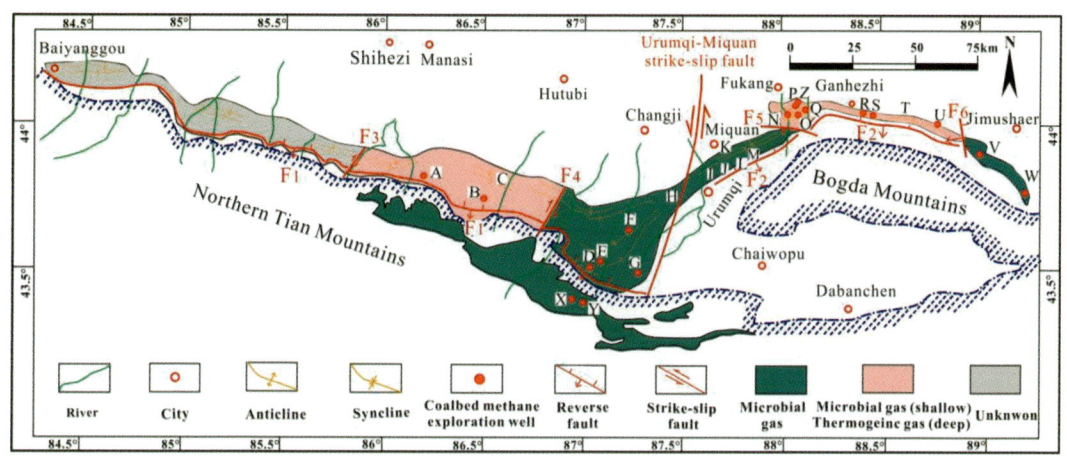

图 2　准南地区不同水文地质单元煤层气成因机制分布图

研究内容 3：深入探讨了水动力条件对于准南地区煤储层含气量以及煤层气富集保存条件的地质意义（表 1）。

表 1　准南地区不同水文地质单元煤层气参数井含气量统计表

Hydrological units	Exploration well	Formation	Structural types	Depth (m)	Gas content (average) m³/t
Manasi-Hutubi	A	Xishanyao	Monocline	1013—1258	0.58—5.13 (4.03)
	B	Xishanyao	Syncline	896—1038	2.89—6.95 (5.19)
Liuhuanggou	D	Xishanyao	Composite fold (anticline)	461—681	1.83—7.60 (5.61)
	E	Xishanyao	Composite fold (anticline)	655—751	1.35—9.05 (6.58)
	F	Xishanyao	Composite fold (syncline)	726—758	3.27—8.54 (6.34)
	G	Badaowan	Monocline	369—816	2.72—7.59 (5.41)
Miquan	I	Xishanyao	Syncline	792—1009	0.7—11.48 (6.94)
	J	Xishanyao	Syncline	557—1180	1.2—14.04 (6.73)
Fukang	N	Xishanyao	Composite fold (syncline)	1052—1066	7.15—7.25 (7.21)
	Q	Badaowan	Composite fold (syncline)	749—768	10.89—14.14 (12.3)
	P	Badaowan	Composite fold (anticline)	470—483	6.21—7.97 (7.09)
	S	Badaowan	Monocline	459—689	0.54—5.11 (3.23)
	R	Badaowan	Monocline	360—451	1.97—2.61 (2.32)
	U	Badaowan	Syncline	563—642	7.08—13.22 (11.33)
	T	Badaowan	Syncline	629—807	6.51—15.55 (11.91)
Jimushaer	V	Badaowan	Syncline	769—859	2.16—7.92 (4.93)

研究内容 4：系统对比了准南地区不同水动力背景下煤层气风氧化带差异性变化及其地质内涵(图 3)。

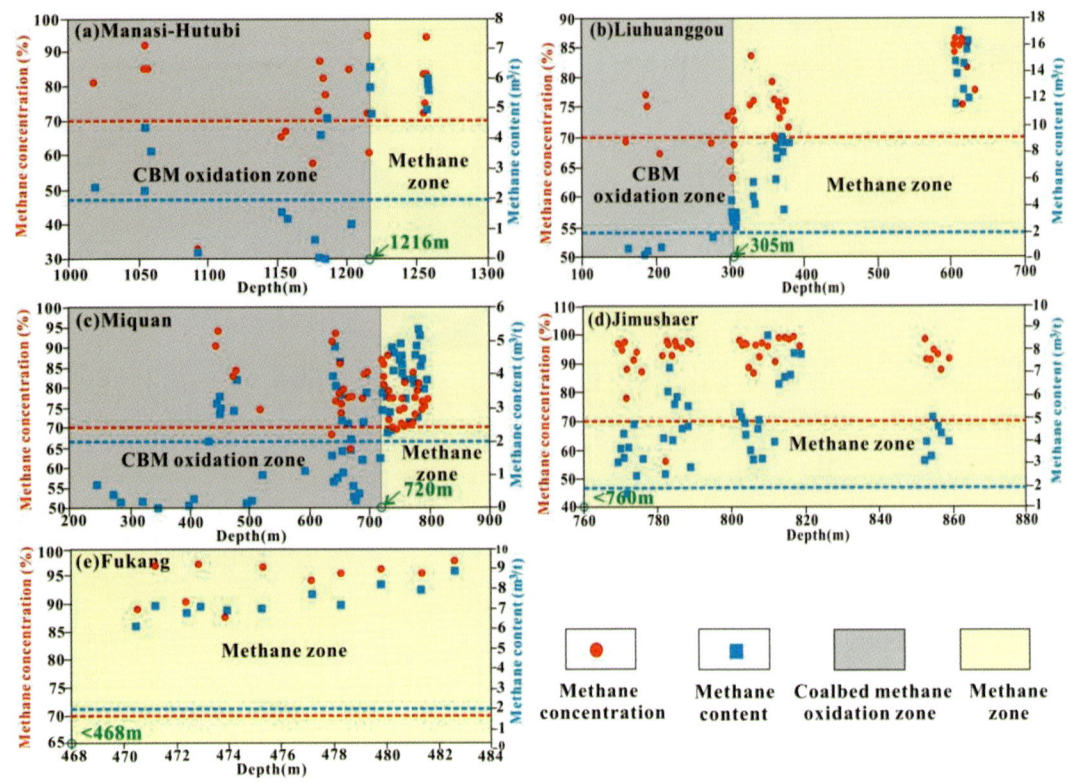

图 3　准南地区不同水文地质单元煤层气甲烷风化带深度差异性变化

三、主要结论

(1)准南地区可进一步划分为 3 种水文地质类型与 7 个水文地质单元，分别对应封闭性滞留区（即米泉水文地质单元）、开放性局部滞留区（即乌苏、硫磺沟与阜康水文地质单元）以及开放性弱径流区（即玛纳斯-呼图壁、吉木莎尔与后峡水文地质单元）。与此同时，准南地区煤系地层水的运移路径是"由南向北"以及"由西向东"叠合作用的结果。

(2)准南地区广泛发育生物成因煤层气，但大部分区块的生物气赋存深度暂不清楚。除后峡区块是乙酸发酵外，CO_2 还原是大部分区块生物气的主要形成路径。此外，煤层气中异常高浓度 CO_2 主要赋存于水动力滞留区且与微生物产甲烷活动密切相关；当相对较低浓度的 CO_2 主要存在于活跃的水体环境，且生物成因与热成因 CO_2 均有发育。

(3)水文地质条件对研究区煤层气含量控制作用明显，即高含气量主要赋存于水动力滞留环境。此外，向斜构造在开放性的水体环境下易于形成局部滞留区，对于煤层气的富集与保存有利。

(4)与传统观点明显不同，准南地区煤层气风氧化带深部与水动力场之间未表现出明显的相关性，其由西向东在不同水文地质单元之间变化明显。分析认为，次生生物气的补给情况,进一步叠加了水动力场对煤层气风氧化带的影响,导致其在区域上变化更加复杂。

四、论文信息

该论文于 2019 年 1 月 1 日发表在 AAPG Bulletin 期刊上。

五、作者简介

论文第一作者为伏海蛟,男,1987 年 3 月生,江苏淮安人,中共党员,2009 年本科毕业于长江大学资源勘查工程专业,2012 年与 2017 年硕士与博士均毕业于中国地质大学(北京)矿产普查与勘探专业(导师汤达祯教授)。现就职于中国地质大学(武汉)资源学院盆地矿产系,副教授,硕士研究生导师。主要从事煤与煤层气地质、页岩油气储层地质与评价、煤层气生物工程等方向的教学与研究工作。主持国家自然科学基金青年基金 1 项,国家自然科学基金面上基金 1 项,中石油科技创新基金 1 项,企业横向课题若干。截至目前,以第一作者或通讯作者在 GSA Bulletin、AAPG Bulletin、International Journal of Coal Geology、Fuel、Marine and Petroleum Geology 等地质领域 TOP 期刊发表论文 10 余篇。其中,SCI 论文引用频次 625 次,单篇高被引论文引用 169 次。在中国地质大学(武汉)工作期间,2017 年获工会工作积极分子、2018 年与 2020 年两次获得本科教学质量优秀奖、2020 年获资源学院最美青年教工等荣誉称号。目前担任中文 EI 期刊《煤田地质与勘探》青年编委、新疆煤田地质局煤层研发中心煤层气勘探开发高级顾问、英文 SCI 期刊 Geofluid 客座副主编、国家自然科学基金评审专家,以及 AAPG Bulletin、International Journal of Coal Geology、Fuel 等多个 SCI 期刊审稿人。

磷灰石裂变径迹及铼-锇同位素定年联合解析我国南方海相天然气藏形成演化

一、研究背景与意义

油气成藏演化具有阶段性,主要包含早期烃源岩有机质热降解形成原油和晚期原油热裂解生成天然气、沥青的不同过程。油气成藏演化过程的恢复,时间柱是一条重要且必不可少的主线,不同类型烃类形成时代是油气成藏研究过程中最基本的科学问题。几十年来,地质分析方法、盆地模拟方法、流体包裹体分析方法以及同位素分析方法被用来解析油气成藏演化的问题。整个研究呈现出从定性到定量、从宏观到微观、从间接到直接的发展趋势。然而,定量解析石油、天然气生成和运移时间仍然是国际石油地质领域面临的重要科学问题,该问题的解决,可使人们从时间的角度更好地认识油气藏的形成演化过程和时空分布规律,并直接服务于油气藏勘探潜力和有利勘探目标的确定(图1)。

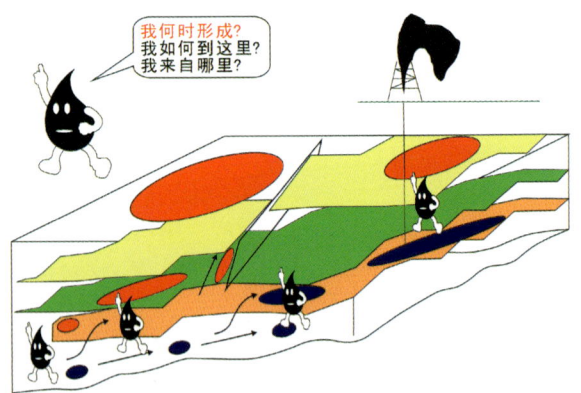

图1 含油气系统研究的关键科学问题

二、主要研究内容

研究选择江南-雪峰隆起西缘古油藏和残余油气藏发育区内寒武纪—奥陶纪碳酸盐储层中不同类型沥青以及奥陶纪—三叠纪砂岩中磷灰石为具体研究对象,在前人有机质 GC-MS 分析、沥青碳同位素分析、储层流体包裹体分析、沥青 Rb-Sr 定年等研究的基础上,联合开展新颖的沥青 Re-Os 同位素以及磷灰石裂变径迹分析,定量地解析复杂构造背景下雪峰隆起西缘古油藏中不同类型烃类(原油、天然气)的形成时代(图2)。

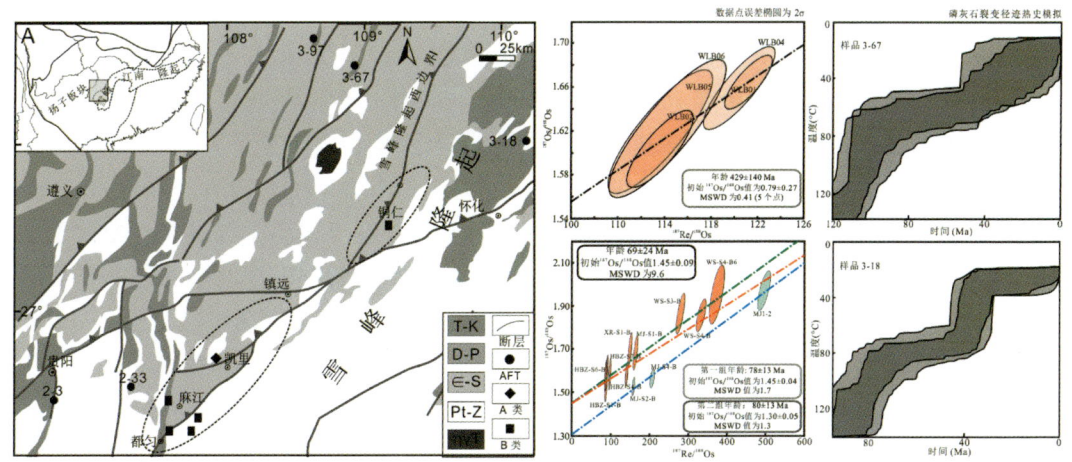

图 2 研究区实验样品分布图及部分实验测试结果

三、主要结论

低熟沥青的 Re-Os 同位素年龄（ca.430Ma）与盆地模拟结果、沥青的 Rb-Sr 同位素年龄（ca.405Ma）的吻合性进一步证实国外学者提出的原油、低熟沥青的 Re-Os 同位素定年指示原油生成时间。此外，综合雪峰隆起西缘的高熟焦沥青的 Re-Os 同位素年龄（ca.70Ma）与磷灰石裂变径迹、古油藏流体包裹体分析、原油组成数值模拟结果的一致性，研究创新性指出焦沥青 Re-Os 同位素定年记录了原油裂解生成天然气的时代，拓展了 Re-Os 同位素年代学技术在含油气系统中的应用范围（图 3）。

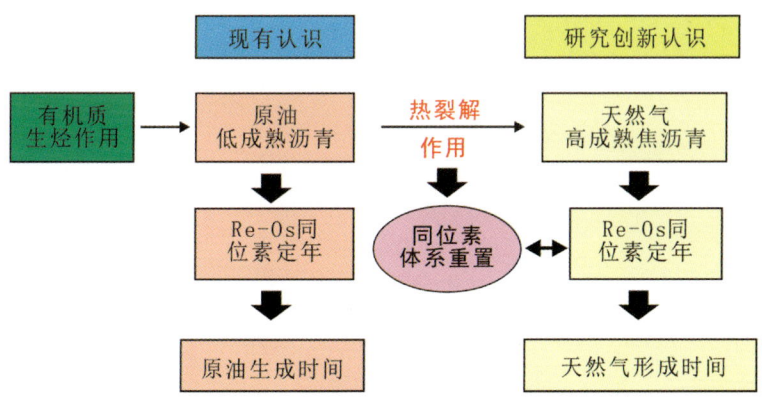

图 3 研究成果与认识综合图

四、论文信息

该论文于 2016 年 6 月发表在 *Geology* 期刊上。

五、作者简介

第一作者：葛翔，男，1989 年 3 月生，河南开封人，博士，副教授。2017 年 6 月毕业于中国地质大学(武汉)矿产普查与勘探专业,获工学博士学位,2014—2016年,受国家留学基金委资助,作为联合培养博士生前往英国杜伦大学开展成藏 Re-Os 年代学研究。主要从事油气成藏年代学、构造作用-油气成藏-金属成矿耦合关系等研究工作。近5年主持国家自然科学基金项目1项,参与完成了国家自然科学基金面上项目、国家科技重大专项子课题、中石油科技创新基金项目等多项课题研究。在 *Geology*、*AAPG Bulletin*、*GSA Bulletion*、*Chemical Geology*、*Fuel*、*Journal of Earth Science*、地球科学、大地构造与成矿学等国内外重要刊物上发表论文10余篇。曾获2017年获湖北省教育厅"长江学子"创新奖,湖北省自然科学三等奖等荣誉,现为 *Journal of Earth Science* 和《地球科学》杂志科学青年编委。

通讯作者:沈传波,男,1979年3月生,湖北荆州人,教授,博士生导师,德国弗莱贝格工业大学博士后,中国地质大学(武汉)学术委员会委员,湖北省石油学会常务理事。2006年7月毕业于中国地质大学能源地质工程专业,获工学博士学位。主要从事盆地构造及石油勘探构造分析、构造-热演化及油气成藏作用的应用基础研究,主持和参与项目研究30余项,包括国家自然科学基金项目5项(主持),国家油气科技重大专项子课题5项(主持2项,参与3项),中石油科技创新基金项目2项(主持)等。在 *Geology*、*AAPG Bulletin*、*Tectonics*、*Journal of Geophysical Research-Solid Earth*、岩石学报、地学前缘等国内外学术刊物上发表SCI论文30篇,EI检索论文22篇。获授权国家发明专利7项,曾获湖北省科技进步一等奖、中国青年地质科技奖——银锤奖、全国有机地球化学学术会议中青年优秀论文等科技奖励,2018年入选自然资源部高层次人才工程,2015年入选湖北省优秀青年骨干人才,2015年入选武汉市青年科技晨光计划。*Journal of Earth Science* 和《地球科学》杂志科学编辑(2015年至今)。

早期油充注和超压对塔里木盆地库车坳陷克拉 2 气田储层孔隙保护的影响

一、研究背景与意义

随着中浅层油气勘探程度不断提高,深层已经成为我国油气增储重点领域。深层油气藏储层物性是控制储油气能力的根本因素,对于中深层油气勘探,由于埋深相对浅层大,所以储层是否发育是制约勘探能否成功的关键。深层砂岩储层孔隙发育机理一直是人们关注的重点。塔里木盆地库车坳陷克拉 2 气田虽然现今埋藏深度在 3600~4000m 之间,但在地史时期最大埋藏深度可达 6000m 以上,却显示出异常高的原生孔隙度,孔隙度最高达到 22%,高孔隙砂岩储层对应高的含油饱和度。克拉 2 气田现今的压力系数在 2.1 以上,存在两期油和一期天然气充注。这些现象为研究油充注和超压对深层储层孔隙发育的作用机理提供了天然实验室。此研究不但有助于认识库车深层优质储层形成条件,而且可以深入阐明油充注和超压的发育对储层物性影响机理,深化深层超压环境下储层中流体-岩石相互作用过程及机理研究。

二、主要研究内容

本研究首先通过颗粒定量荧光技术对不同物性储层开展砂岩颗粒定量荧光(QGF)指数和砂岩颗粒抽提物定量荧光(QGF-E)强度进行分析。发现储层物性与颗粒定量荧光参数具有很好的对应关系,高的定量荧光参数 QGF 指数和 QGF-E 强度对应的砂岩储层孔隙度、渗透率也比较高,而在古油水界面之下,砂岩孔隙度和渗透率都很低(图1)。在此基础之上,通过流体包裹体技术对储层油气史进行研究。包裹体发育特征以及油包裹体荧光颜色显示库车坳陷克拉 2 气田存在三期油充注和一期天然气充注。采用烃类共生盐水包裹体均一温度结合储层埋藏史和热史确定两期发蓝白色荧光油包裹体捕获时间分别为距今 5.5Ma 和 4.5Ma(图 2A),两期油充注时间很接近,都对应库车组沉积早期。发黄色油包裹体对应的油充注时间应该早于发蓝白色荧光油包裹体捕获时间。天然气充注发生在地层抬升剥蚀时期,构造抬升剥蚀作用使逆断层开启成为天然气运移的主要通道。根据天然气共生盐水包裹体均一温度和热史确定天然气充注时间为距今 3~2Ma。

在对库车坳陷克拉 2 气田储层超压特征和成因分析的基础之上,采集流体包裹体激光拉曼技术结合流体包裹体显微测温和测盐,对饱和甲烷气体包裹体捕获压力进行恢复,从而恢复储层压力演化过程。库车坳陷克拉 2 气田超压演化可以划分为 4 个主要阶段:距今 12~5Ma 正常压力阶段、5~3Ma 超压快速增加阶段、3~1.2Ma 超压释放阶段、1.2~0Ma 超压稳定阶段。

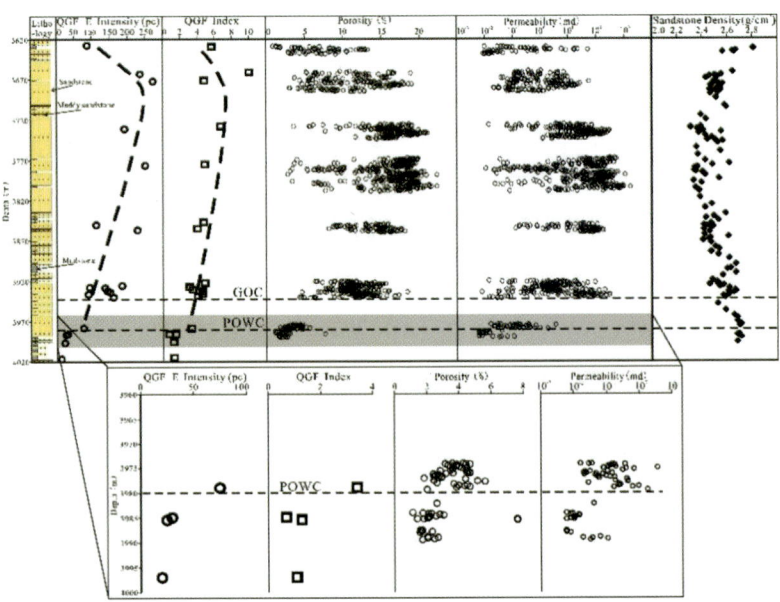

图1 库车坳陷克拉201井砂岩储层颗粒定量荧光参数、孔隙度、渗透率和密度随深度变化关系

综合储层孔隙演化、油气充注时间和超压演化过程发现油充注发生在储层深埋之前（图2），油的充注抑制了储层胶结物的发育，是使储层原生孔隙得以保存的一个因素。随着储层快速的埋藏，储层强超压的发育阻止了储层孔隙因为受到强烈的压实作用而遭受破坏。

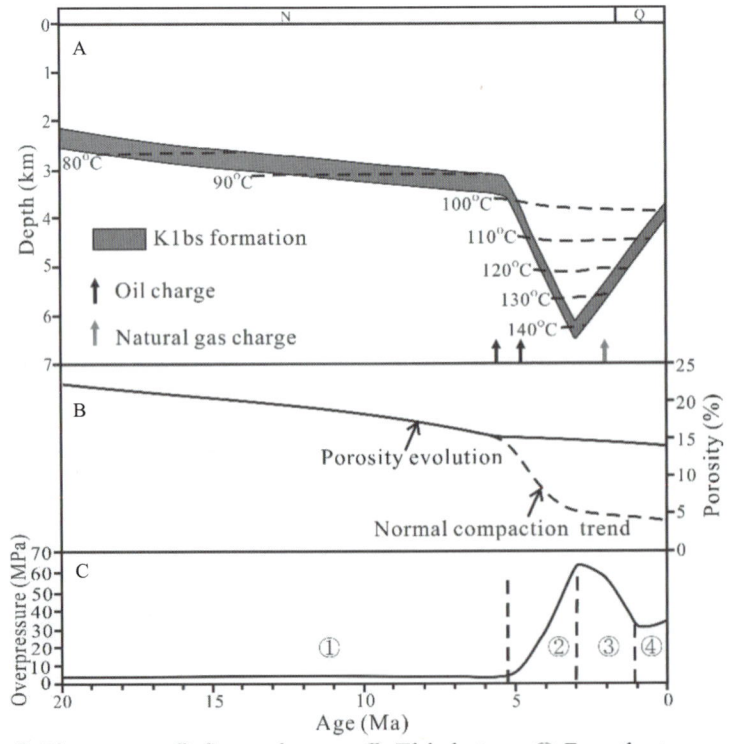

图2 库车坳陷克拉2气田油充注和超压作用下的储层孔隙演化模式图

三、主要结论

塔里木盆地库车坳陷克拉 2 气田盐下砂岩储层经历最大古埋藏深度达 6000m 以上却显示出异常高的原生孔隙度,是因为早期原油充注到储层中在比较好的盐岩盖层封闭条件下虽然遭受了水平构造挤压和上覆地层的压实作用,但砂岩储层孔隙中的异常高压使储层中原生孔隙得以保存。早期原油充注和异常高压是深层优质储层发育的两个重要控制因素,油充注时间、超压演化与孔隙演化之间的关系决定了油充注和超压是否对深层储层孔隙起保护作用。

四、论文信息

Xiaowen Guo, Keyu Liu, Chengzao Jia, et al., 2016. Effects of early petroleum charge and overpressure on reservoir porosity preservation in the giant Kela-2 gas field, Kuqa depression[J]. Tarim Basin, northwest China. AAPG Bulletin, 100(2): 191-212.

该论文于 2016 年 2 月 16 日发表在 *AAPG Bulletin* 期刊上。

五、作者简介

郭小文,男,博士,中国地质大学(武汉)教授,博士生导师,主要从事含油气盆地超压流体演化与油气成藏方面的工作,承担了国家自然科学基金联合基金集成项目课题 1 项,面上项目 2 项,国家专项和湖北省等纵向项目 4 项,企业合作项目 10 余项。项目主要涉及渤海湾盆地、塔里木盆地、准噶尔盆地、四川盆地以及莺歌海盆地的常规和非常规油气富集机理、超压流体演化与油气成藏和改造方面的研究工作,在 *AAPG Bulletin*、*GSA Bulletin*、*Organic Geochemistry*、*Marine and Petroleum Geology*、《石油学报》、《地球科学》等国内外油气地质相关期刊上发表论文 50 余篇,出版专著 1 部,获得国家发明专利 4 项。2013 年入选湖北省楚天学者计划"楚天学子",2017 年入选中国地质大学(武汉)"腾飞计划",2018 年入选中国地质大学(武汉)地大学者学科骨干人才,同年入选中国地质大学(武汉)"十大杰出青年"。现担任 *Marine and Petroleum Geology* 期刊编委(Associate Editor),为 *AAPG Bulletin*、*Precambrian Research*、*Marine and Petroleum Geology*、*Organic Geochemistry*、*Geofluids*、《中国科学》(地球科学)、《石油学报》、《地球科学》等多个国内外期刊审稿人。

超压释放是稠油形成的一种新机制

一、研究背景与意义

沉积盆地广泛发育稠油,稠油的形成通常与生物降解和水洗作用或者生烃早期富硫干酪根热降解形成的未熟油或低熟油有关。然而,我国渤海湾盆地东濮凹陷柳屯洼陷 PS18-1 井沙三上亚段盐间强超压裂缝型页岩稠油油藏的形成过程却不是上述机制可以解释的。该页岩油具有高密度($0.94g/cm^3$)、特高黏度(油藏条件下 43 000mPa·s)、高沥青质(35%~40%)和胶质(10%~13%)含量等特点。常规有机地化结果表明,该稠油未经历过生物降解作用(饱和烃分布完整,未检测到 25-降霍烷)。此外,稠油和产出段泥岩抽提物的热成熟度和生标特征基本一致,符合原地生成的原生稠油。然而,该稠油热成熟度并不是很低(约 $0.78\%R_o$,基于镜质体反射率和生标 C_{29} 甾烷比值计算),正常条件不可能形成如此高极性组分含量的稠油,此外稠油产出段泥岩抽提物族组分中沥青质含量却极低(<3%),与稠油高沥青质含量明显不符。综合原油和源岩常规地化证据,PS18-1 稠油既不是低成熟度原生稠油也不是生物降解次生稠油,也并非原地滞留成藏,因此,揭示其成因和形成机制对理解页岩储层内烃类流体组分演化、烃源岩生排烃机理及页岩油源内运聚规律意义重大。

二、主要研究内容

针对上述科学问题,选取该井稠油油藏底部页岩中顺层方解石脉和页岩样品,开展了详细的成岩序次和流体包裹体捕获温度、压力、组分和时间($PTx\text{-}t$)以及有机地球化学研究。在成岩序次、单包裹体荧光光谱以及单期次油包裹体分子成分等多参数约束的基础上,厘定了 PS18-1 稠油油藏烃类流体温度、压力和组分演化历史。

研究结果表明,该稠油油藏经历了橙黄色、浅黄色和褐色,不发荧光等不同物理性质的古原油充注,古原油密度范围较大($0.85\sim0.91g/cm^3$),但主要位于 $0.88\sim0.89g/cm^3$ 之间,且远小于现今稠油密度($0.94g/cm^3$),表明该稠油不大可能为一期原地生成的原生稠油成藏。方解石脉成岩序次与油充注关系结果表明,随着成岩演化油藏经历了橙黄色—浅黄色—不发荧光油充注过程(图 1A),对应油质则经历重—轻—重同时伴随着强烈的增压和泄压演化过程(图 1B),但古油源和热成熟度[$(0.87\sim0.91)\%R_o$]却未发生变化,且热成熟度明显高于现今稠油和泥岩抽提物的热成熟度[$(0.78\sim0.79)\%R_o$](图 1C)。

由此可见,PS18-1 特稠页岩油藏经历多期、复杂的油气充注过程。荧光颜色差别明显的橙黄色和不发荧光油包裹体的分子成分结果却非常一致,表明两期油虽然油质差别较大(前者为正常油,后者为富含极性组分的稠油),但古油来源和热成熟度[$(0.87\sim0.91)\%R_o$]一

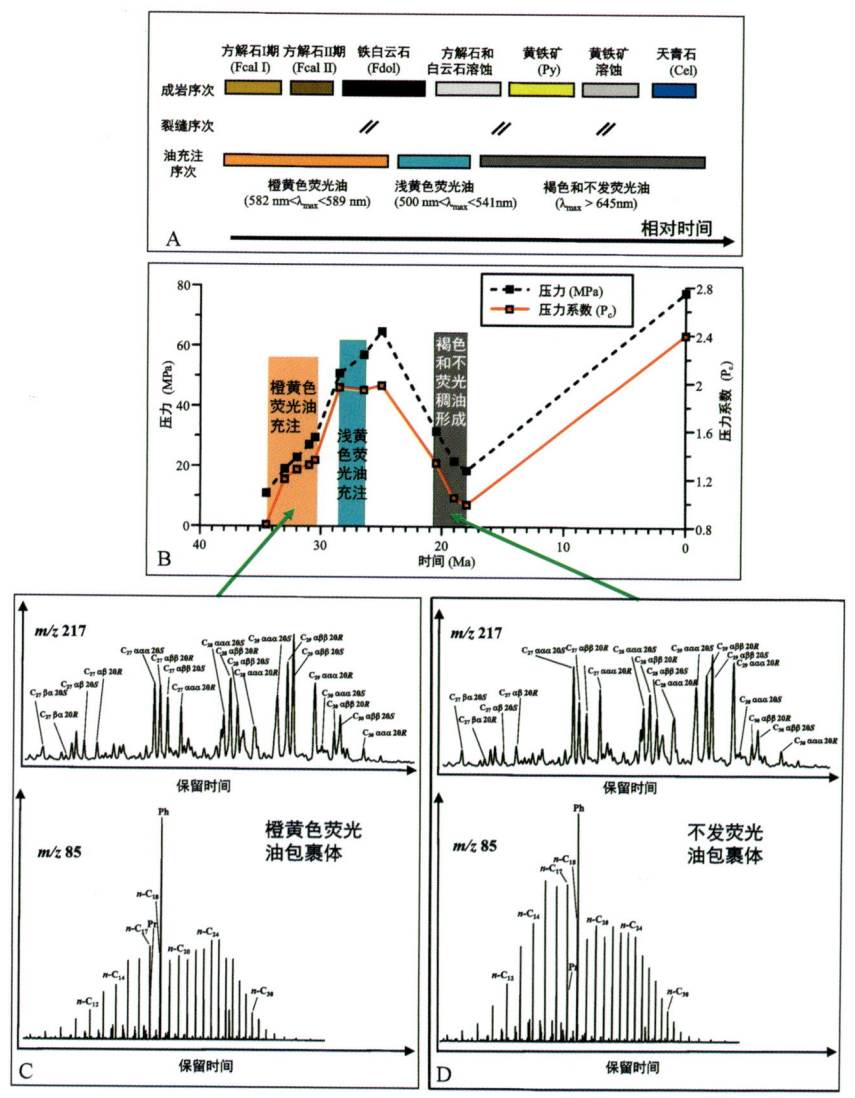

图 1　东濮凹陷 PS18-1 井稠油油藏方解石脉成岩演化和古油充注共
生序次(A),以及油充注过程超压(B)及古油组分演化(C)(据 Ping et al.,2020)

致,热成熟度明显高于稠油和现今泥岩抽提物[(0.78～0.79)%R_o]。因此,认为早期橙黄色荧光油和晚期不发荧光稠油应为同一期油在不同阶段演化的产物,结合油充注时间和压力演化,提出超压释放是形成 PS18-1 特稠页岩油的重要机制。

　　晚渐新世构造抬升导致早期来自深部的正常页岩油藏(橙黄色荧光油包裹体)经历了强烈超压释放,从而引起原油中沥青质等极性组分沉淀,油藏发生组分分馏,伴随压力释放富含饱和烃原油沿断裂运移到构造高部位,而残留油则富含极性组分(不发荧光油包裹体)。晚期随着地层再次快速沉降,欠压实和生烃增压导致稠油油藏压力再次增加,最终形成强超压裂缝型页岩稠油油藏。由于晚期原地新生成相对低成熟度油的混合,覆盖了原始稠油的热成熟度信息,从而导致现今稠油具有和泥岩抽提物相似的热成熟度。

三、主要结论

PS18-1 井页岩油藏经历了多期、复杂的油气充注过程。基于详细的成岩序次和单期次油包裹体分子成分约束的源岩层系内烃类流体活动压力、温度和组分演化史重构,明确了古原油由重—轻—重的油质变化并伴随强烈的超压增压和泄压演化,提出并证实超压释放导致的极性组分析出是形成稠油的新机制。最终,厘定了该稠油油藏为早期深部生成的页岩油经过长距离的源内运移(长达数千米)而先期成藏,随后经历超压释放控制的组分分馏和极性组分原地滞留并与最晚期原地生成的富饱和烃贫沥青质的页岩油混合而形成。

新的稠油形成机制对深入理解烃源岩内初次运移组分分馏效应、非常规页岩系统中油组分变化及页岩油运移和分布规律、常规-非常规石油系统中稠油成因机制具有重要的科学意义。研究成果也表明,流体包裹体技术是一项非常强大的手段,可以解决常规技术无法解决的关键问题。

四、论文信息

该论文于 2020 年 8 月 1 日发表在 *Geology* 期刊上。

平宏伟[1],李纯泉[1],陈红汉[1],Simon George[2],Se Gong[3].

[1] 湖北省武汉市洪山区鲁磨路 388 号,中国地质大学(武汉)资源学院石油地质系.

[2] Department of Earth and Environmental Sciences and MQMarine Research Centre, Macquarie University, North Ryde, Sydney, NSW 2109.

[3] CSIRO Energy, P. O. Box 52, North Ryde, NSW, Australia 1670.

五、作者简介

平宏伟,博士,教授,博士生导师,校"地大学者"学科骨干人才,石油地质 TOP 期刊 *AAPG Bulletin* 副主编,《地质科技通报》青年编委,中国矿物岩石地球化学学会矿物包裹体委员会委员。主要研究方向为流体包裹体及相关油气成藏过程及成藏机理。2011 年硕博连读毕业于中国地质大学(武汉)地质资源与地质工程专业,获博士学位。2009—2010 年赴法国 Université Blaise Pascal(帕斯卡大学)联合培养博士学习,并于 2015—2016 年赴澳大利亚 Macquarie University(麦考瑞大学)访问学者交流。2011 年 7 月至今一直在中国地质大学(武汉)石油地质系从事本科生"含烃流体地质学"和"石油与天然气地质学"以及研究生"储层成岩作用"等相关教学与研究工作,长期致力于利用流体包裹体重构古油气运聚过程。近年来在油气成藏动力学、油气成藏年代学等方面进行了有益的探索,比较系统地提出了改进的油包裹体捕获压力重构的基本理论与方法,古油气充注过程成藏贡献确定方法,盆地深层原油裂解对油包裹体荧光颜色、均一温度及捕获压力的影响以及高温条件油包裹体捕获压力重构修正预测方法,油气包裹体捕获压力-埋藏史投点法确定热流体条件下成藏时期方法,利用荧光特征定量预测油包裹体热成熟度以及超压释放对原油组分影响等。2011 年留校工作后先后负责国家自然科学基金青年基金项目和面上项目共 4 项,中石油科技创新基金 1 项,其他横纵向课题 6 项,参与完成了其他科研课题 8 项;以第一发明人申请专利 6 项,出版专著 2

部;荣获2017年中国地质大学(武汉)第九届青年教师讲课比赛优秀奖;荣获2019年第10届国际亚非石油地球化学和勘探会议(AAAPG)最佳展板奖;以第一作者兼通讯作者在 *Geology*、*AAPG Bulletin*、*Marine and Petroleum Geology* 和《石油学报》等国内外学术期刊上发表SCI和EI论文20余篇,其中在地学TOP期刊 *Geology* 和石油地质TOP期刊 *AAPG Bulletin* 发表论文5篇。

考虑混合效应的单井注抽试验简化模型

一、研究背景与意义

近年来,随着经济的快速发展,部分地区地表生态环境受到了严重的污染和破坏,致使地下水环境日益恶化。据报道,目前中国约 64% 的城市地下水已遭到不同程度的污染,呈现由点向面、由浅到深、由城市到农村不断扩展的趋势。与地表水不同,地下水赋存于孔隙介质中,其循环周期长、吸附性强,一旦受到污染,在短时间内很难得到修复。目前,国家高度重视地下水环境问题,并投入大量资金修复被污染的含水层。然而,为了提高修复效率且降低修复成本,首先需要弄清楚含水层的弥散度、孔隙度、吸附与解析系数等溶质运移物理化学参数。在获取野外实际含水层的溶质运移物理参数时,常用的两种试验方法为注入井-观测井试验和单井注抽试验。注入井-观测井试验是将示踪剂注入含水层,通过附近的观测井获取示踪剂穿透曲线,从而计算出含水层的物理参数。如图1所示,单井注抽试验首先将示踪剂注入含水层,过一段时间后,再通过该井抽出含水层中的溶液,并分析抽出液的穿透曲线,从而获取含水层参数。由于注入井-观测井试验需要有两口井,因此该方法成本高且耗时长,尤其是当含水层的渗透性较弱时或者观测孔到注水井的距离较远时,这个缺点更加明显;然而,单井注抽试验只需要一口井,成本低且耗时短,不仅适合于渗透性强的含水层,而且也适合于渗透性弱的含水层,因此,单井注抽试验被广泛用于获取含水层的弥散度、孔隙度、背景流速以及一些关键的生物地球化学参数。

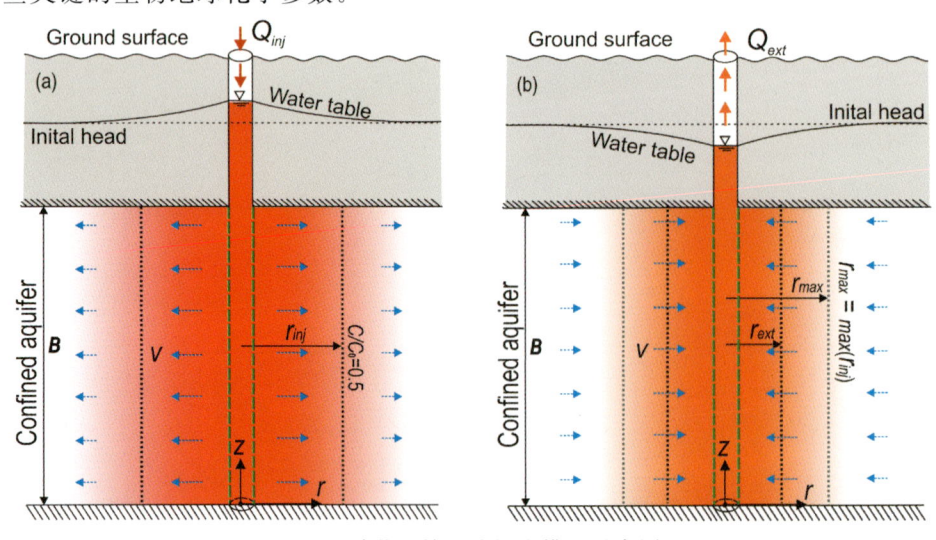

图 1 单井注抽试验概念模型示意图

二、主要研究内容

到目前为止,国内外学者们建立了很多的单井注抽试验解析模型,然而,现有的模型包含着许多的假定条件,导致现有的模型很难解释试验数据,例如,先前的研究往往忽略井筒混合效应;同时,现有的解析模型大多采用拉普拉斯变换和格林函数法,导致现有的解析模型表达比较复杂,很难用于实际工程应用。为此,本研究考虑混合效应建立了两个单井注抽试验简化模型:完整井单井注抽试验和点源注入的单井注抽试验模型。新模型的精度采用有限差分模型和前人的模型进行测试;同时,基于井筒内混合效应这一过程,我们修正了前人计算溶质阻滞因子的计算公式。

三、主要结论

基于本研究的内容,我们取得的主要认识是:

(1)本研究提出的单井注抽试验简化模型不仅能解释完整井条件下的试验数据,而且能解释点源注抽条件下的实验数据。

(2)在阻滞因子反演中,本研究修正的阻滞因子计算模型计算精度比先前的模型高。

(3)本研究提出的单井注抽试验简化模型由于数学表达简单,便于实际推广和使用。

(4)本研究提出的单井注抽试验简化模型不仅具有较高的计算精度,而且极大地提高了模型的计算效率。

四、论文信息

该论文于 2020 年 7 月 4 日发表在 Water Resources Research 期刊上。论文作者:Wenguang Shi, Quanrong Wang* and Hongbin Zhan*. New simplified models of single-well push-pull tests with mixing effect, Water Resources Research, 2020, 56(8): e2019WR026802.(*为通讯作者)

五、作者简介

作者王全荣教授自工作以来将环境科学、生物科学、石油地质等领域的前沿理论与成果引入水文地质学,形成一个新的研究方向:管道含水层系统中物质与能量耦合迁移理论,取得了一系列新的成绩:已发表论文 30 余篇,包括第一/通讯作者 SCI 论文 22 篇和 EI 论文 4 篇,第一作者单篇最高他引 68 次。其中,1 篇论文被 *Adv. Water Resour.* 杂志评为该刊的高被引论文,1 篇论文被 *Water Resour. Res.* 杂志评为该刊的 Featured paper。参编了 *Principles and Dynamics of the Critical Zone* 专著,在 Elsevier 出版。担任国际知名期刊 *Groundwater* 杂志和 *Water* 杂志专辑的副主编,《地质科技通报》期刊的青年编委。担任 *Journal of Hydrology*,*Hydrology and Earth System Sciences*,*Advances in Water Resources*,*Hydrological Processes* 等多个国际 SCI 学术期刊审稿人。曾获得湖北省优秀博士论文奖、第五届"地下水科学青年论坛"优秀报告奖,获 2021 年湖北省科学技术奖三等奖(排名第二)。国家优秀青年基金入选者,2021 年湖北省"杰出青年"基金入选者;作为骨干成员参与了基金委"环境水文地质"创新群体项目和科技部重点研发计划;作为骨干成员参与了江汉平原4个图幅1:5万的水文地质调查项目(脉旺咀幅、彭场镇幅、杨林尾幅、陆溪口幅)。2016年"中国地质大学摇篮计划"、2020年"地大学者学科骨干人才"(每年奖金15万,共5年)入选者。先后主持自然科学基金3项;主持国内和国际会议分会场10次,被邀请在国际会议上做特邀报告1次。王全荣教授具体的学术成绩主要包括:①地下水资源量。提出了管道含水层系统中的时变非线性渗流模型,修正了模拟任意产状含水层中渗流过程的有限差分格式,揭示了管道中水头损失的产生机制。该研究成果丰富了管道含水层系统中的地下水渗流理论,对提高地下水资源的开发利用效率具有重要的理论意义与应用价值。②地下水环境效应。发展了管道含水层系统中的反应性溶质迁移理论,建立了多组分非线性生物化学反应模型,揭示了管道中水-质混合效应对溶质迁移的影响机制。该研究成果拓展了管道含水层系统中的反应性溶质运移理论,为提高地下水环境修复效率提供了重要的理论基础。目前,混合效应模型已经被用于研究长江流域江汉平原仙桃试验场的砷迁移转化问题,结果表明该模型可以精细地刻画管道中溶质迁移过程。③地热能开采。建立了管道水-热混合效应模型,拓宽了管道含水层系统中地热迁移理论,修正热示踪方法,揭示复杂介质系统中的水-热迁移机制。

一种基于在线观测钾离子动态约束解析黑碳气溶胶来源的新方法

一、研究背景与意义

黑碳（BC）气溶胶对气候变化、大气能见度和人体健康均产生危害，对其来源进行解析是制定防控对策的基础。黑碳仪光度计模型被广泛应用于黑碳气溶胶源解析研究。黑碳仪光度计模型中生物质燃烧（α_{bb}）和化石燃料（α_{ff}）燃烧产生气溶胶的吸收 Ångstroöm 指数（α），是表征黑碳气溶胶吸收性随波长变化依赖性的指数。α受到燃料类型、燃烧状态、组分混合状态、气溶胶粒径等诸多因素影响。课题组通过系列燃烧实验排放测试、理论计算和大气环境观测结果证实α不仅不是定值，反而有明显的实时变化。仪器出厂设置和前人研究通常默认$\alpha_{bb}=2$和$\alpha_{ff}=1$，导致采用该模型开展黑碳气溶胶来源解析存在较大的不确定性。

作为燃烧源排放的标识组分，大气中黑碳浓度和源贡献存在明显的时间变化，尤其是在昼夜变化尺度上。前人的研究中通常利用^{14}C和生物质燃烧示踪物（如左旋葡聚糖，LG）约束得到研究点位最优的α组合，以约束BC来源解析结果。^{14}C方法会受到当代碳（如烹调油烟）排放干扰，时间分辨率低，分析测试昂贵；LG受到燃煤、油烟等其他源类干扰，其高时间分辨率监测尚处于仪器开发测试阶段。不同地区最优的α组合也存在空间变异性。水溶性钾离子（K^+）的在线监测方法、设备和大规模应用都已经普及。耦合源排放颗粒物成分谱、源排放BC吸光性和在线元素碳（EC）实时监测数据，本文提出了一种利用在线观测和校正后K^+对黑碳仪光度计模型最优α组合进行约束的新方法，评估了该方法对BC源解析结果的改进程度。

二、主要研究内容

方法建立分为4步：K^+浓度校正、吸收系数校正、敏感性分析和不确定度分析。①K^+同时也源于尘和海盐粒子，通过公式计算，扣除海盐粒子和道路尘贡献的K^+浓度，得到生物质燃烧产生的钾离子（K^+_{wb}）；②黑碳仪测量得到的吸收系数由于遮蔽效应和多重散射效应的影响，测得的吸收系数与真实大气环境存在差异，采用EC和吸收系数的相关关系，对仪器默认的质量吸收截面参数进行校正；③敏感性分析的重要假设是生物质燃烧产生的黑碳与标识组分经历了相同的大气过程及去除率，两者之间线性回归方程的截距为0。在该假设基础上，本文通过源排放实测α的范围，设定α_{bb}和α_{ff}的变化范围分别为1.60～2.20和0.80～1.30，设置变化步长为0.01，计算了3721种不同α组合条件下线性回归方程的统计参数，确定了最优

的 α_{ff} 为 1.09(图 1)。获得最优 α_{ff} 后,通过计算该 α_{ff} 之下不同 α_{bb} 组合的统计参数得到泰勒图,得出最优的 α_{bb} 为 1.79(图 2);④通过误差传递的方式对该方法的不确定度进行计算。

三、主要结论

将该方法应用到昼夜尺度上,得到了最优 α 组合的昼夜变化特征(图 3)。比较该方法动态约束下得到的最优 α 组合的解析结果与固定 α 组合($\alpha_{bb}=2$,$\alpha_{ff}=1$)的解析结果,发现动态约束解析结果中,生物质燃烧贡献的黑碳与 K_{wb}^+ 之间的相关性(r)以及化石燃料燃烧贡献黑碳与 NO_2 之间的相关性显著,并分别提高了 78.6% 和 16.2%。动态约束 α 组合得到的黑碳日夜变化特征也更加符合实际。

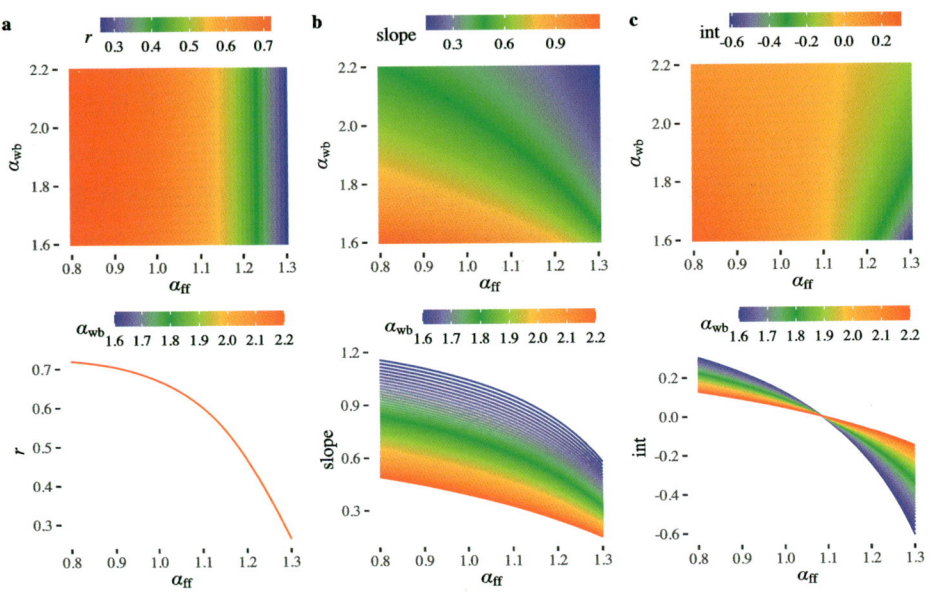

图 1　不同 α 组合下线性回归方程统计参数与 α 之间的关系

(r 为相关系数,slope 为拟合方程斜率,int 为拟合方程截距)

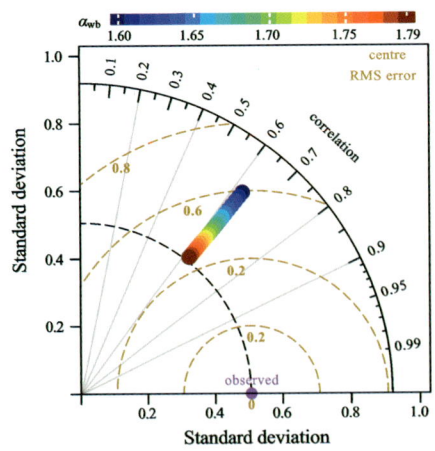

图 2　最优 α_{ff} 下不同 α_{bb} 组合解析结果的泰勒图

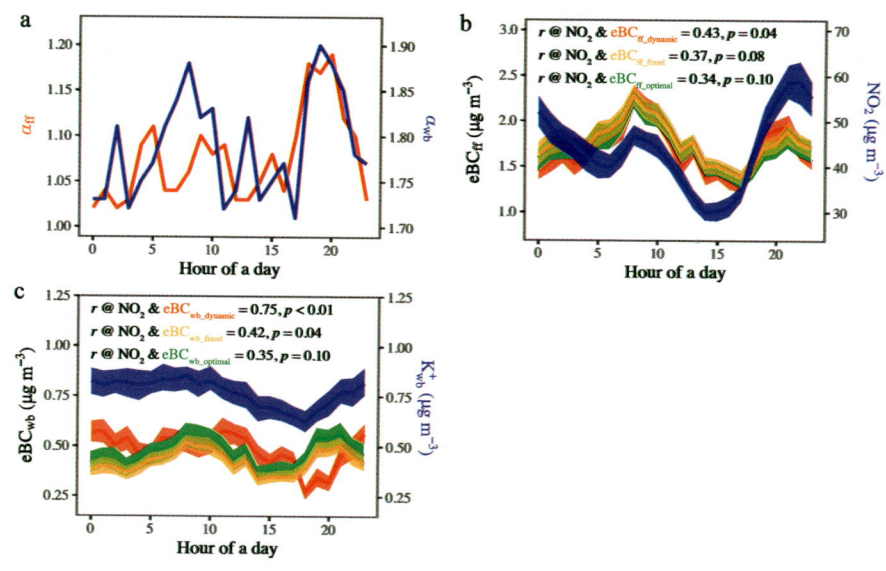

图 3 利用 K^+ 约束得到的最优 α 组合的昼夜变化特征(a)
以及最优 α 组合与默认组合源解析结果的比较(b、c)

四、论文信息

该论文于 2021 年 8 月 17 日发表在 *npj Climate and Atmospheric Science* 期刊上。

五、作者简介

第一作者:郑煌,环境学院博士后,湖北省大气复合污染研究中心成员。研究方向为大气污染物源解析及大数据分析。近 5 年发表论文 61 篇,其中第一/共同第一作者发表 SCI 论文 13 篇,高被引论文 2 篇,H-index 为 17。

通讯作者:孔少飞,环境学院大气科学系教授、博士生导师,湖北省大气复合污染研究中心主任。研究方向为大气污染源排放表征与模拟。担任中国颗粒学会青年理事会理事、中国环境科学学会青年科学家分会委员、湖北省气象学会副理事长、湖北省环境科学学会大气环境专业委员会主任委员等。主持国家重点研发计划项目课题、国家自然科学基金项目等。发表 SCI 论文 131 篇(H-index 为 34),以第一作者和通讯作者发表论文 57 篇,参与编写专著 2 部,获批专利 10 项。获得谢义炳青年气象科技奖和中国气溶胶青年科学家奖,入选湖北省青年讲师团、2020 年和 2021 年全球前 2% 顶尖科学家"年度影响力"榜单和爱思唯尔中国金色开放获取高下载论文学者。

模拟三维水力压裂的考虑真实孔隙渗流的三维水力耦合有限-离散元方法

一、研究背景与意义

Hydraulic fracturing is the key technology in petroleum, shale gas and enhanced geothermal systems. It involves not only the deformation of a solid under the effect of fluid pressure but also the fracturing of the solid. Many researchers have studied hydraulic fracturing and put forward several theoretical models, such as the PKN model, the KGD model, the radial or penny-shaped model, and some pseudo-3D models and planar-3D models. Recently, rather than developing new analytical models for hydraulic fracturing with complex fracture networks, researchers have been focused on the properties of classical hydraulic fracturing models. Although these theoretical models or solutions are only applicable to simple geometries that are very different from an actual fracturing scenario with complex natural fracture networks, they are important to understanding hydraulic fracturing and provide benchmarks for numerical simulations.

To overcome the shortcomings of the above methods in simulating hydraulic fracturing, we construct a fully coupled 3D hydro-mechanical model with real porous seepage in 3D FDEM in this paper. In this model, the porous seepage in the rock matrix is represented by a real three-dimensional flow, rather than the equivalent approach that the porous seepage in the rock matrix is represented by the fracture seepage in the unbroken joint elements. For an equivalent approach, it is necessary to calibrate the initial aperture of the unbroken joint element to characterize the macroscopic permeability of the rock sample. In addition, the equivalent approach has the lag phenomenon in fluid flow when dealing with unsteady porous seepage and cannot consider the pores in rock. Thus, the equivalent method cannot deal well with the unsteady problem of hydraulic fracturing. However, the fully coupled 3D model described in this paper does not have these shortcomings; it can consider the permeability anisotropy of the rock matrix and the fluid loss from the fracture into the rock matrix. Furthermore, the fully coupled 3D model can simulate crack initiation and propagation, and the interaction between fluid and solid. Since cracks extend along the tetrahedral element boundary, remeshing is not needed. The cracks consist of triangular faces, and the characterization of the cracks is very intuitive. FEM is used to calculate the stress and strain of the tetrahedral elements, and thus the concept of stress and strain in continuum mechanics is well preserved in FDEM. In addition, the discrete element method is used to process contacts between elements in FDEM; the contacts can be easily handled when the crack is closed.

二、主要研究内容

The rock mass is composed of rock blocks with pores and fractures, where fluid may exist in the fracture and the pores in the rock mass (i.e., the rock matrix). Likewise, the permeability of the rock mass is composed of two parts, namely, the permeability of the rock matrix and the permeability of the fracture. The permeability of the fracture is mainly related to the aperture of the fracture, while the permeability of the rock matrix is mainly related to the porosity and the stress state.

As shown in Fig. 1, the tetrahedral element and the joint element form a unique topological connection in the 3D FDEM. The fluid can flow in the tetrahedral element and the broken joint element (i.e., fracture). The permeability of the rock matrix is represented by the fluid flow in the tetrahedral element, while the permeability of the fracture is characterized by fluid flow in the broken joint element. When a joint element breaks, the joint element becomes the channel of the fracture seepage.

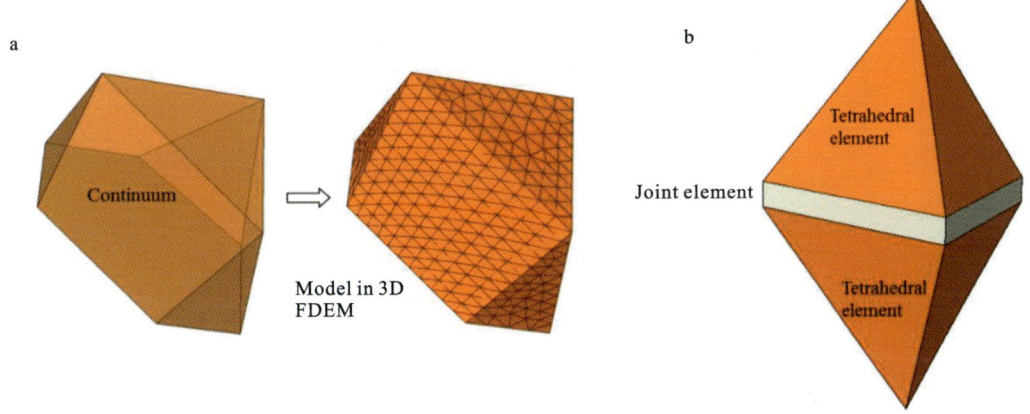

Fig. 1　Connection of tetrahedral elements and joint elements in 3D FDEM

Thus, the fully coupled three-dimensional model proposed in this paper is based on the following assumptions. ①The permeability of the rock matrix is characterized by the porous seepage in the tetrahedral element according to Darcy's law. ②The permeability of the fracture is represented by fracture seepage in the joint element based on the Cubic law. ③Unbroken joint elements do not participate in the seepage calculation.

In the 3D fully coupled model, the hydro-mechanical coupling mixes porous seepage-stress coupling and fracture seepage-stress coupling. Hydro-mechanical coupling is built by the following processes. ①The fluid flow in the fracture (i.e. broken joint element) will exert a corresponding fluid pressure. The fluid pressure makes the fractures open or close, which will conversely affect the fluid flow in the fracture. ②The fluid in the rock matrix will apply pore pressure and make the rock matrix deform, which will conversely affect the fluid flow and pore pressure in the rock matrix. The calculation process of the fully coupled 3D hydro-mechanical model is shown in Fig. 2. It can be seen from the flow chart that the pure mechanical calculation is carried out first. Then, the stress field and the crack aperture are fixed, and the calculation of fracture seepage and porous seepage is carried out. Finally, the fracture pressure and pore pressure are taken as the external load of pure mechanical calculation at the next time step. By repeating the above process, the hydro-mechanical coupling is achieved. The entire hydro-mechanical coupling calculation is carried out using the staggered scheme. Since it is an explicit calculation, no iteration is required. However, the time step should be less than the critical time step to ensure that the calculation results converge.

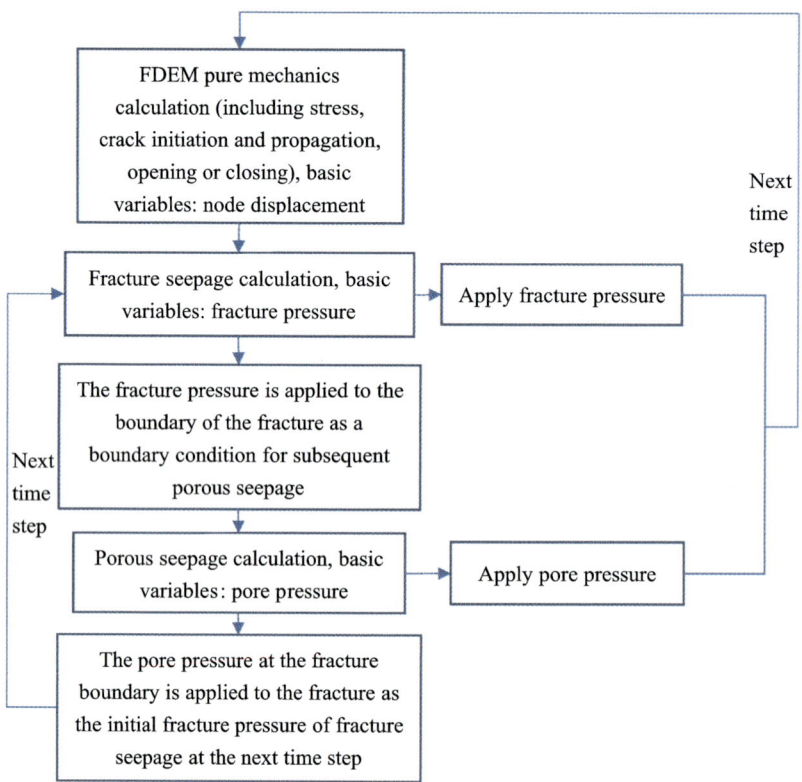

Fig. 2　The flow chart of the fully coupled 3D hydro－mechanical model

三、主要结论

This paper presents a fully coupled 3D model for simulating hydraulic fracturing. In this model, the fluid flow in fractures is represented by fracture seepage, while the fluid flow in the rock matrix is characterized by the real porous seepage. The fully coupled 3D model is verified in detail, and the numerical and analytical solutions are in good agreement. Combined with the mechanical calculation of FDEM, the fully coupled 3D model can simulate 3D hydraulic fracturing with arbitrary complex fracture networks. It can capture crack initiation and propagation, the interaction between hydraulic fractures and pre-existing fractures, and the fluid pressure distribution in the rock matrix or fracture during the fracturing process. Crack propagation behavior and fluid pressure evolution under different in situ stress conditions is shown in Fig. 3.

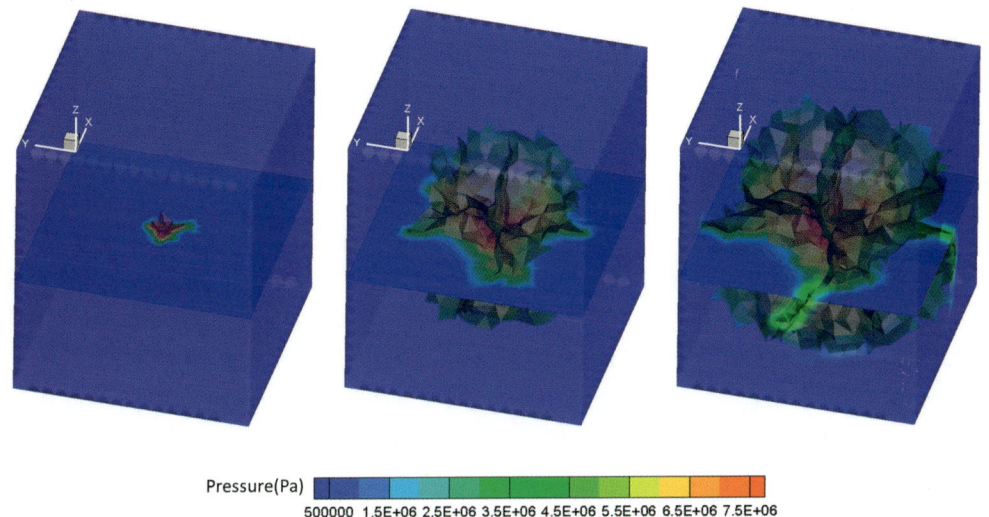

Fig. 3 Crack propagation behavior and fluid pressure evolution under different in situ stress conditions

Since in the fully coupled 3D model, the fluid flow in the rock matrix is described by the real porous seepage, some problems that exist in the equivalent approach are avoided. Compared with the conventional method, this fully coupled 3D model also has the following advantages: it is not limited to hydraulic fracturing problems with simple geometry or only a very few natural fractures like the conventional method but can simulate the hydraulic fracturing problem with an arbitrary complex fracture network. Moreover, this fully coupled 3D model can also be applied to many rock fracture and failure problems and even soil problems associated with water. However, it is still very time-consuming to solve large-scale problems using this approach. We will develop corresponding parallel programs using a graphics processing unit (GPU) in the future to speed up the solution of large-scale problems.

四、论文信息

该论文于 2018 年 3 月 7 日发表在 *Computers and Geotechnics* 期刊上。

五、作者简介

严成增,中国地质大学(武汉)工程学院教授,博士生导师,香江学者。主要从事多物理场岩石断裂数值分析、有限-离散元方法(FDEM)的研究工作。自 2011 年从事有限-离散元方法(FDEM)研究以来,先后首次建立了系列 FDEM 水力、热力、水热、接触传热、湿度运移-断裂耦合模型,形成了多物理场材料断裂的系统性数值分析方法,研制了 GPU 并行多物理场断裂分析软件 MultiFracS。主持国家自然科学基金等项目 10 余项。在 *Computer Methods in Applied Mechanics and Engineering*、*International Journal of Solids and Structures*、*International Journal of Rock Mechanics and Mining Sciences*、*Rock Mechanics and Rock Engineering* 等发表一作论文 46 篇(SCI 33 篇),ESI 高被引 2 篇,4 篇入选相应 SCI 期刊最多被引论文,总被引次数 1566 次,单篇最高被引 162 次;申请发明专利 6 项,软件著作权 2 项。

焦玉勇,中国地质大学(武汉)工程学院院长、学科首席教授、博士生导师。国家级人才计划入选者、国家有突出贡献中青年专家、国务院政府津贴专家。兼任 ISRM DDA Commission 主席和 ISRM 中国国家小组成员、中国岩石力学与工程学会软岩与深部工程灾害防控分会副理事长,担任行业顶刊 *International Journal of Rock Mechanics and Mining Sciences*、*Tunneling and Underground Space Technology*、*International Journal of Geomechanics-ASCE* 的编委。长期从事隧道与城市地下空间、深部采矿安全、计算岩石力学等方面的研究工作,主持"973"课题 1 项,国家自然科学基金项目 7 项(重点国际合作项目 1 项、重点项目 1 项、面上项目 5 项),国务院三建委攻关项目 1 项,重大工程项目 40 余项。获国家科技进步二等奖 2 项(1 项 R2、1 项 R10)、湖北省科技进步一等奖 3 项(2 项 R1、1 项 R4),授权发明专利 32 项、出版专著 4 部,发表 SCI 论文 123 余篇,H-Index=27。

水流流态与介质结构联合演变下裂隙岩体渗透特性演化机制

一、研究背景与意义

裂隙岩体渗流受水流流态和介质几何结构双重因素控制,一方面,裂隙岩体内部水流流态受控于水动力学条件,较快流速导致的显著水流惯性效应,会使得水流流态表现出显著的非达西效应;另一方面,裂隙岩体受赋存环境影响,在外部压力荷载作用下,其介质几何结构会发生变化。在较高渗压条件下,非达西效应会降低裂隙岩体宏观渗透特性,而高渗压导致的裂隙扩张则会提升裂隙岩体宏观渗透特性,流态演化与结构演变双重机制作用下裂隙岩体压力流量曲线呈现出复杂的 S 型特征(图1)。因此,裂隙岩体渗透特性评估是一个涉及流态演变和介质变形共同作用的复杂耦合问题。本文构建了流态演变和介质变形联合作用下的裂隙岩体非线性渗透特性解析模型,并借助多尺度室内外试验验证了模型有效性,基于该解析模型,进一步揭示了水流动能和介质抗变形能之间竞争关系对裂隙岩体渗透特性的影响机制,研究成果对于复杂地质环境条件下裂隙岩体渗透性准确评估具有重要意义。

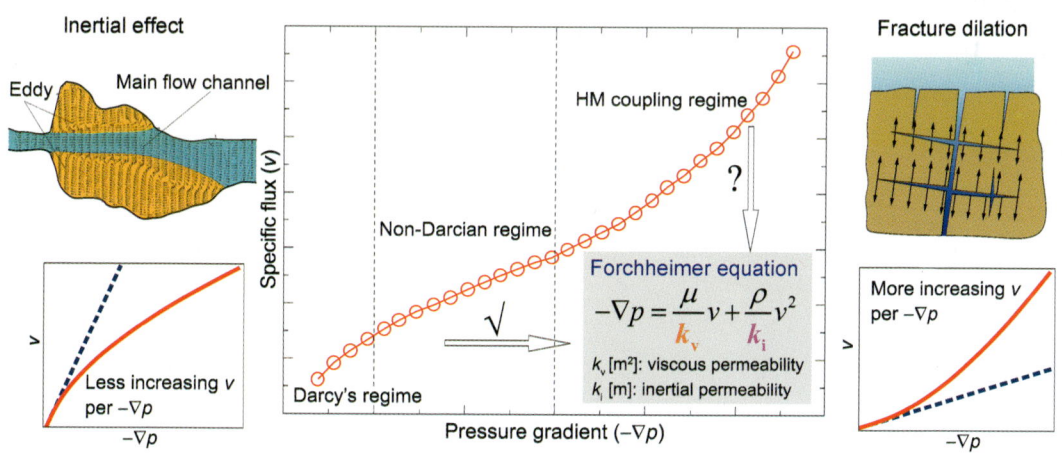

图 1 流态与结构联合演变下裂隙岩体复杂非线性渗流特征

二、主要研究内容

本文通过联立非达西渗流经典公式和岩土体渗流幂次普适公式,获取了以渗压流量为自变量的裂隙岩体非线性渗流参数一元三次方程,并成功推导出裂隙岩体黏性渗透系数 k_v、惯性渗透系数k_i与达西表观渗透系数k_a之间的解析表达式（图2A）。进一步分析表明，方程求解过程中的判别式Δ具有明确物理意义，其表征了水流动能和介质抗变形能的相对强弱关系：在压力流量较小时，即Δ≤0，此时渗压不足以对介质几何结构产生影响，水流惯性效应起控制性作用，裂隙岩体非线性渗流参数几乎不变；随着压力流量持续性增大，即Δ>0，此时渗压足以导致裂隙岩体开度扩张，水力耦合效应起控制性作用，裂隙岩体非线性渗流参数演变不再受限（图2B）。通过裂隙岩体多尺度室内外渗流试验，对上述解析模型的有效性和合理性进行讨论分析，结果表明，该模型能够很好地表征和评估渗压持续增大过程中的介质渗透系数演化规律：随着渗压逐步增大，黏性和惯性渗透系数均在经历一个平稳段后开始迅速增大，且这种增大速率与介质的力学特性密切相关（图3）。研究成果构建了裂隙岩体复杂非线性渗流系统表征理论模型，揭示了水流流态演化和介质几何结构演变对裂隙岩体渗透特性控制的竞争机制。

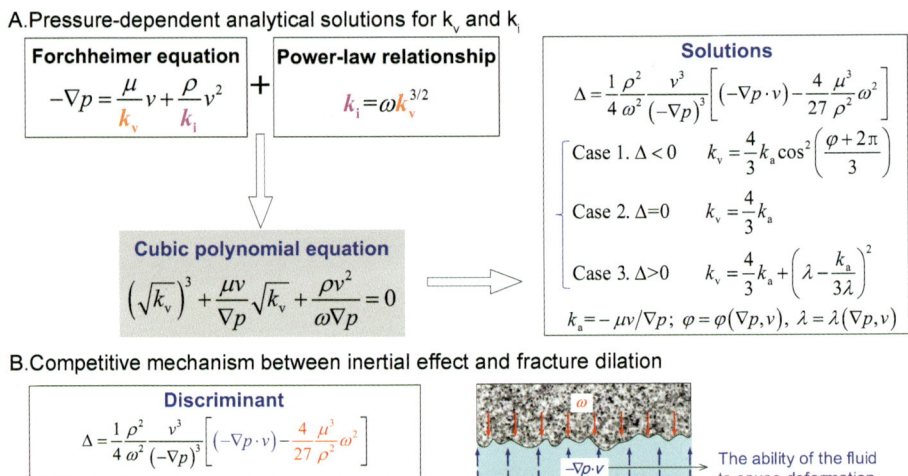

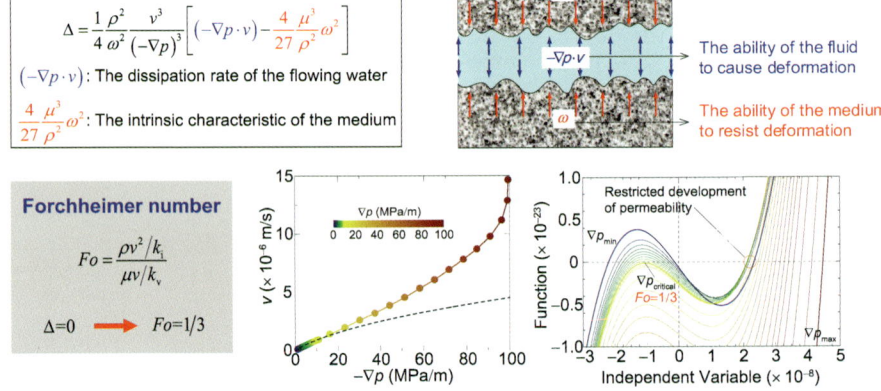

图2　流态与结构联合演变下裂隙岩体非线性渗透特性表征解析模型

三、主要结论

本文通过联立Forchheimer方程和黏性-惯性渗透系数普适公式，提出了裂隙岩体黏性和惯性渗透系数的压力敏感型解析模型。该压力敏感型解析模型整合了水流惯性效应和水力耦合效应影响，这二者对裂隙岩体宏观渗透特性演变产生了正负竞争影响。通过多尺度室内外渗流试验，验证了解析模型在表征裂隙岩体复杂非线性渗流特性的有效性和合理性，并

四、论文信息

该论文于 2018 年 10 月 19 日发表在 *Journal of Geophysical Research*：*Solid Earth* 期刊。

五、作者简介

刘成利,工作主要聚焦于综合利用多种观测资料,发展和完善相应联合反演方法,针对全球典型中强地震,尤其是大地震震例,开展震源破裂过程的联合反演研究,以期获得稳定、可靠、精细的震源破裂模型。并在此基础上,深入探讨地震破裂发展过程及其孕震机理,对地震与火山相互作用、复杂断层系统的破裂传播、大地震孕震环境和起破位置等问题形成了新的认识,取得了一系列研究成果。在 *Journal of Geophysical Research*：*Solid Earth*、*Geophysical Research Letters*、*Geophysical Journal International*、*Bulletin of the Seismological Society of America*、*Seismological Research Letters*、*Tectonophysics*、*Pure and Applied Geophysics*、《中国科学》《地球物理学报》等地球物理学主流期刊发表 30 多篇学术论文。主持国家自然科学基金青年、面上和重点项目子课题,以及国家重点研发计划专题等项目多项。

3D 井-地磁测联合反演方法及软件(SWMI3D)

一、研究背景与意义

随着地球人口规模的不断扩大、人类生活水平的不断提升,浅地表矿产资源已无法满足人类发展的需要。向地球深部要资源,成为经济社会发展的必由之路。目前,具有世界先进水平的勘探开采深度已达 2500~4000m。而我国的矿产资源勘探开发深度大多小于 500m。在矿产资源供需形势越来越严峻的形势下,要保证我国工业"饭碗"里装的主要是"中国粮",开展深部找矿就成了必然选择。磁法勘探地球物理方法中应用最广泛的一种方法,但磁法勘探利用的是天然源,其纵向分辨率不及地震勘探高,制约了地面磁法勘探深部找矿的效果。井中磁测由于仪器可以靠近深部矿体,对深部矿体的细节及其周围反映清晰,可以达到深部找矿的效果,但是井中磁测受钻井的限制,控制的范围有限。如果将地面高精度磁测和井中磁测两种方法结合起来,进行联合反演解释,势必能够发挥两种方法的优点,达到优势的互补,可以实现深部找矿。国外有关井-地磁异常联合反演的研究不多见,1996 年,D. W. Oldenburg,Yaoguo Li 利用井、地磁测资料进行磁化率成像,该方法采用自动反演技术,由于该方法采用自动反演与磁化率渐变模型的限制尚无法解决复杂矿山的深部找矿问题。

二、主要研究内容

采用任意形状三度体模型,数值积分法近似计算与三角形多面体模型近似计算两种方法,在 Windows 环境下,用 Visual C 语言,OpenGL 函数编制了 SWMI3D 软件,实现了井-地磁测资料人机交互反演与自动反演,井-地磁测联合反演软件也同时给出了各种规则几何形体模型可视化正演、正演曲线图库、多种井中磁测资料的定量反演方法,除 3D 任意形状地质体人机交互反演方法以外,还提供了 2.5D 任意截面水平柱体人机交互反演、2/3D 磁化强度成像、粒子群非线性反演等多种方法。

3D 井-地磁异常联合反演方法及软件(SWMI3D)是承担 2007—2009 年全国危机矿山接替资源找矿项目"井-地磁测联合反演技术"(200799084)与 2009—2011 年国土资源部公益性行业科研专项项目"物探和抗干扰电法技术研究与应用示范"(200911017)之"井-地磁测联合解释技术研究与完善"(200911017-03)课题研发的。在湖北大冶铁矿深部找矿中发挥了作用,发现了 19 线等深部矿体,在全国危机矿山接替资源找矿项目山东金岭、江苏韦岗、海南石碌、青海尕林等地发挥作用。该项目及软件被中华人民共和国国土资源部评为先进集体,获中国地质调查局地质科技一等奖,并申请了软件著作权。

图 1 以湖北大冶铁矿 19-1 线为例说明井-地磁测联合反演技术的应用。19-1 线位于尖

林山矿段与象鼻山矿段之间的露天采坑。19-1-15孔为斜孔钻进,孔深901.75m,钻进方向北偏西,于井深830.92～831.32m(标高－655m)见0.4m铁矿。

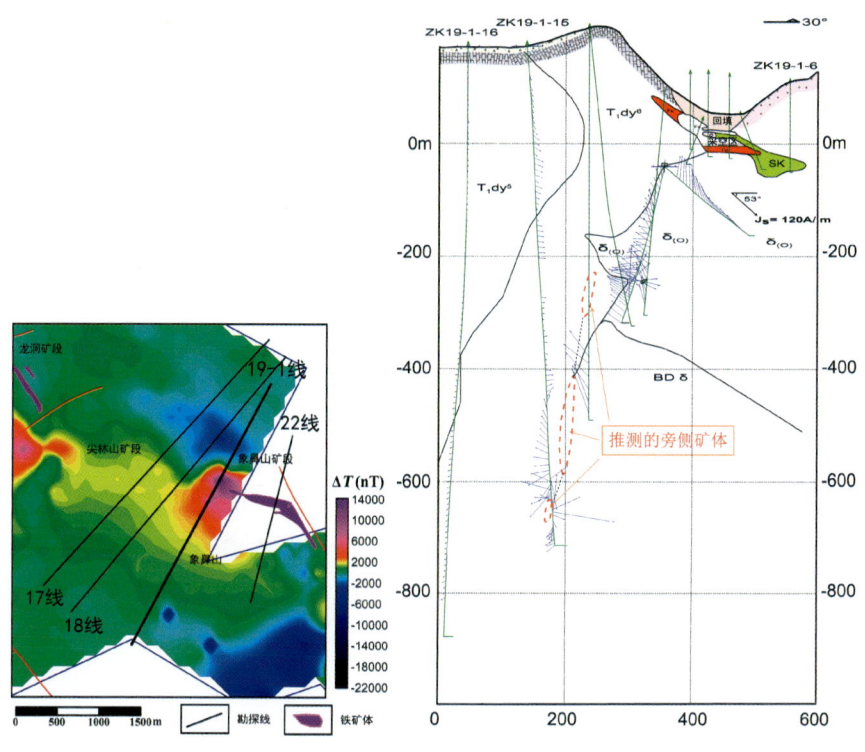

图1　19-1线位置及勘探剖面

(图中红色虚线是ZK19-1-15孔根据井中三分量磁测结果推测的旁侧矿体)

19-1线地面有一个近3600nT的ΔT剩余异常,初步推测深部接触带仍有盲矿体存在。ZK19-1-11孔、ZK19-1-12孔显示有井旁异常。ZK19-1-15孔仅根据井中三分量磁测结果,曾推测在标高－300m左右和标高－600～－400m之间有旁侧矿体,但不在19-1剖面内(图1中红色虚线)。通过井地联合反演推断:在标高－600～－400m之间的旁侧矿体(Fe3),位于19-1剖面西,并穿过19-1剖面向东延伸,与22线标高－600～－400m的铁矿体相连。2008年布置钻孔19-1-17孔,在井深638.32～689.40m处打到一厚层铁矿,视厚度约40m,证实了上述推断。

三、主要结论

任意形状三度体井-地磁测联合反演方法是目前解决复杂矿区、复杂磁异常深部找矿的一种有效的反演解释方法,利用井-地磁联合反演方法能够确定深部盲矿体的存在、产状及空间位置。

四、论文信息

(1) 刘天佑,杨宇山,等,2013.3D井-地磁异常联合反演方法[M]//刘士毅,颜廷杰."资源危机矿山接替资源勘查物探找矿百例"（下册），北京：地质出版社.

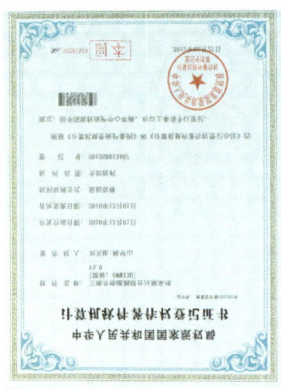
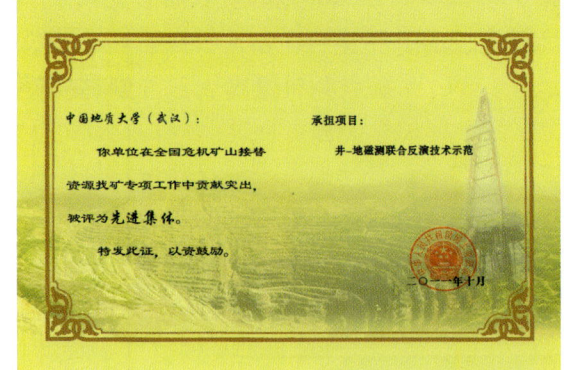

（2）Yang Yushan，Li Yuanyuan，Liu Tianyou，etc. 2011. Interactive 3D forward modeling of total field surface and three-component borehole magnetic data for the Daye iron-ore deposit (Central China). Journal of Applied Geophysics，，75(2)：254-263.

（3）冯杰，刘天佑，杨宇山，2010. 3D井地磁测联合反演技术及其在危机矿山找矿中的应用. 武汉大学学报（信息科学版），35(12)：1436-1429.

（5）习宇飞，刘天佑，等，2011. 任意形状三度体磁场可视化人机交互反演，吉林大学学报（地球科学版），41(1)：253-257.

五、作者简介

刘天佑，教授，博士生导师，1968年毕业于北京地质学院，1982年毕业于武汉地质学院北京研究生部，获硕士学位，苏联列宁格勒矿业学院访问学者。国土资源部"全国找矿突破战略行动"专家技术指导组成员，宁夏回族自治区特聘专家。承担国家自然科学基金、"863""973"等各种科研项目近100项，曾获省部科技成果一、二、三等奖7项。出版个人专著2部，教材3部，合著5部，译著1部，其中《地球物理勘探概论》为国家级精品课程教材。在国内外公开发表100余篇学术论文，并有60多篇被SCI、EI检索。培养毕业博士生、外国留学博士生40多人，毕业硕士研究生100多人。

杨宇山，副教授，地球探测与信息技术专业博士，意大利海洋与实验地球物理研究所访问学者。承担教育部博士点新教师基金的资助项目——井-地磁测资料综合处理解释技术研究（No. 200804911523），国家自然科学基金青年基金项目——考虑自退磁影响的磁场正反演方法与深部找矿应用研究（No. 41104081），发表论文20多篇。

2017年8月21日北美日食引发电离层艏波

一、研究背景与意义

日食(solar eclipse)发生时,月亮遮蔽太阳,将白昼化为短暂的黑夜。月影宛如一艘快艇,以超音速(supersonic)行驶在大气和等离子体(plasma)的海洋之中,引发大气和电离层波动以及动力学变化。"艏波(bow wave)"是船只航行时,船头激起的浪花和两侧引起的"V"形波纹。早在20世纪70年代,科学家就大胆预测了月影艏波这个有趣的日地科学(solar-terrestrial science)现象的存在,并使用气压计、地磁计、雷达、日冕仪、同步卫星等手段,在日食期间进行观测。当时,由于单一测站的观测很难得到完整确凿的艏波证据,所以研究难以深入。半个世纪后,本团队研究了2017年8月21日北美日食,发现超音速月影船在距地表数百千米高的电离层引发了音爆,形成前所未见的音爆艏波。

本研究除了揭示日食月影能引发丰富且强烈的大气和太空天气,更启发了2020年6月21日夏至环食研究。后续本团队研究了2017年8月21日、2020年6月21日以及2009年7月22日长江大日食后意外发现,日食对地球圈层的影响广泛,月影遮蔽能触发丰富的地表大气至太空的耦合天气现象。

二、主要研究内容

2017年8月21日,北美大陆发生百年一遇的全日食。本研究团队分析广布北美大陆2200余个全球导航卫星系统(global navigation satellite system,GNSS)地面接收机的全电子含量(total electron content,TEC)数据发现,超音速月影(约1100m/s)从美国西岸的奥勒冈州向东行经全美,以音速(约700m/s)于东岸南卡罗来纳州出海。结果呈现:①艏波双翼南北展开宽达3000千米;②月影和艏波之间不存在明显时间延迟;③月影前方激起的波浪(艏波波峰)在美西明显强于美东(图1),这与船速越快、船头泛起的波浪越强是同理。同时②③两点新发现也证实,2017年8月全日食月影直接在北美上空电离层产生音爆艏波。本团队后续深入研究了2017年8月21日、2020年6月21日和2009年7月22日3个全球瞩目的经典日食事件。证实月影艉艏波在不同半球的形态及其机制截然不同。更发现青藏高原气温对月影反应剧烈,波长数百千米至数千千米的大气波动,引发剧烈的大气和电离层天气,自正午蚀甚开始直至午夜。

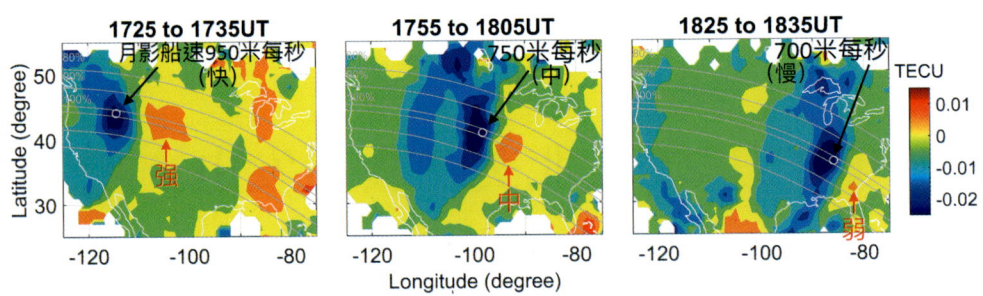

图 1　2017 年 8 月 21 日全日食艏波[修改自 Sun et al. (2018)的图 2]
颜色为波动强度,白圈为月影全遮蔽(totality)

三、主要结论

月影遮蔽除了引发大气和电离层动力学的剧烈改变,超音速月影更如同快艇,在地球大气和电离层中引发艏波和艉波。

日食不仅为有趣的天文现象,更能触发丰富的地表大气至太空的耦合天气现象。

四、论文信息

该论文于 2018 年 1 月 8 日发表在期刊《地球物理研究通讯》*Geophysical Research Letters* 上。

Sun Y Y, Liu J Y, Charles C L, et al., 2018. Ionospheric bow wave induced by the moon shadow ship over thecontinent of United States on 21 August 2017[J]. Geophysical Research Letters, 45, 538-544. DOI:10.1002/2017GL075926.

五、作者简介

孙杨轶,2014 年获中国台湾中央大学太空物理博士学位。2011—2014 年为美国国家大气海洋局(NOAA)空间天气预报中心(SWPC)访问学者,2016—2017 年为日本九州大学访问研究员,2017 年起为中国地质大学(武汉)地球物理与空间信息学院特任教授,2018 年获地大百人。常年研究太空天气(space weather)现象如:磁暴(magnetic storm)、日食(eclipse)、地表震动(ground vibration)引发的大气和电离层动力学变化和扰动。近年主要研究大气-电离层耦合(atmosphere-ionosphere coupling),如厄尔尼诺-南方振荡(el niño-southern oscillation,ENSO)对全大气至电离层的影响。另涉猎非线性分析和数据同化。担任国际会议召集人 10 余次,邀请演讲 10 余次,相关研究发表国际 SCI 学术论文 70 余篇。基于成果申请人在 2019 年亚洲大洋洲地球科学年会(Asia Oceania Geosciences Society)获日地方向 Kamide Lecture Award。

基于电磁方法的浅成低温热液型金矿成矿模式研究:以托牛河金矿为例

一、研究背景与意义

多宝山矿集区位于天山-兴蒙造山带大兴安岭褶皱带与小兴安岭优地槽隆起带的交会部位,处于兴安地块的东北缘,是兴蒙造山带的重要组成部分,经历了古生代古亚洲洋构造域和中生代以来滨太平洋构造域的叠加作用,是大兴安岭成矿省东乌珠穆沁旗-嫩江铜、钼、金、银、锑、铅、锌、钨、锡成矿带的重要组成部分。托牛河金矿体产于绢云母化硅化蚀变安山岩中,具有良好的火山岩性金矿潜力,是典型的浅成低温热液型金矿床,但区域岩浆岩以及与岩浆热液活动有关的蚀变带和内生金属矿化带的分布特征还不明确。通过研究导电性结构能够间接获得岩石内部矿物和流体分布特征,这对于揭示矿化带和矿体的空间分布具有重要的参考意义。鉴于此,我们采用音频大地电磁法(AMT)来探测地下2km范围内的精细电性结构特征(图1),构建区域成矿模型。

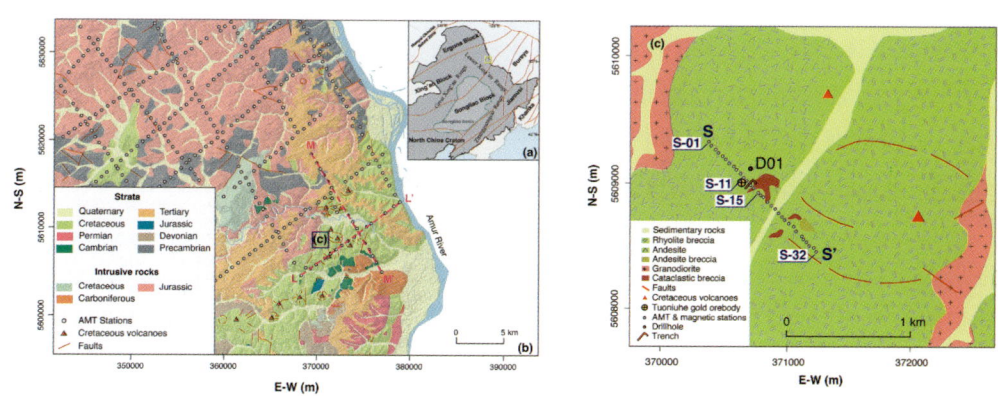

图1 多宝山矿集区AMT阵列点位分布(左)和穿过托牛河金矿化带的AMT测点分布(右)

二、主要研究内容

沿L—L′与M—M′剖面的三维电阻率模型显示研究区南部存在一个高导体C1,从地表延伸到1.8km的深度,位于南部的三座白垩纪火山之下,另一个高导体C2主要分布在研究区东部的黑龙江沿岸(图2a、b)。1.0km以下的电阻率三维空间分布模型如图2c所示,C1向北延伸至金矿体,而C2则向西北延伸。C1和C2与白垩纪破火山口在空间上相互关联,鉴于在地表观察到广泛分布的破火山口环形断层,它们可能与环形断层有关,由于断裂的高渗透性,环形断层通常表现为低电阻率特征。在白垩纪火山口附近发现的两个高电阻率区域 R1 是深度小于 0.5km 的近地表高阻体,而 R2 出现在大约 1km 的深度并向下延伸。近地表高电阻率异常 R1 与白垩纪安山岩有关,具有相对较低的流体渗透率,而考虑到多宝山地区西部存在大量侏罗纪侵入岩,下伏的 R2 可能代表冷却和固结的侏罗纪花岗岩。

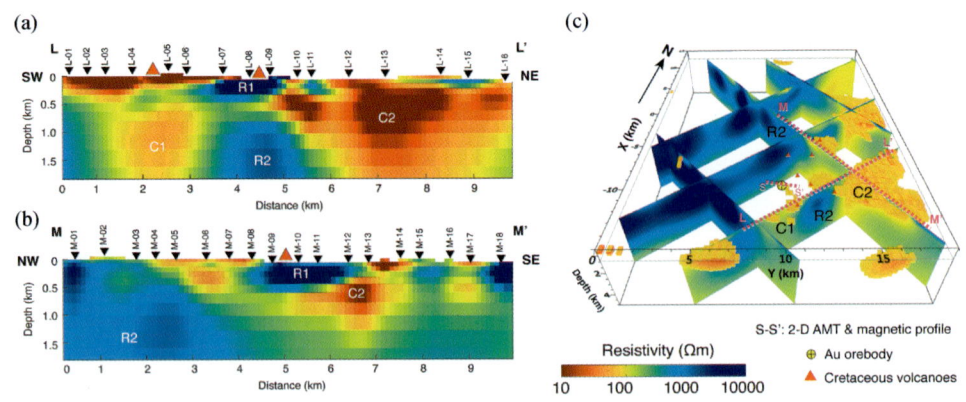

图 2　矿集区 AMT 阵列数据沿 $L—L'$(a)和 $M—M'$(b)剖面的三维电阻率结构,
(c)研究区东侧 1km 以下的三维电阻率空间分布图

为了刻画成矿带精细电性结构,我们对 $S—S'$ 剖面进行了二维反演,得到了二维精细电阻率结构模型(图 3a),该模型显示在测点 S-05 和 S-15 之间 100~300m 深度范围内,存在一高阻体 R3。在 R3 的西北方向,500~1000m 的深度范围内,存在一个电阻率为 10~30Ωm 的高导体 C3。该导体通过两个中等电阻率(约 300 Ωm)的通道(灰色虚线)连接到地表,由于角砾岩带的高渗透率,C3 低阻体可能是由含硫化矿物的流体所导致,基于钻孔岩芯柱状图推测 C3 是一个与火山系统相连的隐爆角砾岩带(图 3b)。

同时,对沿剖面的磁测数据进行反演发现在 150~500m 的深度范围内存在大于 2.0A/m 的高磁异常。该高磁化体与二维电阻率模型中的高阻体 R3 位置非常吻合(图 3a、c、d)。测量得出英云闪长岩样本显示平均电阻率值为 2839Ω·m,磁化率值为 117.83×10^{-6} SI,剩余磁化值为 0.049A/m。尽管英云闪长岩的高电阻率可能与异常 R3 一致,但其磁化强度不足以导致观测到的高磁异常。由于钻孔周围安山岩样品的平均剩余磁化强度为 0.904A/m,磁化率为 $21\,581.84 \times 10^{-6}$ SI,具有相当高的磁化率。因此推断高阻异常 R3 与英云闪长岩和安山岩的组合有关,具有导致磁化强度升高的强烈蚀变,是一个与浅成低温环境中的矿化密切相关的硅化带,该硅化带以其西北和东南的两个低磁性区域为界,并且在空间上与两个中等电阻率的通道相吻合。此外,在地表构造调查中,测点 S-15 附近发现了大约 110m 宽的角砾岩带,带有强烈的石英脉-绢云母-黄铁矿-绿泥石蚀变。因此,这两条通道对应于火山角砾岩筒,高渗透裂隙的存在使得含金流体向上运移,在火山作用减弱阶段充当连接岩浆流体供给带和热液蚀变系统的通道。根据上述探测结果,在测点 S-11 和 S-15 之间挖掘了一条探槽,初步估计黄金品位约为 1.72g/t,成功验证了金矿化带的存在,该矿体出露宽度 1.0m,单工程控制,走向北北西,倾向北西西,倾角 40°~68°。

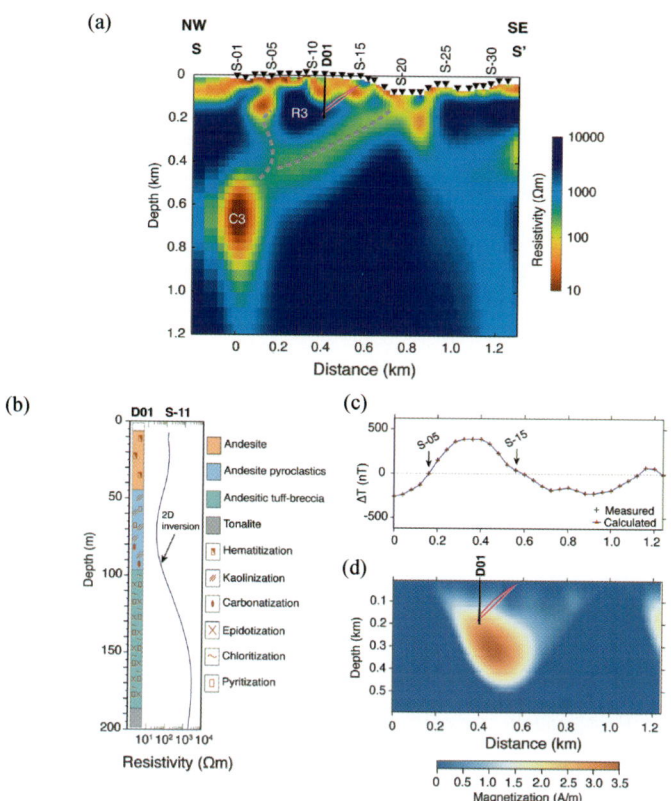

图 3 沿 S—S′剖面的二维电阻率模型与钻井、磁法资料的对比

a. 沿 S—S′剖面的二维电阻率模型；b. 简化钻孔 D01 岩芯柱状图与其附近的测点 S-11 电阻率对比；c. 沿 S—S′剖面实测与反演的总磁场强度异常；d. 沿 S—S′剖面的磁化强度反演结果

三、主要结论

基于电性结构模型，综合磁法、钻孔与地球化学数据，建立了早白垩世火山热液－矿化系统的成因模型（图 4），研究发现托牛河矿床热液中的金属供应受到深部安山岩岩浆房侵入的影响，该岩浆房也控制并驱动了流体向上的运移与对流。当热液流体遇到相对封闭的盖层时，流体压力会逐渐突破岩石静压力，引发水力压裂，演变为隐爆和热液喷发，含金流体流经渗透性角砾岩筒、断层和裂隙，被抬升到浅层。本研究以多宝山矿集区托牛河浅成低温热液矿床为例，详细阐述了如何发挥不同地球物理方法的优势探测金矿资源，是综合地球物理方法在金矿勘探中的成功案例，被 *Geophysics* 期刊遴选为亮点论文（Behura，2020；Xu et al.，2020）。

四、论文信息

该论文于 2020 年 03 月 04 日发表在 *Geophysics* 期刊上。

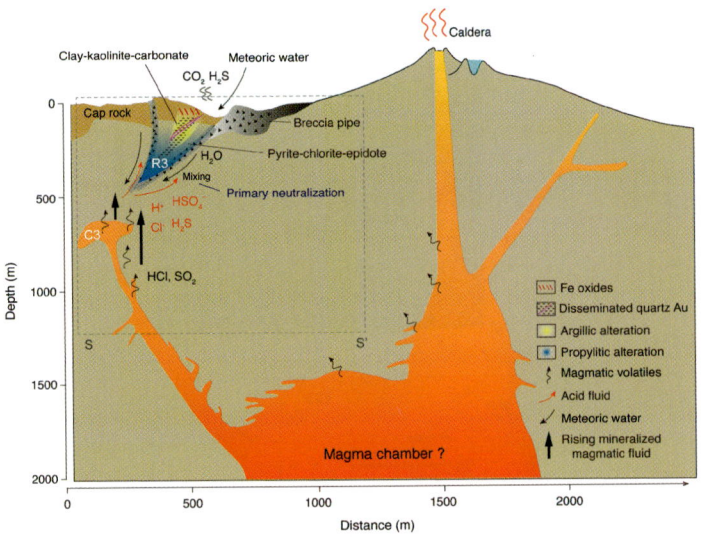

图 4　多宝山矿集区早白垩世托牛河浅成低温热液型金矿床成矿模型

五、作者简介

徐珊，本科毕业于中国海洋大学，博士毕业于中国地质大学（武汉），现为中国地质大学（武汉）地球物理与空间信息学院特任副研究员，地理与信息工程学院博士后，中国地球物理学会中国大陆动力学专业委员会委员。长期从事电磁法理论研究、壳幔深部结构探测和资源环境勘探。主持了国家自然科学基金青年项目 1 项，参与了国家自然科学基金面上项目 2 项，特提斯重大研究计划 1 项，研究成果发表在 *JGR*:*Solid Earth*、*Geophysics*、*Tectonophysics* 等，目前是 *JGR*:*Solid Earth*、地球物理学报等期刊的审稿人。

通讯作者胡祥云现任中国地质大学（武汉）教授、博士生导师。国务院特殊津贴获得者，国家重点研发计划项目首席科学家，国务院学科评议组地球物理学科现任成员，中国地球物理学会常务理事，教育部地球物理学类专业教学指导委员会委员，电磁专业委员会常务委员，*Geophysics* 副主编，《地球物理学报》、*Applied Geophysics*、《地球科学》等期刊编委。主持国家重点研发计划项目，国家自然科学基金重点项目和面上项目，中央军委科学技术委员会重点项目，湖北省自然科学基金创新群体项目，"973""863"项目专题，国家科技油气重大专项专题等国家和省部级项目 20 余项。长期致力于地球物理探测与深部资源勘探理论与应用研究，在高精度地球物理场观测设备研制、华南地块东部岩石圈属性及其动力学过程研究、地壳复杂电性与磁性结构探测、深地资源地球物理弱信号提取及精细定位、滑坡与地震重大自然灾害地球物理动态监测、陆域天然气水合物、金属矿与地热能勘探等领域取得了重要进展。在 Elsevier、科学出版社和中国地质大学出版社出版学术专著 6 部，在 *Earth and Planetary Science Letters*、*Geophysical Research Letters*、*Journal of Geophysical Research*:*Solid Earth*、*Geophysics*、*Geophysical Journal International*、《中国科学：地球科学》《地球物理学报》《地球科学》等国内外专业学术期刊发表论文 200 余篇，发布各类地球物理实用软件 20 余项并推广至国内外高校、科研院所等 160 余家单位。

2011年日本$M_W9.0$地震引起的平流层扰动

一、研究背景与意义

灾害性强震的发生推动了科学家在震源参数反演、海啸追踪和预警等领域探索新技术的必要性。地震、海啸、低层大气强对流活动等众多自然灾害都可能产生大气重力波,这些波可向上传播至电离层高度,引起大气中性粒子与电离层等离子体相互作用,从而导致电子密度的波动变化。以往的研究中学者往往都关注地震/海啸后释放的能量在电离层高度的响应,而一直缺少低层大气的观测证据。GNSS掩星技术因为具备全时空分布与高垂直分辨率的优势,为固体地球-大气层-电离层耦合的研究提供了新的思路。如果可以在低层大气探测到稳定存在的震后波动尤其是海啸波动信号,未来借助更多的卫星任务如FORMOSAT-7/COSMIC2、FY卫星等,开展低层大气中的海啸波探测研究,相比电离层高度的信号更有利于提升地震/海啸预警系统的有效性。

二、主要研究内容

(1)COSMIC掩星折射指数剖面和电子密度剖面的特征分析。

(2)2011年3月11日日本$M_W9.0$ Tohoku地震/海啸前后折射指数剖面和电子密度剖面的异常特征识别。

(3)平流层和电离层高度的波动参数识别、提取和垂直耦合分析。

(4)掩星观测的误差和不确定性分析。

三、主要结论

(1)2011年日本Tohoku地震/海啸发生后6h内,首次在平流层高度观测到了可靠的扰动信号,平流层的振荡垂直波长为0.5~8km(图1b)。

(2)电离层高度同样持续存在稳定的波动信号,垂直波长10~40km(图1a)。

(3)平流层和电离层观测到的波动尺度明显小于理论计算结果(图1c)。

(4)结合重力波色散方程,认为在平流层和电离层持续的小尺度大气振荡包括了波前(及其被压缩后的小结构)和持久的残余声共振等成分。振荡由地表/海面与100km高度附近的低层电离层(中性温度的垂直梯度很大)之间的声共振效应产生,进而又调节了中性大气和电离层等离子体。

(5)该发现表明了地震/海啸波在全大气中的可观测性,证实了固体地球和低层大气之间的耦合可以激发不同高度的谐波运动,补充了能量从地表到电离层在整个全大气空间传播的

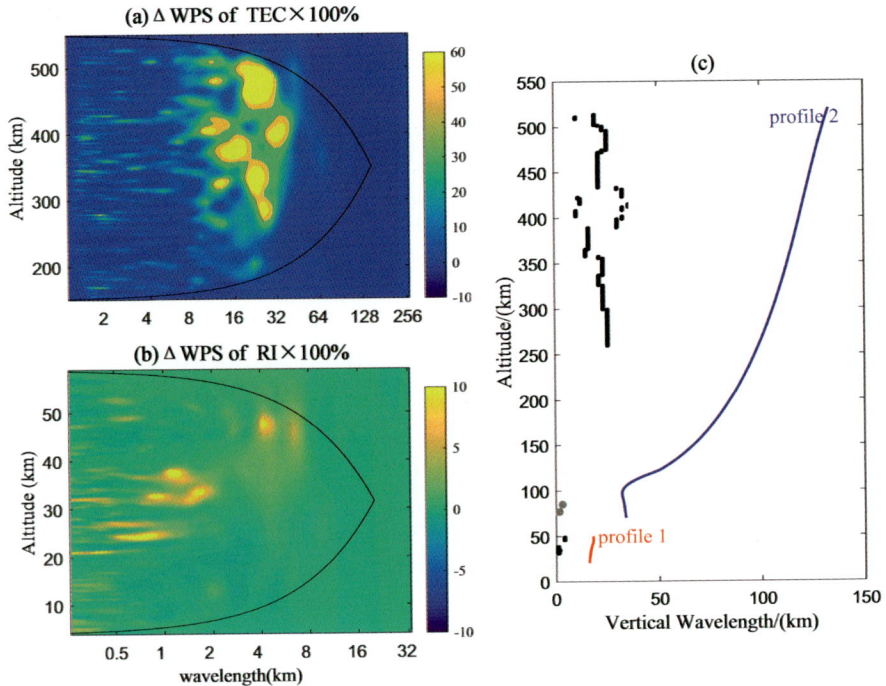

图 1　2011 年日本地震前后 COSMIC 掩星观测的电子密度剖面(a)和折射指数剖面(b)小波功率谱特征,以及观测和模拟的垂直波长比较(c)

观测链。

四、论文信息

该论文于 2018 年 10 月 16 日发表在 *Geophysical Research Letters* 期刊。

五、作者简介

闫相相,男,副研究员,硕士生导师,地大学者青年优秀人才。从事空间物理与固体地球物理交叉学科相关的研究工作。研究方向主要包括:①岩石圈-大气层-电离层耦合研究,重点关注与地震、海啸、台风、以及人类活动等相关的大气波动传播和电离层扰动特性;②电波环境与短波通信保障研究,重点关注不同场景短波通信中电离层电波传播和吸收损耗特征;③类地行星大气波动和自由振荡研究,重点关注火星大气重力波以及火星极端气候对大气和电离层的影响。主持国家自然科学基金面上项目、青年基金、子午工程二期子系统建设项目、某部队军内科研项目、中国博士后面上基金、国家及省部级重点实验室开放基金等项目 10 余项,作为骨干参与十三五装备预研、中科院先导专项子课题、中石油科技创新、科技部国际合作等项目多项。以第一作者或通讯作者在 *GRL*、*JGR* 等期刊发表论文 10 余篇。国家自然科学基金、教育部学位与研究生教育发展中心通讯评议专家。

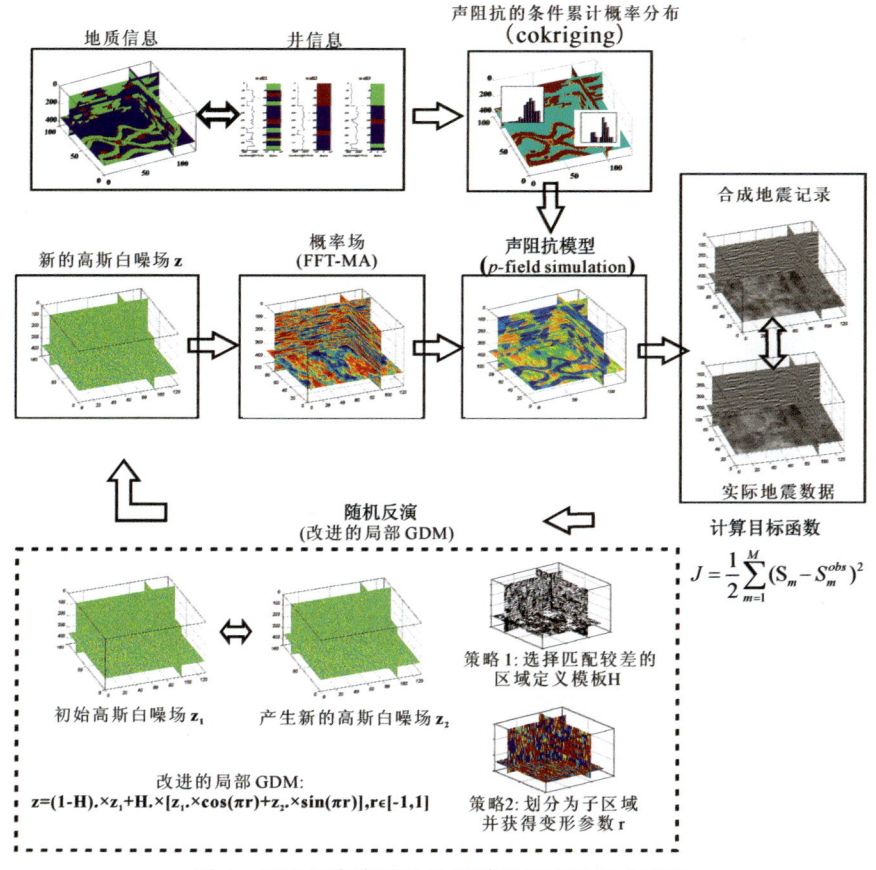

图 1　基于逐渐变形法地震随机反演的基本流程

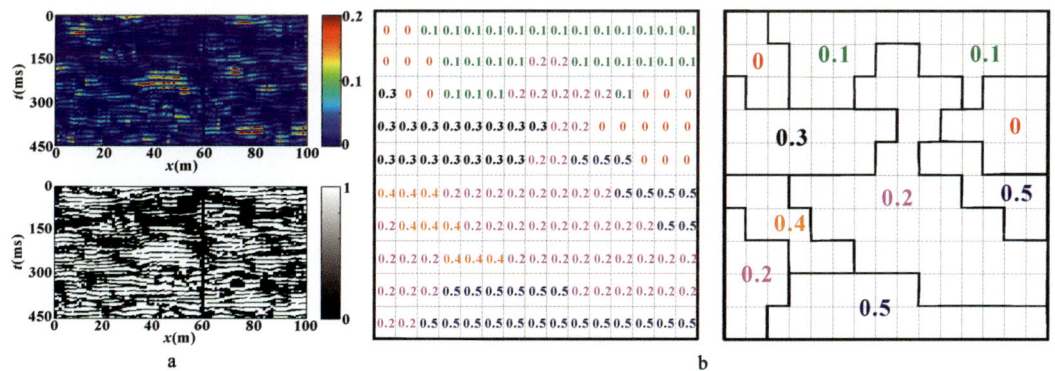

图 2　逐渐变形法反演优化策略

a.策略1:修改区域掩模图,由残差平方图(上)和一个阈值转化的二值掩模图(下),用来定义需要修改的区域;b.策略2:地震数据子区域划分。左图中局部逐渐变形法的最优化参数等同于右图的划分和参数。每个长方形代表一个部分,包含了垂直方向的一些采样点

3. 经过修改的 Stanford V 合成模型实验

反演结果(图3)中沉积相的形态得到了很好的恢复,不同沉积相的物性差异得到了体现,

表明我们的反演结果符合地质规律。反演结果的均值模型是相对平滑的,波阻抗大尺度的空间特征得到了恢复。不同的波阻抗反演结果包含丰富的细节信息,在地震尺度上,与真实模型有很好的匹配,而小尺度细节分布各不相同,但具有相似的统计特征。方差模型表示每个节点反演的不确定性。

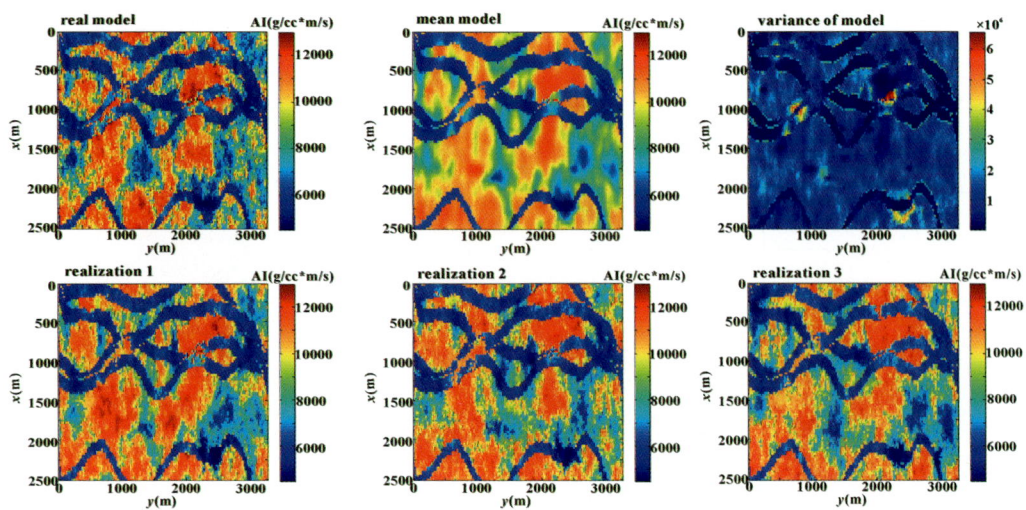

图 3　真实波阻抗模型和反演结果的时间切片($t=350$ms)

第一行自左向右依次为:真实模型,100 次反演结果的均值模型,100 次反演结果的方差模型,第二行为 3 个不同的反演结果

4. 实际数据反演

将逐渐变形法应用于墨西哥湾三维实际数据。该地区的沉积环境是陆架边缘三角洲沉积。在两个不同的尺度考虑波阻抗的空间相关性,大尺度相关性使用指示协克里金获得条件累计概率时考虑,小尺度空间相关性由我们提出的逐渐变形反演方法恢复(图4)。

三、主要结论

(1)地质信息(构造、沉积相等)和空间相关性信息的应用,为地震反演提供了重要的先验信息和有效约束,使反演结果更加符合地质规律。

(2)FFT 滑动平均建模方法在空间域产生随机数序列,结构参数与随机数分离,随机数与模型之间存在空间对应关系,可以局部修改和分区域建模,建模和修改更加灵活。

(3)本文针对地震数据的特点,提出了 3 个改进策略:①利用反演结果,选择匹配较差的局部区域进行修改;②将整个储层区域划分为一些子区域,并对每个部分分别获取最优变形参数;③有效地提高随机反演的效率。

四、论文信息

该论文于 2017 年 08 月 12 日发表在 *Computers & Geosciences* 期刊上。

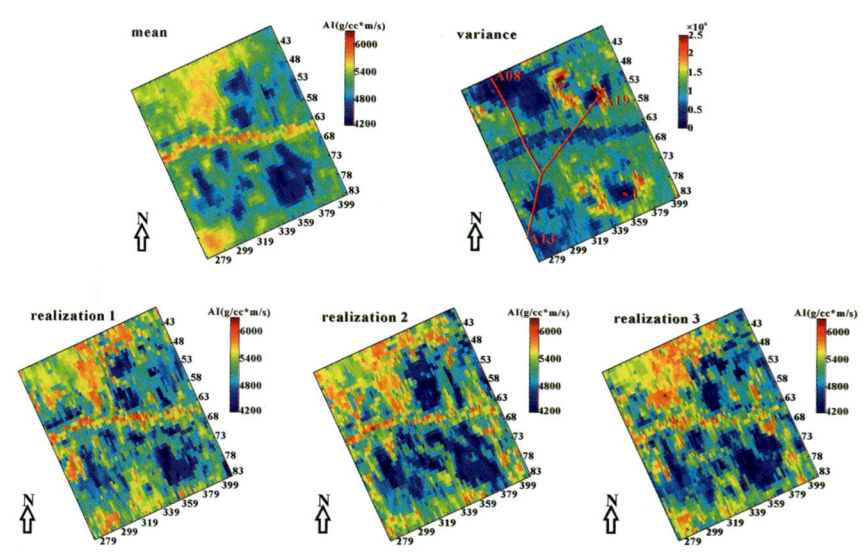

图 4　反演波阻抗模型的时间切片（位置在 Green 层之上 36ms 的地方）

第一行分别为 100 次反演结果的均值和方差，第二行为 3 个不同的反演结果

五、作者简介

第一作者杨修伟博士，2018 年 6 月博士毕业于中国地质大学（武汉）地空学院，师从朱培民教授，攻读博士学位期间，获得博士研究生国家奖学金。目前工作于郑州大学地球科学与技术学院。以第一作者分别在 *Geophysics*、《地球物理学报》、*Computers & Geosciences*、*IEEE Transactions on Geoscience and Remote Sensing*、*Journal of Computational Acoustics* 期刊发表 SCI 论文 5 篇，获湖北省科学技术进步二等奖一项，多次在 SEG 等国际会议做口头报告。主持并完成了中国石化地球物理重点实验室开放基金"多级相控地质统计学地震反演方法"，湖北省博士后科技活动择优资助项目（一等）"地震音乐属性与机器学习在岩性－流体相识别中的应用"，以骨干成员参与各类科研项目 10 余项。

通讯作者朱培民博士为中国地质大学地空学院教授，博士生导师，长期从事地震成像和探地雷达成像、地球物理反演与行星物理学方向的教学和研究工作。2006 年 3 月—2007 年 9 月，先后访问美国 Texas A & M University 和 University of Texas at Austin，并开展地球物理反演等方面的研究工作。与美国 Arizona State University、法国 Université Grenoble Alpes、瑞士 University of Lausanne 和英国 The University of Edinburgh 等多个研究小组有长期合作关系；在 *Science*，*EPSL*，*GRL*，*JGR*，*Tectonophysics*，*GJI* 等著名期刊上发表 70 多篇文章，其中 SCI 文章有 50 多篇。主持或参加国家重大专项、"973"、"863"、自然科学基金和重点基金、国防基金等 20 多项。目前重点开展多波多分量地震成像和三维地震数据智能解释等研究工作。在研项目有地震槽波全波形反演成像煤矿井下工作面的理论和技术（自然基金项目＋华电重点项目）、三维 SH 波地震勘探方法（国家重点专项）、火星和小行星内部结构成像（航天项目）。

海浪"波候谱"及其与局地/远场风候的联系

一、研究背景与意义

海浪是海气界面最常见也最重要的物理过程之一,对海浪信息的长期统计对于海洋、气候科学的发展和人类现实生活均具有重要意义。虽然海浪是风产生的,但其可以从风浪转变为涌浪,从发源地传播很远的距离。因此,对于海洋中的一个确定位置,其海浪状态往往是当地风浪和多个不同来源涌浪系统的叠加。这样的多系统叠加状态,往往需要海浪方向谱进行全面的描述,而采用传统的谱积分参数(有效波高、平均周期、平均波向等)描述海浪及其波候特征往往会产生不全面甚至是误导性的描述。

海浪携带着产生它们的风的信息。理论上讲,海浪谱不仅能够反映海浪本身的信息,也能够提供一些关于局部和远场风的信息。因此,从气候研究的角度对某一位置的海浪谱进行长周期统计,可能有助于对较大范围内的风候进行诊断,从而帮助我们更好地理解气候的平均态与多尺度变化特征。

本文建立了一种描述局地海浪谱气候特征的方法,称为"波候谱"分析法。这一方法为局部的海浪波候及其与局地和远场风候之间的多时间尺度关联提供一些新的见解。通过热带东太平洋"交叉涌浪池"中的一个单点的海浪谱为例,阐明了局地海浪谱如何与数千千米外的风信息产生关联。

二、主要研究内容

本文利用 ERA-Interim 的海浪谱数据,计算了热带东太平洋某个点的海浪谱波候信息,发现了平均"波候谱"中存在着数个区分明显的"波候系统"。这些波候系统相互基本独立,代表了不同来源的海浪信息[图1(a)]。为研究这些波候系统与远场风候的关联,研究发现了远场和本地风矢量在指向目标位置方向上的投影(简称投影风速)和波浪谱对应方向上的能量大小之间存在着显著的超前/滞后相关性,因此,研究用投影风速作为连接当地波候与洋盆尺度风场统计特性的关联指标。从图1(b)中可以目标点对应的投影风速的分布清晰地指明了目标点不同"波候系统"各自的起源。这些目标点波动的起源区域往往距离目标点数千千米,证明了涌浪在波候系统中的重要地位。

对"波候谱"和风矢量投影的进一步分析表明,某个位置的海浪谱中的每个频率和方向都可以大致与某个地理区域的风场产生关联。对于某一涌浪源区[如两半球西风带和信风带,图1(b)],其风速和风向变化均存在着季节震荡,年际震荡(南方涛动、南极涛动、北极涛动等效应的影响)和长期趋势等不同尺度的变异信号。研究发现,这些信号在海浪谱上往往有非了窄带噪声模型,证明了通过增加被测信号计数值即测频时间,可降低相位误差引起的频率测量的相对误差。因此,本文将前述的改进方案进行通道扩展,以实现等效地增加实际测频时间来抑制相位误差。理论分析表明:若基准信号的频率为50MHz,单位延迟单元的延时量为100ps,通道数为10,则相对误差理论上能减少10倍以上。

3. 先进质子磁力仪研制

基于上述提出的测频算法,研制了一种先进质子磁力仪(图3),可同时开展普通质子模式和Overhauser模式测量。仪器主机由磁测板、激励信号板、控制板组成。磁测板实现总场传感器的激励和信号处理;激励信号板用于提供激励传感器的射频和直流信号;控制板主要基于可编程逻辑器件,实现高精度数字测频。

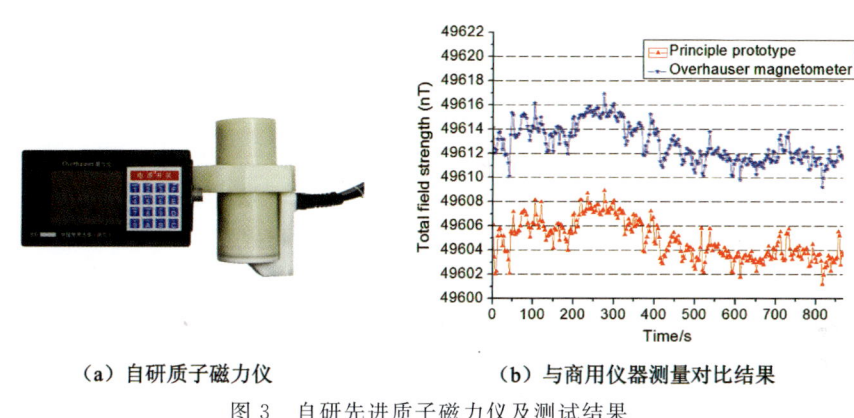

(a) 自研质子磁力仪　　　　(b) 与商用仪器测量对比结果

图3　自研先进质子磁力仪及测试结果

三、主要结论

本文提出的高精度多通道测频方法,将延迟链用于内插测量以减小时钟信号计数值的量化误差,并利用通道扩展等效延长测频时间抑制了相位误差,进而提高了FID信号频率的测量精度,在800~4500Hz的范围内,对FID信号频率分辨率可以达到0.0001Hz,使自研质子磁力仪的磁测精度与国际领先的仪器GSM-19的水平相当。

四、论文信息

该论文于2016年1月27日发表在 *IEEE Transactions on Instrumentation and Measurement*,期刊 Vol. 65,No. 4,pp. 898-904 上。

五、作者简介

1. 董浩斌(第一作者)

董浩斌,教授,长期从事探测传感器、微弱信号检测、地球物理仪器等方面的理论与应用研究,取得了重要成果,主要包括:①在国内首次提出分布式高密度电法仪,极大地提高了直流电阻率仪的测量效率,在公路、铁路和地质检测等工程中发挥了重要作用;②开发了多型具有自主知识产权的高精度磁场与电场传感器,包括质子旋进磁传感器、光泵磁传感器、磁通门磁传感器、海洋不极化电极等,其中研制的 Overhauser 型磁力仪为国内首套,为高精度地球物理场探测提供技术与装备支持;③针对煤炭钻井的高码率信号传输的需求,研究了随钻测量及测井仪及其信号编码与信道传输方法,有效地提高了随钻设备井下信号传输效率。

董浩斌教授已在深部矿藏探测、海洋油气勘探、防震减灾和国防安全等电(磁)仪器研发及应用中获得突破。先后承担国家"863"项目、国家仪器专项、国家重点研发计划等国家级科研项目 20 余项,发表论文 211 篇,他引 3579 次,H 指数 25,专著 3 部,专利和软件著作权 60 余项。相关研究成果获地质矿产部科技进步二等奖一项,国土资源部科技进步二等奖一项以及湖北省科技进步一等奖一项。

2、刘欢(通讯作者、第二作者)

刘欢,男,1989 年生,黑龙江大庆人。中国地质大学(武汉)自动化学院教授、博士生导师;武汉市黄鹤英才-优秀青年人才、地大学者-青年拔尖人才计划入选者。主要研究方向:智能地球物理仪器、信号与信息处理、健康监测与故障诊断。主持国家重点研发计划项目专题 1 项、国家自然科学基金面上和青年项目各 1 项、湖北省自然科学基金面上项目 1 项、广东省自然科学基金面上项目 1 项、陆军研究院国防重点实验室基金 1 项、中国地质科学院地球物理地球化学勘查研究所专项资金项目 1 项,获湖北省科技进步奖二等奖 1 项。第一或通讯作者发表学术论文被 SCI 收录 50 篇,其中 2 篇一作论文被国际权威学术新闻媒体《科学之光》专访报道。目前担任 *IEEE Transactions on Instrumentation and Measurement* 副主编、*Frontiers in Sensors* 专题主编、*Symmetry* 客座主编、IEEE 仪器与测量协会环境监测技术委员会委员、IEEE I2MTC 国际仪器与测量技术会议专题召集人。

3. 葛健(第三作者)

葛健,中国地质大学(武汉)教授、博士生导师,湖北省人才计划入选者、中国仪器仪表学会地质仪器分会理事。主要从事高精度地磁测量方法及仪器研究,围绕磁测难题与"卡脖子"问题,系统性地开展了"理论方法、仪器开发、示范应用"的全过程研究。主要成果包括:①在国际上率先提出了一种地磁全要素一体化绝对测量模型,实现了地磁总场、磁向、分量的同步自动绝对观测,拓展了地磁测量方法技术;基于该成果,主持研制了地磁全要素一体化绝对测量仪,在国内多个台站开展了示范应用。②提出多核磁共振效应融合的地磁总场测量方法,提高 Overhauser 传感器的能量转移效率,解决了海洋拖曳式磁测动态条件下的总场传感器适用性难题;基于该成果,主持研制了海洋拖曳式 Overhauser 磁力仪(国内未见同类仪器报道),在海洋地调中得到规模化应用。③发展面向特殊磁测的智能协同优化磁补偿方法,拓展 T-L 航磁补偿模型,揭示复杂机载环境下磁噪声形成机理,实现了对多源飞机磁干扰的综合抑制;基于该成果,主持研制了智能航磁补偿仪,达到国际领先 RMS 公司仪器水平,在核工业航测中得到推广应用。

主持国家重点研发计划专题 1 项,国家自然科学基金 2 项(青年和面上),海洋科学与技术国家实验室开放基金1项,海军装备项目1项,陆军预研基金2项,中国博士后基金面上项目1项。发表SCI论文35篇,据Google学术统计,论文总他引161次,H指数为11,发明专利授权5项,软件著作权登记6项;参与制定国防军工计量检定规程1项。曾获中央军委科技委"源创杯"创新创意大赛南部赛区二等奖、湖北省科技进步奖二等奖、中国仪器仪表学会与《仪器仪表学报》年度优秀论文奖、《中国科学》—中国控制会议优秀论文奖。

基于多变量广义高斯分布和 Kullback-Leibler 散度的钻进过程早期故障检测方法

一、研究背景与意义

我国是世界第一大资源能源消费国,保障资源能源的供给安全对经济社会发展至关重要,已成为国家安全战略的重要组成部分。面对日趋复杂的国际关系,为摆脱资源能源对外依存度高的现状,深部地质资源的勘探与开发成为必然。地质钻进是矿产勘察和地质资源开发最直接的方式,其目的是提取深部地层中的岩石。然而,复杂地质钻进过程需要穿越多套高温、高压、高陡构造地层,孔内强干扰、非线性等问题突出,易引起钻进系统健康状态恶化,造成井漏、断钻具、卡钻等孔内故障,威胁钻进安全。由于钻进深度一般可达数千米,孔内条件复杂且不可见,孔内故障在出现早期难以被发现。钻进过程穿越的地层种类繁多,不同地层环境下钻进过程的数据表现形式具有差异性,使得故障的诊断与预警更加困难。目前,孔内故障检测主要依赖钻进作业人员监测钻进信号的变化,凭借专业知识判断当前系统状态。但是,钻进过程监测需要操作人员具有较高的专业知识和丰富的经验。此外,人类判断的主观风险也难以避免。因此,开展孔内故障检测研究,对保障钻进过程的安全性具有重要且现实意义。

当前,钻进过程故障诊断方法主要通过检测原始钻进信号的变化、提取故障敏感信号的时序变化特征,进而建立故障的检测或分类模型。然而,上述方法仍存在以下局限性:未考虑孔内故障发生早期的钻进数据分布变化特征,难以满足早期故障检测和事故预警的需求;未考虑钻进深度变化对信号变化范围的影响,在不同地层环境的适用性差异较大,无法满足地质钻进过程孔内故障早期检测的实际需求。

二、主要研究内容

根据对研究现状的分析,现有方法解决地质钻进过程中的早期故障检测问题仍然存在局限性。大多方法只关注故障检测的准确性,但如何提取故障早期的数据变化特征、从而实现早期故障检测的问题仍未解决。目前,针对工业过程广泛研究的早期故障检测方案,如基于高斯分布和 Kullback-Leibler 散度(GD-KLD)和基于广义高斯分布的 KL 散度(GGD-KLD)方法仅适用于单变量过程,无法对钻进过程中的多变量同时监测。虽然基于多变量高斯分布和 KL 散度(MGD-KLD)方法适用于多变量过程,但对部分工业过程数据的拟合精度较差。

根据地质钻进过程的特点,扭矩和钩载是与孔内故障直接相关的重要监测变量。故障发生的早期通常仅引起钻进信号的微小变化,难以准确检测。扭矩和钩载的直方图如图 1、图 2

三、主要结论

虽然算法原理与上一版本（V22）相同，但地面验证显示，23 版本 MISR 气溶胶光学厚度（AOD）的准确度有了明显提高，其偏差在±（0.05＋20％AODAERONET）的 80％之内。然而，在高 AOD（＞0.6）条件下，严重的低估仍然普遍存在。当单次散射反照率（SSA）接近或等于 1.0 时，地表-大气分离问题可能是 MISR AOD 低估的主要原因；与此同时，MISR 反演过程大多将普遍存在的中等吸收性气溶胶作为非吸收性混合物，也可能导致这种低估（图2）。

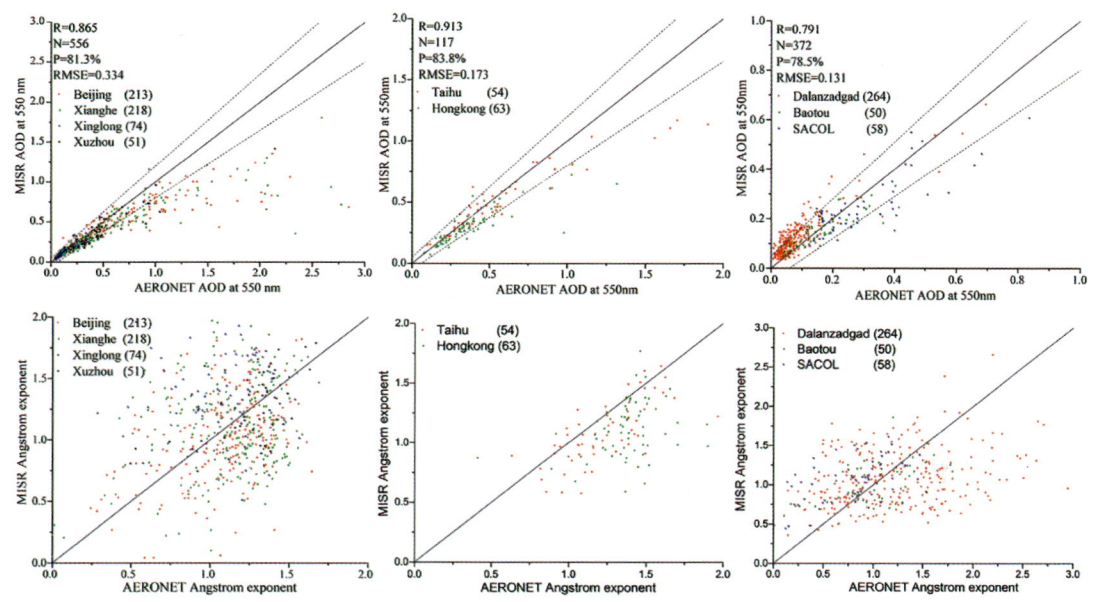

图 2　MISR AOD 和 AERONET AOD 在 550nm 处的散点图；以及 MISR 和 AERONET 在 860/550nm 和 675/440nm 处的 AE 指数数散点图

虚线和黑线的预期误差包络（EE）为±（0.05＋20％）。还显示了匹配的相关系数（R）和数量（N），EE 中的百分比（P）以及均方根误差（RMSE）

得益于多角度观测传感器系统，MISR 可以获得气溶胶颗粒尺度信息和形态信息。3 种模态（大、中、小）下的 MISR AOD 往往是区分不同气溶胶类型（如自然沙尘或人为排放）的可靠指标。同时，MISR SSA 和非球形 AOD 值也随着 AERONET 的倒数表现出一致性变化。但是，23 版本 MISR AOD 检索结果与整个东亚地区的一般预期值存在明显差异。由于 22 版本算法缺乏合适的气溶胶成分以及混合物模型，在很大程度上妨碍了对气溶胶类型的准确识别。在塔克拉玛干沙漠上空的 MISR 探测结果中，非球形混合物只占不到一半。另外在考虑气溶胶颗粒吸收性时，MISR 除火灾烟雾颗粒外，对其他颗粒吸收的情况考虑不足（图3）。

四、论文信息

该论文于 2020 年 6 月 1 日发表在 *Journal of Geophysical Research：Atmospheres* 期刊上。

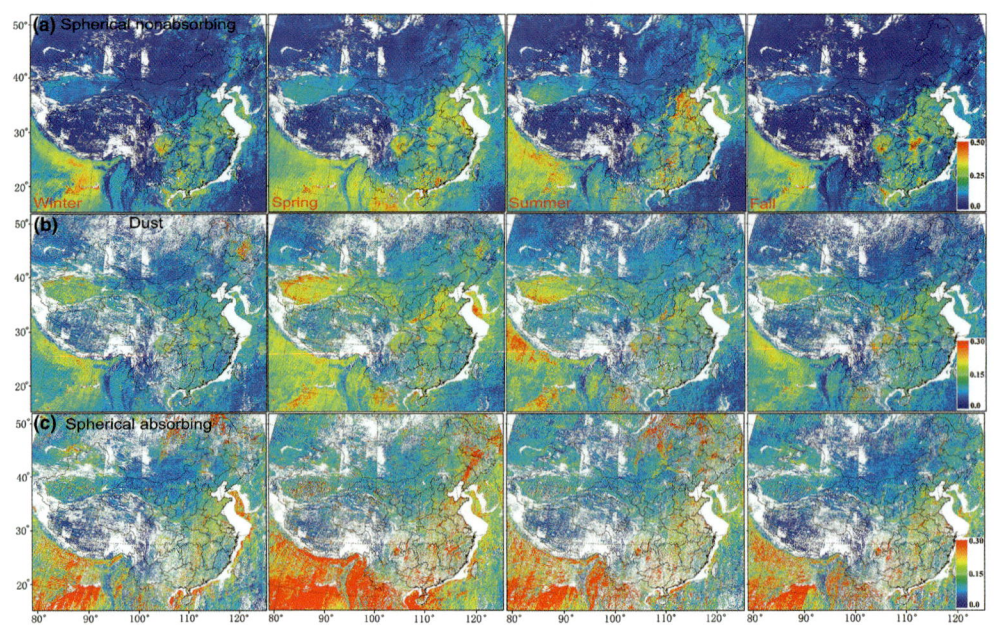

图 3 2013—2018 年 AOD(550nm)季节均值
(a)球型非吸收组分；(b)沙尘；(c)球型吸收组分

五、作者简介

陶明辉，男，中国地质大学(武汉)地理与信息工程学院教授，博士生导师，主要从事研究气溶胶遥感及雾霾污染研究；发表学术论文 50 余篇，通讯论文 21 篇(第一作者)，其中 SCI 论文 19 篇、SCI 论文 16 篇(第一作者)，在 Nature Index 期刊 JGR-Atmospheres 发表论文 4 篇(第一作者)；合作出版专著 2 部；论文被引超过 1300 次，有 3 篇论文(第一作者)单篇引用超过 100 次，SCI 他引 856 次，H-index 17；2020 年入选武汉黄鹤英才计划，担任《遥感学报》编委、中国环境信息系统与遥感专业委员会委员，担任 JGR、GRL、ACP、IEEE TGRS、STOTEN、AE、AR 等大气和遥感期刊的审稿人，在 AGU、AOGS 等国内外学术会议做学术报告多次，主持国家自然科学基金项目 2 项、国家重点研发计划子课题 1 项，作为技术核心研发的空气质量遥感业务监测系统 2015 年获北京市科技进步二等奖，并且服务于生态环境部卫星环境中心等多个业务部门以及第七届世界军人运动会(简称"武汉军运会")等重大空气质量保障活动，以第一作者撰写的遥感信息咨询建议报告被国办采用。

主持或参加科研项目(课题)及人才计划项目情况：

(1)国家自然科学基金面上项目(41871262)，东亚沙漠地区气溶胶特性卫星遥感反演算法研究，2019/01—2022/12,59 万元，在研，主持。

(2)国家自然科学基金重点项目课题(41830109)，气溶胶物理与组分信息的卫星遥感探测机理与算法模型研究，2019/01—2023/12,100 万元，在研，主持。

(3)国家重点研发计划项目子课题(2017YFB0502805)，灰霾天气的卫星遥感监测技术研究，2017/06—2020/12,40 万元，在研，主持。

（4）国家自然科学基金青年项目（41401482），中国东部区域性霾的多源遥感识别方法与典型类型初步诊断研究，2015/01—2017/12，25万元，已结题，主持。

（5）国家重点研发计划项目课题（2016YFC0200404），面向复杂地形地区的区域大气污染卫星遥感精准监测技术研究，2016/06—2019/06，560万元，在研，参与。

代表性研究成果和学术奖励情况：

Minghui Tao, Jun Wang, Rong Li, et al., 2020. Characterization of Aerosol Type Over East Asia by 4.4km MISR Product: First Insight and General Performance [J]. Journal of Geophysical Research: Atmospheres, 125(13), e2019JD031909.

Minghui Tao, Rong Li, Lili Wang, et al., 2020. A critical view of long-term AVHRR aerosol data record in China: Retrieval frequency and heavy pollution [J]. Atmospheric Environment, 223, 117246.

Minghui Tao, Jun Wang, Rong Li, et al., 2019. Performance of MODIS high-resolution MAIAC aerosol algorithm in China: Characterization and limitation [J]. Atmospheric Environment, 213, 159-169.

Minghui Tao, Liangfu Chen, Zifeng Wang, et al., 2017. Evaluation of MODIS Deep Blue aerosol algorithm in desert region of East Asia: ground validation and inter-comparison [J]. Journal of Geophysical Research: Atmospheres, 122(19): 357-310.

Minghui Tao, Liangfu Chen, Zifeng Wang, et al., 2016. Did the widespread haze pollution over China increase during the last decade? A satellite view from space [J]. Environmental Research Letters, 11(5), 054019.

2012—2021
工程材料与信息科学篇

纳米孔道截然不同的功能元素：外表面功能分子抗干扰，内表面功能分子离子门控

一、研究背景与意义

在生命体内，生物蛋白通道是一种纳米孔道，负责生物分子、离子等物质传输，对于生命过程至关重要。科学家提取或仿生制备纳米孔道，通过修饰功能分子，用于调控离子传输，在核酸测序、单分子事件探测、智能传感器和能量传递/存储等方面具有重要意义。然而，在前期工作中，几乎所有的工作都集中在孔道内表面功能分子，而忽略孔道外表面功能分子的贡献。近年来，理论计算预测了外表面探针对于离子门控效率具有一定的贡献。

二、主要研究内容

通过对孔道外表面和内表面分层物理沉积，实现了外表面和内表面功能分子在空间上的精确分离。内表面功能分子用来调控离子传输，外表面功能分子（疏水或带电分子）用来阻碍干扰分子进入纳米孔道，降低在复杂体系中离子门控的错误信号。进一步用雷达图，通过多因素综合评价了外表面功能分子的抗干扰性能（图1）。

三、主要结论

该仿生双功能纳米孔道可以大幅度提高靶标分子检测的灵敏度和特异性。

四、论文信息

该论文于2018年11月01日发表在 *Nature Communications* 期刊上。

针对纳米孔道内/外表面功能分子在空间区域上没有实现明确区分，外表面功能分子还限制在离子门控的单一功能上这一关键科学问题，构筑了一种具有"抗背景干扰－靶标分子识别"双功能的纳米孔道，实现了外表面和内表面功能分子在空间上的精确分离。内表面功能分子被用来调控离子传输，外表面功能分子（疏水或带电分子）被用来阻碍干扰分子进入纳米孔道，降低在复杂体系中离子门控的错误信号。通过内外表面协同作用，精确调控纳米孔道表面的亲疏水性能，实现对靶标分子的"结合"和"抗结合"，降低纳米孔道基生化传感器在复杂体系应用中产生的错误信号，提高传感器检测的灵敏度和特异性（Nat. Commun. 2018, 9, 4557）。

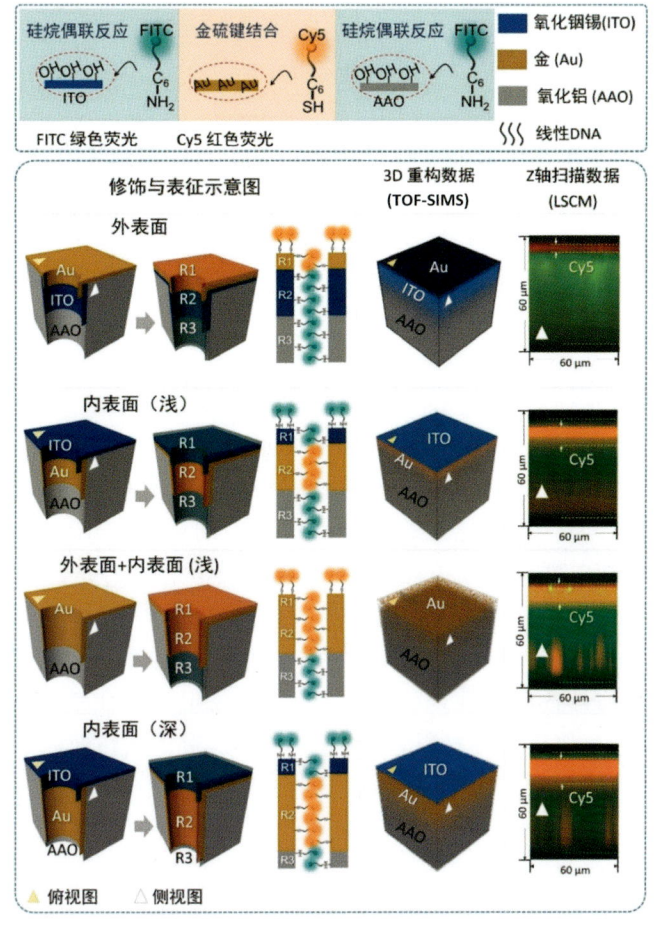

图 1　核酸分子在固态纳米孔道内、外表面修饰与表征示意图

五、作者简介

夏帆,男,1980 年 12 月出生,中国地质大学(武汉)人力资源部部长。1999—2003 华中科技大学本科(应用化学和科技英语双学位,英语专业 8 级);2003—2008 中国科学院化学研究所博士(导师:江雷院士);2008—2012 美国加州大学圣塔芭芭拉分校从事博士后研究工作(导师:艾伦黑格尔院士,诺贝尔化学奖得主)。从事生物传感器的研究,取得了多项创新成果。迄今为止,发表 SCI 论文 200 余篇,SCI 他引 10000 余次,H 因子 58。其中,他引次数超过 100 的论文 15 篇。获国家杰出青年科学基金资助(杰青),担任国家自然科学基金委重大项目首席科学家、科技部国家重点研发计划重点专项首席科学家、国务院特殊津贴专家、"青年 973"计划首席科学家、湖北省委组织部特聘专家,入选国家高层次人才引进计划。

天然超材料腔边缘操纵双曲极化激元

一、研究背景与意义

在纳米尺度上进行光场调控是纳米光子学的重要研究主题之一。极化激元,即光与不同极化子相互作用形成半光半物质准粒子,例如传统贵金属和石墨烯中的等离极化激元,过渡金属硫族化合物中的激子极化激元,以及极性材料中的声子极化激元,可以实现纳米级的无衍射约束和光波导效应。其中,极性范德华二维材料中的声子极化激元,如具有天然双曲线响应的六方氮化硼(hBN),可提供低损耗、高度局域和类似射线的光传播,从而实现高质量的共振、超透镜和纳米级成像。

然而,无论是传统贵金属中的表面等离激元,还是在石墨烯和 hBN 面内高度限域和低损耗的极化激元,在面内均是各向同性地传播,先天因素决定了其在纳米尺度上的光场调控自由度有限。新兴的双轴范德华二维材料,例如 α-MoO_3,由于其面内额外的光轴,产生了奇异的极化激元传播。中国地质大学(武汉)戴志高教授及其合作者,通过实空间高分辨率近场成像技术,在图案化的天然超材料 α-MoO_3 纳米腔中,展示了腔边缘操控的双曲极化激元的多种新奇现象。与传统极化激元腔相比,双曲腔边缘取向和晶体方向之间的夹角会显著影响光学响应,并且可以用作调制极化激元模式的新维度。

二、主要研究内容

1. 灵感来源

当边缘法线的方向和光轴非正交或不平行时,边缘存在特殊的光学响应,例如在单轴方解石晶体中不仅存在双折射,还观察到天然负折射。基于类似的效应,直观上,双轴、面内各向异性的极性范德华二维材料 α-MoO_3 和 α-V_2O_5 薄层中存在异乎寻常但不为人所知的极化激元响应(图 1)。

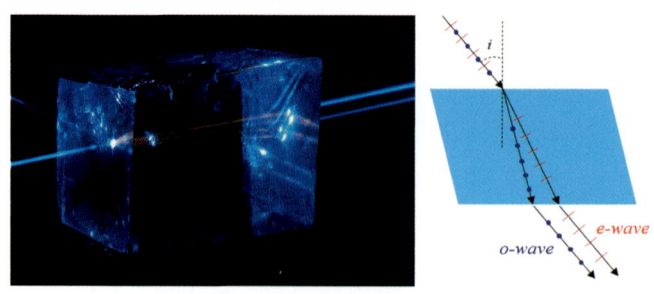

图 1 单轴方解石晶体中的折射现象及单轴晶体双折射原理

2. 旋转边缘对双曲极化激元的调制

研究工作的示意图如图 2a 所示，边缘取向定义为相对于晶体[001]方向的角度 θ。由激光（紫色曲线箭头）照射的 AFM 尖端发射入射声子极化激元波，被边缘反射（绿色箭头）。研究人员首先研究了 α-MoO$_3$ 单晶中基本的边缘调制声子极化激元效应。实验中，采用聚焦离子束在 α-MoO$_3$ 单晶上制备不同旋转角度的凹槽获得对应的边缘。实空间成像证实了角度依赖的边缘调制声子极化激元，即随着 θ 增大，空间光被进一步局域化，平行于边缘的声子极化激元波长随之减小（图 2b）。仅当边缘角 θ 小于 60°时，反射矢量才能与双曲线有交点，才允许出现与边缘平行的声子极化激元波纹。

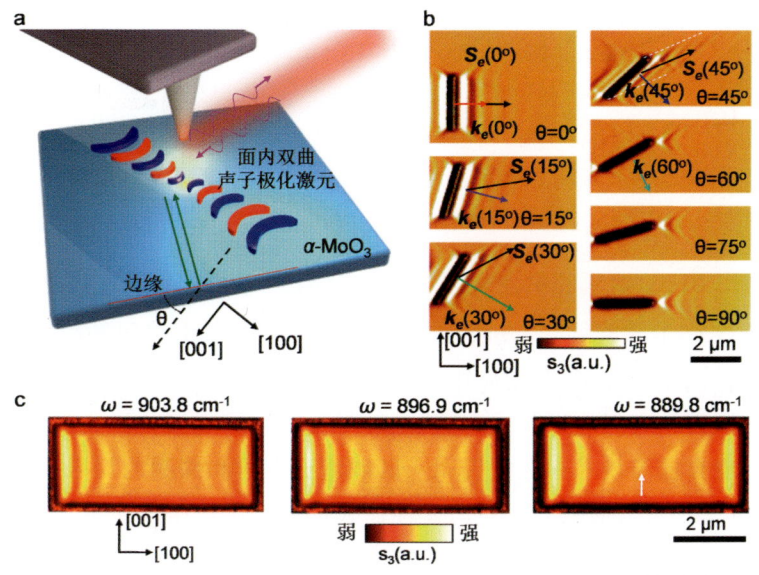

图 2 α-MoO$_3$ 单晶中边缘调制的双曲声子极化激元

3. 旋转腔体对双曲极化激元的调制

在此基础上，研究人员采用最少边缘组成的腔体——以等腰三角形 α-MoO$_3$ 纳米腔为例，研究双曲声子极化激元在三角形腔体内的近场分布模式。进一步，在等腰三角形的基础上，增加一条边，研究了不同旋转角度下正方形和不同长宽比的矩形 α-MoO$_3$ 腔体中，边缘调制的声子极化激元场分布。不同腔内双曲极化激元场分布如图 3 所示。为了能直观地研究各向同性与双曲极化激元腔的不同，研究人员分别模拟与图 3 中具有相同边界条件，且存在面内各向同性声子极化激元的 hBN 腔场分布，所有边缘在所有旋转角度下均无差别地产生声子极化激元（传统贵金属及石墨烯与此类似）。因此 α-MoO$_3$ 纳米腔中的双曲极化激元可以实现边缘对光场的调制，即额外的光场调控维度。

三、主要结论

研究团队通过构筑不同结构的 α-MoO$_3$ 腔体，展示了边缘调制的声子极化激元。通过结

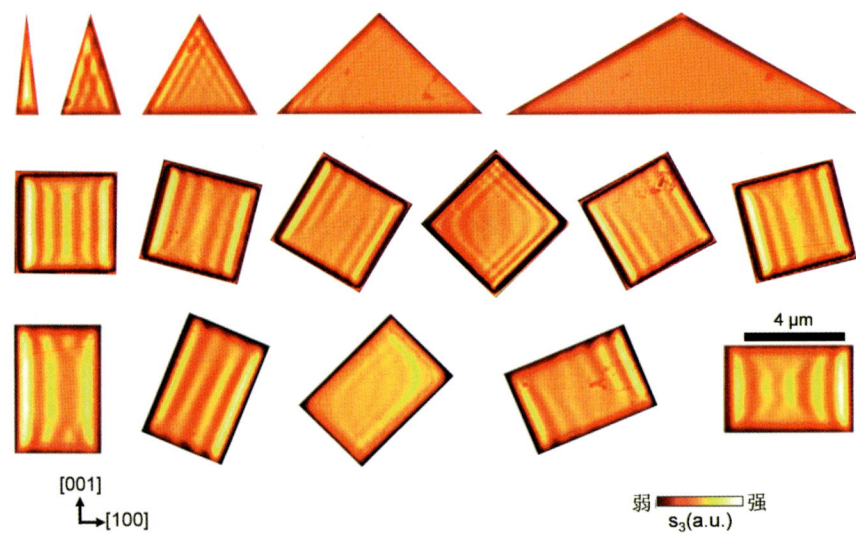

图 3　不同邻角的等腰三角形、不同旋转角度的正方形、矩形三氧化钼纳米腔中边缘调制的面内声子极化激元分布

合数值模拟,在 α-MoO₃ 纳米腔中发现了多种共存的极化图案。经过精心的设计工程,可以通过剪切 α-MoO₃ 纳米腔的形状、方向、面内各向异性和顶角来实现并控制方向性、可控性和导向性的双曲声子极化激元,并有望应用于微纳米光子学或中红外区域的能量收集器件。源于坡印廷矢量和波矢量之间的不共线,双轴范德华材料边缘的极化激元反射比各向同性材料复杂得多。由于现有成像技术存在针尖同一区域进行发射和探测的局限性,亟需在理论上和实验上做出更大的努力,以揭示面内各向异性材料纳米腔中产生的更多极化激元反射和调控现象。该研究工作为双曲声子极化激元的设计及操纵开辟了道路,并为基于天然范德华材料的超材料、纳米光子学和量子光学潜在应用铺平了道路。

四、论文信息

该论文于 2020 年 11 月 30 日发表在 *Nature Communications* 期刊,论文地址:https://www.nature.com/articles/s41467-020-19913-4

五、作者简介

论文的第一作者是中国地质大学(武汉)戴志高教授和新加坡国立大学胡光维博士,通讯作者为仇成伟教授和鲍桥梁教授。为本论文做出贡献的还有:纽约城市大学 Andrea Alù 教授,中国地质大学(武汉)李国岗教授,新加坡国立大学 Qing Zhang 博士,澳大利亚 Qingdong Ou 博士,Guangyuan Si 博士,Sivacarendran Balendhran 博士,Fahmida Rahman 博士,Baoyue Zhang 博士,Jianzhen Ou 博士。

戴志高教授于 2019 年 9 月加入中国地质大学(武汉),其先后在武汉大学物理科学与技术学院、澳大利亚蒙纳士大学材料科学与工程学院学习和工作,从研究伊始就从事贵金属表面等离激元、二维材料极化激元、近场光学、天然超材料和超表面增强应用研究。在 *Chemical Reviews*，*Nature*（2篇），*Nature Communications*（3篇），*Light：Science & Applications*，*Advanced Materials* 等国际知名杂志发表论文50余篇，其中以第一作者或通讯作者在 *Chemical Reviews*，*Nature Communications*，*Nano Letters*，*Light：Science & Applications* 等期刊发表论文20余篇。研究成果多次被 *Nature* 等亮点评论推荐，谷歌学术引用3700余次，ESI热点论文1篇，高引论文5篇。应2021年度第43届PIERS国际会议邀请，担任"Hyperbolic Polaritons in the Emerging Layered Materials"（"新兴层状材料中的双曲极化激元"）专题召集人及主席之一。主持了国家自然科学基金青年、面上项目2项，湖北省、广东省自然科学基金2项，博士后基金2项，中央高校专项基金2项。入选2016年度人力与社会保障部全国博士后管理委员会博士后国际交流计划派出项目。

磷化钯高效催化电解水制氢研究

一、研究背景与意义

化石能源的日益枯竭和环境问题迫使对新能源系统的开发研究加速,相比于其他新能源体系,氢能由于其高能量密度以及绿色制备等优点受到广泛的关注。氢气可通过电解水来实现。电催化析氢(HER)和析氧(OER)分别为电解水的阴极和阳极反应,由于 HER 和 OER 均为爬坡反应,需要采用高效的催化剂来降低反应势垒,实现氢气的工业化制备规模;并且对于 OER 催化剂,由于其工作电位高,且反应环境为强碱性,因此其稳定性对于电解水器件的寿命至关重要。

二、主要研究内容

钯催化剂因其钯原子与氢原子具有强相互作用,容易形成 PdH 结构,并且氢原子容易从钯纳米颗粒表面渗入到内部,从而降低钯催化剂的电催化析氢活性。因此需要构筑新的晶相来有效减弱氢原子与钯原子的强电子相互作用,实现氢原子在钯原子表面的弱吸附,高效释放氢分子。通过液相还原法制备钯碳催化剂(Pd@CB),然后在高温条件下,利用次磷酸钠高温分解的磷化氢(PH_3)来制备催化剂。

三、主要结论

在酸性电解液中,PdP_2@CB 催化剂仅需要 27.5mV 过电位来驱动 HER 反应达到 $10mA/cm^2$,相比于 Pd@CB 催化剂过电位降低 113.6mV。在 1mol KOH 电解液中,PdP_2@CB 同样展现出高的 HER 催化活性,其 $10mA/cm^2$ 时的过电位为 35.4mV,远低于 Pd@CB 和 Pt/C 催化剂,并且 PdP_2@CB 催化剂循环 5000 圈,其 HER 活性基本没有损失,主要是由于钯原子和磷原子之间的强电子相互作用抑制催化剂在循环过程中的团聚。PdP_2@CB 仅需要 1.72V 来驱动碱性全电解水。

四、论文信息

该论文于 2018 年 10 月 12 日发表在 *Angewandte Chemie International Edition* 期刊上。

五、作者简介

杨泽惠,男,汉族,1987—,祖籍湖北省云梦县。2009 年毕业于武汉工程大学,2012 年获武汉理工大学材料学工学硕士学位,2015年获日本九州大学工学博士学位。2016年任职于中国地质大学(武汉)材料与化学学院副研究员。

其研究方向为中高温质子交换膜燃料电池、电解水催化剂及器件测试,发表相关论文80余篇,H-index 为28,ESI 高被引论文3篇。曾先后主持国家自然科学基金青年项目和浙江省自然科学基金项目:

(1)高温质子交换膜燃料电池催化剂层中稳定有序离聚物网络的构造及其电池性能研究,项目编号:21703212,项目起止时间:2018年1月至2020年12月。

(2)碳纳米管限域PtM(M=Fe,Co,Ni)合金催化剂的应力调控在中高温质子交换膜燃料电池中的应用研究,项目编号:LGG21B030004,项目起止时间:2021年至2023年。

主要研究成果如下:

1. Zehui Yang* et al, Palladium Phosphide as a Stable and Efficient Electrocatalyst for Overall Water Splitting, *Angew. Chem. Int. Ed.*, 2018, 57, 14862-14867.

2. Zehui Yang* et al, Robust and Stable Acidic Overall Water Splitting on Ir Single Atoms, *Nano Lett.*, 2020, 20, 2120-2128.

3. Zehui Yang* et al, In Situ Engineering of Double-Phase Interface in Mo/Mo$_2$C Heteronanosheets for Boosted Hydrogen Evolution Reaction, *ACS Energy Lett.*, 2018, 3, 341-348.

4. Zehui Yang* et al, Regulated coordination environment of Ni single atom catalyst toward high-efficiency oxygen electrocatalysis for rechargeable Zinc-air batteries, *Energy Storage Mater.*, 2021, 723-730.

5. Zehui Yang* et al, N, P doped carbon nanotubes confined WN-Ni Mott-Schottky heterogeneous electrocatalyst for water splitting and rechargeable zinc-air batteries, *Appl. Catal. B*, 2021, 298, 120511.

一种干热岩储层裂缝形成方法

（专利）

一、研究背景与意义

2020年《中国能源发展报告》指出，我国能源消耗逐年增加，化石能源占比超过85%，给生态环境造成了巨大压力，发展清洁能源刻不容缓。习近平总书记在十九大报告中指出：发展清洁能源是改善能源结构、保障能源安全、推进生态文明建设的重要任务。干热岩是国内外高度关注的清洁能源。干热岩是埋藏在地下数千米，温度高达180～650℃的绿色、安全、稳定的低碳能源，我国可采储量达17万亿t标准煤，是我国2019年能源消耗的3000倍以上。成功开采干热岩，等于给地球装上一个插座，让清洁能源取之不尽、用之不竭。国际上没有商业开采干热岩的成功案例，主要问题是采用水力压裂建造干热岩人工热储，不能产生体积裂缝，导致换热面积小。

干热岩作为清洁的可再生能源是地热能中最具潜力的部分，制约干热岩地热能开发的瓶颈是人工建造大规模可供导热介质有效通过的裂隙网络。目前常用的热储层建造手段为水力压裂技术，其缺点突出：破岩峰值压力不足，水体滤失严重，对储层伤害大，储层诸多部位得不到有效激发，热储采热量受到限制。迫切需要新的有效破岩开发手段。二氧化碳爆破在煤层增透，浅层岩体开采中有相当的应用，优势明显：破岩能力强，造缝均匀，爆破压力可控，装置简易，环保经济。为了创建足够大的储层有效换热空间，将二氧化碳爆破应用于干热岩裂隙网络建造是一种可行的尝试。

二、主要研究内容

针对目前存在的问题，我们开创性地提出了采用二氧化碳爆破致裂人工建造干热岩人工热储的方法。创新点主要在于以下3点：第一，注入井与开采井水平段不在同一深度；第二，水平井段在空间多分支、变角度、交错式分布；第三，采用从水平段远端到近井筒分段不等距离爆破产生体积裂缝。

三、主要结论

本发明的实施例提供的技术方案带来的有益效果是：本发明一种干热岩储层裂缝形成方法在干热岩岩体内部利用二氧化碳爆破形成人工裂隙网络，解决了干热岩储层

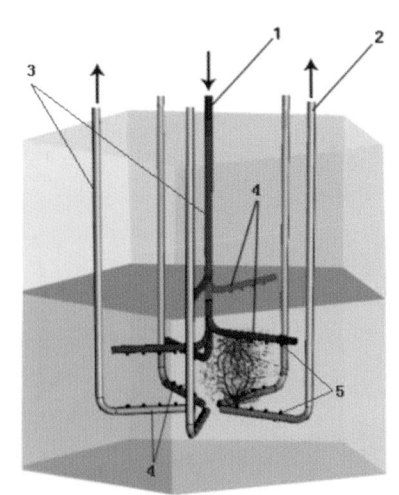

图1 该专利技术进行了许可转化

建造手段无法有效压裂储层、对储层伤害大、技术成本高、流体换热效率低的技术难题,具有破岩能力强、造缝均匀、爆破压力可控、装置简易、环保经济的优点,对推动干热岩商业化开采具有重要的技术进步意义。

四、专利信息

发明名称:一种干热岩储层裂缝形成方法
发明人:窦斌、田红、高辉、徐超、刘恒伟、蒋国盛
专利号:ZL201810185454.9
该专利于2020年12月获得湖北省专利奖金奖。

五、作者简介

窦斌:1973年生,破格教授/博士生导师,学校教学指导委员会委员,工程学院副院长,江苏省"双创计划"创新人才,国家级课程思政示范项目、教学名师和团队负责人。中国地质学会探矿工程专业委员会委员,自然资源部深部地热资源重点实验室副主任,科技部地球深部钻探与深地资源开发国际联合研究中心副主任,国家能源局能源行业地热能专业标准化技术委员会专家,湖北省地质工程实验教学示范中心主任,河南省冶金地质矿产勘查开发局"绿色钻探工程技术研究中心"副主任委员,中国地源热泵产业联盟专家委员会委员,国际地热协会会员。

田红,博士,副教授,硕士生导师。长期从事岩石力学与多场耦合数值模拟以及干热岩地热开发相关教学和科研工作。主持和参与了国家自然科学基金项目、国家"863"计划项目、国家重点研发计划、教育部科技项目等10余项科研项目。发表论文30余篇,出版专著与教材3部。2021年荣获湖北省专利奖金奖(排名第二),2022年荣获湖北省技术发明奖二等奖(排名第四)。

高辉,博士,副教授,硕士生导师。长期从事水力压裂优化设计理论、月球采样技术及计算机仿真、基于图像的岩石特征识别等相关的教学和科研工作。主持和参与了国家自然科学基金项目、国家"863"计划项目、国家重点研发计划、中国航天五院、北京卫星制造厂联合研究项目等10余项科研项目。发表论文20余篇,2021年荣获湖北省专利奖金奖(排名第三)。

蒋国盛,男,1965年出生于江苏省。教授,博士生导师,俄罗斯自然科学院外籍院士,俄罗斯国际矿产资源科学院外籍院士。享受国务院政府特殊津贴,湖北省有突出贡献中青年专家,获湖北省第六届青年科技奖,入选教育部高层次人才计划、原国土资源部优秀青年教师资助计划。地大特聘教授。现任地质工程国家级国际合作基地主任,岩土钻掘与防护教育部工程研究中心副主任,国家级重点学科地质工程学科带头人之一,勘查技术与工程国家一类特色专业建设负责人,岩土钻掘工程学国家精品课程的负责人。曾任工程学院副院长、院长。

一种适用于松散堆填边坡的新型立体排水系统

一、研究背景与意义

滑坡是一种全球范围内危害严重的地质灾害,随着人类工程活动的日趋频繁,滑坡地质灾害也变得越来越频繁,造成的损失也越来越大。造成滑坡的一个很重要的因素就是水的作用,为了有效防治滑坡,众多的学者对于边坡的排水技术进行了设计和研究,其斜坡排水也是斜坡治理工程中一个非常重要而且有效的手段。目前边坡排水在实际应用中,浅层排水并不能及时排出渗入斜坡土体内部的水,其排水孔容易出现塌孔和淤堵等现象,很大程度上减弱了其排水效果;而深部排水的设计往往成本高昂,施工难度大;目前针对同一斜坡的排水设计,往往采用多种排水方法相互结合,但是系统立体的方案设计罕有提及。因此,发明一种可以高效排水的立体排水系统对于防灾减灾具有重要的意义。

二、主要研究内容

本发明所要解决的技术问题就是提供一种能够结合斜坡地表排水、浅层排水与深部排水于一体的边坡排水系统,能够克服上述存在的问题,具体涉及能够快速汇排水、具有一定抗塌孔抗变形的排水孔,能够将地表排水、浅层排水和深部排水结合于一体的集水管和施工简单且成本低的排水石笼,设计效果图如图1所示。

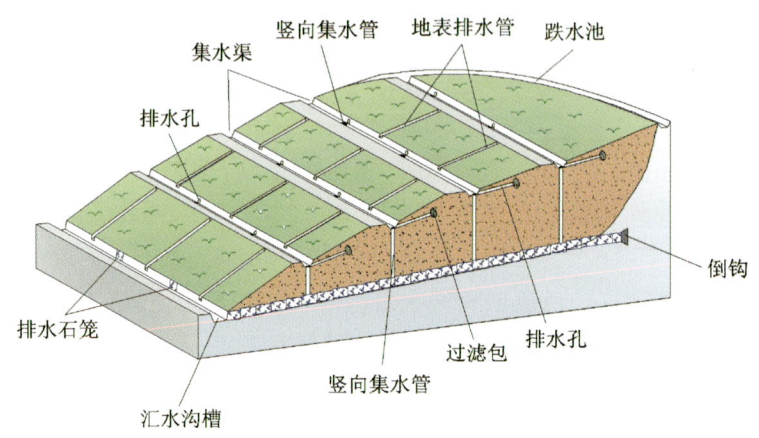

图1 松散堆填边坡立体排水技术效果图

本发明内容主要包括地表排水部分、浅层排水系统和深部排水系统。所述的地表排水部

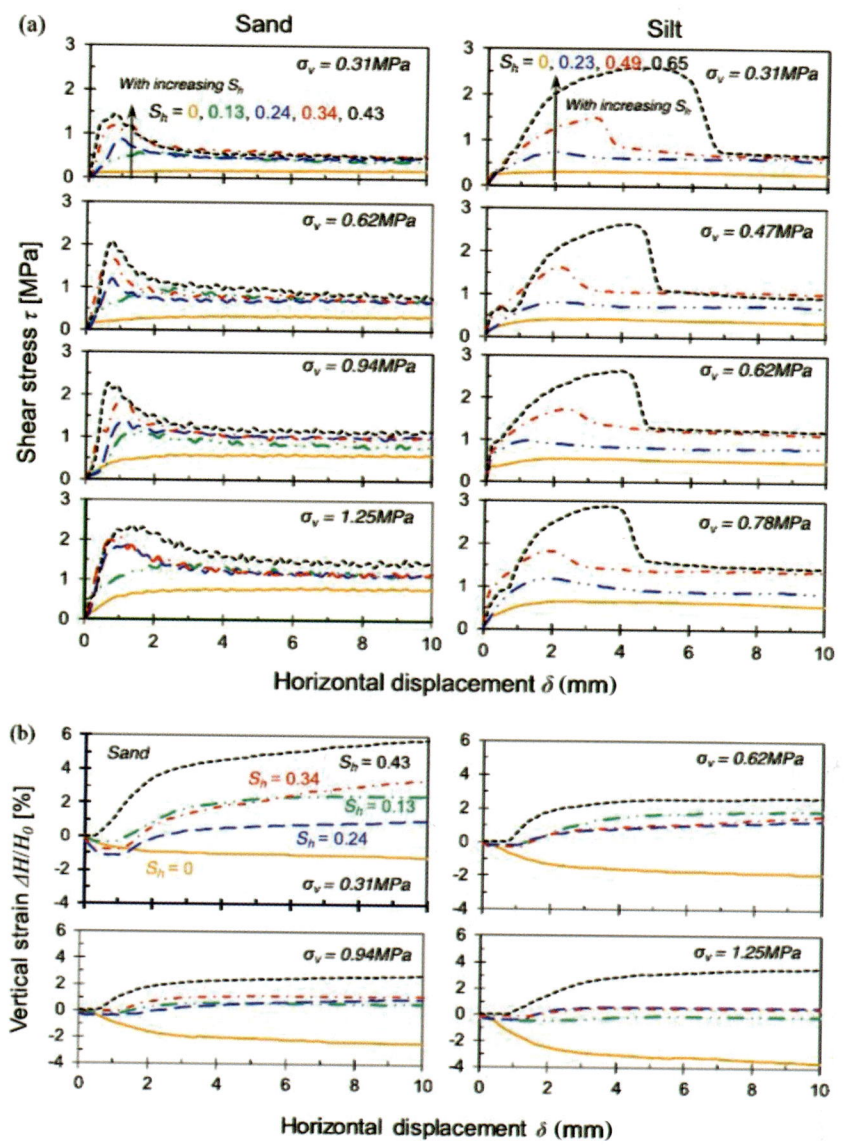

(a)含水合物沉积砂土和粉土试样的剪应力变化曲线;(b)含水合物沉积砂土的竖向变形(体变)曲线

图 2　直剪过程中的应力和体变曲线

三、主要结论

(1)结合摩尔-库伦强度准则分析,试样峰值剪切强度受水合物的影响主要体现在黏聚力的大幅提升;而残余剪切强度受水合物的影响,在低水合物饱和度时体现在黏聚力的微弱提升,高水合物饱和度则体现在摩擦角的大幅提升[图 3(a)、(b)]。

(2)在较高的水合物饱和度和较低的竖向压力条件下,试样峰后应力损失更多。高水合物饱和度的粉质储层破坏或分解后的强度损失尤其明显。考虑到粉土颗粒具有更小的粒径和更轻的质量,在开采过程中更易随孔隙流体发生运移,带来明显的出砂隐患[图 3(c)]。

(3) 剪胀角随水合物饱和度提高和竖向应力降低而增大,峰值和残余摩擦角差值的增大印证了水合物通过增强剪胀性来提高试样的强度。同时,峰值和残余摩擦角差值与剪胀角之间 0.8 倍的比值关系符合常规致密砂样的参数范围,水合物在引起试样剪胀性变化方面的表现与常规致密砂样基本一致[图 3(d)]。

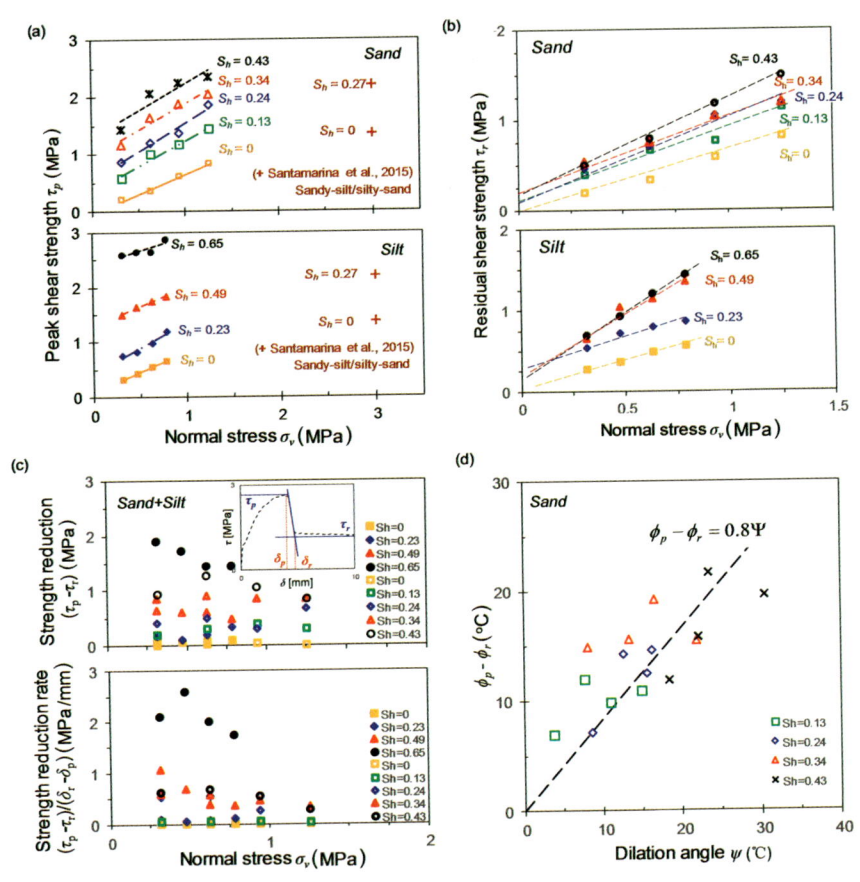

(a)峰值强度随水合物饱和度和竖向压力的变化;(b)残余强度随水合物饱和度和竖向压力的变化;(c)峰后应力跌落幅度和速率随水合物饱和度和竖向压力的变化;(d)剪胀角与峰值和残余摩擦角差值的关系

图 3 水合物沉积物峰值和峰后强度行为

(4) 试样黏聚力随水合物饱和度增加而增加,近似呈线性相关 $c = 2.65[\text{MPa}] S_h$,而摩擦角并未明显依赖水合物饱和度的变化,取近似平均值 $\varphi = 37°$[图 4(a)]。

(5) 基于岩石物理模型计算和室内直剪试验测试可分别获得水合物沉积物波速 $V_p = V_{pw} + 2.65[\text{km/s}] S_h + 0.26\sigma_v [(\text{km/s})/\text{MPa}]$ 和强度 $\tau_p = 2.65[\text{MPa}] S_h + 0.76\sigma_v$ 与水合物饱和度和有效应力的关系。进一步考虑水合物饱和度对波速和强度共同的内在影响,可推导出基于波速的水合物沉积物强度预测模型 $\tau_p = (V_p - V_{pw})[\text{MPa}/(\text{km/s})] + \sigma_v/2$。原位实测强度与模型预测强度的一致性对比,证实了该模型可用于实际水合物储层的剪切强度预测[图 4(b)]。

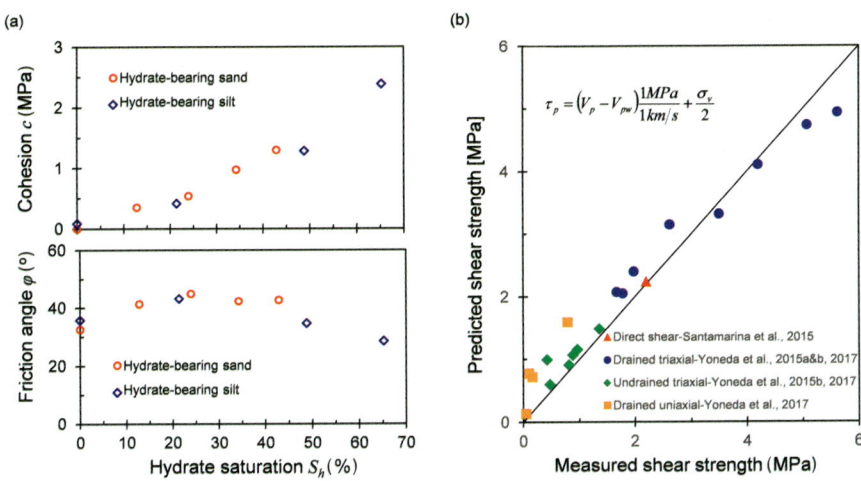

(a)黏聚力和摩擦角随水合物饱和度的变化;(b)基于测井波速和原位保压样品实测强度的模型预测结果验证

图 4 基于波速的水合物沉积物试样强度预测

四、论文信息

该论文于 2018 年 1 月 28 日发表在 *Geophysical Research Letters* 期刊上。

Liu Z, Dai S, Ning F, Peng L, Wei H, Wei C, 2018. Strength estimation for hydrate-bearing sediments from direct shear tests of hydrate-bearing sand and silt. Geophysical Research Letters, 45, 715-723. https://doi.org/10.1002/2017GL076374.

五、作者简介

刘志超(1991—),男,博士,硕士生导师,中国地质大学(武汉)工程学院勘察与基础工程系特任副教授。于 2013 年和 2018 年分别获中国地质大学(武汉)工程学院勘查技术与工程专业工学学士和地质工程专业工学博士学位,2016—2017 年受中国留学基金委资助前往美国佐治亚理工学院土木与环境学院岩土工程系联合培养,于 2019 年 6 月入职中国地质大学(武汉),从事非常规地质能源勘探与开发相关的教学和科研工作。

在教育教学方面,主要讲授地质工程专业本科主干课程"岩土钻掘工艺学"和专业选修课程"钻探工程概论",并承担北戴河野外地质认识实习任务。在科研应用方面,主要关注影响水合物开采安全的储层基础物理力学性质以及制约水合物开采商业化的储层出砂防治及增产改造技术难题,具体涉及:①储层基础物性表征测试及力学-渗流等多场响应机理、规律研究;②储层开采过程中流固产出评价及出砂防控技术;③新能源储层增产改造技术与评价。

目前发表期刊论文 30 余篇,其中以第一作者/通讯作者在 *Geophysical Research Letters*、*Journal of Geophysical Research:Solid Earth*、*Engineering Geology*、*Fuel*、*Marine and Petroleum Geology*、*Journal of Petroleum Sciences and Engineering* 等期刊上发表论文 9 篇,第一发明人授权国际专利和中国专利各 1 项。

主持国家自然科学基金青年基金(流固耦合作用下南海典型水合物储层力学劣化规律与

机理研究)1项,中央高校基本科研业务费专项资金项目(高层次人才科研经费)1项,实验室开放基金(水合物储层井周区域压裂裂缝发展规律及改造效果研究和水合物储层长期开采条件下固结流变特性研究)2项。作为骨干成员参加科技部国家重点研发计划政府间国际科技创新合作重点专项1项,科技部国家重点研发计划子课题1项,广东省海洋经济发展(海洋六大产业)专项1项,湖北省自然科学基金重点类项目(创新群体项目)1项。主要负责执行广州海洋地质调查局水合物开采砾石充填与出砂防控项目3项。

研究成果获2020年度湖北省科技进步一等奖1项,排名第12;2021年度石油工程岩石力学十大科技进展1项,排名第2。担任《钻探工程》期刊青年编委,*Gondwana Research*、*Journal of Energy Engineering*、*Frontiers in Earth Science*、*Energy Science & Engineering*等期刊审稿人。

三、主要结论

提出了基于简化特征码的运动链同构判别新算法,解决了国际公认的运动链同构判别难题,在国际上首次建立了高达 6 个独立环路和 19 个杆件的平面不可分离运动链完整拓扑图库,为平面连杆机构构型创新设计和新型机械装备的开发奠定了重要基础。

四、论文信息

该论文于 2016 年 2 月 1 日发表在机器人机构学国际顶级期刊 *Mechanism and Machine Theory* 期刊上。

五、作者简介

论文第一及通讯作者为丁华锋教授,中国地质大学(武汉)机械与电子信息学院院长、德国"洪堡学者"、国家优秀青年科学基金获得者、楚天学者特聘教授、霍英东教育基金获得者、国际机构学与机器科学联合会(IFToMM)"卓越成就奖"获得者。现为中国机械工程学会理事,中国机械工程学会机器人分会常务理事,中国自动化学会机器人分会常委,中国机械工程学会机器人分会常委,武汉市机械工程学会理事长。担任国际机构学顶级期刊 *Mechanism and Machine Theory*(国际机构与机器理论联合会会刊)副主编,《中国机械工程》编委,国家重点研发计划会评专家,国家基金委会评专家。长期从事机器人和机械装备设计理论与研制的关键技术研究,先后承担国家和省部级项目 20 余项,发表 SCI 论文 100 余篇,出版英文专著 2 部,授权发明专利 35 项(已转化 5 项),软件著作权 24 项。

面向网络化欧拉-拉格朗日系统协同问题的分层控制器-估计器算法设计

一、研究背景与意义

近年来,网络化欧拉-拉格朗日系统因其可以较好地表征机械系统的动力学模型和其高效的协同作业模式受到了工程领域中研究者的广泛关注。针对网络化欧拉-拉格朗日系统协同问题,目前主流的解决思路是采用分布式控制策略,与集中式控制策略相比,分布式控制具有更好的鲁棒性、安全性和灵活性,并且每个智能体具有更强的自治性。经过研究人员不断地探索,已开发出一系列的分布式协同控制算法从而实现多智能体系统的各类群集行为,例如一致性(Consensus)问题、一致性跟踪(Consensus tracking)问题、编队跟踪(Formation tracking)问题以及包含(Containment)控制问题等。值得注意的是,目前多数分布式协同算法只能面向被控网络通过固定拓扑交互的作业场景。然而,在实际应用中,由于可能存在系统信号丢包、DoS 攻击、通信受限等情况,被控网络的通信过程很难仅有一个简单的固定拓扑表征,这也在一定程度上限制了已有算法的相关应用。

此外,上述大多数研究主要考虑的是连续时间下的协同算法,即每个智能体每时每刻都在进行信息交互。这种交互方法传递效率高,但是由于系统一直在工作,这就使得整个系统的运行和维护的成本高,因此一些研究人员开始考虑将采样控制应用于被控网络的通信过程中。采样控制是指间断的对被控系统中的状态量进行控制,每个智能体只在特定的采样时间与其邻居交换信息。目前,现有工作大多研究的是周期采样,每次采样的时间间隔是固定的,具有一定规律。然而,这种方法具有很大的保守性,无法应用于采样周期不确定的工作场景。因此,设计非周期采样的分布式协同算法对研究者们来说是一个重大挑战。

二、主要研究内容

现阶段大多数与一致性有关的分布式控制算法主要考虑的是固定交互拓扑及周期采样数据交互下的协同问题,即交互拓扑无法动态变化,每个采样时间间隔相同。但在非周期采样数据交互和变换交互拓扑同时存在的实际情况下,网络化欧拉-拉格朗日系统的协同问题还没有解决,仍然是一个具有挑战性的问题。

本文提出了几种在非周期采样和变换交互拓扑条件下的面向网络化欧拉-拉格朗日系统协同问题的分层控制器-估计器算法(Hierarchical controller-estimator algorithms,HCEAs),它包含两个主要层,即控制层和估计层,以及可选滤波层。其中,控制层用于处理特定信号的局部鲁棒跟踪问题,估计层用来估计采样数据交互的值,而可选滤波层滤除其他层输出中的高频抖振信号,进一步生成平滑的控制输入,提高被控系统的瞬态响应。其次,为了稳定相应的闭环系统,建立了关于非周期采样间隔上界和控制参数下界的几个充分条件,最终解决了具有采样数据交互和变换交互拓扑的网络化欧拉-拉格朗日系统的协同问题,还将控制算法延伸到了任务空间的协同控制,与已有算法进行比较证明了结果的可靠性。图1是文中所提出的分层框架结构。

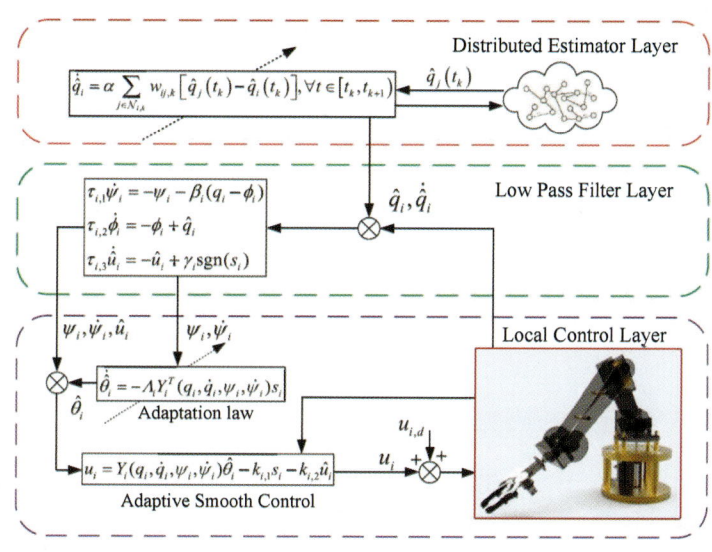

图 1　分层控制框架结构

三、主要结论

本文提出了几种分层控制器-估计器算法(HCEAs)来解决一类具有非周期采样和变换交互拓扑的网络化欧拉-拉格朗日系统的协同问题。利用所提出的控制算法,得到了实现协同控制的参数条件,引入的可选滤波器,可以使被控系统的控制输入变得平滑,并且相应的HCEAs算法已被应用于解决网络化欧拉-拉格朗日系统中任务空间的协同问题。这是第一次在分布式控制的背景下成功地处理这样一个具有挑战性的问题,为具有约束的数据交互的连续时间复杂网络系统的大量协同问题提供了一种新的解决方案。

四、论文信息

该论文于2019年发表在国际顶级期刊 IEEE *Transactions on Cybernetics*,并曾入选为ESI高被引论文。

五、作者简介

葛明峰,教授,中国地质大学(武汉)机械与电子信息学院博士生导师,机械工程系主任,为本文第一作者。担任 *Frontiers in Neurorobotics*、*Science Progress*、*Electronics Letters* 等

SCI期刊的区域编辑或副编辑。担任IEEE IES基于网络的控制系统和应用技术委员会(中国)副秘书长、TCCT多自主体控制学组委员;担任AMDS 2022大会主席(General Chair)、ICDMA 2022大会副主席;多次受邀作大会/分会报告。担任IEEE TAC、Automatica等期刊审稿人,获得IJRNC、JFI、AJC等多个国际期刊审稿奖项。长期从事网络化欧拉-拉格朗日控制系统的研究,先后主持国家级基金4项、湖北省基金2项、其他横向项目10余项;在机器人、自动控制和人工智能领域发表论文110余篇,其中SCI论文82篇,参与编写外文专著2部,并授权多项发明专利。

微环谐振器内非线性模式耦合引导的孤子晶体动力学

一、研究背景与意义

基于微环谐振器的耗散克尔孤子是在腔内循环的光脉冲,在高速光相干通信、光谱分析、微波产生、天文光谱等领域有着广泛应用。不同于在锁模激光器中产生的耗散孤子,腔孤子依赖于反常色散和克尔非线性以及外部泵浦和腔体损耗之间的双重平衡。由于具有芯片级集成度、宽带光谱范围(GHz~THz)和互补金属氧化物半导体工艺兼容等优势,基于微环谐振器腔孤子的相关物理机制和非线性动力学过程得到了广泛研究并用于获得高质量的光频梳。

孤子晶体的光谱表现为具有较大频域间隔的光频梳,时域表现为一系列等间隔排布的腔孤子。得益于高度有序的孤子排布和多个初级梳状线分布,孤子晶体的产生可以获得超高重频的脉冲串和增强的梳状功率。通过激发微腔内孤子晶体光频梳可以扩大光通信系统中的有效波分复用数目。因此,孤子晶体有望成为光通信系统所需的理想宽带光源。

本文详细研究了由非线性模式耦合引起的孤子晶体形成过程。研究结果证明了完美孤子晶体的形成与基波和谐波模式之间的非线性耦合系数和波矢失配密切相关,它们分别决定了泵浦到谐波的转换效率和相位匹配条件。适当的波矢失配和非线性耦合系数可以获得包含特定孤子数目的完美孤子晶体。波矢失配和非线性耦合系数间的匹配决定了确定性的孤子晶体的产生,同时影响孤子晶体的漂移方向。研究结果还揭示了泵浦功率阈值的存在,超过该阈值则无法形成确定性孤子晶体。此外,非线性模式耦合会引导缺陷孤子晶体的产生,主要包括Schottky型缺陷和多结构型缺陷。孤子晶体的融化—重结晶过程表明基于非线性模式耦合的孤子晶体具有较好的鲁棒性。

二、主要研究内容

孤子晶体相关研究结果如图1所示。从图中可以看出,完美孤子晶体的光谱平滑度较高,时域波形表现为等间隔的腔孤子排布,且二次谐波的波形表现为等间隔的暗脉冲排布。50次的统计结果中有48次能够得到所需的完美孤子晶体状态,表明了产生的孤子晶体具有较高的确定性。

图2对比了非线性模式耦合和模式交叉引导的孤子晶体产生的结果。从图中可以看出两者具有较好的相似性,均存在晶体整体左移和右移的情况。根据模式交叉引入的局域色散变化情况,非线性模式耦合同样会在特定的模式点处引入不同正负的色散相移,且负的色散

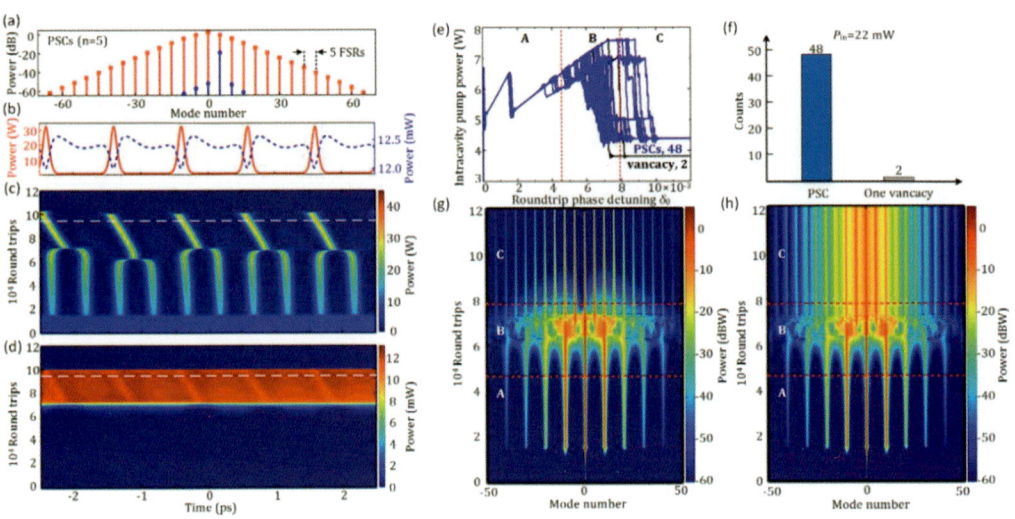

图 1 （a）基波（红线）和二次谐波（蓝线）的光谱分布；（b）对应的时域波形；（c）～（d）基波和谐波的时域波形随环程圈数的演化图；（e）～（f）不同初始噪声条件下，50 次腔内光场功率变化结果图；（g）～（h）完美孤子晶体产生和缺陷晶体产生光谱演化图

相移对应左移，正的色散相移对应右移。该值的正负主要由波矢失配和非线性增益系数间的匹配关系决定。

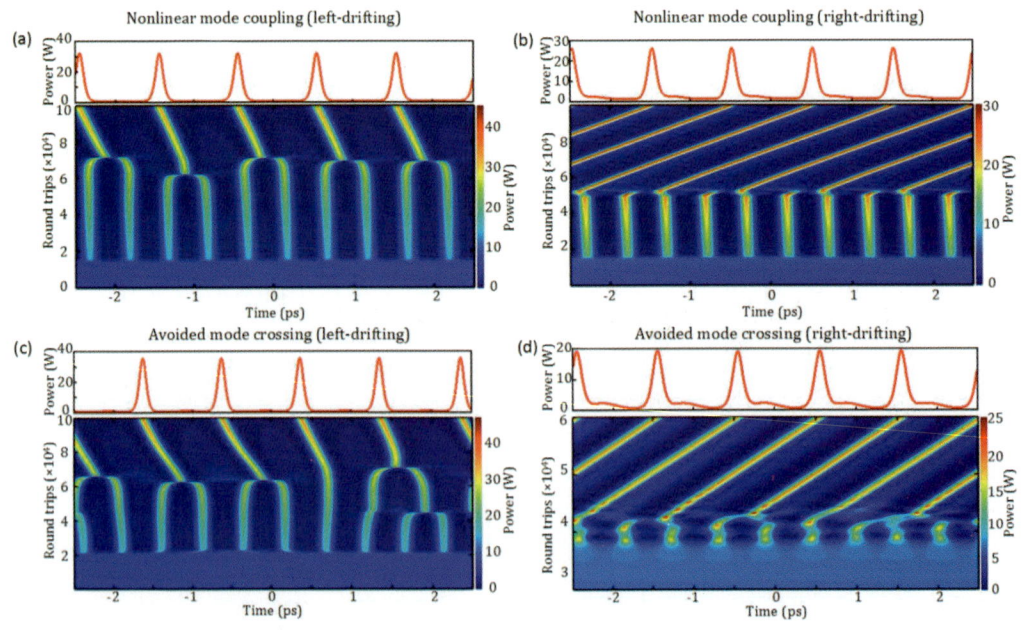

图 2 基波-谐波非线性模式耦合引导的孤子晶体时域波形演化（a）～（b）和模式交叉引导的孤子晶体时域波形演化（c）～（d）

图 3 展示了孤子晶体时域波形和光谱图随着失谐量的减小和增加过程的变化情况。当失谐量先减小时，孤子晶体时域波形逐渐变为混沌态，对应的光谱平滑度较低；随着失谐量的

增加,混沌态逐渐变回孤子晶体状态,表明了孤子晶体较高的鲁棒性。

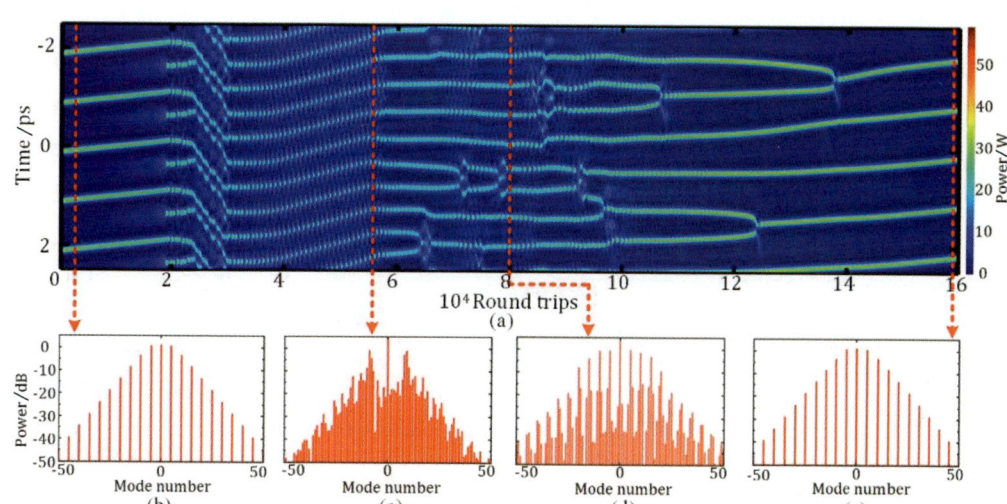

图 3 孤子晶体融化-重结晶过程的时域演化过程(a)和对应环程圈数下的光谱图(b)~(e)

三、主要结论

论文通过理论分析和数值仿真研究了非线性模式耦合引导的孤子晶体产生。在适当的波矢失配和非线性增益系数条件下,确定性的完美孤子晶体可由线性扫描泵浦频率的方法获得。研究结果表明孤子晶体的漂移方向与波矢失配和非线性耦合系数间的匹配关系密切相关,不同的匹配关系会在特定的边带模式处引入不同的色散变化。此外,孤子晶体的产生存在一定的功率阈值,泵浦功率超过该值时则无法产生孤子晶体,该结果与模式交叉的情况相似。研究结果还表明除了基波-二次谐波间的非线性模式耦合,基波-三次谐波间的非线性模式耦合同样可以引导孤子晶体的产生,表明了非线性模式耦合的普适性。这项工作可以作为腔孤子动力学的补充部分,并为超高重频脉冲和双波段频梳产生提供了一种可行的方法,有望用作光通信系统中的多波长光源,以及产生可见光波段频梳。

四、论文信息

该论文于 2021 年 2 月 3 日发表在 *Physical Review A* 期刊。

五、作者简介

黄田野,中国地质大学(武汉)教授,博士生导师,2012 年在华中科技大学国家光电研究中心获博士学位,2013 年至 2015 年在南洋理工大学光纤技术中心担任 Research Fellow,2016 年加入中国地质大学(武汉)机械与电子信息学院,一直从事集成光学、超快光学等领域的研究,主持省部级及国防项目 6 项,参与国家重点研发计划课题 1 项,以通讯作者或第一作者在 *Physics Review A*、IEEE *Journal of Lightwave Technology*、*Optics*

Express 等期刊上发表论文 112 篇,SCI 他引 883 次,受邀撰写综述 1 篇(IF:17.2),授权国家发明专利 6 项、实用新型 12 项,在学术会议上作特邀报告 7 次,2018—2020 年任深圳光电博览会(CIOE)——全球光电子会议激光技术分会主席。经过长期的研究提出了灵活产生三光子纠缠态的集成光子芯片方案;探究了非线性扰动引导的孤子动力学过程;构建了全光纤光载超宽带系统,具备信号产生、调制、传输及广播全功能,解决了视频感知网络中大规模数据长距离传输的问题并在平安城市中得到应用,获省级科技进步二等奖 1 项。

基于智能优化算法的一阶非完整系统连续状态反馈控制

一、研究背景与意义

非完整系统是指一类具有非完整约束的非线性系统,非完整约束的表现形式有一阶微分方程和二阶微分方程。具有一阶微分方程约束不可积的系统称为一阶非完整系统,具有二阶微分方程约束不可积的系统称为二阶非完整系统。这类系统在社会生活及工业生产中是广泛存在的,如作纯滚动无滑动运动的圆球、在冰面上滑动的冰刀以及由于推进器单一而无法直接实现全方位运动的深海潜艇等。

平面欠驱动机械系统是一类控制输入个数少于自由度个数的非线性系统,它不受重力约束,在水平面内运动。太空和深海机械设备在正常操控下都存在失重现象,因此这类系统在太空及深海等微重力环境中普遍存在。而且,当全驱动机械系统在运行过程中某一驱动装置发生故障导致全驱动系统成为欠驱动系统时,由于太空及深海等微重力工作环境的复杂性与多样性,系统难以人为直接操控,驱动装置难以得到修复,这时采用平面欠驱动系统的控制方法可以保证系统的持续运行,极大地提高了系统运行的可靠性。因此,研究平面欠驱动系统的稳定控制,对目前正迅速发展的航空航天及深海探测工程具有重要的战略意义。

平面欠驱动系统由于输入激励数目的减少,使得系统位形空间中的某些状态量不存在与之对应的控制输入,这个特点致使这类系统一般会具有一些非完整约束,因此大部分平面欠驱动系统均属于非完整系统。尤其是,首关节为欠驱动的平面多连杆机械臂为一阶非完整系统。传统控制理念认为,非完整系统不能通过连续状态反馈控制器实现其在平衡点处的稳定。因此,针对非完整系统的控制方法往往十分复杂。

针对上述问题,本文针对平面一阶非完整系统,提出一种基于智能优化算法的连续状态反馈控制方法,实现其末端点在任意给定平衡点处的稳定。借助智能优化算法,可以设计连续状态反馈控制器实现非完整系统在平衡点处的稳定,突破了传统控制理念的局限。

二、主要研究内容

本文研究对象为首关节为欠驱动的平面三连杆(Passive-active-active,PAA)机械臂,如图1所示,它是一阶非完整系统。它的第一关节不含驱动或制动装置,为自由转动关节。

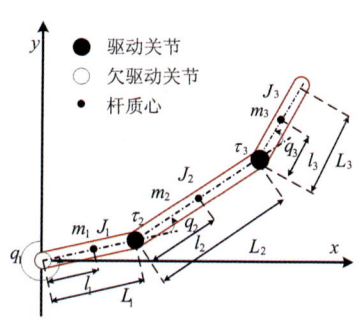

图1 首关节为欠驱动的平面三连杆机械臂系统结构图

论文主要围绕其连续位置控制方法展开具体研究。

首先,利用拉格朗日方法建立平面 PAA 机械臂系统的动力学方程;在此基础上,分析系统的积分特性,得出以下结论:当驱动关节角度以不同的轨迹变化(不同的角速度)并稳定在不同角度值时,欠驱动关节角度将随之被稳定在不同的角度值。

其次,为了在实现驱动关节控制目标的同时,能实现欠驱动关节控制目标,基于两个驱动关节的目标角度和角速度构造含有可调参数的李雅普诺夫函数,并基于此函数设计一组含可调参数的连续状态反馈控制器。

然后,以系统末端点的给定平衡点坐标作为评价指标,利用智能优化算法,对驱动关节的目标角度以及连续状态反馈控制器的设计参数进行优化。这样,当两个驱动关节角度被控制收敛到目标值时,欠驱动关节角度也随之收敛到目标值,即系统末端点稳定在给定的平衡点处。

最后,进行了数值仿真,仿真结果证明了连续状态反馈控制器的有效性和快速性,并证明了采用连续状态反馈控制器可以将非完整系统稳定在其平衡点。

三、主要结论

本文通过对平面一阶非完整系统的研究,突破了连续状态反馈控制器不能将非完整系统稳定在其平衡点的传统控制理念,具有十分重要的理论价值。

四、论文信息

该论文于 2020 年 6 月 16 日发表在 IEEE *Transactions on Systems, Man, and Cybernetics: Systems* 期刊。

五、作者简介

赖旭芝:中国地质大学(武汉)自动化学院教授、博士生导师,主要从事欠驱动机械系统控制、机器人控制、非线性控制和智能控制方面的研究,取得了重要成果:在具有单一欠驱动关节的垂直欠驱动机械臂控制方法研究方面,针对两连杆欠驱动机械臂,提出了基于能量的摇起控制策略以及基于倒转法的运动轨迹规划方法;针对具有单一欠驱动关节的多连杆机械臂,提出了基于力矩耦合、能量解耦以及降阶的控制策略;在欠驱动机械系统的运动规划和智能优化方面,针对仅首关节为欠驱动的平面多连杆机械臂的位置控制与位姿控制,提出了基于智能优化算法的分段控制方法,以及基于智能优化的连续状态反馈控制方法;针对中间单关节为欠驱动的平面多连杆机械臂,提出了基于智能优化算法的驱动连杆轨迹规划方法,实现系统的位置控制。曾作为访问学者和研究人员到日本东京工科大学、加拿大多伦多大学和加拿大圭尔夫大学进行国际合作研究,多次与国外学者进行学术交流。先后主持国家自然科学基金项目 4 项,国家 863 计划课题、教育部出国人员回国基金项目和湖南省自然科学基金项目各 1 项。在国内外学术刊物上发表 60 余篇与欠驱动机械系统控制研究相关的学术论文。

张盼:中国地质大学(武汉)自动化学院特任副教授,硕士生导师,中国地质大学(武汉)地大学者—青年优秀人才计划入选者。2018年10月至2020年9月受国家建设高水平大学公派研究生项目奖学金资助赴加拿大Concordia大学进行博士生联合培养。主要研究方向：欠驱动系统、机器人学、智能控制、非线性控制，以及磁控软体机器人的设计、建模及控制。

吴敏：中国地质大学（武汉）学术委员会副主任、未来技术学院院长、人工智能研究院院长、二级教授、博士生导师，IEEE会士（IEEE Fellow）、中国自动化学会会士（CAA Fellow）。主要研究方向：过程控制、鲁棒控制和智能系统。主持国家和省部级等科研项目37项，获国家自然科学二等奖1项，国家科技进步二等奖1项，省部级科技奖励11项。发表学术论文被SCI收录300篇，30篇论文进入ESI在工程领域的前1%高引用论文。获国际自动控制联合会（IFAC）控制工程实践优秀论文奖、中国过程控制学术贡献奖，2014—2016年和2020年入选科睿唯安（汤森路透）公布的全球高被引科学家名单。目前任IEEE *Transactions on Cybernetics*、*Control Engineering Practice*、*Information Sciences*、《控制理论与应用》、《信息与控制》、《探矿工程》和《冶金自动化》的编委，教育部高等学校自动化类专业教学指导委员会委员，中国自动化学会控制理论专业委员会副主任、过程控制专业委员会常务委员，中国仪器仪表学会智能工厂专业委员会常务理事，湖北省自动化学会常务理事，湖北省人工智能学会常务理事。

增材制造高性能石墨烯复合材料综述

一、研究背景与意义

采用增材制造技术(3D打印)按需制备金属、陶瓷、聚合物及生物材料复杂结构在诸多领域具有举足轻重的意义,3D打印石墨烯功能材料由于精确的多尺度结构剪裁和新颖的几何形态设计特点,较传统碳纳米材料展现出更优的力、电、热学等性能调控特性,推动了石墨烯多尺度优异特性在宏观大尺度上的利用和多功能化发展。随着5G技术、军事探测技术的迅猛发展,电磁干扰/电磁污染成为人类健康和国防安全的"杀手",开发民用/军用的"轻、薄、宽、强"多功能石墨烯材料具有较高的研究价值和应用前景。然而三维结构石墨烯由于其成形缺陷时有发生,吸波机理尚未完全探明,存在电磁性能可调控性差、结构形态可剪裁性差、承载力/耐久性差等问题。因此,多尺度3D打印石墨烯的可控构筑与多功能一体化是微纳制造领域的前沿技术和研究热点。

二、主要研究内容

石墨烯复合材料吸波性能和柔性结构一体化的关键问题

"轻质、超薄"吸波材料结构需要在实现宽带吸收的前提下尽可能降低厚度,而厚度降低一定程度后会使其远小于工作波长,即达到深亚波长厚度,这种情况下材料的性能会受到Plank-Rozanov极限的限制,很难实现宽带吸收。在深亚波长厚度下提供吸波性能成为吸波材料性能突破的关键,同时多环境应用要求功能集成化,如多频段及多功能适应性,这也限制了吸波材料应用。当前关于轻质、柔性吸波器件的开发主要集中在聚合物基体的裁剪与拼接,难以实现性能调控,且结构单一,无法满足实际应用需求和工况条件。现有针对穿戴式柔性屏蔽材料、结构的相关研究,极大多数集中在对纸基/纺织类等基体,通过浸渍来实现柔性和多功能性,难以满足穿戴防护器具的抗冲击性、耐磨性、韧性以及人体共形的动态需求特点。如何在仿生结构中寻求再设计是多功能结构/材料的重难点问题。仿生序构材料通过基元排列及基体的材质选择,可实现柔性、抗冲击、耐腐蚀以及多频段适应性功能。以仿生学设计为突破口,提取自然界具有电磁波吸收作用的生物模型,将吸波材料制备成仿生基元进行序构排列,突破传统吸波的性能局限,将其设计成具有柔韧性和吸波性能一体化的仿生结构,实现力学承载(结构柔韧性和抗压性)和宽频吸波隐身效果的双重功能。

三、主要结论

基于超带宽吸波材料的仿生设计与多尺度3D打印技术,通过电场驱动成形精准构建和

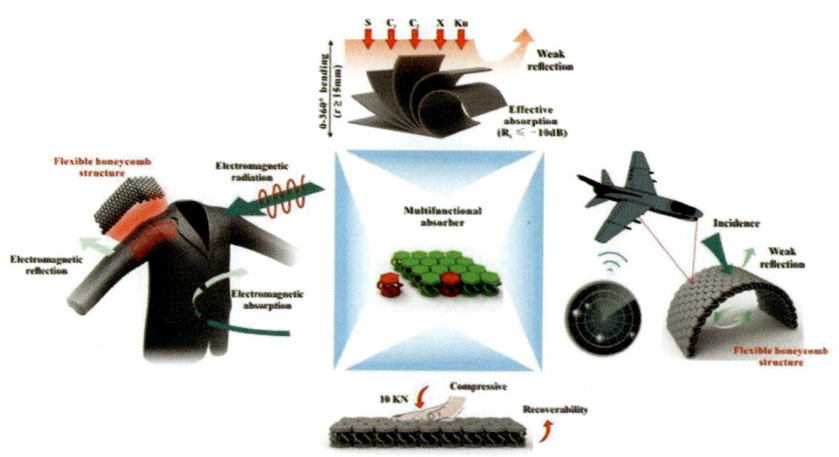

图 1　3D 打印多功能轻量化柔性吸波器

多维数据共生联动的仿生序构设计,3D 打印构筑石墨烯微纳结构为探讨"增材制造多功能石墨烯柔性吸波器仿生设计与穿戴防护"提供重要的科学理论基础,在可穿戴民用/军用电磁防护领域均具有重要的理论研究意义。

四、论文信息

该论文于 2019 年 6 月 11 日发表在 *Compos. Part A Appl. Sci. Manuf.*(IF=9.463)期刊,google 学术引用 113 次。

Yan Li, Zuying Feng*, Lijing Huang, Khamis Essa, Emiliano Bilotti, Han Zhang, Ton Peijs, Liang Hao*, 2019. Additive manufacturing high performance graphene-based composites: A review. *Compos. Part A Appl. Sci. Manuf.*, 124: 105483.

五、作者简介

李妍,副教授,博士研究生导师,珠宝学院实验教学中心主任,"地大学者"青年拔尖人才(2021),"地大学者"青年优秀人才(2017)。入职后主持 10 项科研项目(含国家自然基金青年项目、武汉市科技局项目、中央高校杰出人才项目、湖北省自然基金面上项目),作为学科骨干参与 8 项科研项目(国家重点研发计划子课题、国家自然基金面上项目、湖北省揭榜项目、中英国际交流合作项目、英国战略技术委员会资助 Nanosynth Project 项目、欧盟 Polygraph 项目)。发表学术高水平期刊论文 70 篇,SCI 论 52 篇,一作/通讯 SCI 论文 34 篇,参编英文专著 3 部(2 部 Elsevier 出版)。担任 10 余个国际学术期刊杂志审稿人(*G&G*,宝石学顶刊); *Additive Manufacturing*, IF=11.632, JCR Q1),在 Google 学术被引用 600 多次。业务资质:国家珠宝玉石质量检验师执业资格证书(HG 0001097),FGA 宝石协会鉴定师证书(No. 100/2778/6)。

主要学术贡献:

(1)国际率先公开报道蜜蜡的形成机理和"水煮蜜"琥珀汽化处理技术(宝石 TOP1 期刊

$G\&G$ 专题长文),首次解释了多米尼加蓝珀的荧光"跳色机理"(宝石 TOP2 期刊 $J\&G$ 论文 1 篇),揭示辐照血珀中"树枝状纹路"的辐照机理以及检测技术($G\&G$ 国际新闻短文)。获同行专家好评,2021 年成为 $G\&G$ 审稿人。

(2)高分辨率高导热金刚石复合材料激光选取熔融增材制造关键技术,创新性地提出了在三维 SLM 纯铜多孔结构上进行石墨烯/金刚石原位功能强化新策略,揭示了铜基底上石墨烯/金刚石的 CVD 生长新机理,3DG/Cu 多孔支架在电磁屏蔽和热管理领域成为潜在新材料(4 篇 T1 论文,主持获批武汉市科技局项目,湖北省揭榜制项目课题,英国国际会议二等奖)。

(3)研发增材制造(3D 打印)柔性变形的铰链式可穿戴吸波结构,实现多角度变形、力学承载和吸波性能一体化(Carbon 封面)。首次报道激光增材成型三周期极小曲面仿生超材料轻量化,拓展应用于智能可穿戴领域设计(英文专著 1 部,中文专著 1 部,发表 3 篇 IF>7 的论文)。

基于软件定义的边端系统一体化的任务调度优化

一、研究背景与意义

李克强总理于 2020 年 4 月 28 日在国务院常务会议中指出：我国应加快信息网络等新型基础设施建设，以"一业带百业"。2021 年 3 月 5 日发布的"十四五"规划也提出了"加快数字化发展，建设数字中国"，以数字化转型整体驱动生产方式、生活方式和治理方式变革的发展目标。与此同时，在《国务院关于积极推进"互联网＋"行动的指导意见》《国务院关于深化"互联网＋先进制造业"发展工业互联网的指导意见》等文件中也指明我国当前将重点促进以 5G、大数据、人工智能、物联网、云计算、边缘计算等为代表的新一代信息技术与制造、能源、服务、农业等领域的融合创新。上述领域均涉及海量、低时延、多样性的数据处理需求，伴随我国当前 5G 的飞速发展，边缘计算被视为云计算的重要补充，甚至替代。特别是随着 6G 被提上日程，发展边缘计算以发挥 6G 的超低时延优势，被视为未来计算的新兴发展趋势。边缘计算通过将计算需求转移至靠近用户的一侧，利用网络边缘的计算资源承载云计算服务，利用"数据上行、服务下行"的方式，突破了"云－端"两级架构的局限性。其巨大潜力得到了政府、学术界和工业界的广泛关注。然而，从发展现状看，阻碍边缘计算发展的主要因素之一是任务的高效调度编排。边缘计算环境中的任务通常通过容器化封装后由控制层的容器部署调度系统进行编排，并部署至合适的计算节点上运行。而计算节点根据编排部署规划从镜像仓库中拉取下载所需的任务镜像用以计算相应的任务。然而，由于边缘计算区别于云计算的设备高异构、拓扑非规则、资源广分布广、环境高动态等固有特性，

当前，计算环境正朝着高度异构的方向发展，各种硬件、软件和操作系统层出不穷。同时，面向各类需求的应用也不断涌现。传统仅依赖于单机(如各类移动设备、嵌入式设备、物联网设备等)的应用开发与运行模式逐渐无法满足日益多样化的用户需求。一方面，单机应用功能固化，可扩展性差；另一方面，单机性能受限，往往可能无法承载越来越高的算力需求(如各类边缘智能应用)。"软件定义"，通过空中编程实时更新单机功能，实现功能的按需在线定义，能够充分挖掘单机硬件潜力，灵活满足功能需求。同时，软件定义利用软件赋能硬件，进而解耦上层应用软件和底层硬件资源之间的紧耦关系。应用所需算力不再局限于某一单机设备，而能够灵活地在网联算力设备上进行灵活调度优化，进而实现对硬件资源的统一管控、按需配置与分配。因此，使用软件定义技术为云边端系统提供软件分发、路由选择、服务升级等全栈式管理，可有效提升系统运行效能、降低系统维护开销、提升系统弹性。

二、主要研究内容

边缘计算通过与5G等高速通信技术融合,实现就近算力供给,是解决传统单机算力不足的有效手段。本文针对传统的嵌入式应用系统难于适应日益多样化、高算力需求这一困境,提出了基于软件定义的边端一体化系统架构,使计算任务灵活运行于边缘侧与端侧,充分有效利用各种算力,同时实现存储资源、网络资源与计算资源的协同优化,降低应用响应时延,提升服务质量。

以算为中心,网为根基,实现边缘侧与端侧设备协同承载计算任务是构建边端一体化系统的关键(图1)。当系统进行任务处理时,可以指定一个边缘服务器来执行来自弱算力端侧设备的任务(图2中的任务1),但是网络边缘上的资源有限,延迟也不同。有些任务也可以在客户机上处理以获得更快的响应(图2中的任务2)。如何系统地管理FC-SDES上的资源和任务调度仍然是一个有待解决的问题。为了提供好的用户体验,需要一种有效的资源管理和任务调度机制,以最小化任务完成时间。为此,本文的主要研究内容涵盖以下四个问题:①任务镜像的放置位置选取,②任务的计算位置选取,③边缘节点中的计算服务器使用选取,④存储服务器的使用选取。本文通过对FC-SDES中的任务调度优化问题进行建模,将存储服务器上放置任务镜像副本的放置问题与任务完成时间同时作为优化问题的约束条件,并将该优化问题归结为一个混合整数非线性规划(MINLP)问题。在此基础上,本文研究并提出了一种调度策略。当在计算任务可以被客户端或边缘端处理的场景下,该策略可以通过平衡双方的工作负载,从而最小化所有请求的总体计算和传输延迟。

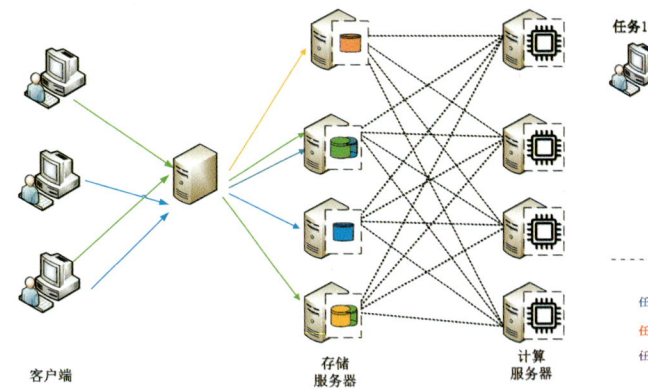

图1 边缘计算支撑的软件定义嵌入式系统的逻辑视图

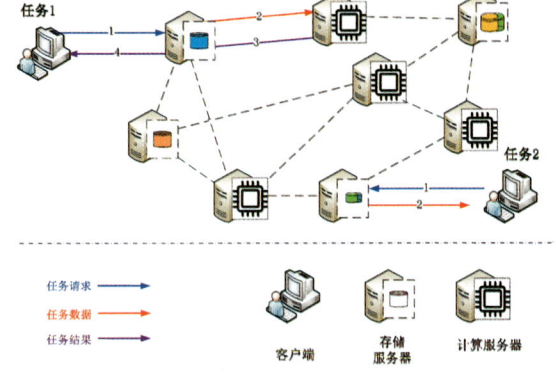

图2 边缘计算支撑的软件定义嵌入式系统中的任务处理

三、主要结论

本文研究了基于软件定义的边端一体化系统中,考虑软件镜像放置和任务调度两个因素下的任务完成时间最小化问题。首先,综合考虑软件镜像部署位置、设备计算能力异构、网络带宽限制等因素将该优化问题表述为混合整数非线性规划(MINLP)问题。为了解决高计算复杂度的问题,本文进一步基于贪心策略提出了一个三阶段任务完成时间最小化的启发式算融合技术,实现岛礁大区域水深探测及结果精度验证;发展全星链路下的快速、高精度、高可靠性的海岛礁典型环境要素时空数据挖掘方法与智能探测理论。

三、主要结论

论文提出的光子计数激光雷达自适应椭圆滤波测深技术,可进行快速、高效、高精度的光子区域分离和信号光子自动提取,实现高精度、高可靠性水深与地形探测。全星载链路下该方法的水深与地形探测精度可达0.48m,目前该精度达到星载测深领域中最高精度,并且本论文提出的方法是全球首个针对星载光子计数激光雷达实现了自适应水深的全自动化光子滤波与测深方法。

四、论文信息

论文于2021年4月15日发表在 Remote Sensing of Environment,256卷,文献号112326。作者:谌一夫,乐源(通讯),张东方,王勇,邱振戈,王力哲。该期刊影响因子13.85,在国际遥感领域排名Top 1,是中科院顶级期刊。论文研究内容与技术方案在星载光子计数激光雷达测深领域具有开创性与奠基性,国际同行专家多次引用;研究内容已获批1项美国国家发明专利(USPTO),并获得了专利证书,基于该论文的相关研究,申请获批国内发明专利与软件著作权近20项,相关研究论文被美国国家航空航天局(NASA)官方收录。

五、作者简介

谌一夫,长期从事摄影测量与遥感领域相关研究。主要研究方向为多源遥感对地观测数据处理、激光潮间带与海岛礁测绘。曾在国家测绘地理信息局卫星测绘应用中心,深度参与我国首颗高分辨率三线阵立体测图卫星资源三号的研发工作。通过长期研究与积累,对多源遥感数据处理、机载激光雷达潮间带测绘及光子计数激光雷达海岛礁探测具有较深入的研究。目前,已在国内外著名期刊和国际会议上发表论文30余篇(包括国际著名遥感期刊 Remote sensing of Environment,ISPRS Journal of Photogrammetry and Remote Sensing,IEEE Transactions on Geoscience and Remote Sensing,Optic Express 等),专利20余项,出版40万字以上的著作2部。在第六届全国激光大会上,以特邀嘉宾身份作《光子激光雷达与多光谱影像联合的浅海水深反演》主题报告,获得了国内外学者的一致好评。

研究期间主持了国家自然科学基金面上项目"融合光子计数激光雷达与遥感影像的浅海底质识别研究";主持了"海岛礁典型环境要素遥感智能提取与识别""单光子激光雷达浅海水深测量关键技术研究""基于双介质摄影测量技术的水深反演方法及卫星关键指标研究"等横向项目;并参与了"基于国产高分辨率卫星的海洋测绘关键技术研究""基于激光雷达的潮间带测绘关键技术""基于在轨成像物理机理的国产卫星测绘精度分析模拟系统""民用航天技术预先研究项目""卫星测图精度检校专用测绘装备""资源三号卫星高精度几何检校"等多项国家级、省部级重点研究项目。

一种最大时长卫星通信链路方法、设备及其存储设备

(发明专利)

一、研究背景与意义

卫星通信链路设计本质上就是一个路径优化问题。与传统路径优化问题存在较大差异,卫星通信链路设计问题中节点高动态性、通信实效性要求较高,且由于卫星通信网络一般由多层次卫星组成,并不能简单地将其转换成图问题求解。卫星网络高动态特性,使得通信链路一直处在一个频繁变更状态,如果采用点到点的传输方式,将带来较大的时延。因此,在信息实效性要求越来越高的背景下,如何构建星间通信链路,实现卫星之间实时高效地传输信息,是包括通信卫星、导航卫星、遥感卫星在内的各类卫星系统中的一个关键核心问题。

二、主要发明内容

本发明构建了一种最大连接时长卫星通信链路模型,设计了一种基于 K 短路径的最大时长卫星通信链路方法。所述方法如下:

S1:将卫星集进行分层,得到的层数记为 n;

S2:初始化每层中每颗卫星到邻层中每一颗卫星的连接时长,不可连接卫星间时长标记为 maxtime;

S3:从第 $n-1$ 层卫星到第 1 层卫星进行链接循环;

S4:记录从第 1 层起点卫星到第 n 层终点卫星的链路;

链路的建立方法为:在每层一个卫星与相邻层卫星连接的链路中选取连接时长最长的链路,单条链路的连接时长由链路内所有连接卫星的链路中时间最短的链路决定。

S5:对每个第 1 层起点卫星到第 n 层终点卫星的链路,构建了最大连接时长链路模型,设计了基于 K 短路径的卫星最优通信链路算法,来选取最优链路;

S6:在最优链路中设定时间阈值,在时间阈值内的时间点查询最优链路是否需要更新;

S7:需要更新时再次进行所述链接循环;否则继续使用当前最优链路。

三、主要结论

本发明提供了一种最大时长卫星通信链路方法、设备及其存储设备,首先将卫星集合分层归类,然后通过选取单条链路的连接最长时间,并以卫星间链路连接最短时间作为约束条件,构建了最大连接时长卫星通信链路模型,设计了基于 K 短路径的卫星最优通信链路算

法,最终实现了星间信息的高效传输。

本发明已应用于民用空间基础设施部分卫星组网及顶层设计论证(图1)、北斗系统可靠性重大专项的星地星间链路构建与分析(图2)。

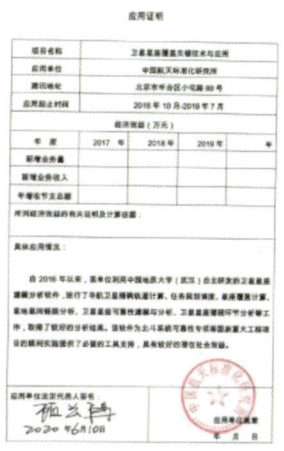

图 1　在国家民用空间基础设施中的应用　　图 2　在北斗系统可靠性重大专项中的应用

以本发明为核心技术的成果已获湖北省科技进步奖二等奖(图3)、中国仿真学会创新技术一等奖(图4)、首届全国博士后创新创业大赛优胜奖暨湖北省选拔赛第一名(创新赛新一代信息技术赛道)(图5)等奖励,并先后两次入选了由中央军委装备发展部主办的第二届(2016年)、第三届军民融合发展高科技成果展览(2017年),如图6和图7所示,受到中央领导的参观,也入选并参展了第21届中国国际高新技术成果交易会等。

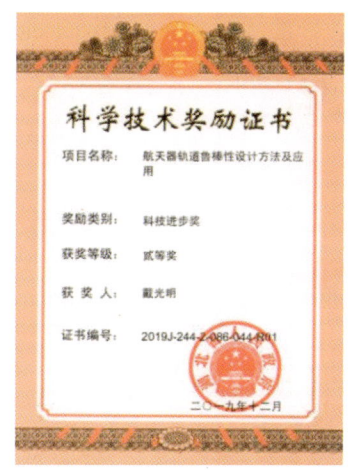

图 3　获湖北省科技进步二等奖　　　图 4　获中国仿具学会创新技术一等奖

图 5　获全国博士后创新创业大赛优胜奖　　　图 6　入选第二届军民融合发展高科技成果展览

图 7　入选第三届军民融合发展高科技成果展览

四、专利信息

该专利为发明专利,于 2017 年 9 月 15 日申请,2019 年 9 月 17 日授权,专利号为:ZL 2017 1 0832238.4,专利权人为:中国地质大学(武汉),发明人为:戴光明、王茂才、彭雷、宋志明、武云、汪耀斌、张勇。发明专利授权证书如图 8 所示。

五、作者简介

戴光明,二级教授,湖北名师,博士生导师。国家"623"专项(国家自然灾害空间信息基础设施专项)专家,德国海德堡大学高级访问教授。主持了国家"十一五""十二五""十三五""十四五"民用航天预研项目连续四个五年计划、国家重点研发计划、国防创新特区项目、国家自然科学基金等各类课题 40 余项。出版学术专著 7 部,已授权发明专利

图 8　发明专利授权证书

12 项、软件著作权 20 余项,公开发表论文 100 余篇,获省部级以上各类奖励 6 次。成果先后入选由中央军委装备发展部主办的第二届、第三届军民融合发展高科技成果展览,以及第 21 届中国国际高新技术成果交易会等。

2012—2021

哲学社会科学篇

加快应急管理现代化建设　协同推进自然灾害综合治理的建议

一、研究背景与意义

湖北省地处华中腹地,是全国重要水源涵养地和重要生态屏障,地跨秦巴山区、武陵山区、大别山区、幕阜山区及三峡库区生态环境脆弱区,地质环境条件复杂,区内地质灾害多发、易发、频发,2016、2017年连续两年发生灾害数位居全国第二,成为全国受地质灾害威胁人口最多、经济损失最大的省份之一,防治形势严峻。湖北省委、省政府高度重视地质灾害防治工作,加强法规制度建设,印发《关于加强地质灾害防治工作的实施意见》(鄂政发〔2012〕32号)和《贯彻落实省人民政府关于加强地质灾害防治工作实施意见重点工作分工方案》(鄂政办函〔2012〕55号),基本形成了较完整的地质灾害防治管理体系,保证了湖北省地质灾害防治工作的针对性和科学性。湖北省地质灾害防治工作成效显著,地质灾害综合防治体系不断健全,但形势依然严峻,存在着基础调查评价精度不足、监测预警体系不完善、区域风险防控体系缺乏以及技术创新不够等诸多薄弱环节,防治体系运行过程中存在着联防联控机制不够健全、新增隐患点识别的工作深度不够、资源整合融合力度有待进一步加强等问题。调研组围绕自然灾害综合治理问题走访了省应急管理厅、省自然资源厅、省水利厅、省地质调查局等相关部门,考察了三峡库区、丹江口库区,针对湖北省自然灾害综合治理存在的多主体协同治理机制不健全、基层灾害防范意识薄弱、关键科学技术力量短板等问题,针对性提出建议,建议获得时任湖北省副省长李乐成肯定性批示。

该研究为加强和优化湖北省自然灾害综合防治的顶层设计、建立健全的自然灾害联防联控协同治理机制、加强自然灾害防治技术方法创新与应用、促进湖北省自然灾害综合治理信息化建设提供优质可行的建议,有利于加强湖北省防灾减灾救灾工作的决策部署,提高湖北省抵御自然灾害的综合防范能力,切实维护人民群众生命财产安全,为全面建成小康社会提供坚实保障。

二、主要研究内容

1. 进一步做好自然灾害综合防治的顶层设计

建议省委、省政府加强自然灾害防治理念创新,进一步加强和优化湖北省自然灾害综合防治的顶层设计,制定规划体系,加强自然灾害综合防治的相关管理制度、办法以及技术文件的制定,健全早期识别、监测预警、治理修复的长效机制,实现全省规划、监测、治理"一张图"。

一是坚持以防为主、防抗救相结合,坚持常态减灾与非常态救灾相统一,努力实现全社会从注重灾后救助向注重灾前预防转变,从应对单一灾种向综合减灾转变,从减少灾害损失向注重减轻灾害风险转变。二是统筹建立"空、天、地(地表、地下、水下)"立体监测体系,建设自然灾害大数据中心,实现社会生态要素的全息监测和智慧管理,作为自然灾害问题的诊断依据。三是进一步加强自然灾害的系统建设,推进生态防护法律体系建设,出台针对不同类型自然灾害的专门法律法规或政策文件。

2. 加强自然灾害联防联控协同治理机制创新

建议建立健全自然灾害联防联控协同治理机制。一方面,建立由政府、企业、社会等多元主体共同参与的核心机构,即以省应急管理厅牵头,包含省自然资源厅、省民政厅、省地震局、省水利厅、省卫健委、省气象局、省住建厅、省交通运输厅、省农业农村厅、省林业局、省红十字会、省总工会、团省委、省妇联等,作为自然灾害危机应对系统的中枢,赋予其充分的领导权力并提供充足的资源。另一方面,构建基于区块链的自然灾害应急管理决策支持系统,通过区块链的天然分布式架构,利用和分布式网络、协同共治、自动实时响应、可追溯性等特点,促进多元主体间数据资源的高效流通、整合利用,为灾害应急决策分析提供可靠依据,从而实现各治理主体之间充分的信息共享与资源整合,协同治理自然灾害。

3. 加强自然灾害防治技术方法创新与应用

依托湖北现有的科教基础,以自然灾害风险普查为契机提前布局,将自然灾害综合防治提到更高的位置。一是积极推行运用地理信息、大数据、区块链、卫星通信等先进技术手段,将先进的科学技术手段与有效的自然灾害防治挂钩,让技术落地,更好地服务湖北省的自然灾害防治,进一步提升湖北省自然灾害防治能力。二是推进有条件的高等院校、科研院所培养自然灾害防治专业技术新人才,共建自然灾害应急决策与仿真中心。研发复合灾害衍生风险与多灾种组合灾变风险传递叠加评估技术,突破自然灾害早期识别、监测预警、治理中的关键技术性问题,提升自然灾害监测预警和灾害风险精细化调查评价水平。三是重点支持洪涝、地质灾害防治等领域的科技创新,持续发力监测预警技术与装备。突破地质灾害监测预警传感器网络的关键技术性问题,加强技术集成和示范应用研究,建立基于湖北省全省的地质灾害监测预警系列标准,加快地质灾害物联网技术的推广应用,并制定鼓励推广应用的政策措施。

4. 建设湖北省自然灾害综合治理信息中心

按照"省级统一建设、市县分级应用"的模式,开展湖北省自然灾害综合治理体系信息系统建设。一是依照最新数据标准,持续完善数据库建设,根据调查、排查、巡查资料及时更新数据信息,完成全省至各县市的自然灾害防治全信息"一张图"。二是充分利用省级网络资源和云平台,重点建设服务于省内自然灾害防治的省级环境数据中心和信息平台,面向省、市、县三级用户,实现数据集成与资源共享,为多行业通道提供数据接口。达到"信息全、数据新、网络通、方便用"的4个目标,全面提升全省自然灾害防治信息化保障能力。三是建立全时域自然灾害案例库,包括灾害的基本信息、灾害损失信息、救灾工作信息、致灾信息及社会经济信息等。四是构建自然灾害风险感知、心理疏导、舆情监测预警管理决策系统。五是开展应对自然灾害综合应急能力的评估,补齐短板,同时做到心中有数。

三、主要结论

(1)加强自然灾害防治理念创新,进一步加强和优化湖北省自然灾害综合防治的顶层设计,制定规划体系,加强自然灾害综合防治的相关管理制度、办法以及技术文件的制定,健全早期识别、监测预警、治理修复的长效机制,实现全省规划、监测、治理"一张图"。

(2)建立健全的自然灾害联防联控协同治理机制,包括建立由政府、企业、社会等多元主体共同参与的核心机构和构建基于区块链的自然灾害应急管理决策支持系统,从而实现各治理主体之间充分的信息共享与资源整合,协同治理自然灾害。

(3)依托湖北现有的科教基础,以自然灾害风险普查为契机,积极推行运用地理信息、大数据、区块链、卫星通信等先进技术手段,推进有条件的高等院校、科研院所培养自然灾害防治专业技术新人才,重点支持洪涝、地质灾害防治等领域的科技创新,持续发力监测预警技术与装备。

(4)按照"省级统一建设、市县分级应用"的模式,开展湖北省自然灾害综合治理体系信息系统建设,重点建设服务于省内自然灾害防治的省级环境数据中心和信息平台,建立全时域自然灾害案例库,构建自然灾害风险感知、心理疏导、舆情监测预警管理决策系统。开展应对自然灾害综合应急能力的评估,补齐短板,同时做到心中有数。

四、论文信息

该建言献策获得时任湖北省副省长李乐成肯定性批示,并于2021年5月18日发表在湖北省社会科学界联合会创办的《社情民意》。

五、作者简介

郭海湘,男,中国地质大学(武汉)科学技术发展院副院长、教授、博士生导师,主要从事应急管理系统仿真与决策的相关研究工作。担任武汉市突发事件应急委员会应急管理专家,武汉市人民政府第八届决策咨询委员会委员,政协湖北省第十二届委员会经济委员会应用型智库专家,湖北省第一次全国自然灾害综合风险普查专家组成员。入选教育部、中宣部、自然资源部高层次人才计划,入选湖北省高等学校优秀中青年科技创新团队计划、青年科技晨光计划。

作者聚焦重大突发事件应急决策问题进行了系统的研究,"解决三个难题,覆盖三个阶段,围绕两条链,实现一个目标":以解决灾害多源异构数据集成复杂、灾害链识别难、灾前韧性评估精度低、应急预案适配性较低、灾中及灾后人员和物资调配效率和救援效率低三个现实难题,覆盖灾前、灾中和灾后三个阶段,围绕灾害链和数据链,以实现防灾救灾减灾能力提升,推动应急管理现代化为目标,取得了一些重要学术成果。作为主要完成人,获得湖北省发展研究奖一等奖,第九届湖北省高等学校教学成果奖一等奖,国土资源部(现为自然资源部)

科学技术二等奖,第十一届、第十二届、第十三届湖北省社会科学优秀成果二等奖,湖北省科技进步三等奖,湖北省自然科学优秀学术论文二等奖等。作为项目负责人先后主持国家社会科学基金重点项目 1 项,国家自然科学基金 4 项,教育部人文社会科学研究项目 2 项,教育部哲学社会科学研究后期资助项目 1 项,湖北省青年科技晨光计划项目 1 项等。在国内外学术期刊发表论文 100 余篇,其中,被 SCI 收录 50 篇次,EI 收录 28 篇次,SSCI 收录 10 篇次,CSSCI 收录 30 余篇。2 篇论文入选 ESI 高被引论文,1 篇入选中国精品科技期刊顶尖学术论文。出版专著 5 部,教材 3 部,其中 1 部为"十三五"规划教材。坚持问题导向,强化需求牵引,积极建言献策,所撰写的重要建议报告得到疫情防控相关职能部门采纳,多次获得湖北省委、省政府领导和武汉市委、市政府领导的肯定性批示,相关建议多次收录在新华社《政务智库报告·突发事件管理月报》,受到社会各界广泛关注。

联合国 IFAD 中国项目减贫效率测度：基于 7 省份 1356 农户的面板数据

一、研究背景与意义

和平与发展是当今世界的主旋律，消除饥饿和贫困是实现世界公平发展和可持续发展的首要目标。2000 年 9 月举行的"千年首脑会议"通过了联合国千年宣言，承诺在 2015 年之前将全球贫困人口减少一半，随后提出了"千年发展目标"（MDGs）。千年发展目标是国际社会维护人类尊严、平等和公正，以及帮助世界摆脱极端贫困的庄严承诺。习近平主席指出：全面小康是全体中国人民的小康，不能出现有人掉队，未来 5 年，我们将使中国现有标准下 7000 多万贫困人口全部脱贫。国务院提出动员社会各方面力量参与扶贫开发，深入推进集中连片特困地区扶贫开发，实施精准扶贫、精准脱贫。中国是世界第二大经济体，也是世界贫困人口第二大来源国。改革开放以来，中国政府以极大的政治意愿在加快发展国民经济的同时，强有力地推进扶贫开发战略。按照中国政府的扶贫标准，1978—2010 年间累计减少贫困人口 2.5 亿人；参考国际扶贫标准，中国这一时期共减少了 6.6 亿贫困人口，占同期全球贫困人口减少总数量的 93.3%。中国需要调整经济增长方式，以实现更加有利于贫困人口的经济增长，同时也要改变扶贫项目的实施方式而帮助更多的贫困人口摆脱贫困（汪三贵，2008）。

联合国国际农业发展基金（IFAD）是一个致力于全球农村减贫使命的联合国专门机构。国际农业发展基金设定了 2010—2015 年间在全世界通过 IFAD 项目支持减少 8000 万贫困人口的目标。IFAD 从 1981 年开始与中国政府开展了长达 34 年的合作，积极参与到中国农村的减贫事业并做出了重要贡献。截至 2014 年初，IFAD 共向中国批准了 27 个项目，投资总额达 7.751 亿美元（名义值），加上政府的配套资金，这些项目的总投资达到 19.3 亿美元。IFAD 项目惠及中国西北、西南和中部 20 多个省（市、自治区）的农村贫困地区。

IFAD 中国项目实施的绩效如何，一直备受关注。中国项目区究竟有多少贫困人口由于 IFAD 项目的实施而脱贫致富；又有多少贫困人口由 IFAD 项目实施带来了经济条件的改善；在中国经济快速发展和贫困人口大幅度下降的大环境下，IFAD 项目对于项目区贫困人口减贫、粮食安全和农业生产率、弱势群体赋权、抵御自然灾害和风险的能力方面的实际贡献到底有多大；对于这些至关重要的问题，IFAD 现有的项目监测评价体系没有办法给出答案。迄今为止，也没有任何第三方独立的评估机构和科学研究成果能够回答这些问题。对于这些问题的回答不仅有利于科学评价 IFAD 项目对项目区经济社会发展和受益人脱贫致富的实际贡献，同时，对中国政府当前大力推进的精准扶贫和精准脱贫、构建和谐社会也具有重要的借鉴意义。

二、主要研究内容

(1)全国大样本实地调研。本文项目评估组从2014年11月10日开始,先后按本次评估的设计要求赴7个省项目区进行了为期3个月的实地调研(图1、图2)。项目评估组在3个月内赴7个省项目区的49个村逐一开展了农户问卷调查以及项目办/村干部的访谈问卷调查,采取3人一组(包括2个调查员和1个监督员),入户调查的方式。调研团队一共获取1356份农户问卷和96份访谈问卷的一手数据。与此同时,还记录下了每一户的地理坐标(经度和纬度)。实地调研团队在各地项目办和村干部的协助下,翻山越岭、走村串户,跨越了恶劣天气、少数民族语言、不同民族生活习惯等诸多障碍,以顽强的毅力在中国大西北、大西南寒冷的冬季完成了实地调研任务。

(2)采用准实验研究方法,设计了干预组和对照组及样本容量,构建了项目前后两个时点1356户的大样本面板数据。

(3)采用农户资产指数和农户贫困指数两个稳定的贫困代理指标,以过滤时间效应的测量误差。

(4)采用双差分、倾向匹配得分和面板回归等多种方法,定量分析了联合国IFAD项目对农村减贫的净贡献。

图1　项目组在IFAD项目区实地调研　　　　图2　项目组在IFAD项目区实地调研

本文的理论贡献:

(1)基于准实验研究方法(Quasi-Experimental Method),本文设计项目前和项目后2个时间点,确定了抽样总体,建立了项目干预组和对照组两个组别,构建了农户的大样本面板数据。根据研究设计模拟在不同情景下受益群体人均纯收入的改善程度,并根据国际农业发展基金项目在中国地区实施的实际情况,基于倾向得分思想,在理论结果的基础上又增加了50%的农户样本容量,最终确定了本次评估的样本量。

(2)以农户资产和农户贫困指数作为贫困代理指标,对农户的生计状况进行了多维测度。本文对贫困的测度主要基于反映农户资产拥有状况的农户资产和反映农户生活的16个方面的农户贫困指数这两个贫困指标,以控制因时间跨度和货币价值波动所带来的测量偏误,更加客观全面地测度了项目区农户贫困的动态变化。

(3)本文结合倾向得分匹配法(Propensity Score Matching,PSM)、双差分法(Difference in Difference，DiD)和面板数据回归等方法，对IFAD中国项目减贫效率进行了定量分析。从农户资产、农户贫困指数、贫困人口赋权和妇女地位、粮食安全和农业生产率、自然资源、环境和风险抵御能力等方面全面地测度了IFAD项目的减贫效果；并对影响农户生计状况的因素及项目的平均处理效应(Average Treatment Effect on the Treated，ATET)进行了分析，以揭示IFAD项目区对脱贫率的净贡献。本文旨在构建减贫效率分析的理论框架，以期为合理评估扶贫项目效果和精准脱贫提供科学依据和理论指导。

三、主要结论

IFAD项目对中国农村贫困人口减贫的作用是显著的，9省份项目实施期内有387 646人摆脱了贫困。IFAD项目干预对农户总资产和农户贫困指数的提升产生了显著的积极影响。IFAD项目对提高贫困人口赋权和妇女地位、粮食安全和农业生产率、自然资源、环境和风险抵御能力也都具有显著的积极影响。

四、论文信息

该论文于2016年3月21日发表在《管理世界》期刊，全文2.5万字左右。论文发表信息：帅传敏，李文静，程欣，帅竞，丁丽萍，陶星. 联合国IFAD中国项目减贫效率测度——基于7省份1356农户的面板数据[J]. 管理世界，2016(3)：73-86.

五、作者简介

帅传敏，男，1959年2月生，湖北谷城人，博士，曾在美国留学2年，在湖北省农业厅外事外经处担任正副处长12年。现任我校经济管理学院二级教授，博士生导师。主要研究方向为扶贫项目管理、太阳能新能源技术采纳。先后培养博士研究生38人、硕士研究生126人。主持国家级科研项目7项，包括国家社会科学基金重大项目1项、联合国IFAD国际合作重点项目1项、国家自然科学基金面上项目3项、国家社会科学基金一般项目1项。发表期刊论文168篇，其中T1和T2论文35篇；获省部级科研成果7项，包括教育部高等学校人文社会科学研究成果二等奖1项、湖北省科技进步二等奖和三等奖各1项、湖北省社会科学优秀成果二等奖1项和三等奖2项、湖北省优秀调研成果三等奖1项。

关键矿产治理与战略性新兴产业发展

一、研究背景与意义

近年来,新一轮科技革命与产业革命的持续推进,尤其是战略性新兴产业的快速发展,对关键矿产供应安全提出了新的挑战,关键矿产资源需求的剧增必将深刻影响全球范围内的资源竞争格局。在关键矿产资源领域的贸易保护、合作方式、投资意愿等方面,世界各经济体呈现出了明显的分化趋势,发达国家对发展中国家的挤压更加明显,并借助先发优势,加大力度稳固其在全球矿产资源治理中的主导地位。关键矿产资源供应链,综合涵盖军事、政治、经济等领域,其战略竞争地位得到前所未有的高度重视,全球关键矿产供应链的稳定、安全与开放事关各国长远发展。

关键矿产资源供应与我国战略性新兴产业的可持续发展密切相关。当今世界正处于百年未有之大变局,中国在全球经济政治中的角色变得越来越重要,受新冠肺炎疫情等事件影响,地缘政治等元素变得异常敏感,各国在战略性新兴产业发展方面的竞争更加激烈,对关键矿产资源的争夺也愈演愈烈。

为此,结合我国战略性新兴产业发展状况与趋势,走出一条既可以发挥我国资源与技术优势,又可以克服自身弱项的关键矿产可持续发展道路,完善关键矿产治理体系,既是加快形成"以国内大循环为主体,国内国际双循环相互促进"新发展格局的客观要求,更是培育高质量发展新动能与国际竞争优势的有效途径。从我国关键矿产供应链、产业链的关键环节发力,保持关键矿产资源供应链、产业链的稳定,对战略性新兴产业发展和矿产资源的战略规划,以及提升战略性新兴产业国际竞争力具有重要意义。

二、主要研究内容

从美国、欧盟、日本等经济体公布的关键矿产目录看,涉及的矿种较多并定期进行动态调整。我国部分关键矿产储量份额在全球范围内具有绝对优势,但关键矿产的生产份额绝大多数都高于储量份额,且同时高于消费份额。这表明当前我国关键矿产资源储量份额、生产份额与消费份额之间存在一定程度的不匹配。考虑到部分关键矿产资源的不可再生和有限性特征,使生产和消费量与储量之间达到动态平衡至关重要。

结合技术和全球市场格局,进一步将我国关键矿产分为强优势、弱优势、弱劣势和强劣势4类(图1)。与劣势关键矿产相比,优势关键矿产是我国在全球资源储量份额和生产份额上享有优势的矿种。全球资源市场对我国资源供给的依赖性越高,我国关键矿产资源优势就越大。对国内资源储量少或生产短期的矿种,全球资源竞争越激烈,我国关键矿产资源劣势就越显著。

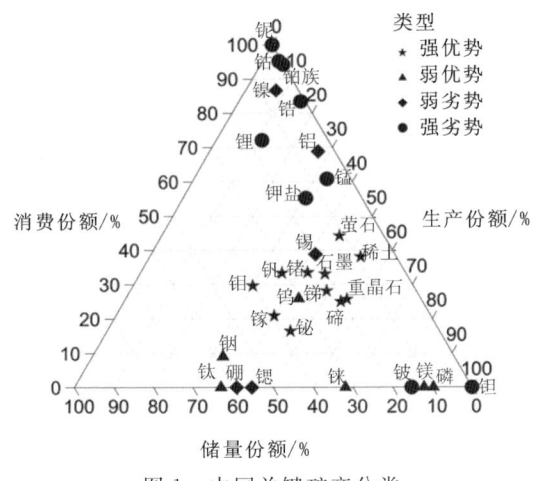

图 1　中国关键矿产分类

发展战略性新兴产业已被写入《中华人民共和国国民经济和社会发展第十四个五年规划和 2035 年远景目标纲要》，是加快建设现代化产业体系，推动经济体系优化升级的重大战略部署。关键矿产在包括新材料产业在内的 9 大领域 166 个类别均有广泛应用。未来伴随战略性新兴产业的迅速发展，关键矿产的供需矛盾日益突出，关键矿产供应安全攸关战略性新兴产业的可持续发展。

与美国相比，我国关键矿产供应链在部分环节或节点上存在一定的优势，自主性范围比较广，但也存在明显的短板。关键矿产在中美两国关系演变中的"威胁-制衡"地位不可忽略，受全球供给格局以及国内发展如环境约束问题等方面的影响，更为现实的选择是，在提高关键矿产国内需求韧性、消除供给不确定性等方面综合施策，以满足国家"两个百年"奋斗目标对关键矿产的需求。

三、主要结论

战略思想上，我们必须充分认识到中美两国在关键矿产领域竞争的长期性与胜负结果的模糊性。目前美国已占据主动，先发制人，我国也有必要及时跟进，妥善回应，提前布局预防措施，并避免"胆小鬼博弈"情况的出现，同时防止陷入不断升级的排他性竞争所引发的长期对抗。战略谋划上要主动适应关键矿产国际市场竞争日趋激烈的新现实与额外性。与一般矿产不同，关键矿产的额外性主要体现在其地缘政治的影响，某些关键矿产的开发商业上可能不具有可行性，但如果贴上关键标识，就可通过政府干预或政策支持使其商业可行。做好额外性评估，规划好国内关键矿产供应链生态，构建相对完整性、具有应对外部冲击韧性以及全球一定掌控力的主要关键矿产供应链网络。

战略时机与节点选择上，我们可以充分利用"世界疫情发展的窗口期"，以全球达成的"合力抗疫"共识为契机，以总体国家安全观为指导，在全球供应链重塑与国内供应链恢复以及瓶颈、短板问题的修复过程中找到国内外联动的突破点，推动关键矿产国家治理与全球治理的共融互动,完善法制建设,不留法律空白,避免给美国发起资源争端留下任何借口。具体策略的选择上,一方面要强化关键矿产储备,建立与新时代相适应的储备品种和规模,实现矿产品、产能和产地储备管理的协同与链条化;另一方面要依据不同关键矿产竞争场域采取有针对性的策略,运用差异化的政策工具来整体推进国家关键矿产供应链现代化。

四、论文信息

该论文于 2021 年 5 月 19 日发表在中国社会科学(内刊)第 3 期。

五、作者简介

吴巧生,男,汉族,1969 年 5 月生,湖南新化人,工学博士,现任中国地质大学(武汉)经济管理学院二级教授、博士生导师、地大学者、应用经济学学科领军人才,为中国地质矿产经济学会常务理事、中国系统工程学会能源系统工程专业委员会常务理事。2003 年 12 月于中国地质大学(武汉)博士毕业,研究方向为资源经济学,博士毕业论文被评为湖北省优秀博士论文,2008 年 12 月武汉大学理论经济学博士后出站。2004 年 3 月—2004 年 7 月在英国 Middlesex 大学从事能源政策方面的国际合作研究,2009 年 4 月—2010 年 5 月以访问学者身份赴澳大利亚 Monash 大学访学。

主要研究方向为能源、矿产经济与政策;先后培养博士研究生 22 人,硕士研究生 106 人;在《管理世界》《中国工业经济》《数量经济技术经济研究》、*Resources Policy* 等资源环境类重要期刊发表论文 120 多篇,出版学术著作 9 部,提交咨询报告 20 多份,近 20 份得到省部级领导批示或选送中办、国外。近年来,主持国家社科基金重大项目、国家社科基金重点项目;全球环境基金项目;中国清洁发展机制基金赠款项目以及中国地质调查局项目等各类项目 30 余项;作为研究骨干参与了国家社科基金重大项目、国家自然科学基金重大项目课题等各类课题 10 余项。获 2020—2021 年度湖北发展研究奖一等奖(排名第五)、2020—2021 年度湖北发展研究奖三等奖(排名第一)、第十三届湖北省社会科学优秀成果奖二等奖(排名第一)、第八届湖北省社会科学优秀成果奖二等奖(排名第一)、第六届湖北省社会科学优秀成果奖三等奖(排名第一)、国家能源局 2015 年度能源软科学研究优秀成果奖三等奖(排名第二)、湖北省科技进步浆二等奖(排名第三)各 1 次,是在战略性矿产资源供给风险治理、"双碳"目标下的能源转型与关键矿产需求等方面是受同行认可的一位权威专家。

R&D资源配置扭曲、全要素生产率与人力资本的纠偏作用

一、研究背景与意义

新时代中国经济步入新的发展阶段,传统的依靠要素驱动经济增长的后发优势不再,一味追求经济增长的发展观也导致了人与自然、人与社会、人与人之间的矛盾不断凸显,有悖于"以人为本"的可持续发展。实现新旧动能转换,加快推进从要素驱动向创新驱动转变是实现经济高质量发展的必然选择。一方面,由要素驱动向创新驱动转变是消除经济发展低端锁定,实现经济向"好"、向"强"发展的关键;另一方面,资源合理配置是突破资源约束、实现全要素生产率收敛的重要途径,创新资源特别是R&D资源的有效配置能够提高创新效率,激发创新活力,加快创新驱动经济高质量发展前进步伐。当前中国R&D资源配置存在一个特殊现象:R&D投入的"索洛悖论"——R&D投入强度不断提高但全要素生产率增长停滞不前甚至出现倒退。2013年中国R&D经费总量首次跃居世界第二位,而根据国家统计局发布的《2017年全国科技经费投入统计公报》,2017年中国R&D投入强度为2.13%,达到中等发达国家水平,发明专利申请和授权数均在全球排名第一,但与发达国家相比,中国整体R&D水平仍然存在大而不强、多而不优的情况,特别是全要素生产率表现出增长缓慢甚至呈下降趋势(也有学者得出不同的结论),产生这一现象的根源在于R&D投入与人力资本的不匹配,需要进一步加强人力资本的配置结构优化。

二、主要研究内容

R&D投入递增而全要素生产率增长停滞不前甚至倒退,严重制约了中国经济的高质量发展。本文试图从R&D资源配置视角对当前存在的R&D投入"索洛悖论"给出一定的理论解释,重点研究以下关键科学问题:一是当前R&D资源配置是否存在扭曲?二是R&D资源配置扭曲是否造成了全要素生产率的损失?三是人力资本能否在摆脱R&D投入的"索洛悖论"中发挥纠偏作用?为此,本文基于R&D资源配置视角,根据2000—2016年中国30个省市(除西藏、港澳台地区)面板数据,将资源配置扭曲研究方法引入知识生产函数,测算中国创新生产系统R&D资金和人员的配置扭曲状况,探究R&D资源配置扭曲对全要素生产率的影响,以及人力资本在R&D资源配置扭曲中发挥纠偏作用的门槛效应。

三、主要结论

第一,中国各省市R&D资源与最优配置状态存在偏离,表现为R&D资金使用成本相对

较低,配置过度,而 R&D 人员却存在相对配置不足,且 R&D 资金过多的配置扭曲远小于 R&D 人员配置不足的扭曲。政府的"R&D 崇拜"可能是导致这种现象的主因。第二,R&D 资金配置扭曲与 R&D 人员配置扭曲均制约了全要素生产率增长,且 R&D 资金配置扭曲对全要素生产率增长的抑制作用更大。R&D 技术进步的资本偏向性和 R&D 资金对 R&D 人员的"侵蚀效应"形成了影响结果的差异;第三,人力资本在 R&D 资金配置扭曲与全要素生产率间存在非线性的门槛效应,当人力资本水平跨越 11.709 9 的门槛值时,人力资本能够发挥其技术吸收能力,与过多配置的 R&D 资金形成互补,促进全要素生产率增长,但当前绝大多数省市并未达到这一人力资本水平,因此,R&D 资金配置扭曲的问题需要予以高度重视。

四、论文信息

该论文于 2021 年 1 月 15 日发表在《科学学研究》期刊上。

五、作者简介

易明,男,中国地质大学(武汉)经济管理学院教授、博士生导师,近年来主要从事区域创新管理与政策、区域科技金融、区域可持续发展等方面的研究。以第一作者在《管理世界》《中国管理科学》《人民日报(理论版)》《光明日报(理论版)》等国内外 SSCI、CSSCI 检索重要期刊发表学术论文 30 余篇,获得湖北省发展研究奖二等奖 3 项、河南省发展研究奖二等奖和湖北省社会科学优秀成果奖三等奖各 1 项。

吴婷,中国地质大学(武汉)马克思主义学院,博士,讲师,近年来主要从事区域创新理论、生态文明等方面的相关研究,以第一作者在《科学学研究》等国内外 SCI、CSSCI 检索重要期刊发表学术论文多篇。

不同显性教学方式对 EFL 学习者虚拟语气学习的影响：基于加工层次理论的研究

一、研究背景与意义

大学英语教学在我国实行多年，也取得了一定成果，但是目前国内大学生的英语水平仍不理想，尤其是大学生语言产出的准确性仍很薄弱，这说明学习者对语法的掌握和运用还不够熟练。在目前国内二语课堂上输入有限和课外应用机会匮乏的条件下，如何在有限的课堂教学时长里提高大学英语语法教学的有效性已成为国内相关研究者们普遍关注的一个重要问题。鉴于现有研究过度关注学习结果、研究设计存在缺陷以及较少使用开放式测量工具等局限，本研究以虚拟语气为切入点，引入加工层次（depth of processing）理论，运用有声思维法探究英语为外语的学习者（EFL）学习者在不同显性教学方式下的语言加工层次，以期揭示其在该过程中如何加工语言输入，以及这种加工又如何影响学习效果，从而阐释不同的显性教学方式对 EFL 学习者二语学习的影响。

本研究具有一定的理论价值和应用价值。首先，本研究在理论上拓宽了该领域的研究视角。该成果为国内首次运用国外前沿理论——加工层次理论探究国内英语学习者在二语学习过程中如何进行语言加工及其对学习效果的影响，对国内推进该理论在英语教学与实践的应用具有重要的参考价值，同时该成果在研究语言学习过程的领域处于国内领先水平。其次，本研究在方法的选用上进行了创新，凸显了使用共时测量工具收集实时数据的优势。该成果采用国内较少被应用的一种共时数据收集方法——有声思维法来研究二语加工，推广了该方法的实际应用，也为国内同行在课堂二语习得研究领域采用该方法提供了方法论指导及借鉴意义。再次，研究结果可以启发语言教师选择适当的教学方式，设计定制化的课堂活动和学习任务，促进学习者对语言输入的深入加工，继而取得更好的学习效果。

二、主要研究内容

本研究是国际前沿理论——加工层次理论，在中国情境下探究英语学习者语言加工过程的应用。该成果采用了国内在该领域较少得到应用但又极为重要的一种共时测量方法——有声思维法，以语言学习难点之一——虚拟语气为切入点，考察了较少得到关注的两种显性教学方式——显性演绎式教学方式和显性归纳式教学方式对中国英语学习者二语学习的影响。具体来说，本研究探讨了不同的显性教学方式与学习者语言加工层次的关系、加工层次与二语学习效果的关系以及教学方式对二语学习效果的影响。

首先，本研究引入加工层次理论，不仅关注了两种显性教学方式对二语学习者语法学习效果的影响,而且还探究了以往研究中较少得到关注的在不同的显性教学方式下二语学习者的语言加工过程。

其次,在研究设计上对以往研究设计上存在的诸多缺陷(如缺乏控制组、无延时后测、没有检查外部语言接触、测量工具与教学目标不匹配等)进行了改进(如使用控制组和延时后测、使用即时小结问卷来检查外部语言接触等),一定程度上提高了该领域研究的信度和效度。

再次,同时采用控制型测量工具和开放式测量工具来分别衡量显性知识和隐性知识的学习效果,弥补了以往研究较少使用开放式策略工具而忽略了隐性知识的重要性,从而更为全面地考察了教学方式对学习结果的影响。

三、主要结论

研究结果表明,两种不同的显性教学方式对二语学习效果存在不同程度的影响。具体来说,不同的显性教学方式会促生不同的加工层次水平,而加工层次水平又与二语学习效果之间存在着显著的正相关关系,因而不同的显性教学方式对二语学习效果存在不同程度的影响。

四、论文信息

该论文于 2019 年 5 月 20 日发表在语言学权威期刊《外语教学与研究》,为作者参与的国家社会科学基金一般项目"大学英语教学有效性"(17BYY097)的阶段性成果之一。

五、作者简介

李菲,女,博士,硕士生导师,副教授,中国地质大学(武汉)青年科技工作者协会委员。曾就读于英国爱丁堡大学、华中科技大学、美国乔治城大学。研究领域为课堂环境下的二语学习、语言学习中的认知过程、心理语言学、移动辅助语言学习等。担任 SSCI 期刊 *Language Teaching Research* 匿名审稿专家。2020 年主持教育部人文社会科学青年项目 1 项,作为核心成员(排名第二)参与国家社会科学基金项目 1 项,2020 年主持中央高校基本科研业务费专项资金资助项目 1 项。近 6 年在 *Journal of English for Academic Purposes*、*Journal of Multilingual and Multicultural Development*、*System*、*English Today*、《外语教学与研究》、《现代外语》、《外语学刊》、*Routledge* 等国内外 SSCI 期刊和国内 CSSCI 期刊上发表论文 9 篇,目前有 1 部专著待出版。曾应邀参加 2015 年第十三届 Asia TEFL 国际研讨会、2018 年环太平洋地区客观测量国际会议及 2018 年第三届青年学者海上论坛国际会议,并作相关学术报告。

孙云梅,华中科技大学外国语学院教授,博士生导师。华中工学院外语系科技英语专业学士,上海交通大学科技英语系语言学及应用语言学专业语言测试方向硕士,华中科技大学中文系语言学及应用语言学博士。曾在新加坡南洋理工大学国立教育学院、美国蒙特雷国际研究院、英国华威大学、香港理工大学等校学习与访问。目前主要研究方向为外语教育、二语习得、社会语言学。曾获得华中科技大学青年教师教学竞赛一等奖 1 次,二等奖若干,华中科技大学优秀教学质量一等奖 2 次,二等奖若干。曾在 CSSCI 期刊《外语教学与研究》《现代外语》《外语研究》《外语学刊》《高等教育研究》《洛阳解放军外国语学院学报》及 SYSTEM、English Today、Sciometrics 等 SSCI 期刊发表论文 30 余篇,独著或参编著作若干。主持并完成国家社会科学基金项目、教育部规划重点项目、湖北省社会科学基金项目、湖北省教育厅项目及华中科技大学教改项目 10 余项并结题。

汉英双语教学中的超语：基于高校课堂的民族志研究

一、研究背景与意义

随着高等教育国际化和英语全球化的加剧，世界各地的高校纷纷引入英语作为教学媒介语，中国也不例外。早在2001年，教育部《关于加强高等学校本科教学工作提高教学质量的若干意见》就提出"今后本科教育20%以上的课程必须进行双语教学"。自此，专业课英汉双语教学，甚至全英语教学在高校如雨后春笋般冒出。本研究以一所高校工商管理专业双语教学课程为例，向读者展示双语教学课堂里常见的超语即英汉混用现象，不仅在学生专业知识学习，而且在英语学习中都起着非常积极的作用。然而，不管是教育管理者，还是双语教学课堂中的老师和学生因长期受单语观的影响，一味认为英汉夹杂是英语水平不好的表现，在实践中忽视中文的积极作用，这不仅影响了双语课的教学效果，也不利于我国学术国际话语权的建设。该研究为了解高校英语作为媒介语教学提供了中国视角，不仅丰富了学界对英语媒介语教学的研究，也为我国制定合理的英汉双语教学政策，提高大学生英汉双语学术话语能力提供了有益参考。

二、主要研究内容

研究采用民族志的方法，通过对一所高校工商管理专业汉英双语教学课堂为期两年的跟踪调查，具体探讨：①此类课堂中出现的超语实践活动类型；②引起超语实践的课堂内外因素分析；③超语行为的直接行事主体——老师和学生——对超语实践的态度和看法。

三、主要结论

英汉双语教学课堂中的超语现象有4种表现形式。第一种为术语双语表达。即在汉英双语教学课堂中同时强调专业术语的中英文两种表达形式；第二种为英汉糅杂。即在同一句话中，部分内容用英语，部分内容用汉语，必须英汉结合才能对句子形成完整的理解；第三种为英汉双述。即同样的内容讲两遍，一遍用英语，一遍用汉语；第四种为英汉互补。即灵活运用英汉两种语言所具有的资源对教授内容进行补充，如讲到英文里提到的某一经济理论时，用汉语相关资料和案例进行解释补充。

这些超语形式在促进学生专业学习和英汉双语学术能力培养中的积极作用不容小觑。比如术语双语表达，不仅可以促进学生对英语专业术语的理解，也有利于学生同时习得对应的汉语专业术语。尽管汉语是学生的母语，但与专业密切相关的学术汉语学生并不一定熟悉。英汉双语教学课堂如果只用英语,或只注重对英语表达的学习,学生学术汉语能力将无法得到同步提升。又比如英汉互补形式的超语,能通过本土案例让学生对抽象理论形成具象认识,而且在专业英语学习中将本土经验吸收进来,有利于学生很好地总结本土经验,促进中国学术国际化。哪怕是英汉糅杂的超语形式,可能听起来会让人觉得别扭,但我们必须认识到这是双语使用者很普遍、很自然的现象。由于长期受单语观的影响,大家习惯认为说一门语言不应该掺杂另一种语言,那样会显得不伦不类。其实,认知语言学家发现双语使用者与单语使用者有本质区别,双语使用者在加工语言的时候并不是把两种语言单独分开处理,而是把他们均当作可用资源,大脑在使用语言的当下根据需要随机提取,哪个方便就使用哪个。因此,即使大家观念上不喜欢英汉混用,但不得不接受这是双语使用者大脑工作机制决定的,是客观现象。而且作为外语使用者,大脑在提取英语时,不可能像提取母语那样自如,出现中英混杂现象也是自然的。

然而英汉双语教学各层面的行事主体对超语的认识存在偏差。老师和学生从专业和语言学习的实际需要出发认可这种超语现象,但管理者和社会评价机制不认可,认为这是英语不好的一种折中让步、权宜之计。因此,要想使超语发挥积极作用,迫切需要从调整语言教育政策和改变大众语言观念两方面入手。

四、论文信息

该论文由 Weihong Wang(汪卫红,第一作者)和 Xiao Lan Curdt-Christiansen(第二兼通讯作者)于 2019 年 4 月 3 日发表在 *International Journal Bilingual Education and Bilingualism* 期刊第 22 卷第 3 期第 322-337 页。

五、本校作者简介

汪卫红,女,外国语学院教授。南洋理工大学国立教育学院应用语言学硕士,香港大学教育学院英语教育哲学博士,英国巴斯大学人文学院访问学者。研究方向为社会语言学、语言政策、英语教育以及英汉语国际传播。在国际国内语言学领域核心期刊 *Applied Linguistics Review*、*Current Issues in Language Planning*、*Journal of English for Academic Purposes*、*Language*、*Culture and Curriculum*、*System*、《中国外国教育》《外语电化教学》《语言战略研究》等发表论文 30 余篇。参编教辅教材八部,其中主编《地学英语阅读》入选地大"十三五"规划教材。主持各级科研项目 9 项,负责构造与油气资源教育部重点实验室英文网页建设、《秭归野外地质教学实习手册》(英文)、英国 Bluemarlin 市场策划公司文字服务等翻译项目 5 项。论文《高校师生中国英语态度调查》获 2017 年武汉市(第 15 次)社会科学优秀成果奖,《中国儿童语言培养的家庭语言规划研究:以城市中产阶级为例》获 2020 年湖北省高等学校哲学社会科学研究(2017—2018 年度)优秀成果奖。现任国际 SSCI 检索期刊 *Language, Culture and Curriculum* 编委,ESCI 期刊 *Cogent Education* 语言教育栏目主编,世界应用语言学学会(AILA)、美国应用语言学学会(AAAL)、英国应用语言学学会(BAAL)会员,*Language Awareness*、*TESOL Quarterly*、*System*、*Journal of Multilingualism and Multicultural Development*、*International Journal of Bilingual Education and Bilingualism* 等 12 家国际期刊审稿专家。

不动产登记纠纷"民行交叉"解决机制的路径困境与优化——以登记行为的界分为基础

一、研究背景与意义

不动产登记纠纷既可以表现为当事人之间的民事纠纷，也可能表现为当事人与登记机构之间的行政纠纷，并且大量不动产登记纠纷同时包含民事与行政两种纠纷，存在交互性。对此，2015年修正的《行政诉讼法》第61条、2016年颁布实施的《最高人民法院关于适用〈中华人民共和国物权法〉若干问题的解释（一）》（法释〔2016〕5号）第1条架构了登记领域的"民行交叉"纠纷解决路径。这一机制赋予当事人民事与行政的双重保障途径，但客观上增加了纠纷解决机制的启动机率。特别是在不动产统一登记实施背景下，登记机构业务量大幅增加的同时，面临着日益繁重的复议与应诉压力。据统计，不动产登记纠纷已连续三年成为省级以下自然资源主管部门最主要的涉诉案件类型，每年在所涉诉案件中的比例均达至三分之一左右。

因此，有必要深入厘清登记纠纷中"民行交叉"机制的适用机理，优化相关规则，既充分保障当事人的权利救济途径，又有效顺畅处理纠纷，保障统一登记事务的顺利进行。

二、主要研究内容

论文针对不动产登记中"民行交叉"纠纷解决机制的实务困境，通过案例分析法、规范解释法与原理论证，分析"民行交叉"纠纷解决机制在登记领域的逻辑基础与适用前提，提出优化这一机制的制度方案。主要研究包括以下几个方面：

第一，梳理不动产登记纠纷"民行交叉"解决机制的缘起，分析该机制在不动产登记实务领域存在若干困境，提出应对其逻辑前提及适用基础进行结构性反思。

第二，从登记行为性质与结构视角阐释不动产登记纠纷"民行交叉"解决机制的适用基础。提出应认识到不动产登记行为构成要素的复合性，清楚界分登记行为中的私法与公法要素，区分民事法律关系与行政法律关系下的登记行为，以不动产登记行为的二元结构作为构建登记纠纷解决机制的理论基础。

第三，提出不动产登记纠纷"民行交叉"解决机制的优化路径。将登记行为区分为民事法律形态与行政法律形态，以此为基础构建"民行"平行的二元化纠纷解决路径及其操作规则体系，可消除"民行交叉"的适用困境（图1）。

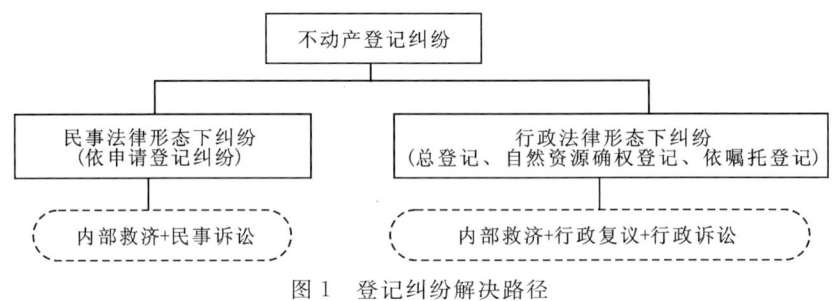

图 1　登记纠纷解决路径

三、主要结论

将《行政诉讼法》第 61 条、《最高人民法院关于适用〈中华人民共和国物权法〉若干问题的解释（一）》（法释〔2016〕5 号）第 1 条进行限缩解释，对依申请登记、政府组织的首次登记（总登记）、自然资源确权登记、依嘱托登记分别适用不同的纠纷解决机制，有利于解决登记实务中的纠纷难题、缓解登记机构的应诉压力。

四、论文信息

该论文于 2020 年 10 月 10 日发表在《中国土地科学》期刊上。

五、作者简介

郭威，法学博士，中国地质大学（武汉）公共管理学院法学系副教授，自然资源部法治研究重点实验室办公室主任，硕士生导师，主要从事环境资源法学、民商法学教学与研究。2005 年、2008 年、2012 年在中南财经政法大学分别取得法学学士、法学硕士和法学博士学位。在《东方法学》《中国土地科学》《湖北社会科学》《中国社会科学报》《中国国土资源经济》等期刊、报纸上发表论文 20 余篇，出版学术专著 3 部，参与出版学术专著、教材 6 部。主持湖北省社会科学、自然资源部等省部级项目 10 余项，参与国家社会科学基金项目等国家级项目 3 项。

曾借调自然资源部两年，作为主要人员参与起草了《国土资源部规章和规范性文件后评估规范（试行）》（国土资厅发〔2013〕7 号）、《矿业权市场交易规则（试行）》（国土资发〔2011〕242 号）等法律规范性文件，负责起草的《土地增值收益理论综述》报告获原国土资源部领导同志批示，并被国务院法制办公室和自然资源部（原国土资源部）有关司局采纳；承担或撰写的《不动产权利及登记体系研究》《矿业权交易规则配套示范文本研究》及《河道采砂管理制度研究》等成果先后被自然资源部（原国土资源部）有关司局等单位采纳。

区域环境治理:从运动式协作到常态化协同

一、研究背景与意义

党的十八大以来,生态环境治理持续成为我国政治、法律的重要议题。尤其对于区域环境治理,我国开始摒弃以行政区划为基础、各地自行其是、条块分割的碎片化治理方式,逐渐采取区域内部相互协作的方法进行污染预防、管制和修复。实践中的区域环境联防联治制度也得到了法律的支持。2014年修订的《环境保护法》第20条、2015年修订的《大气污染防治法》第2条、2017年修订的《水污染防治法》第28条等,均规定了相应的法律规则。2014年北京出现的"APEC蓝"、2016年杭州呈现的"G20美",均充分展示了区域环境治理的良性效果,增强了社会对于区域环境治理的信心。但是,在区域环境治理领域,制度进步与实践效果良好的另外一面,却有另外的"风景"。在一些区域内,标志性城市的环境治理取得一定的良好效果,而其他城市的环境污染依旧严重,如在京津冀地区,北京市、天津市等标志性城市的环境污染得到了一定的改善,而石家庄市、邢台市、保定市等地的空气质量却未能得到根本性好转。这种区域环境治理效果差异现象应当得到理论界的关注。换而言之,理论界需要解释如下问题:区域环境治理协作程度相对高的地区,为何会出现两种相互差异甚大的治理效果?北京"APEC蓝"、杭州"G20美"为典型的区域环境治理效果,为何只是短时段的,难以持久?如果期望区域环境治理良好效果能够持久,需要哪些条件?如何促成与保障这些条件的维持?

对于区域环境治理,经济学界主要聚焦于区域环境的治理效率,政治学界侧重于府际合作和地方政府合作,公共管理学界强调政策工具的选择、地方政府的行为逻辑等。本研究首先从区域环境治理中的"环保风暴""赛会天气"等现象中归纳出运动式协作这一概念,接着从历史维度分析中国区域环境治理的特点及其不足,然后重点检讨跨行政区域环境联防联控制度对区域环境协同治理的支持程度,查找其中的缺陷,最后基于常态化协同提出相应的改进建议。

二、主要研究内容

1. 运动式协作:区域环境治理的主流形式

进入新世纪以来,中国政府采用的运动式协作日益引起国内外学者的关注,即政府围绕着一项任务,打破常规,集聚力量,进行自上而下的动员,以疾风暴雨般的态势开展工作。尤其是在一些应急性、暂时性的工作中,此协作方式起到积极的作用。这种独特的政府运行现象被学者们概括为"运动式治理"。在环境治理领域，这种协作方式被称为"环保风暴"，即在一定的时间段内，各级政府以及其所属各部门采取超常规的行政强制方式，关、停、并、转各种企业以减少污染物质的排放，从而使区域环境治理呈现出运动式治理的特点。由于跨区域环境治理严重地依赖区域内部政府之间的必要协作，因而区域环境治理呈现出的运动式协作特点更为明显。

2. 难以常态化：区域环境治理运动式协作的缺陷与根源

第一，环境治理利益的不一致致使合作动机不足。各地方政府在赞同生态文明建设重要性的前提下，基于经济发展和本地民生的考虑，如增加公务员的收入、提高农民的收入、提高各种社会福利保障水平等，常常只在特定时段内，在上级政府的高压下，才愿意对本地企业的排污行为进行规制。

第二，环境治理能力参差不齐。由于环境污染和生态破坏恶果的出现具有一定的累积性、滞后性，因而政府难以持续地投入资金、人力用于环境治理，以提升环境治理能力；由于经济发展水平不一，可供支配的资源也不一样，因而不同的地方政府存在环境治理能力差别。

第三，协作治理方法单一。在市场机制对社会的调控发生重大作用，社会民众之间利益相互缠绕的当下，完全依靠"命令-控制"方法难以协调区域内各个社会成员的环境影响行为，因而也难以形成协同治理的合力。

第四，缺乏专门化的区域环境协同治理责任考核与追究制度。中国目前的区域环境治理普遍采取地方协议方式进行。但是，这些协议缺乏必要的责任条款。如果区域内某一方环境监管部门不依据合作协议进行环境信息的传送、环境执法的合作，将如何处理？由于区域环境协同治理合作协议缺乏必要的责任追究制度，合作各方的协同治理处于一种不稳定的状态，从而使得各方难以免于"搭便车"的诱惑。

3. 常态化协同：区域环境治理的新路径

（1）培养生态共同体意识，增强环境协同治理动机。第一，关键在于增强区域内各地环境监管者协同治理环境的动机。环境监管部门是区域环境协同治理的担当者、执行者。区域环境协同治理能否取得良好效果，关键在于区域内各地环境监管部门是否认真执行区域协同治理的法律、法规和相关政策。因此，激发环境监管部门认真履行环境监管职责的积极性尤为重要。增强环境监管部门的积极性，一是保证环境执法者的利益与环境保护利益的一致性；二是通过奖优罚劣来保障区域环境监管部门及其工作人员的积极性。对于认真履行环境监管职责的机构及其工作人员应当予以奖励、晋升，对于阳奉阴违者予以处罚，追究其政纪党纪责任。第二，重点在于增加区域内排污企业节能减排的动机，减少污染。"徒法不足以自行"，任何完备的执法体系与执法手段，都不足以抵消被执法者逃避法律制裁的努力。让被执法者自觉地遵守法律是法律的终极追求。对于区域环境协同治理而言，一切节能减排的执法措施，最终都需要落实于排污企业。因此，排污企业具备结盟减排的积极性并且将这种积极性落到实处，将极大地减少执法成本，增加执法效率。如同鼓励环境监管部门及其工作人员积极履行监管职责那样，需要积极鼓励排污企业采取节能减排行动，减少对环境的污染行为。

鼓励排污企业节能减排,不能仅限于口号,更要采取有效措施。一方面严格执行环境保护法律,提高排污企业违法成本;另一方面对遵守环境保护法律的企业予以奖励,提高它们的商业声誉,从而进一步激发它们节能减排的积极性。第三,基础在于提升普通民众参与环境保护、倡导绿色生活的积极性。环境保护是一项为了民众的伟大事业,也是一项必须依靠民众的伟大事业。大量消费、大量废弃是企业大量生产的驱动力。铺张浪费、奢侈消费不仅无端消耗大量物质、败坏社会风气,更导致企业在生产过程中向自然界排放大量污染物,恶化生态环境。断绝大量生产、大量消费与大量废弃的闭合环路,需要普通民众做出努力,参与到低碳生活、绿色生活之中。2019年9月9日,在中宣部、中央文明办《关于开展倡导绿色生活反对铺张浪费行动方案》基础上,中央全面深化改革委员会第十次会议审议通过了《绿色生活创建行动总体方案》,建立完善绿色生活政策体系与措施,推动绿色消费,促进绿色发展。普通民众以自身绿色生活的行动推动企业减少奢侈商品的生产,可以减少污染物质的排放。

(2)提升环境协同治理能力。第一,强化各地日常环境治理、执法能力。其一,增加环境监测设备的投入与使用;其二,强化环境监测、执法人员环境科学知识的培训;其三,加强环境法律知识的培训,提高环境监测人员和环境执法人员的证据收集意识与能力和法律程序意识与能力。第二,建立更完备的环境信息采集和共享平台。统一、完备的环境信息采集、共享平台有助于区域内各地之间及时通报污染信息,采取协调一致的节能减排行为应对重大污染事件。

(3)健全环境资源分配、治理成本共担、生态补偿制度。第一,公平分配环境容纳能力以及建立相应的排放权交易制度。在科学、准确地测定区域内生态环境总体容纳能力总量的基础上,应当根据人口量、经济发展状况以及承担的生态功能等因素公平地分配环境容纳能力数量。应当建立相应的排放权交易制度,以便最大化地利用环境自身的容纳能力,推进经济的发展。第二,公平地分担环境治理成本。如果没有公平的环境治理成本分担制度,一些地方就会产生"搭便车"的心理,并进而采取相应的行动,如此,区域内环境协同治理就无法正常进行。通过承担环境治理成本,使各地民众知晓环境污染的严重后果及治理的难度,促成他们养成保护环境的良好习惯,减少污染物的排放。第三,公平的生态补偿制度。应将节能减排效率与公平结合起来,与生态补偿结合起来,一体考量。河流上游为了供应下游地区优质的水,进行生态环境保护、植树造林、涵养水源、减少污染,下游地区必须给予相应的生态补偿,这不是施舍,而是出于公平。该补偿不能仅仅限于资金,而应当将资金、技术与人才相结合,增强上游地区自我造血能力,在他们不能建立排放污染物的工业企业时,帮助它们建立现代农业企业,发展循环经济。

(4)建立区域环境协同治理绩效考核机制。当前,为了更好地推动区域环境协同治理,应当将区域环境协同治理绩效作为领导干部工作成效考核的重要指标,成为评价官员工作能力的重要内容,从而提高官员进行区域环境协同治理的积极性,保证区域环境协同治理目标的实现。

(5)完善区域环境协同治理责任追究制度。各地环境监管部门守土有责,这种责任不仅仅是保护本地生态环境,而且还要保护本区域内生态环境,甚至保护超出区域范围的生态环境。区域环境协同治理效果的好坏,与区域内各个地方环境监管部门监管行为的力度有极大的关联性。破除环境分权治理的弊端,发挥联防联控的协同治理优势,就需要建立区域环境协同治理责任追究制度,以责任督促官员履行环境保护的职责。

三、主要结论

(1)我国区域环境治理实践中运动式协作的内在根源。自然地理-气候条件塑造了地理区域;社会-经济-环境目标构成了区域内各地政府在环境治理事务上的运动式协作方式。

(2)破解区域环境协同治理难题,必须协调区域各地社会-经济-环境目标,提高区域内各地政府在环境治理事务上的协同动机、增强协同能力和优化协同手段。具体包括:培养生态共同体意识,增强区域内各地政府、企业与民众参与环境协同治理的动机;提升区域内各地政府环境协同治理能力,特别是环境信息监测、采集和共享能力,提高环境执法效率;健全环境资源分配、治理成本共担、生态补偿制度,保证环境协同治理成本与利益的公平分配;建立区域环境协同治理绩效考核制度,提高政府环境监管部门工作人员的积极性;完善区域环境协同治理责任追究制度,以责任督促官员履行环境保护的职责。

四、论文信息

该论文得到国家社会科学基金一般项目"生态保护红线的划定程序与法律效力研究"(批准号:20BFX179)、国家社会科学基金重大项目"环境污染犯罪多元治理机制研究"(批准号:19ZDA161)的支持,发表于《中国人口、资源与环境》2021年第3期,66-74页。

五、作者简介

胡中华,男,湖北省监利县人,法学博士,中国地质大学(武汉)法学系教授,博士生导师,自然资源部法治研究重点实验室研究人员,长期从事环境法学、法学方法论等教学与研究;在《现代法学》《法学论坛》《法学杂志》《中国人口、资源与环境》等期刊发表论文50余篇,出版《环境保护普遍义务论》《环境公益诉讼研究》等专著;主持过国家社会科学基金项目、教育部人文社会科学基金项目、湖北省社会科学基金项目;曾被评为中国地质大学(武汉)研究生的"良师益友"和"优秀指导教师";多次被评为中华环保联合会全国大学生环境模拟法庭大赛"优秀指导教师"。

周振新,男,湖北省蕲春县人,中国地质大学(武汉)期刊社编辑,重庆大学法学院博士研究生,主要研究方向为环境法学;主持的特色栏目"资源环境研究"入选教育部名栏工程建设栏目;荣获"湖北省优秀期刊工作者"(2020)、"优秀编辑奖"(2013)、"湖北省优秀期刊编辑"(2008)等奖励;责编的论文荣获湖北省委宣传部、湖北省社科期刊学会授予的一等奖、二等奖、三等奖等奖项十余项。

提升战略性矿产资源应急治理能力

一、研究背景与意义

战略性矿产资源是经济和社会发展重要的物资基础,对一个国家的发展、稳定和国际竞争力具有重要战略意义。在某种意义上讲,战略性矿产资源事关国家安全和长远发展。当今世界正处于百年未有之大变局,地缘政治和资源民族主义的抬头使得各国加强了对战略性矿产资源的控制。受疫情的全球化影响,各国对战略性矿产资源的争夺愈演愈烈。地域冲突进一步加剧了战略性矿产资源区域性供需不协调,严重影响经济与社会发展安全。为确保国家能源安全,提升战略性矿产资源应急治理能力变得尤为重要。

本文从宏观角度审视我国战略性矿产资源应急治理面临的考验,提出提升我国战略性矿产资源应急治理能力的路径,具有以下重要意义。一是在战略性矿产资源传统管理模式下,指出我国战略性矿产资源应急治理存在的问题,为当权者们敲响警钟,要加强战略性矿产资源应急治理能力建设,确实提升我国战略性矿产资源应急治理能力,确保国家经济与社会发展安全。二是从提高应急治理韧性和加强智慧化应急治理建设两个方面阐述如何构建战略性矿产资源应急治理体系,提升战略性矿产资源应急治理能力,可为我国战略性矿产资源管理和政策制定提供智慧参考。三是将应急管理科学应用于战略性矿产资源管理,指出突发公共事件的多样性和耦合性使得灾害风险识别与评估难度加大,针对单一灾害风险的传统战略性矿产资源应急治理将陷于无效,探讨提升战略性矿产资源应急治理能力策略,促进了资源经济学与管理学的学科融合,丰富了相关学科理论知识。

二、主要研究内容

本研究认为自新冠肺炎疫情发生以来,单一的国家防控或局部国家间的防控难以应对疫情的全球蔓延,世界格局面临着新的变革。战略性矿产资源作为重要的物资保障,对战胜疫情和经济复苏具有重要作用。新冠肺炎疫情等突发公共事件给传统的战略性矿产资源应急治理能力带来了严峻的挑战。一是突发公共事件对当前固化的战略性矿产资源应急预警机制提出了更高要求。二是传统的战略性矿产资源供给方式难以满足突发公共事件中公众对战略性矿产资源的需求。三是突发公共事件影响引起部分国家对战略性矿产资源的区域严控,通过能源外交和传统的能源储备方式来保障本国的战略性矿产资源供给将变得更难。四是突发公共事件对战略性矿产资源的需求情况难以估量,使得战略性矿产资源储备"平战"兼容难度加大。为此,我们需要全力提升战略性矿产资源应急治理能力。

（一）提高战略性矿产资源应急治理韧性

韧性治理是为了增强自身、区域或系统对于突发公共事件风险冲击的适应能力，不同公共治理主体在合作治理的基础上，建立的覆盖全过程的新型治理模式。我们面临的突发公共事件日益呈现出复合型特征，传统的战略性矿产资源应急治理模式已经无法保障新形势下突发公共事件对战略性矿产资源的需求。为此，我们必须提高战略性矿产资源应急治理体系的韧性。

一是要树立"发展-安全"同构的应急治理理念，构建常态与应急结合的战略性矿产资源治理体系。面对突发公共事件的冲击，管理者应将风险视为一种系统的常态，兼顾发展与安全的双重目标，妥善处理好风险防控与经济发展间的关系。要完善战略性矿产资源应急预案，及时评估和修正现行应急预案。同时，要实现预防预警的前移，对突发公共事件进行科学预报，为战略性矿产资源的储备和供给赢得时间，尽可能降低应急处理阶段的不确定性。

二是要构建多主体合作的战略性矿产资源应急治理体系。面对突发公共事件，需要政府、企业、社会组织、公众等力量的共同参与，形成全社会协调战略性矿产资源供需结构的合力，才能有效应对。一方面是政府向社会增权赋能，增强区域或系统在突发公共事件风险冲击下对战略性矿产资源需求的自我适应能力，在战略性矿产资源供应不足时，及时调整能源需求方向或寻找替代品。另一方面是社会向政府增权赋能，提高政府在战略性矿产资源应急决策、应急调配、动员社会等方面的管理能力。社会力量的加入，可为政府在信息、技术等方面提供支撑，确保战略性矿产资源的精准投放。

（二）加强战略性矿产资源智慧化应急治理建设

智慧化治理是利用物联网、地理信息系统、网络通信系统、云计算、智慧终端、ICT等新技术，对治理对象相关数据进行深度挖掘和分析，提高治理的信息化水平，从而实现治理能力现代化。在突发公共事件面前，传统应急治理能力的弱化急需我们利用现代化的技术手段，加强战略性矿产资源应急治理能力的智慧化。为此，我们或可从预警、供给和储备三个方面加以着手。

首先，加强预警能力的智慧化。借助地理信息系统和网络通信系统等技术，分析突发公共事件的变化情况，为多元化治理主体提供准备时间，化被动为主动。一是建立突发公共事件预警机制。利用地理信息系统技术监测环境的异动，为可能面临的矿产资源供需状态提供准确的预警。二是建立突发公共事件分析机制。突发公共事件会直接影响战略性矿产资源供给、运输等，利用大数据分析各区域战略性矿产资源供需情况，提高战略性矿产资源对突发公共事件的应急效能。三是建立突发公共事件评估机制。利用新技术评估突发公共事件应对全过程并进行总结，及时完善应急预案，为未来预见和处理此类事件提供经验参考。

其次，加强供给能力的智慧化。在准确感知公众对战略性矿产资源需求的基础上，构建依托于互联网的智慧化供给平台，向公众提供精准化的能源供给。一是供给决策科学化。借助大数据技术，通过对突发公共事件影响的全样本分析，测算社会公众对战略性矿产资源的需求量，为精准化、科学化地投放战略性矿产资源提供依据。二是供给主体多元化。借助网络通信系统,建立多元主体供给网,通过政府部门与社会组织、企业甚至公民之间交换与共享资源,实现多元主体合作共赢,缓解突发公共事件对战略性矿产资源供给带来的压力。三是供应链智慧化。借助物联网、地理信息系统技术,优化战略性矿产资源供应链的效率和效益,确保供应的及时化、透明化和可追溯化,从而最大限度满足公众对战略性矿产资源的需求。

最后,加强储备能力的智慧化。储备能力是应对战略性矿产资源供应风险的关键。依托大数据技术,实现战略性矿产资源储备能力的智慧化,可以有效提高应急治理能力。一是建立动态的战略性矿产资源储备目录。结合国内和国际市场对战略性矿产资源的定位,借助云计算技术,改变对战略性矿产资源储备目录的阶段性固化传统,实现战略性矿产资源储备目录的动态变化。二是建立多元化储备主体。改变战略性矿产资源由政府单一储备的传统观念,实现由政府主导、市场参与、矿产地结合的多元化能源储备主体,并构建多元主体储备网,确保战略性矿产资源的储备安全。三是建立平战兼顾的储备系统。借助智慧终端技术,科学调节战略性矿产资源的储备量,做到既不影响能源的供给安全,也不影响经济的可持续发展,实现战略性矿产资源储备的常规化。

三、主要结论

战略性矿产资源作为人类社会生存和发展的重要物质基础,是国家经济发展的重要支撑,在国家安全中占有极其重要的地位。为应对突发重大事件对战略性矿产资源供需的要求,迫切需要重构战略性矿产资源应急治理体系,实现治理主体、治理客体、治理结构和治理工具的全域革新和流程再造,让"问题导向""底线思维"等理念深入民心,提高战略性矿产资源应急治理韧性,充分利用科技进步成果,加强战略性矿产资源智慧化应急治理建设,促进应急治理国际间合作,全面提升我国战略性矿产资源应急治理能力。

四、论文信息

该论文于2021年3月3日发表在《中国社会科学报(经济学版)》,由"中央政策研究室《简报》"120期2021年3月18日全文转载,被国务院副总理刘鹤同志亲自批示,并印发至国家发展和改革委员会、工业和信息化部、自然资源部、应急部、财政部、粮食和储备局等相关部门,由工业和信息化部原材料司负责牵头组织落实,2021年4月7日受工业和信息化部邀请前往北京作《提升战略性矿产资源应急治理能力》专题汇报会。

五、作者简介

李世祥,通讯作者,男,(1979—),湖北巴东人,博士、教授、博士生导师,中国地质大学(武汉)公共管理学院副院长,应急管理专业负责人,国务院第一次全国自然灾害综合风险普查评估与区划专家,兼任湖北省公共管理研究会副会长、湖北省行政管理学会常务理事,湖北省高层次人才工程入选者。主要从事公共管理与公共政策、公共安全与应急管理、资源环境经济与管理等领域的教学和研究工作。主持课题30余项,公开发表学术论文80余篇,多篇论文被《新华文摘》、中央政策研究室《简报》、国家社科基金《成果要报》、人大"复印报刊资料"摘录或转载。出版专著3部,主编或参编教材3部。获湖北发展研究奖二等奖等科研成果奖3

项,政策建议获国家领导人及省部级领导批示 8 份,参与行业标准制定 1 项。

汪金峰,第一作者,男,(1985—),湖北黄冈人,公共管理学院管理学博士研究生,助理研究员,主要研究方向为资源与环境治理、土地制度与公共政策、公共安全与应急管理等。近年来,主持教育部创新创业基金项目 1 项,主要参与国家社会科学基金重大项目、国家自然科学基金重大项目和国家社会科学基金一般项目等各类课题和项目 10 余项,以独立作者或第一作者在《中国社会科学报》《理论探索》《北京邮电大学学报(社会科学版)》等刊物公开发表学术论文 20 余篇,其中被中央政策研究室《简报》全文转载 1 篇,入选"国家社会科学基金《成果要报》"1 篇;参与撰写专著 1 部,编写教材 1 部。2017 年获四川省社会科学优秀成果三等奖 1 项,2021 年获国家领导人批示 1 份。在"中国社会科学网""中国新闻网"和"学习强国"《长江日报》等媒体和报刊发表评论文章多篇,受到了相关部门和社会的关注和重视。

土地细碎化与农地制度的一个分析框架

一、研究背景与意义

土地细碎化是农业发展历史漫长、原住民占人口大多数地区普遍存在的土地形态。我国采取均分承包的土地制度,土地更为细碎。随着现代生产力发展和农民大规模流动,土地细碎化成为提高资源使用效率和发展现代农业的根本性制约。鉴于土地细碎化问题的日益重要性,有必要将土地细碎化问题纳入到农地制度研究框架中。本文的核心论题是系统阐释土地细碎化的内涵和特征,并将土地细碎化纳入到农地制度研究的理论框架中。

本文从土地细碎化角度建立了一个农地制度分析框架,具有四个方面的意义:一是可以揭示我国地权的细碎化特征,深化了对地权的理论认识。由于"细碎化土地"与现代产权所定义的典型资源具有很大的差别,也很难将其归类为私人资源或公共资源,我们需要对我国的"细碎化土地"及其产权特征进行把握。二是本文将土地细碎化纳入到农地制度研究的理论框架中,分析了细碎化土地产权作用于农地利用效率的内在机制。三是分析了不同的农地制度在土地细碎化治理上的绩效,深入认识到我国土地集体所有制的经济功能。一般的观点认识到集体所有制具有公平分配的制度优势,本文从生产层面解释集体所有制的经济效果。土地细碎化条件下,农户积极地形成集体行动获得农业生产效率的要求决定了集体所有制在现阶段具有合理性。集体所有制并不仅仅是一种意识形态和政治保障,而是在生产上具有实质的经济意义。四是小农农业发展的主要制约是土地细碎化,本文探讨有效的土地细碎化治理模式,有利于促进小农户与现代农业发展有机衔接。

二、主要研究内容

本研究认为土地的细碎化特征对我国农地利用效率和制度选择有决定性的影响。已有研究侧重于把土地细碎化理解为农地的物理特征和自然形态,一般使用农户拥有的地块数量与面积的比例衡量细碎化程度。这种土地细碎化界定方式只能描述土地的自然分布状态,既脱离了具体的生产力条件,也不能确定地反映农户之间的土地利用关系。土地的细碎化自然形态并不一定对农地利用产生不利影响。当农地利用存在较强外部性时,我们才会认为土地细碎化是一个问题。我国农地不仅规模小、产权主体数量众多,且在当前生产力阶段很多农业投资活动具有"公共品"特征,这些投资活动往往是单个农民所无法或无力完成的,存在典型的土地细碎化问题。相应地,我们称这种类型的土地为"细碎化土地"。

从农业生产的角度,土地细碎化问题的本质是农地利用存在较强外部性。即农地利用环节很难建立排他性关系,一个人的决策和行动使另一个人或一群人受损或受益。农地利用是一个综合使用水、电、路、土地等各种资源的过程,可以将农业生产系统称为资源系统。一定规模的土地是否细碎化取决于当时的生产力水平及其所决定的资源系统大小。如果农业生产力水平较低，资源系统的范围就较小，拥有一定规模土地的农民就可以形成一个相对独立的资源系统，土地利用的外部性就很弱。相反，如果农业生产力水平提高，单个农民使用水、电、路等资源就超出了资源单位的范围，土地利用的外部性就会增强。即使土地规模不变，随着农业生产力水平的发展，土地的细碎化程度也会提高。

当农地利用存在较强外部性导致经营非效率时，农户将丧失投入积极性。产权经济学认为可以将界定不经济的价值或利益留在公共领域，并按照一定的方式进行分配。土地利用者需要采取协调策略，形成集体行动才能获得公共领域的利益。集体行动实际上是在保持多产权主体的基础上扩大资源系统的范围，将单个农民的外部性收益内部化为经济组织的利益。在农业现代化背景下，农地利用效率的提高在很大程度上取决于农民是否能够形成有效的集体行动，将规模效应产生的外部利润内部化。

集体行动可以解决外部性问题，但"细碎化土地"的某些产权特征带来交易费用，影响集体行动的形成。在集体所有制和"准私有制"这两种不同的产权结构下，农民围绕农地利用形成不同的集体行动类型，本文区分为合作经济行动和集体经济行动。两种集体经济行动的经济绩效存在差异性。

当土地产权结构为"准私有制"，农民拥有完全的经营自主权，农民自愿形成合作经济，将农地利用的外部性内部化为合作经济组织的利益。在合作经济中农民遵循的是以个人（家庭）为核算单位的成本-收益行动模式。合作经济的核心原则是自愿，即农民根据理性利益计算决定是否参与合作，不受任何强迫力量的影响。在土地细碎化的条件下，合作经济存在较高的交易费用。第一，合作经济基于个体效用最大化基础，要求实现个体农民的成本和收益均衡。由于土地具有不确定性，对每个农民的成本和收益进行计算的成本很高；第二，由于土地具有不确定性，农民又有机会主义行为，要求所有农民一致同意的成本很高。

当土地产权结构为集体所有制时，集体也有参与农地经营的权利。与合作经济组织根本不同的是，集体经济组织作为土地集体所有权代表，具有经营土地的权利。集体经济行动遵循公共利益共享机制，集体经济行动的核心原则是"少数服从多数"的多数民主决策原则与卡尔多-希克斯改进。集体经济行动存在较低的交易费用。第一，集体经济行动采取"成本均摊、利益共享"公共利益共享机制，避免了计量难题。第二，多数原则不要求形成一致意见，少数农民的不同意见和不参与都不会妨碍集体行动的形成，这就解决了异质性问题和避免了机会主义行为（表1）。

表1 集体所有制与"准私有制"经济绩效比较

地权特性	交易费用类型	"准私有制"/合作经济	集体所有制/集体经济
不确定性	计量问题	价格机制无法解决	公共利益共享机制可以解决
不可移动性	异质性问题	一致原则无法解决	多数原则可以解决
	机会主义行为问题	自愿原则无法解决	强制性规则可以解决

三、主要结论

土地细碎化是我国农村提高资源使用效率和发展现代农业的根本性制约，"细碎化土地"

具有不确定性和不可移动性,这就导致农地利用存在计量成本和一致行动成本等交易费用。既有的"产权界定—经济激励"框架主要论证产权界定状况对农地制度绩效的影响,在农地利用外部性较大、产权界定成本较高的情况下,其解释力逐渐减弱。将土地细碎化特征和集体行动纳入到农地制度绩效分析之中,通过"产权特性+产权结构"这一新的分析框架可以发现:在我国,土地具有细碎化特征、农地利用具有较强外部性的情况下,产权界定成本很高;土地细碎化特征要求农户形成集体行动,将农地利用的外部性内部化为组织利益;建立在"准私有制"基础上的合作经济行动必将遭遇计量难题和一致行动难题,形成"反公地悲剧"的困境;而建立在集体所有制基础上的集体经济行动可以降低交易费用。这一新的农地制度分析框架可以深化对于我国地权的理论认识,揭示我国农地利用所面临的困境,也能更加深刻地认识我国集体土地制度具有的实质性经济功能。

四、论文信息

该论文于 2018 年 11 月 10 日发表在《社会科学》期刊上。

五、作者简介

王海娟,女,(1987—),湖北黄石人,社会学博士,中国地质大学(武汉)公共管理学院助理研究员,主要研究方向为农村社会学与土地制度。长期从事农村田野调查,驻村调查 700 余天,在社会科学文献出版社等出版学术著作 2 本,以第一作者发表学术论文 40 余篇,其中在《社会科学》《武汉大学学报(哲学社会科学版)》等 CSSCI 刊物发表论文 20 余篇,人大复印资料全文转载 8 篇。作为第一作者撰写的政策咨询报告获得国家级和省部级批示 10 个,主持国家级项目资金 3 个,获得 2014—2015 年度湖北省优秀调研成果和发展研究奖三等奖(政府发展奖)(排名第四)。亲自参与和推动的湖北省沙洋县"按户连片耕种"政策创新模式,被吸收完整写入 2016 年和 2017 年"中央一号"文件。在观察者网、澎湃新闻网、《农民日报》《半月谈》等媒体和报刊发表 30 余篇政策评论,部分政策评论受到相关政策部门的重视。

胡守庚,男,(1978—),浙江庆元人,工学博士,主要从事土地利用与城乡发展领域的教学和研究工作。二级教授,博士生导师,入选哲学社会科学人才计划、中宣部人才计划、自然资源部人才计划。任中国地质大学(武汉)公共管理学院院长,兼任自然资源部法治研究重点实验室主任、学术委员会副主任、中国区域科学协会可持续发展委员会副主任、中国土地学会青年工作委员会副主任、中国城乡发展战略智库联盟副秘书长、宁夏回族自治区人民政府重大决策咨询专家、武汉市政府咨询委员会委员。曾在中国科学院地理科学与资源研究所、武汉大学,美国纽约州立大学、康涅狄格大学等科研单位从事博士后/访问研究。近年先后主持国家社会科学基金重大项目、国家自然科学基金项目、国土资源部公益性行业重大专项课题、教育部人文社会科学基金规划项目、自然资源部科技试点项目等省部级及以上项目 30 余项,在国内外专业领域发表论文 100 余篇。获湖北省高等学校优秀教学成果一等奖、湖北省社会科学优秀成果二等奖等多项奖励。

中国高水平马拉松赛事的空间分布特征及影响因素

一、研究背景与意义

近年来,我国马拉松赛事呈井喷式发展。2017 年我国举办各类马拉松赛事 1102 场,涉及 234 个城市。研究马拉松赛事与城市、区域发展的关系不仅能解释马拉松赛事的发展规律,还可为更加深入地认识我国城市、区域发展格局提供新的维度。这一主题虽然已经得到学界的关注,但多为片段式的描述,我国马拉松赛事的总体发展状况如何?主要在哪些城市或地域举办?这些举办地具有什么特征?这些重要问题并未得到有效解答。在当前各地争相办赛的局面下,厘清这些问题恰恰能为主管部门和赛事组织者决定是否办赛、如何办赛提供认知支持和决策指引。鉴于此,笔者选取 2017 年中国田径协会(CAA)认证的 A 类马拉松赛事作为研究对象,从体育地理学视角,利用地理空间分析方法探讨我国高水平马拉松赛事的空间分布特征及其影响因素,揭示我国高水平马拉松赛事与城市、区域发展的关系,对拓展体育地理学研究外延和丰富我国马拉松赛事研究内涵均具有重要理论价值和现实意义。当前我国经济社会持续发展进步态势下,提高我国高水平马拉松赛事的组织能力和办赛质量,一方面能满足人民日益增长的美好生活需要,另一方面还能提升城市形象,为城市和区域带来巨大的社会效益和经济效益。

二、主要研究内容

本文选取中国田径协会(CAA)认证的 A 类马拉松赛事作为研究对象,从体育地理学视角,利用地理空间分析方法探讨我国高水平马拉松赛事的空间分布特征及其影响因素,主要研究内容如下。

1. 我国高水平马拉松赛事的空间分布特征

(1)规模结构特征。总体来看,举办马拉松赛事的等级与省份分布呈现"金字塔"结构,即赛事等级越高,举办省份反而越少;赛事等级越低,举办省份越多(图1)。由此可见,马拉松赛事在全国大部分省份分布相对均匀,赛事数量规模以中低水平为主,个别省份的赛事数量明显突出。

(2)空间格局特征。从表征经济发展水平的东、中、西、东北区域差异来看,我国高水平马拉松赛事的分布具有显著的区域差异,东部地区分布最多,西部地区次之,中部地区第三,东北最少(表1)。从马拉松赛事在各省份分布的平均场数来看,东部>西部>中部>东北地区;

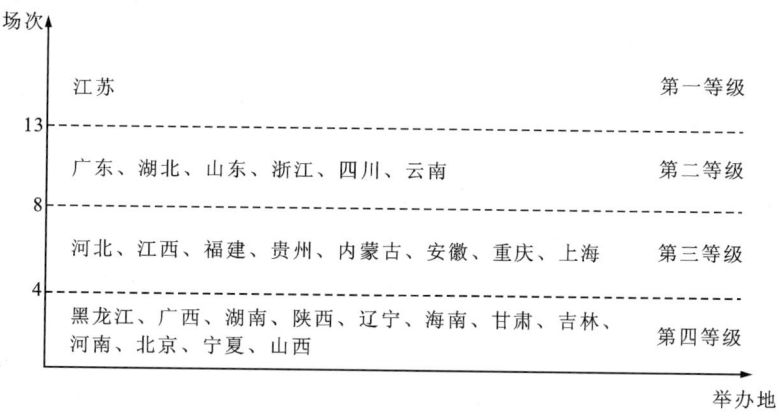

图1 马拉松赛事数量规模的省际分布结构

从表征自然环境特征的南北区域差异来看,南方地区无论在赛事数量还是赛事举办频次上均处于绝对优势地位。

表1 我国高水平马拉松赛事在东、中、西和东北地区的分布差异

地区	赛事数量(场)	占赛事总数比/%	省份数量/个	占举办省份总数比/%	平均场数
东部	89	50.28%	9	33.3%	9.89
中部	31	17.52%	6	22.2%	5.17
西部	47	26.55%	9	33.3%	5.22
东北	10	5.65%	3	11.1%	3.33
南方	128	72.32%	15	67.74%	8.53
北方	49	27.68%	12	32.26%	4.08

(3)空间重心特征。我国高水平马拉松赛事的空间重心为113°33′E,31°42′N,位于湖北省随州市境内。以空间几何重心为基点,人口重心、经济重心和马拉松赛事的空间重心均位于偏东南方向,且这3个重心在空间上较为接近,表明马拉松赛事的空间分布与我国社会发展状况和经济发展状况具有较高的契合度。但相比较而言,马拉松赛事空间重心更接近于人口重心,且相较于经济重心而言偏向西南方,表明经济发展程度对举办马拉松赛事的重要性并不高于社会发展程度,在西部欠发达地区同样有大量高水平马拉松赛事举办。

(4)空间集聚特征。我国高水平马拉松赛事分布的实际距离为119.83km,小于理论最邻近距离的127.93km,最邻近指数为0.936 632,表明高水平马拉松赛事在全国范围内趋于集聚。总体来看,我国高水平马拉松赛事的空间分布与我国国土空间的总体地形地貌格局具有明显关联。依据"三大阶梯"划分,青藏高原地区是第一阶梯,气候和自然条件不太适宜马拉松赛事的举办,所以赛事主要分布于第二级阶梯和第三级阶梯,且由东部沿海向西部内陆地区递减。

2.影响因素分析

在高水平马拉松赛事的空间分布特征解析过程中发现,影响其空间分布的原因主要包括自然地理条件、社会发展水平、经济发展实力、文化发展需求和体育事业投入等方面。

(1)自然因素。自然因素是影响我国高水平马拉松赛事空间分布的重要原因之一,其影响主要在于气温和地形地势两个方面。

(2)社会发展水平。社会发展水平是影响马拉松赛事分布的重要原因之一,社会发展到一定程度,人们开始增加对文体活动的需求,政府也才会关注文体事业,推动文体基础设施建设和扶持文体产业发展。

(3)经济发展实力。马拉松赛事的举办需要大量财力、人力、物力投入,2015年深圳国际马拉松赛仅在承办费用上就高达3000万元,2017年北京国际马拉松赛的工作人员仅志愿者就达到7079人,赛事还配备了50台AED专业防猝死设备,保障运动员安全。高水平马拉松赛事的举办需要扎实的经济基础。

(4)文化发展需求。随着城市社会的发展和马拉松赛事内涵的演化,两者结合越来越紧密,马拉松在一定程度上已融合为现代城市文明的一部分,成为城市精神、群体个性、社会包容等文化要素展示和弘扬的重要媒介,这也是马拉松受到追捧的重要原因之一。

(5)体育事业投入。地方对体育事业的重视和投入是马拉松赛事发展的关键影响因素。

三、主要结论

马拉松作为一项历史悠久和参与广泛的体育运动,近年来在我国受到广泛关注。从体育地理学视角出发,利用最邻近指数、重心模型和核密度强度分析、Pearson相关系数等方法,对我国高水平马拉松赛事的空间分布特征及其影响因素进行分析,研究发现:

(1)规模结构上,赛事数量的省际分布呈金字塔结构;空间格局上,赛事呈现东部、西部、南部多,中部北部少的特征;空间位置上,赛事的空间重心与我国的经济重心和人口重心较为契合;集聚特征上,赛事在全国范围内呈现明显的集聚状态,在第一阶梯之外的区域由东部沿海向西部内陆随海拔增加而递减,主要集聚区位于东南沿海地带,其他地区相对分散。

(2)马拉松赛事空间分布的主导因素为GDP总量、境内外旅游总收入、在校大学生数量、区域总人口和接待境内外游客数量,这些主导因素分别表征各地的经济实力、旅游发展水平、社会发展水平、人口基础和接待能力。上述主导因素的筛选和分析可为未来赛事的选址和举办提供论证依据,同时可为现有举办城市的体育政策制定以及赛事的组织和可持续发展提供方向指引。

四、论文信息

该论文自2018年11月30日发表以来,《上海体育学院学报》官方网站、中国知网等国内知名期刊与学术网站在第一时间进行了公开发布,在被"运动科学论坛""生态体育"等知名公众号大量转载阅读的同时,也得了《体育科学》《中国体育科技》等体育学核心期刊的引用,知网被引33次、下载1543次,在体育人文社会科学与人文地理学领域产生了积极影响,受到学术界和广大体育爱好者的欢迎和好评。此外,本文还获邀翻译成英文版同步发表于《上海体育学院学报》双语期刊 *Journal of Shanghai University of Sport*。

五、作者简介

陈昆仑,1982 年生,男,湖北荆门人,2012 年毕业于中山大学人文地理学专业,获博士学位,中国地质大学(武汉)、中国登山户外运动学院教授,博士生导师。近年来重点关注体育地理学、户外运动资源调查与规划方面的教学、科研和实践。在国内外专业期刊发表学术论文 70 余篇,其中 SCI&SSCI 论文 10 余篇,CSSCI 论文 30 余篇,2 篇被人大报刊复印资料全文转载,出版教材/专著 2 部。主持国家自然科学基金、教育部哲学社会科学研究、湖北省社会科学基金、湖北省自然科学基金、湖北省青年科技晨光计划等科研项目多项,主持广西灌阳、云南施甸、湖北建始和湖北毛铺等多地的户外资源调查与规划方面的社会实践项目多项。

关于新型冠状病毒肺炎疫情过后湖北省体育产业高质量发展的建议

一、问题分析

突然爆发的新冠肺炎疫情给湖北省体育产业按下了暂停键。根据《关于促进全民健身和体育消费推动体育产业高质量发展的意见》的精神和湖北省2022年体育产业总规模实现2500亿元的发展目标,疫情过后湖北省亟需尽快复兴体育产业,并着力扩大体育产业能级和推动体育产业高质量发展。此次疫情给湖北省体育产业发展造成了影响,也带来了机遇。①本课题组对疫情期间2443人的体育活动情况进行调查,发现67%的人每周至少参加1次体育活动,可见体育产业发展具有良好的社会基础;②只有8.82%的人不喜欢体育运动,却有35.23%的人基本没有参加体育活动,37.3%的人参加低强度体育活动,34.55%的人平均每次体育活动持续时间不超30分钟,这意味着疫情期间绝大部分人的体育锻炼需要未能得到充满满足,积攒着大量的体育锻炼需要等待疫情过后释放;③线上体育服务成为此次疫情期间支持全民健身的亮点,这提示"互联网+体育"将是体育产业能级提升和高质量发展的重要途径;④社会各界纷纷关心和支持"锻炼抗疫",可能培育了民间力量投资体育行业的信心。疫情过后,一方面是民众亟待释放的大量体育锻炼需要,另一方面是湖北省体育产业亟待复兴,因此湖北省政府可以采取以下措施。

二、建议

(1)充分释放疫情积蓄的体育锻炼需求,为湖北省体育消费市场打一支"强心针"。开放公共体育空间只能承接部分体育锻炼需要,而且产业效益有限,所以湖北省政府应提前规划疫情过后在全省范围内集中举办一批大中型群众体育赛事和体育活动(如马拉松、亲子公路自行车、户外运动、自然水域游泳、健身操(舞)汇演等),快速、高效的释放全省人民在疫情期间积攒的体育锻炼需要,同时将这些群众体育活动与体育用品展销会相结合,进一步扩大湖北省体育消费市场的能级,在短时间内给受灾严重的湖北省体育市场打一支"强心针"。

(2)依托大量的体育消费潜能,着力打造体育行业的湖北名牌。"汉马"每年的报名人数超过16万,相当于武汉卓尔足球俱乐部全年主场观众数量,可见明星体育企业的市场号召力是湖北省体育产业高质量的核心动力。此次疫情为体育市场积攒了大量的消费潜能,湖北省应利用这个契机,培育体育行业的"独角兽"。从目前湖北省体育产业发展质量看,以下品牌值得重视:体育用品行业的"李小双"、体育建筑行业的"黑豹体育"、体育培训行业的"星冠联"、体育零售行业的"杰之行"、体育在线服务行业的"乐跑体育",在相关政策的扶持下,引导体育消费定向流动,支持这些企业创先争优,走出湖北,继而带动湖北省体育产业扩大市场。

(3)创新体育业态。我国全民健身正朝着差异化、分层化和普及化的方向发展,传统体育消费需求(如参赛、观赛、购买体育装备等)亟需蓬勃发展,同时催生了新的市场潜力:①居家体育锻炼行业。疫情期间67%的人在家开展体育活动,但只有3%的家庭具备体育锻炼条件,这意味着居家体育锻炼蕴藏着千亿级的消费潜能(包括居家体育空间改造、居家体育器材、居家体育装备、居家体育指导等);②社区体育服务业。普通群众日常体育锻炼的时间在30分钟至1小时,在居家体育锻炼条件有限的情况下,像便利店一样的社区健身房将成为许多人日常锻炼的主要去处;③线上非实体体育产业。疫情带给体育产业最大的发现就是线上体育消费,相较于动辄过亿元的体育场馆建设投资,在线体育教育、传媒、消费、比赛展现了更加高效的体育行业投资回报率。湖北省应重视布局新型体育业态,通过政策和资金扶持,引导民间资本投资这些行业,发力挖掘其中的体育消费潜能,带领湖北省体育产业创新发展路径,获得更高质量的发展成效。

(4)构建全民健身的软件平台,夯实湖北省体育产业高质量发展的消费基础。2020年湖北省预计每周至少参加1次体育活动的人数达到2900万、经常参加体育锻炼的人数达到1900万,这是支撑湖北省2022年实现体育产业规模2500亿元的消费基础,所以湖北省体育产业高质量发展不能忽视民间体育消费潜力的培育,应积极打造全民健身软件平台,为广大人民群众提供体育锻炼的内容路径,这就要求湖北省政府适当下放体育赛事举办权,让社会力量成为组织湖北省居民参加体育赛事和活动的"工会"组织,要求他们扩大办赛力度、提高活动质量、增强活动容纳能力,不仅奠定湖北省体育产业可持续健康发展的社会基础,也是一种促进体育消费的有益措施。

(5)尽快恢复体育旅游业。疫情过后,恰逢暑期,正值湖北省体育旅游(漂流、滑翔伞、徒步、露营、观赛等)的高峰期,仅漂流一项的年产业规模就达到10亿元。但今年受疫情影响,可能损害湖北省体育旅游产品在外省的市场声誉。首先湖北省要标出体育旅游的绿区(疫情甚微的景区),尽早跟外省旅游部门合作,通过大力宣传,缓解外界对赴鄂旅游的担忧;其次本课题组调查发现武汉是湖北省漂流旅游的主要客源地,据此推断目前湖北省体育旅游的主要客源地也是武汉,建议扩大"大武汉年卡"的服务范围,武汉市民持卡在省内各体育旅游景区消费享受优惠政策,同时发挥本地人的示范效应;第三建立客源地与体育旅游景区"一线直通"机制,不接受散客,由客源地统一组织、统一通勤、专线到达、分区隔离游玩,切断异地游客、游客与湖北本地人之间的接触,缓解外界对游玩过程的担忧;第四大力促销,吸引外地游客。

三、主要结论

新冠肺炎疫情在短时间损害了湖北省体育产业发展,而传统体育产业已经濒临能级瓶颈,所以湖北省政府应在《关于促进全民健身和体育消费推动体育产业高质量发展的意见》等国家政策的指导下,通过建平台、树品牌、走新路、打基础,利用疫情带来体育消费机遇和全民健身热潮,一方面积极复兴现有体育产业,另一方面着力推动湖北省体育产业结构提质升级。如果能够保持现有的体育产业规模和发展态势,继而挖掘居家健身、社区体育服务、"互联网

＋体育"、体育旅游、群众体育大赛等新兴体育行业的消费潜力,创建1~2个"独角兽"型体育企业,并激发社会承接全民健身的积极性,2022年湖北省体育产业规模有可能突破3000亿元。

四、论文信息

该文于2020年3月17日刊发于《咨询参考》,得到湖北省副省长肖菊华的批示。

五、作者简介

游茂林,博士,博士后,副教授,硕士生导师,"地大学者"青年拔尖人才,美国佛罗里达大学访问学者(国家留学基金委全额资助),上海博士后科技服务团成员,学校第五次巡查工作组成员,秭归体育旅游研究生工作站负责人,现任体育学院副院长,曾任人事处(党委教师工作部)副处(部)长(挂职)。主持完成国家社会科学基金、中国博士后基金、湖北省社会科学基金、武汉市社会科学基金等国家级和省部级课题10余项。在核心期刊上发表论文34篇,出版著作5部。荣获教育部直属高等工科院校"体育先进工作者"称号、连续5年(2016—2021年)荣获"校级优秀教职工""校知识产权与技术转移先进个人"称号及山西省优秀博士学位论文、湖北省优秀学士学位论文、武汉市社会科学优秀成果奖、校教学成果二等奖、校青年教师讲课比赛二等奖等。获授权国家发明专利4项和国家实用新型专利14项。提交的建言报告被省政府领导批示2份、省政府部门采用7份。指导我校本科生承担国家大学生创新创业训练项目(省级)3项。指导我校研究生团队荣获全国大学生体育产业创新创业大赛总决赛金奖、华中赛区一等奖。

中国地区新型冠状病毒肺炎疫情地图的阅读效果研究——来自眼动的证据

一、研究背景与意义

新型冠状病毒肺炎(简称新冠肺炎)是威胁全球公共健康的大流行病,具有波及面广、受灾人数多、持续时间长、不确定性强的特点,疫情地图成为了传递灾害信息的常规载体,它提供疫情感染人数的地理空间分布与随时间变化的发展趋势,帮助公众快速、直观了解灾害实况及趋势,从而结合爆发情况和自身状况做出相应个体防控措施。但大多数疫情地图都过分强调了它们对跟踪疾病和制定适当对策的作用,地图有效性是否满足公众阅读需求仍需要进行深究。本文以中国地区新冠肺炎地图为研究对象,对用户在阅读疫情地图的认知过程及行为特征进行研究,获得成果丰富了传染病类型灾害风险地图阅读的相关研究和理论,通过评估用户的信息获取效率、理解有效性和风险感知有效性,从而了解公众对疫情地图阅读的实际需求,有助于疫情地图的优化,对机构和个人的风险沟通和防控都具有实际意义。

二、主要研究内容

本研究在现有灾害风险地图研究中的评估模式的基础上,以中国地区新冠肺炎地图为研究对象,以提高新冠肺炎疫情地图的风险沟通和信息阅读效果为目的,以色彩方案(暖色、冷色、混色)和数据表征(分区地图、分级地图)为自变量,研究在阅读疫情地图过程中对视觉认知模式、风险感知、理解效率和满意度的影响,并探讨其中规律机制。通过眼动追踪技术和行为实验,分析用户在阅读疫情地图的认知过程及行为特征,从而得到不同数据表征形式和色彩方案的中国地区疫情地图对用户风险感知、阅读效果以及主观偏好的影响规律。

三、主要结论

(1)在COVID-19地图中,风险感知受数据表征形式的影响,分级式地图的风险感知显著好于分区式;

(2)信息传达准确性不受颜色方案(冷色、暖色和混色)和数据表征(分级式、分区式)的影响,但效率受交互作用的影响,在混合色彩的前提下,分区式地图的理解效率显著更高;

(3)满意度受数据表征形式的影响,混色方案的分级地图在所有变量中具有最好的阅读体验。

四、论文信息

该论文于 2021 年 08 月发表在 Transactions in GIS 期刊上。

五、作者简介

方浩,男,1975 年生,博士,副教授,博士生导师。1996 年毕业于武汉大学,获学士学位,2004 年获武汉大学工学硕士学位,2013 年获武汉大学多媒体软件国家工程技术研究中心工学博士学位,为东南大学与水晶石数字科技公司联合培养艺术学博士后;现为湖北省动漫协会副秘书长、湖北省科技传播学会副秘书长、中国工业设计协会信息与交互设计专业委员会委员、湖北省文化产业库专家。研究方向为数字媒体与交互设计,主要研究领域为科教媒体设计、位置导航信息设计、数字艺术传播。

1996—2000 年于河南卫视从事影视节目制作工作,曾获中南地区省级电视台技术协会节目录制二等奖、河南省电视节目制作一等奖、中南地区省级电视台技术协会技术论文三等奖等奖项。2000 年至今于中国地质大学(武汉)从事数字媒体与交互设计教学科研工作,其主创的科教纪录片《月牙泉之前世今生》获第六届中国科蕾奖二等奖、第二届中国科普作家协会优秀科普作品奖(影视动漫类)最高奖优秀奖、2012 国际科教影视中国龙奖优秀奖;科教纪录片《问难舟曲》获第七届中国科蕾奖二等奖、2014 国际科教影视中国龙奖铜奖;科教纪录片《甘肃张掖丹霞国家地质公园》获第三届全国教育影视优秀作品大赛科普类一等奖、第七届中国科蕾奖提名奖、2014 全国科技活动周重大示范活动——优秀科普微视频和动漫大赛优秀作品;科教纪录片《湖北恩施腾龙洞大峡谷国家地质公园》获第二届北京科技微视频大赛金奖;作为主要成员编写的《青少年科普系列丛书》荣获自然资源部优秀科普图书大奖与中国地质学会优秀科普产品奖,《地球趣话》入选 2019 湖北省优秀科普作品并获得湖北 70 年优秀科普作品奖。获得湖北省人民政府颁发的"第三届湖北省科普先进工作者"荣誉称号;担任执行团长的地貌学及第四纪地质学科学传播专家团队获得中国地质学会与中国科协批准,成为全国科学传播专家团队,获得中国地质学会"优秀科学传播专家团队"称号,个人也获颁中国地质学会"优秀科学传播专家"称号。

新媒体时代的新闻生产：理念变革、产品创新与流程再造

一、研究背景与意义

党的新闻舆论工作是党的一项重要工作，是治国理政、定国安邦的大事。该论文以马克思主义新闻观为指导，立足媒体融合的现实背景，把握住了新闻业发展的脉搏，为新闻舆论工作提供了智力支持。开创性地从理念变革、产品创新与流程再造3个方面探讨新媒体时代的新闻生产，既充实了新闻传播学理论，又为新闻舆论工作提供了理论支持，引起学界广泛关注，党政部门也将其作为政策制定或决策参考。

（1）理论价值。从新闻学的基本概念出发展开理论思辨，结合田野调查回应现实问题。这使得研究既有全球视野，也有在地经验。首次从理念变革、产品创新与流程再造3个方面探讨新媒体时代的新闻生产，厘清了新闻学和新闻业的一些基本概念和问题，充实了中国的新闻学理论，丰富了新闻舆论工作的理论话语。

（2）应用价值。深度剖析新闻业发展的基本问题，在党和政府层面可为新闻舆论工作及其政策制定提供话语资源，在新闻业层面可为主流媒体的融合发展与转型升级提供路径选择和理论指导，在新闻从业者层面则提醒新闻从业者提高自身能力以适应新媒体时代的现实需要。

（3）学术创新。以马克思主义新闻观为指导，批判借鉴西方新闻学的理论资源，从理念变革、产品创新与流程再造等宏观层面探讨新闻业的未来发展，既突破了相关研究的微观与琐碎，又积极回应了中国新闻业发展的现实问题。论文提出了"重新定义新闻与新闻业"等观点，踩准了时代脉搏，发表至今仍然具有强大的生命力。

二、主要研究内容

通过理论思辨结合田野调查探讨新闻业的未来。论文认为，新闻业并不会被新媒体时代所抛弃，只是它必须革新理念、创新产品与再造流程；未来媒体应该依靠内容及质量获得公信力，而不是凭借自己是信息的唯一提供者，或者只是新闻生产者与受众之间的中介。传统媒体并不只是要向新媒体转型，而是要在新媒体时代重新找准自身定位：未来的新闻业将作为新媒体的一部分，为公众提供更专业的公共服务。

在新媒体时代，如果公民可以自己成为编辑，甚至在某些场合可以自称"公民记者"，我们还需要从媒体那里得到什么？我们需要什么样的"下一代新闻业"？未来新闻业如何变革？媒体编辑部该如何进行新闻生产？新闻生产首先需要理念变革，应该重新定义新闻与新闻

业。新闻业的逻辑与规则已经改变,倘若不能及时更新观念,传统的新闻业必然会被淘汰,为新的新闻生产方式所取代。

在产品创新上,对未来的新闻生产来说,服务产品可以成为用户行为数据的收集平台,这些数据与关系产品中的数据一起,通过大数据统计能精准描绘用户的"肖像",从而为个性化的新闻生产与信息服务提供依据。基于各类新媒体形态的差异、新媒体用户喜好的不同,未来的新闻业应该再造出各具特点的生产流程。流程再造的前提应该是理念的转变,目的是生产出个性化的新闻产品。

三、主要结论

新闻业并不会被新媒体时代所抛弃,只是它必须革新理念、创新产品与再造流程;未来媒体应该依靠内容及质量获得公信力,而不是凭借自己是信息的唯一提供者,或者只是新闻生产者与受众之间的中介。传统媒体并不只是要向新媒体转型,而是要在新媒体时代重新找准自身定位;未来的新闻业将作为新媒体的一部分,为公众提供更专业的公共服务。

四、论文信息

论文首次发表在2015年第2期的《南京社会科学》。2015年第10期《新华文摘》全文转载该论文,并作为封面文章重点推荐。

五、作者简介

刘义昆,中国地质大学(武汉)艺术与传媒学院副教授,硕士生导师,华中科技大学新闻学博士。华中科技大学新闻评论研究中心研究员,中国新闻史学会新闻传播教育史研究委员会副秘书长,常务理事,中国新闻传播教育年鉴编辑部成员。曾在《新华文摘》《中国社会科学文摘》《南京社会科学》《现代传播》《中州学刊》《新闻记者》和《中国出版》等核心期刊发表学术论文30多篇,出版中英文专著各1部。其中,以第一作者发表的论文《新媒体时代的新闻生产:理念变革、产品创新与流程再造》被《新华文摘》全文转载封面推荐,获得全国新闻学青年学者优秀学术成果奖,湖北省高等学校优秀成果一等奖,武汉市社会科学成果奖。另曾获高等学校国家级教学成果奖二等奖,湖北省教学成果奖一等奖,湖北省社会科学成果奖二等奖、三等奖,中国新闻史学会2019学术年会优秀论文奖。

论当代德国政治教育理论的基本属性

一、研究背景与意义

当代德国政治教育是在对纳粹德国服务于"侵略扩张和种族纯洁"反动的政治教化批判反思,和对魏玛共和国"基于国家和民族"的政治教育扬弃基础上的资产阶级民主教育。在二战后政治教育体系的构建和政治文化转型过程中,当代德国政治教育学者和学术界在汲取历史经验教训、借鉴前人思想理论的基础上,对德国政治文化和政治教育发展现状及其未来发展趋势,以学术思想的方式作出了持续、主动的回应,对本国政治教育的实践成果和历史经验作了概括,形成了具有本土特色的政治教育理论。

德国政治教育理论是德国学者借助一系列有关政治教育概念、判断和推理所表达出来的关于政治教育本质及其规律的知识体系。伴随二战后德国政治教育实践的变迁,产生了一批著名的德国政治教育学家,形成了不同的学术流派,呈现出各自的思想风格和理论特质。对理论属性的探讨,是政治教育理论研究的一个基本问题。理论属性指理论流派或理论体系所具有的基本特征,这些特征可以从理论的政治属性、时代属性(历史性)、本土属性(或民族性)、学科属性等层面展现出来。通过对理论属性的辨识解析,可以深化对德国政治教育理论基本内涵、内在要求、逻辑结构、价值取向和根本性质的认识。

二、主要研究内容

当代德国政治教育理论是德国学者对二战后德国政治教育、政治文化相互关系及其发展规律的理性认识所形成的知识体系,本文从政治属性、时代属性、本土属性、学科属性4个方面,阐述了当代德国政治教育理论的基本属性。

(1)政治属性:理论的政治属性是理论所具有的政治意识形态特征的反映,集中体现在理论所代表或体现的在政治和经济上占何种地位的阶级或集团的利益,即理论的阶级性,这是理论的本质特征。判定一种思想理论阶级性的标准是通过其主观表现形式考察它的实践内容,即在思想理论指导下的社会实践所期望达到的社会效应,或真正维护的阶级利益。

(2)时代属性:从理论生成的依据和机理看,理论的时代性是指理论源于时代,是特定时代的产物;从理论的内在特质看,理论的时代性指理论彰显时代的特质,也有时代的局限性。从理论与时代的关系来分析二战后德国政治教育理论的特征,能够进一步把握理论流派生成的机理、思想特质和理论的历史局限性。

(3)本土属性:从比较视角看,二战后德国政治教育理论及其流派具有鲜明的德意志民族的本土特色,是德国向度的意识形态类教育学科。

(4)学科属性:尽管德国政治教育理论流派众多,但在学术话语中,"政治教育理论体系"或"政治教育学科"似乎尚未成为一个特定的建构对象和研究对象。当代德国政治教育理论是不同学术思想和理论流派在相互影响、相互交融、相互争论交锋中呈现出的学术状态。

三、主要结论

当代德国政治教育理论的政治属性,体现为服务于政治教育这一特殊的"宪法保护方式"的思想体系和方法论体系,即在本质上服从服务于从公民政治文化建设方面维护德国资产阶级民主政治制度;时代属性表现为政治教育实践现实语境的产物,生成于对二战后不同时期政治文化及政治教育面临的重大现实问题作出的思想回应的基础上;本土属性体现为"德国向度"的政治教育理论,具有显著的国别特征;学科属性体现为其隶属于教育学,是理论教育学在政治教育领域的运用,并呈现出多学科交叉特征。

(1)二战后德国政治教育理论从本质上反映着在政治和经济上占统治地位的资产阶级的根本利益。在德国政治教育领域,存在着宣扬其"超党派性""超阶级性",否认甚至抹杀政治教育阶级属性,存在极力塑造"价值中立"形象的普遍倾向,这种倾向将政治教育理解成国家的公共义务,是为了偿还历史上国家(尤其是第三帝国)对公民所欠下的政治债务,由联邦政府对每位公民的"送达债务",是一种教育上的"行政给付"。事实上,这种倾向只能说明政治教育在二战后德国文化教育和民主化进程中具有的重要地位,规避和否认不了政治教育是资产阶级议会民主制基本政治制度保护工作的本质属性,超越不了"为资产阶级统治进行辩护",解决民众对德国资产阶级现行政治体系和政治权力"认同问题"的根本属性。

(2)二战后德国政治教育理论流派的发展和命运,取决于是否能够回应政治文化转型关键时期提出的政治教育变革的重大问题。在二战后德国政治教育理论的流变进程中,那些被广泛认可并在实践中发挥重要作用的理论,始于在分析各种政治文化现象基础上对政治教育"时代问题"的发现,理论论证围绕"时代问题"而展开,思想风格形成于对"时代问题"的把握。

(3)二战后德国政治教育学者对所处的社会政治制度、政治文化与政治教育及其变革的思考、探索,促进了德国本土政治教育思想理论及其流派的发展。这一历程一方面说明,开启并建立新的政治教育体系,需要共享其他民族政治教育思想成果,更为重要的是建构和发展本国的思想理论和学术流派,探究政治教育规律在德国这个有别于其他西方国家特征的社会下的运行形态,解决德国政治体系和政治权力对民众的政治教育问题和创制民主政治文化问题。这是二战后德国民主政治文化建设和政治教育实践向德国政治教育学者提出的急迫任务。这一历程另一方面也说明,德国政治教育思想理论家在处理自己面临的社会问题时,也充分体现了本民族的智慧。

(4)在德国,无论作为学术研究对象,还是教育的实践形态,政治教育都是一个相对独立的领域,政治教育和道德教育无论在理论还是实践方面都有各自的完整、成熟体系。相比政治教育,道德教育在德国的历史更为久远,它不仅对德意志民族,甚至对人类文明都产生了重要影响。长期以来,道德教育在宗教文化传统深厚的德国主要以宗教教育的形式展开。与政治教育类似,当代德国道德教育也形成了一整套独立的理论体系与教育体制,家庭、教会、学校、社会等都作为道德教育的有效实施力量。

通过以上对二战后德国政治教育理论政治属性、时代属性、本土属性和学科属性的分析，可以作出这样的判断，德国政治教育的思想理论家们是西方资产阶级的教育学家、这个时代的教育学家、德国本土的教育学家，这些身份特性决定了他们的思想带有鲜明的意识形态特征、时代特征和本土特征。他们的政治教育思想理论是在德国特定时期，政治文化发展和政治教育面临困境、危机的情况下，对问题原因的分析、解决出路的探索，也都反映了他们作为资产阶级的、时代的、民族的杰出教育代表的特征和局限性。

四、论文信息

该论文于2018年5月9日发表在《清华大学教育研究》期刊，第39卷第5期。

五、作者简介

傅安洲，男，汉族，中共党员，教授，博士生导师，曾任中国地质大学（武汉）党委副书记、副校长。主要社会兼职有教育部首届马克思主义理论类专业教学指导委员会委员、湖北省学生工作研究会会长。武汉地质学院区域地质调查与矿产普查专业毕业留校，从事学生思想政治教育与管理，思想品德课教学。曾先后在华中师范大学、上海外国语文化大学学习和进修。1997—1998年赴德国法兰克福大学学习访问。主要从事思想政治教育、德国政治教育、西方公民教育研究。主持了多项省部级相关课题研究，其中先后获批并主持两项国家社会科学基金项目，并在《人民日报》（理论版）、《光明日报》《高等教育研究》《中国行政管理》《比较教育研究》等权威和核心报刊发表论文60余篇，编著出版了《德国政治教育研究》《心理咨询方法论》等多部专著、教材。先后获得"全国教育科学研究优秀成果二等奖""全国思想政治教育研究会优秀论文二等奖""湖北省优秀教学成果一等奖、二等奖"等多个省部级以上奖励，曾多次指导学生获湖北省优秀硕士学位论文和全国思想政治教育学科优秀博士论文。

阮一帆，男，汉族，教授，博士生导师，中国地质大学（武汉）马克思主义学院院长。在中国地质大学（武汉）获管理学学士学位和法学硕士学位，在武汉大学获历史学博士学位。2016—2017年在德国汉堡大学教育学院公派访学。2013年入选中国地质大学（武汉）"摇篮计划"；2014年入选湖北省高等学校马克思主义中青年理论家培育计划（第一批）。主要研究领域为中外思想政治教育比较研究、大学生思想政治教育的理论与实践、马克思主义中国化等。主持国家社会科学基金一般项目、青年项目2项和教育部人文社会科学研究基金等省部级项目多项；在《马克思主义研究》《人民日报（理论版）》《光明日报（理论版）》《思想理论教育导刊》《高等教育研究》《比较教育研究》等刊物上发表论文70余篇；出版专著《德国联邦政治教育中心发展历史研究》《德国政治教育研究》《德美两国政治与公民教育研究》等。研究成果荣获"第五届全国教育科学研究优秀成果三等奖""湖北省第七届、第十一届社会科学优秀成果三等奖""武汉市第十一次、十四次社会科学优秀成果三等奖""湖北省第六届教育科学研究优秀成果奖一等奖"等科研奖项。

习近平对马克思主义斗争思想的守正与创新

一、研究背景与意义

从哲学意义上讲,斗争是指矛盾对立面相互排斥、互相分离的倾向和趋势,推动事物向前发展。从实践意义上讲,斗争是人们根据客观世界的发展现状及人的现实需求而进行的能动性社会实践活动。马克思主义天然具有为人类解放而斗争的理论品格,斗争精神是马克思主义的重要精神特质,也是马克思主义者的基本精神底色。党的十八大以来,习近平运用马克思主义的立场、观点和方法,深入分析我国面临的矛盾与问题、风险与挑战,号召全党进行具有许多新的历史特点的伟大斗争。研究习近平关于斗争的系列重要讲话,为新时代伟大斗争精神提供了强大的精神动力。

二、研究内容

在中国特色社会主义新时代,挑战与风险、阻力和困难,决定了中国共产党和中国人民面临的斗争具有新特点和新样态。习近平对新时代的斗争和斗争精神进行了深刻论述,全面系统回答了新时代中国共产党人"为何斗争、如何斗争",在价值追求、时代内涵和方法论意蕴上,实现了马克思主义斗争思想的守正与创新。

1. 继承了马克思主义斗争思想的价值追求

《共产党宣言》使用"斗争"一词32次,是一部真正的全世界共产党人斗争的宣言书。马克思的一生是革命斗争一生。"马克思主义是人民的理论,第一次创立了人民实现自身解放的思想体系。马克思主义博大精深,归根到底就是一句话,为人类求解放。"实现共产主义是无产阶级革命斗争的终极目标,也是马克思主义斗争学说的最终价值追求。

中国共产党是在斗争中诞生、在斗争中发展和壮大的。它自诞生之日起就以国家富强、民族振兴和人民幸福为价值追求,肩负起为民族谋复兴、为人民谋幸福的历史重任。党的十八大以来,习近平带领全党全国人民勠力同心、砥砺拼搏,"解决了许多长期想解决而没有解决的难题,办成了许多过去想办而没有办成的大事",经济高速增长,社会安定有序,人民安居乐业,中国大踏步赶上了时代,中华民族迎来了伟大复兴的光明前景。

全面建成小康社会到基本实现现代化,再到建成现代化强国,进而实现中华民族伟大复兴,是一个艰苦奋斗的过程,"我们面临的各种斗争不是短期的而是长期的,至少要伴随到第二个百年奋斗目标全过程"。中华民族伟大复兴绝不是轻轻松松、敲锣打鼓就能实现的。共产党人既要仰望星空,心怀崇高共产主义理想,同时又要始于足下,为国家现代化和民族复兴而奋斗、而斗争。斗争精神是马克思主义固有的理论品格,是当代中国马克思主义者的基本底色,也是实现中华民族伟大复兴的精神动力。

2. 深化了马克思主义斗争思想的时代内涵

无产阶级及其政党的斗争一刻也不能停止,但斗争的具体内容因时代主题的变化而不同。习近平深刻揭示在中国特色社会主义新时代斗争的具体内容,丰富了马克思主义斗争思想的新内涵。

其一,解决新时代社会的主要矛盾。斗争是人类社会发展运动规律的一个基本现象。我国进入社会主义社会后,阶级斗争不再是主要矛盾,社会主要矛盾已转变为人民日益增长的美好生活需要与不平衡不充分的发展之间的矛盾。解决这一对主要矛盾,提高人民生活的品质和幸福指数,就成为新时代伟大斗争的主要任务。

其二,应对重大风险与挑战、阻力与困难。当今世界正处于百年未有之大变局,中国改革进入深水区,国际国内各种矛盾错综复杂。国外敌对势力渗透颠覆破坏活动,国内台独、港独、疆独、藏独分裂活动,对我国的安全稳定构成很大的威胁。习近平强调"当前和今后一个时期,我国发展进入各种风险挑战不断积累甚至集中显露的时期,面临的重大斗争不会少。"要打赢防范化解重大风险的攻坚战,共产党人必须善于观大势、思大局,善于研判风险,精准施策。

其三,维护中国共产党领导、中国特色社会主义制度和国家核心利益。习近平提出"五个凡是"命题,对新时代社会政治领域斗争进行高度概括。"五个凡是"涉及的是国家根本制度、国家核心利益、人民根本利益等大是大非问题,是共产党人在斗争中必须坚持的基本原则。习近平明确指出:"共产党人的斗争是有方向、有立场、有原则的。大方向就是坚持中国共产党领导和我国社会主义制度不动摇。"中国特色社会主义制度是中国共产党克敌制胜的制度保证。党和国家能够抵御风险与挑战,是因为坚持了中国特色社会主义制度,并把制度优势转化为斗争效能。

3. 丰富了马克思主义斗争思想的方法论意蕴

习近平继承并发展了马克思列宁主义和毛泽东思想的斗争方法论,并将它与中国的时代特征相结合起来。他根据新时代的新形势,对共产党人提出"坚持增强忧患意识和保持战略定力相统一、坚持战略判断和战术决断相统一、坚持斗争过程和斗争实效相统一"的斗争方法论。新时代斗争的长期性、复杂性和艰巨性,决定了共产党人必须正确认识斗争规律,注重斗争方法,讲求斗争艺术。

首先,要敢于直面矛盾、正视问题。正视在改革发展稳定、内政外交国防、治党治国治军等各个方面存在的问题,按照"五个凡是"的原则,该斗争就要斗争。决不能漠视、逃避甚至掩藏我国改革发展所面临的社会问题和潜在风险,避免其恶性质变为危害安定和谐的破坏性因素。对于各种错误思想、言论和行为,敢于理直气壮亮剑。其次,在斗争中抓重点抓关键。有矛盾就会有斗争,斗争要善于抓主要矛盾和矛盾主要方面,以重点带全局,以关键解难题。习近平形象地称为牵"牛鼻子"。他批评那种"没有主次,不加区别,眉毛胡子一把抓"的斗争方法,告诫大家斗争不要逞强好胜、争勇斗狠,而要循规律、遵章法,因势利导,因地制宜,有的放矢。再次,要把握好斗争的时效,善于把原则的坚定性与策略的灵活性有机统一起来。何时斗争、如何斗争、斗争结果如何,要仔细考量,做到有理有利有节。

习近平明确指出,斗争是一门艺术,要想"斗得漂亮",取得胜利,还必须具有高超的斗争本领。首先,要加强马克思主义理论学习,增强看家本领。理论深厚、思想清醒,政治才能坚定,斗争起来才有精气神。其次,要在斗争实践中练就本领。共产党人越是艰险越向前,在复杂严峻斗争中磨练品质、意志和胆魄,治好各种"软骨病",把自己真正锻造为钢铁战士。再次,要提升斗争能力。共产党员特别是领导干部不仅守土有责,而且有能力履责。既能应对"黑天鹅"事件,也能防范"灰犀牛"事件;既能防范风险,又能化解风险;既能化解危机,又能转危为机。在各种重大斗争中做到召之即来、来之能战、战之必胜。

三、结语

习近平关于新时代伟大斗争的重要论述,是他从哲学的高度在把握斗争本质的基础上,对我国面临的重大风险与挑战、阻力与困难所做的辩证的理性思考,全面系统回答了在中国特色社会主义新时代,共产党人"为何斗争、如何斗争"这一基本问题,把马克思主义斗争思想在中国时代化、具体化,为中国共产党人发扬斗争精神、增强斗争本领和提升斗争艺术提供理论指导和方法遵循。习近平关于新时代伟大斗争重要论述中所体现的精神,充分展示了共产党人的坚定自信和斗争意志,对新时代推进党的建设新的伟大工程、建设中国特色社会主义的伟大事业、实现中华民族复兴的伟大梦想,均具有现实的指导意义。

四、论文信息

该论文于2020年11月20日发表在《思想理论教育导刊》。

五、作者简介

高翔莲,女,1963年生,湖北大悟人,教授、博士生导师。中国地质大学教学名师,中共湖北省委讲师团成员,湖北省中国特色社会主义理论体系研究中心研究员,湖北省思想政治理论课教学指导委员会委员,湖北省高等学校人文与社会科学重点研究基地——大学生发展与创新教育研究中心副主任,湖北省哲学学会常务理事。

主要研究领域为毛泽东思想、习近平新时代中国特色社会主义思想、大学生思想政治教育等。近年来,在《思想理论教育导刊》《江汉论坛》《中国高等教育》《社会主义研究》等期刊发表学术论文共50余篇。在人民出版社、中国地质大学出版社等出版《中国共产党执政理念教育研究》《大学生理论宣讲与实践创新案例精编》《中国特色社会主义若干热点问题调查研究》(1—3辑)等专著10余部。主持省部级科研项目30余项。

在高校思想政治理论课教学一线执教近40年,先后主讲"中国马克思主义与当代""马克思主义理论前沿问题研究""中国特色社会主义理论与实践研究""中国化马克思主义发展概论""毛泽东思想概论""毛泽东思想和中国特色社会主义理论体系概论""思想政治教育专业导论"等博士生、硕士生和本科生的7门课程。在教学过程中,始终践行"享受教学"理念,倡导"理+情"的对话式教学模式。在担任院长期间,带领全院教师进行思想政治理论课改革探索,充实教学内容,创新教学模式。2016—2022年,连续6年在学校本科教学质量评价中排名前10%。近40年来始终如一恪守师道,做学生的良师益友。

社会主义核心价值观的生态维度——生态文明新时代的核心价值观

一、研究背景与意义

习近平总书记指出:"一个民族、一个国家的核心价值观必须同这个民族、这个国家的历史文化相契合,同这个民族、这个国家的人民正在进行的奋斗相结合,同这个民族、这个国家需要解决的时代问题相适应。"我们要建设的现代化是人与自然和谐共生的现代化,我们要走向的是社会主义生态文明新时代,这就需要我们从生态维度来解读社会主义核心价值观,为社会主义核心价值观注入生态文明新元素,形成社会主义生态文明新时代的核心价值观。目前,学术界虽从不同维度对社会主义核心价值观展开了大量研究,但从生态维度来解读社会主义核心价值观的成果很少。论文从生态维度对社会主义核心价值观的国家、社会、个人三个层面进行了分析与解读,对于丰富与深化社会主义核心价值观研究、社会主义生态文明价值观研究,培育和践行社会主义核心价值观、社会主义生态文明价值观以及促进中国特色社会主义生态文明建设等都具有重要意义。

二、主要研究内容

整篇论文由引言、主体和结论组成。其中,主体由生态维度的国家、社会和个人价值观三大部分构成:

第一部分,从生态维度出发研究国家价值观,即对富强、民主、文明与和谐的国家价值观进行生态解读。一是生态富强。富强是经济建设的奋斗目标和价值追求。生态维度下的富强就是生态富强,主要指资源丰富、环境友好、生态美丽。生态富强是经济富强的根本基础,生态富强就是最好的经济富强。这就需要我们大力发展绿色经济、低碳经济、循环经济,使经济富强建立在生态富强的基础上。二是生态民主。民主是政治建设的奋斗目标和价值追求。生态维度下的民主就是生态民主,就是政府、企业、个人以及各种社会组织,将生态利益视作最高诉求,通过共同参与、对话、沟通、交流,形成对生态利益的共识,作出符合多数人利益的决策,实现公民的生态权利平等、生态机会平等和生态利益公平,公平配置生态资源,公平承担生态建设成本。生态民主包括生态知情权、生态参与权、生态监督权、生态决策权。三是生态文明。文明是文化建设的奋斗目标和价值追求。生态维度下的文明是生态文明,与一般的生态文明有所不同,是要实现文明与文化的生态转向。其中,文明的生态转向就是生态文明,这是生态与文明的相互融合;文化的生态转向就是生态文化,这是生态与文化的有机结合。生态文明是人类文明发展的新形态,生态文化是生态文明新时代的文化新类型,即建立生态文明基础上的生态文化体系。四是生态和谐。和谐是社会建设的奋斗目标和价值追求。生态维度下的和谐是生态和谐，就是人与自然之间的和谐共生，这是实现社会现代化的重要内涵。生态和谐（人与自然和谐）与社会和谐（人与人的和谐）相互影响，生态和谐是社会和谐的重要基础，社会和谐是生态和谐的根本保障。

第二部分，从生态维度出发研究社会价值观，即对自由、平等、公正和法治的社会价值观进行生态解读。一是生态自由。自由是人的最基本的权利，生态维度下的自由是生态自由。生态自由就是人与自然相统一的自由，是克服了人与自然根本对立而生成的自由，是包含了所有生命体以及自然界的自由。只有尽快走出人与自然对立的工业自由，才能走向人与自然和谐的生态自由。二是生态平等。平等是现代社会人权的基本要求，生态维度下的平等是生态平等。生态平等既包括人与人的生态地位与权益平等，在生态领域内实现人与人之间的平等，即人民群众平等共享生态文明改革与建设成果，也包括人与自然之间的平等，建立人与自然的平等关系，促进人与自然的共同发展。三是生态公正。公正是现代社会维系、调节社会关系的基本准则。生态维度下的公正是生态公正，即运用公正理论协调、处理各种利益主体在生态问题上的利益关系，是人们在利用资源环境满足自己利益过程中所体现的机会平等、责任共担、合理补偿，兼顾不同国家、不同地区、不同群体之间的生态利益，重点保障农村地区、落后地区、弱势群体以及子孙后代的生态权益。四是生态法治。法治是对现代国家的基本要求。生态维度下的法治是生态法治，即国家借助法治手段调节人们之间的生态利益、生态关系，以及人与生态关系的法治过程，体现了人类对自然资源与生态环境的关爱，反映了人们对保护自然的最基本、最重要的法律主张与看法。生态法治建设包括生态立法、生态执法、生态司法与生态守法，其不断完善将为生态文明建设提供重要法律保障。

第三部分，从生态维度出发研究个人价值观，即对爱国、敬业、诚信和友善的个人价值观进行生态解读。一是生态爱国。爱国是对祖国的忠诚和热爱，是对公民社会美德的基本要求。生态维度下的爱国是生态爱国，主要体现为热爱祖国的大好河山、爱护祖国的绿水青山、投身美丽中国建设事业等。生态爱国是爱国主义不可分割的部分，是我们必须具备的基本生态道德品质。从爱国主义高度开展生态文明宣传教育，将使生态文明建设获得深层次的精神动力。二是生态敬业。敬业是公民职业道德的核心要求，是从业人员做好本职工作的必要基础。生态维度下的敬业是生态敬业，既是对从事资源、环境、生态等生态文明建设工作者的职业道德要求，要求这些行业干部职工干生态文明、爱生态文明、钻生态文明，为切实解决影响群众生产生活的突出生态环境问题作出应有贡献；也是对我国所有职工的职业道德要求，要求各行各业职工都要形成节约资源和保护环境的绿色生产与劳动方式。三是生态诚信。诚信强调人与人之间真诚相待。生态维度下的诚信是生态诚信，就是人对自然诚实无欺的态度和行为准则。对自然不讲诚信必将遭受自然界的惩罚和报复，必须加大对生态欺骗行为的处罚力度、对生态诚信行为的奖励力度，引导更多企业家和所有人认真践行生态诚信行为。四是生态友善。友善本义是以善良友好之心处理人际关系。生态维度下的友善是生态友善，要求人类像善待朋友一样善待大自然，敬畏自然、尊重自然、顺应自然、保护自然。如果说善待自己可以形成和谐身心关系、善待他人可以形成和谐人际关系、善待社会可以形成和谐社会关系，那么善待自然可以形成和谐的生态关系。

三、主要结论

论文站在社会主义生态文明新时代高度解读社会主义核心价值观并得出以下结论：一是核心价值观与生态文明紧密相关，需要放在一起思考并且共同推进，基于生态维度深入研究社会主义核心价值观非常必要。二是生态文明新时代的国家价值观包括生态富强、生态民主、生态文明、生态和谐，目标是建设生态文明的国家即生态国家，树立生态维度的国家价值观是建成生态国家的前提。三是生态文明新时代的社会价值观包括生态自由、生态平等、生态公平、生态法治，目标是建设生态文明的社会即生态社会，培育生态维度的社会价值观是建设生态社会的基础。四是生态文明新时代的个人价值观包括生态爱国、生态敬业、生态诚信、生态友善，目标是培养建设生态文明的公民即生态公民，只有弘扬生态维度的个人价值观才能培育生态公民。论文初步回答了我们要建设什么样的生态国家、什么样的生态社会以及什么样的生态公民。五是解读生态维度下社会主义核心价值观，培育社会主义生态文明价值观，是加快建设生态文明、实现美丽中国梦、走向社会主义生态文明新时代的思想基础和精神动力。

四、论文信息

该论文于 2015 年 2 月 25 日发表在《思想教育研究》(2015 年第 2 期)期刊，后被人大报刊复印资料《中国特色社会主义》(2016 年第 4 期)全文转载。

五、作者简介

黄娟，1963 年生，女，上海市崇明人。中国地质大学(武汉)马克思主义学院教授，博士生导师，先后担任中国生态经济教育委员会副会长、全国地学哲学委员会理事、湖北省生态文明研究中心研究员、华中科技大学国家治理研究院客座研究员、山西省运城市临猗县决策咨询顾问等。自 1984 年留校工作至今，主要从事马克思主义理论教学，长期从事生态文明理论与实践研究。

教学方面：近年来，主要承担本科生课程"毛泽东思想和中国特色社会主义理论体系概论""中国化马克思主义概论""中国特色社会主义理论体系概论"，硕士生课程"中国特色社会主义理论与实践研究"，以及博士生课程"马克思主义与当代"等教学。先后主持并完成湖北省教育厅高校思想政治教育科学五年规划项目、湖北省教育厅高等学校省级教学研究项目"思想政治理论课生态文明教育资源开发利用理论与实践研究"；出版《大学生科学素质教育研究》等教学研究类专著；发表《高校思想政治教育课程开发利用生态文明教育资源的思考》《高校马克思主义生态文明理论教育的思考》《中国特色生态文明教育思想论》等多篇教研论文。先后荣获中国地质大学(武汉)授予的"最受学生欢迎的老师""'三育人'标兵""学生科技报告会优秀指导教师""优秀硕士生毕业论文指导教师"等荣誉，指导的董扣艳学士学位论文《生态文明视角下"四个全面"战略布局研究》被评为湖北省优秀学士学位论文等。

科研方面：长期从事马克思主义生态文明理论与实践研究，特别是习近平生态文明思想与实践研究，在生态文明领域形成了鲜明的研究特色与专长。作为首席专家主持教育部哲学社会科学研究重大专项项目的重大项目"健康中国视野下习近平生态文明思想研究"(2022JZDZ010),主持并完成国家社会科学基金一般项目"幸福观视角下我国生态文明建设道路的反思与前瞻研究"(13BKS048),参与完成中共中央宣传部马工程、国家社会科学重大项目"湖北坚持生态优先推动绿色发展"(2016),主持完成湖北省社会科学基金项目"马克思主义'两型社会'思想研究"(2010)等多项。出版专著《新时代中国特色社会主义生态文明理论与实践研究》《生态文明与中国特色社会主义现代化》《生态经济协调发展思想研究》等多部。以独著或第一作者身份,围绕生态文明、绿色发展、美丽中国等主题,在《马克思主义研究》《高等教育研究》《中国特色社会主义研究》《中国社会科学报》等重要报刊上发表相关论文80余篇,其中部分成果被《新华文摘》《中国社会科学文摘》《人大复印资料》以及被人民网、中国网、求是网、光明网、新华网、中国社会科学网等多个网站转载,在国内生态文明研究领域产生了一定社会影响。

战后德国历史修正主义思潮评析

一、研究背景与意义

习近平总书记多次强调,要旗帜鲜明地反对历史虚无主义,坚持用唯物史观来认识把握历史,认清历史虚无主义的实质和危害。2014年7月,习近平总书记在纪念全民族抗战爆发77周年仪式上讲话指出:"令人遗憾的是,在中国人民抗日战争和世界反法西斯战争胜利近70年的今天,仍然有少数人无视铁的历史事实,无视在战争中牺牲的数以千万计的无辜生命,逆历史潮流而动,一再否认甚至美化侵略历史,破坏国际互信,制造地区紧张。"习近平总书记对国内历史虚无主义和日本历史修正主义的批判为强化本文研究的问题意识提供了根本遵循和行动指南,也启发了本文作者积极探究错误历史思潮批判的"域外经验"。

当代德国是否存在与日本类似的"否认'二战'侵略、淡化历史罪责"的历史修正主义思潮?如果存在,德国的历史修正主义思潮为什么始终以一种社会亚文化的样态存在,没有像日本那样上升为一种主流的社会思潮和意识形态?德国政府和社会抵制历史修正主义的经验,给我国抵制历史虚无主义提供了哪些启示?德国和日本都出现历史修正主义思潮,结合普京总统对西方"二战"历史修正主义和欧洲"新纳粹"的严厉批评,是否意味着西方国家正在实施一个从总体上削弱乃至否定苏联(俄罗斯)和中国"二战"历史贡献的阴谋?这些问题为本文研究提供了灵感和动机。

"历史修正主义"是一种泛政治化的历史编纂思想,它通过对历史记录(历史事件的始末、影响、证据以及历史参与者的动机和决定等)的重新诠释,推翻某一在学术上、政治上和社会上已经得到公认且流行的历史观点,并用自己的观点取而代之,从而赢得对这段历史的重新"解释权"。

与中国学术界严厉批判和抵制历史虚无主义截然不同的是,美英学术界赋予历史修正主义相当大的宽容度和自由度,倾向于视其为使用新数据、新技术得出新结论的"学术自由"。事实上,历史虚无主义和历史修正主义已经成为历史唯物主义的两大当代挑战。本文通过对德国历史修正主义的研究,意图深刻揭示历史修正主义思潮的本质和危害,在学理层面追根溯源,厘清历史修正主义与历史虚无主义的异质性和同质性,不仅有助于拓展历史唯物主义研究和历史虚无主义批判的视野和空间,而且可为当代中国马克思主义理论学科和历史哲学领域话语体系的建设和传播尽绵薄之力。

德国应对历史修正主义思潮既有成功的经验也有失败的教训,可以从正负两个方面为我国提供启示。一方面,德国政府和学界对历史修正主义实行"教育、学术、法律"三位一体的全方位批判和抵制,成功抑制了颠覆"二战"历史逻辑的"旧历史修正主义"思潮。这不仅启示我们对历史虚无主义的批判需要顶层设计和多渠道推进,而且德国方面的有益经验也可为我国政治历史教育、思政课教学、公共领域的学术争鸣和围绕历史正义的立法活动提供借鉴。另一方面,两德统一后强调战争受害者身份的"新历史修正主义"思潮导致德累斯顿街头政治走向暴力化和极端化。本文将德累斯顿作为一个"国家统一后历史记忆塑造和国家认同构建"的样本城市,重点研究历史修正主义对新统一地区国家认同的消解作用,希望为我国港澳地区的社会治理提供一种国际视角。

二、主要研究内容

(1) 现象研究。当代德国先后出现了颠覆"二战"历史逻辑的"旧历史修正主义"学术思潮和强调战争受害者身份的"新历史修正主义"社会思潮。20世纪70至80年代,恩斯特·诺尔特等右翼历史学家将布尔什维主义和纳粹主义对等化,提出纳粹德国挑起二战是为了防御苏联的进攻,通过纳粹罪行的相对化来淡化甚至否认德国的罪责。此举招致哈贝马斯强烈反击,引发1986至1987年大众传媒上沸沸扬扬的"历史学家之争"。两德统一后,"二战"英美空军对德国城市的"大轰炸"历史逐步成为德国知识界的热点问题。在此语境下兴起的德国"新历史修正主义"主要表现为:从"受害者"角度对"大轰炸"历史进行批判性书写,认为盟军对德国城市的轰炸是道德上的暴行、法律上的犯罪,通过强调德国平民所受的苦难来淡化、相对化甚至否定纳粹罪行。

(2) 成因研究。在学术层面,德国历史修正主义在方法与风格上继承了60年代异军突起的后现代主义史学,表现为激烈的反传统姿态、只解构不建构和研究对象的微观化。在国家层面,民族主义是"新右派"修正"二战"历史的重要精神动力,即通过"历史正常化"来重塑德意志民族自豪感和国家认同;民粹主义给极右翼政党和团体鼓吹"二战受害者"情绪提供了社会土壤,推动历史修正主义从学术争论上升为街头暴力。在国际层面,美国为首的西方集团积极推动重写"二战"历史尤其是苏德战争史,从而削弱俄罗斯民族的道德价值,给德国历史修正主义提供了有利的外部环境。

(3) 规律研究。德国乃至整个西方的"二战"历史研究已经告别了宏大叙事和"起因—过程—影响"的传统范式,转向平民、空战或屠杀的碎片化研究,叙事风格从史学趋向文学,严重消解了全球公认的主流"二战"史的权威性。一些右翼学者和政客滥用"二战"历史事件和符号,把它们变成了可以随时掏出来攻击对手的政治炸弹,"二战"历史在德国和西方世界都在日益政治工具化。最后,历史修正主义逐步上升为德国极右翼政党和"新纳粹"团体的意识形态,甚至被选择党写入党章,对近年德国政治右转起到了推波助澜的作用。

(4) 样本研究。德意志民族的"记忆之城"德累斯顿是研究历史修正主义思潮的发端、演变及其危害的最佳样本。享有"易北河上佛罗伦萨"美誉的浪漫城市德累斯顿在1945年2月美英空军战略轰炸中惨遭毁灭,纳粹政权大肆宣传德累斯顿是一座无辜的城市,批判美英空军犯下的文化毁灭和人道主义罪行,从而将纳粹自身的罪行相对化。冷战期间,两个德国政权激烈争夺"德累斯顿大轰炸"的历史解释权,都对其作了修正主义的历史书写以构建政治认同。两德统一后,历史修正主义泛滥并侵蚀东德地区的国家认同,推动德累斯顿街头政治走向反政府和暴力化。打着历史修正主义旗帜的"哀悼游行""佩吉达运动"和新冠疫情期间的反防疫运动,使德累斯顿日益固化为一个呈现德国社会撕裂的空间场域。

(5) 启示研究。一方面,德国政府、学术界对历史修正主义的批判、反制,对我国批判历史虚无主义具有启示意义。首先,充分发挥课堂历史教育的主渠道作用。其次,学术界要自觉主动引领社会思潮。最后,从立法高度遏制历史虚无主义。另一方面,德国历史修正主义是在美英等西方国家长期漠视和贬低苏联和中国反法西斯历史贡献的大气候下滋生出来的:欧洲战争"始于德国和苏联入侵波兰",希特勒和斯大林都是独裁者和战争罪犯;日本是被美国在太平洋战场打败的,中国战场只字不提。随着近年来美国与中俄对抗的加剧,我们更应充分警惕、深入研究、坚决反制西方国家在第二次世界大战等重大历史问题上推进历史修正主义的阴谋。

三、主要结论

"二战"后德国历史修正主义集中表现在对"二战"历史的重新书写和本国历史罪责的重新评价,是一种泛政治化的历史编纂思想。两德统一前后,德国知识界先后兴起了颠覆"二战"历史逻辑的"旧历史修正主义"和强调"大轰炸受害者"角色的"新历史修正主义"思潮。历史修正主义对19世纪以来德国传统史学秉持的理性主义传统造成了严重冲击,对当前德国政治右转起到了推波助澜的作用。德国历史修正主义在方法与风格上继承了后现代主义史学,并发展为后现代主义史学的异变形态。希望夺取左派话语权的"新右派"知识分子团体、以科尔为代表的少数德国右翼政治家、渴望德意志民族"正常化"的部分精英和民众、两德统一后德累斯顿在国家记忆中的地位跃升,共同推动了德国历史修正主义的高涨。西方集团积极推动重写"二战"尤其是苏德战争史,也给德国历史修正主义提供了有利的外部环境。德国处理历史修正主义的经验能够给我国应对历史虚无主义思潮提供若干重要启示。

四、论文信息

该论文于2020年5月发表在《马克思主义研究》2020年第3期。

五、作者简介

孙文沛,男,汉族,1984年2月生,中国地质大学(武汉)马克思主义学院教授、博士生导师、副院长,兼任中国德国史研究会理事。2004年获东北财经大学经济学学士学位,2010年获武汉大学历史学博士学位。2003年4月至2004年4月于德国美因茨大学法律经济系交流学习,2012年10月至2013年10月国家公派至德国科隆大学教育系博士后研究。入选教育部驻外后备干部、湖北省高等学校马克思主义中青年理论家培育计划、湖北省优秀青年社会科学人才。2019年获得首届全国高校思想政治理论课教学展示活动二等奖。主要研究领域为德国现当代史、德国历史教育、中外社会历史思潮、中国近现代史基本问题。主持国家社会科学基金项目、教育部人文社会科学研究项目、湖北省教育厅哲学社会科学研究重大项目等多项课题,参与国家社会科学基金重大招标项目等多项课题的研究工作。自2000年起就致力于德国问题的学习和研究,第一外语为德语,能够熟练使用德文进行学术交流和研究。曾两次赴德国留学(共两年),对当代德国社会有深入的观察和认识。近年来研究重点为德国历史教育和德国历史修正主义思潮,已在《马克思主义研究》《德国研究》等期刊上发表相关学术论文20余篇(《人大报刊复印资料》《世界社会主义研究》转载3次),主持并完成相关国家社会科学基金和教育部人文社会科学基金项目各1项。主持建设中国地质大学(武汉)品牌思政课程"国土安全"。

大学生手机依赖与父母教养方式、主观幸福感的关系

一、研究背景与意义

该研究是在我国信息技术迅速发展,手机用户数量大幅增加的背景下开展的,据2014年1月的数据分析,全国移动电话用户达到12.35亿户,其中年轻人是主要群体之一。与此同时,越来越多的大学生发现自己已经离不开手机,并形成了一种新的心理困扰——手机依赖(mobile phone dependence)。已有的研究发现,过度使用手机会导致大学生逃避该完成的学习任务或降低完成任务的效率,而且还会伴随有高度的焦虑、抑郁、强迫、人际关系敏感等不良症状及更强的孤独感。因此,手机依赖问题日益受到国家、社会、高校以及研究者的高度重视,研究大学生手机依赖以及形成机制可以对未来大学生手机依赖的心理干预提供参考资料。

二、主要研究内容

主要研究内容有3个方面:第一,大学生手机依赖的现状调查;第二,不同程度手机依赖的大学生,其主观幸福感、父母教养方式的比较;第三,探索大学生手机依赖的形成机制,构建手机依赖与父母教养方式、主观幸福感的结构方程模型。

三、主要结论

该研究选取高校大一至大三学生1477名集体施测,采用手机依赖评定量表(MPAI)测得手机依赖程度,简式父母教养方式问卷中文版(s-EMBU-c)测得被试的父母教养方式,总体幸福感量表(GWB)测得幸福感水平。得到以下几点结论:第一,大学生女生手机依赖的得分高于男生,大一学生手机依赖的得分高于大二、大三学生;第二,手机依赖与大学生的父母教养方式、主观幸福感显著相关;第三,结构方程模型分析的结果表明,主观幸福感在父母教养方式与手机依赖的关系中起部分中介作用,其中介效应分别占总效应的73.8%和43.5%。

总之,大学生的父母教养方式、主观幸福感会影响其手机依赖的产生,积极的父母教养方式可以减少大学生手机依赖,相反,消极的应对方式会导致大学生更多使用手机,同时这种影响有直接与间接两种途径,间接途径是通过影响大学生主观幸福感来间接影响其手机依赖的水平。

四、论文信息

该论文于 2015 年 1 月发表在《中国心理卫生》(CSCD-C)期刊;2015 年 5 月被人大报刊复印资料《心理学》全文转载;该文他引次数为 129 次(中国知网,2022.6)

五、作者简介

作者顺序:邓兆杰,黄海(通讯作者),桂娅菲,牛露颖,周春燕。

黄海,男,副教授,硕士,教育研究院分工会主席、心理学系教职工党支部书记,湖北省心理学会理事(2021 至今),主要研究领域为大学生心理健康、创伤心理学和网络心理学。在我校从事心理健康工作近 20 年,对全校学生开展心理咨询、危机干预、心理普查、心理讲座等,年均接待学生咨询、访谈、评估近 200 小时,危机干预 10 例。坚持以学生为本,立德树人,提升教学质量,2018 年所讲授课程获得校"最受学生欢迎课程"称号,所指导的研究生毕业论文分别在 2017 年、2018 年、2020 年获得校"优秀硕士论文"称号。积极开展科学研究,主持省级科研项目 4 项,校级教学科研项目 2 项,作为主要参与人(前三)参与国家社科基金、教育部人文社科规划项目各 1 项,参加其他省部级、校级项目 15 项;发表各类论文 30 余篇,其中以第一作者或通讯作者发表 CSSCI、北核等核心期刊论文 21 篇,《手机依赖指数中文版在大学生中的信效度检验》等 5 篇论文受到学界积极关注,他引累计超过 860 次。坚持开展社会服务,疫情期间利用专业知识在校内以及湖北长江网开展抗疫心理援助,所在团队获 2020 年校级"抗击新冠肺炎疫情先进集体"称号;主动融入乡村振兴,2021 年带领团队深入巴东农村中小学开展心理援助活动,所指导的社会实践团队获得湖北省暑期"三下乡"社会实践优秀团队称号(2022),并获评校级"优秀指导老师"称号(2022)。

国家最高科学技术奖获得者非智力因素分析

一、研究背景与意义

国家最高科学技术奖于2000年由国务院设立,是我国5个国家科学技术奖中最高等级的奖项,授予在当代科学技术前沿取得重大突破或者在科学技术发展中有卓越建树、在科学技术创新、科学技术成果转化和高技术产业化中创造巨大经济效益或者社会效益的科学技术工作者。2000年国家最高科学技术奖正式设立,每年评选一次,每次授予不超过两名,由国家主席亲自签署和颁发荣誉证书、奖章以及800万元奖金。

本文先对2000—2013年24位国家最高科学技术奖获得者成才因素进行分析,完成《24位国家最高科学技术奖获得者成才因素分析》,该文于2014年第12期在权威期刊《教育研究》发表,反映很好。随后,作者继续进行研究,完成姊妹篇《国家最高科学技术奖获得者非智力因素分析》一文,发表在《教育研究》2015年第10期。这两篇文章均系国家社会科学基金教育学项目"担当实现中国梦重任的拔尖创新人才成长规律与路径研究"(项目编号:BIA130074)的研究成果。

二、选题意义

国家最高科学技术奖系我国科技界最高奖项,为奖励在科技进步中做出突出贡献者而设立,授予在科学技术发展中有卓越建树、在科学技术创新等方面取得重大突破的科技工作者。设立与颁布此奖,既是国家对长期乐于奉献、甘于清贫、始终坚守科研岗位、在科技领域做出重大贡献的杰出科技工作者的充分肯定和最高奖励,也是国家为鼓励更多有识之士立志为繁荣科学技术事业多做贡献的重大举措。国家最高科学技术奖获得者是民族的精英、人民的楷模,精神崇高,功勋卓著,值得大书特书。

系统分析研究这些获奖者的成才成功因素,不仅可以弘扬他们的崇高精神,激励更多的有志青年学习楷模,而且可以发现优秀人才成长规律,探寻培养拔尖创新型人才的有效途径。在"唯智论"盛行的今天,人们易夸大智力因素在个人成长成才过程中的作用,而忽视非智力因素的重要价值和意义。

研究国家最高科学技术奖获得者成才的基本规律,可为有效培养创新型人才提供理论指导;研究国家最高科学技术奖获得者的非智力因素,对于培养领军科技人才具有重要借鉴价值。本研究可为创新创业教育和培养大批拔尖创新人才提供成功范例与实践路径。

三、主要研究内容

据对吴文俊、袁隆平、王选、谷超豪、孙家栋、师昌绪、吴良镛、张存浩、程开甲、于敏等25位国家最高科学技术奖获得者相关资料研究发现，他们能取得巨大成就，除了智力因素的作用外，更重要的是非智力因素在其成长与科学研究过程中发挥了积极作用。在他们的成长过程中，有不少获奖者并不是很多人认为的智商很高，聪明过人，更不是天才。这些获奖者小时候并非都聪明过人，智力非凡，在他们成长成才过程中智力并非起决定性作用。研究发现，非智力因素在25位国家最高科学技术奖获得者的成才过程中扮演了更重要的角色。本文主要选取狭义非智力因素定义的5个方面，来分析动机、兴趣、情感、意志和性格等非智力因素在获奖者成长以及科学研究中是如何促进他们最终成功的。研究发现，强烈的动机、广泛而集中的兴趣爱好、顽强的意志、积极的情感以及良好而独特的性格等非智力因素，是他们健康成长、在科学研究中取得重大突破以致最终获奖的最重要因素。全文分如下6个部分。

1. 强烈的动机是获奖者开启科学研究大门的钥匙

25位国家最高科学技术奖获得者在成长成才过程中都具备强烈的动机，主要表现在两个方面：一是强烈的好奇心和求知欲（主要来自父母的影响和家庭氛围的熏陶，教师或书籍的引导和启发）；二是正确而远大的志向。25位获奖者在他们的成长过程中都树立了明确而远大的志向，并且最终得以实现，并在与志向相关的领域取得了重大突破，为国家做出了杰出贡献。大部分获奖者的志向直接与"科学报国、科学救国、科学强国"相关。

2. 广泛而集中的兴趣是获奖者科学研究发展的助推器

一是获奖者大都具有广泛的兴趣爱好。二是获奖者全部都有集中的兴趣焦点，且集中的兴趣焦点与他们取得重大突破的领域密切相关。三是获奖者的集中研究领域大部分都直接出现在他们的兴趣爱好里面。获奖者对事物产生广泛兴趣以及对未来获得成就领域产生集中兴趣主要受以下几个方面的影响：①获奖者本身强烈的求知欲和好奇心；②父母、老师或书籍的教育和影响；③为了解决某一问题而产生兴趣；④偶然因素导致突然转变兴趣。

结论及启示：①兴趣是促进科学研究发展获得个人成功的原动力，在真正感兴趣的领域进行学习和研究更能取得惊人成绩；②兴趣并不是天生的，也不是一成不变的，通过适当的教育完全可以培养兴趣，也可以转变兴趣；③兴趣和努力密不可分，兴趣不是成功的必然条件，兴趣加努力才是成功的根本所在。

3. 顽强的意志是获奖者取得科学研究突破的保障

25位获奖者都具有钢铁般的顽强意志。顽强意志的作用贯穿于他们的成长、成才和科学研究的整个过程，主要表现在决心、信心和恒心3个方面。①下定决心，义无反顾——"千磨万击还坚劲，任尔东西南北风"；②充满信心，必胜无疑——"长风破浪会有时，直挂云帆济沧海"；③保持恒心，锲而不舍——"千淘万漉虽辛苦，吹尽狂沙始到金"。从25位获奖者顽强意志的表现和形成这种意志的原因可以总结出两条规律性的结论：一是顽强的意志是在不断地克服困难中逐渐形成的;二是顽强意志的形成离不开积极的行动。

4. 积极的情感是获奖者保持科学研究热情的动力

25位获奖者在学习和工作中都伴有积极的情感,并不断产生某种神奇的推动力量。这种积极的情感在获奖者身上主要表现为3个方面:①强烈的爱国主义情感;②深厚的集体主义情感;③强烈的事业心和高度的责任感。

5. 良好而独特的性格有助于获奖者勇攀科学研究高峰

良好而独特的性格是25位获奖者勇攀科学研究高峰的重要非智力因素。获奖者们良好而独特的性格主要表现在以下几方面:①勤奋刻苦、善于思考的学习态度;②坚持真理、勇于创新的求真务实精神;③淡泊名利、无私奉献的正确荣誉观念。

6. 总结与启示(见后)

四、主要结论

纵观25位国家最高科学技术奖获得者的成长和科学研究历程,获奖者除了在其研究的科学领域拥有过人的能力之外,他们更是靠强烈的动机、广泛而集中的兴趣爱好、顽强的意志、积极的情感以及良好而独特的性格这些非智力因素获得我国科技界的最高荣誉。

获奖者身上体现出的科学精神、学术品格和人格魅力以及更重要的非智力因素给予我们深刻的启示:①重视、优化非智力因素;②养成科学合理的动机;③培养广泛而集中的兴趣爱好;④在实践中锻炼顽强的意志;⑤用积极的情感调节和激励行为;⑥注重良好性格的养成。

五、论文发表

《国家最高科学技术奖获得者非智力因素分析》一文发表在《教育研究》2015年第10期。2015年11月27日《科技文摘报》全文转载,被新华网、国研网、中新网、维普网、腾讯网、百度等众多知名门户网站等转载,被引用25次。

六、作者简介

李祖超,男,1957年出生,湖北松滋人,教育学博士,先后就读于华中师范大学和华中科技大学,主要研究领域为高等教育管理、教育经济与管理、思想政治教育。曾任湖北省教育科学研究所所长,湖北省教育科学规划领导小组办公室主任,北京教育科学研究院德育研究中心主任,中国地质大学(武汉)教育研究院、马克思主义学院二级教授,博士生导师,学科带头人,中国地质大学(武汉)研究生教育质量委员会副主任,湖北省创新人才与创新发展研究中心(省级智库)主任等。兼任国家社会科学基金评审专家、教育部高等教育教学评估专家、教育部人文社会科学评审专家、教育部人事司评审专家、教育部学位与研究生教育中心评审专家、教育部高校博士点基金项目评审专家、教育部科技发展中心评审专家、全国教育科学规划项目评审专家等。先后被桂林理工大学、南宁师范大学、湖北师范大学、湖南第一师范学院、山东青年政治学院、武汉工商学院、湖南省教育厅、湖北省教育厅、广西教育厅、湖北省科学技术协会、湖南省教育科学研究院、湖北省教育科学研究院、广西教育科学研究院等聘为特聘教授、兼职教授、指导专家、评审专家、顾问等。主持国家社会科学基金重点项目、一般项目及省部级科研课题等100多项，在《光明日报》《教育研究》《高等教育研究》《清华大学教育研究》等发表学术论文180篇，其中百余篇发表在CSSCI等核心期刊，50多篇被人大报刊复印资料等转载，80多篇被引用，已出版学术专著及主编著作20部，科研成果荣获中国科学技术协会优秀成果特等奖、湖北省社会科学优秀成果二等奖、全国优秀教育科研成果三等奖等近20项，决策咨询报告获得国家领导人和省部级领导重要批示10多次，被政府部门等采纳采用20多次，指导博士、硕士研究生110多人。